民族文化研究叢書 11

조선후기 군수광공업사 연구

조총·화약·연환제조를 중심으로

民族文化研究叢書 11

조선후기 군수광공업사 연구

조총·화약·연환제조를 중심으로

유승주 지음

高麗大學校
民族文化研究院

이 책은 高麗大學校 民族文化硏究院이 새로운 民族文化의 暢達과 國學振興을 위하여 제정한
『芝薰國學硏究造成費』와 『民族文化硏究叢書刊行計劃』에 의하여 출판되었습니다.

머리말

조선후기는 외세에 의한 민족의 수난과 그것을 극복하기 위한 국가적 노력이 점철된 시기였다. 전후 7년간에 걸친 왜란과 양차의 호란, 그리고 효종·현종대를 거쳐 숙종초에 이르는 북벌정책의 추진 등, 16세기 말에서 17세기 중말엽에 이르는 100여 년간 국가는 전시 또는 준전시체제하에 놓여 있었다.

정부는 이 시기에 국난을 극복하고 외세에 대항하기 위하여 국방을 강화하고 군비를 확충하였다. 우선 임진왜란 중에 평양성 탈환에 큰 공을 세운 명나라의 남방병제를 수용하여 서울에 훈련도감(訓鍊都監)을 설치하고 제도각읍(諸道各邑)에 속오군(束伍軍)을 편성하였다. 서울과 지방의 군병은 모두 명나라 남방병제를 모방하여 조총병(鳥銃兵)을 근간으로 하는 속오삼수제(束伍三手制)로 편성하였다.

훈련도감 군사의 무기는 차치하고라도 제도각읍에 편성한 삼수병의 무기조달이 문제였다. 사수(射手)·살수(殺手)의 궁시(弓矢)와 창검(槍劍)은 조달하기가 용이하였지만 조총병인 포수(砲手)에게 지급할 조총과 그에 따른 화약과 연환을 제조하는 문제는 쉽지 않았다. 조총과 화약 및 연환을 제조하기 위해서는 철(鐵)과 유황(硫黃)·염초(焰硝) 및 연철(鉛鐵) 등의 제조원료를 필요로 하였고 그것을 생산하는 데 필요한 기술자와 생산비용을 마련하기가 쉽지 않았다. 전란후 정부의 재력으로서는 도저히 이를 감당할 수 없어 제도각읍으로 하여금 자체내의 경비와 기술자를 동원하여 매월 일정한 수량의 무기를 생산토록하는 월과총약환법(月課銃藥丸法)을 제정 반포하였다. 그러나 제도각읍은 월과총약환법이 법령으로 설정되어 있었지만 그것을 자체 생산하기가 어려웠기 때문에 불가불 생산자로부터 구입할 수밖에 없었고, 이를 계기로 서울의 부민(富民)들에 의한 총약환의 제조판매업(製造販賣業)이 성장하고 있었다.

한편 정부는 만주(滿洲)의 여진족이 흥기하면서 이괄(李适)의 반란과 양차의 호란이 왕도(王都)를 급습하는 국지전(局地戰)을 전개하자 서울의 훈련도감만으로는 감당할 수 없어 중앙에 총융청(摠戎廳)·수어청(守禦廳)·어영청(御營廳)·금위영(禁衛營)을 차례로 설치하였다. 이들 오군문(五軍門)의 총약환(銃藥丸) 조달문제도 정부는 각 군문(軍門)으로 하여금 자체조달토록 하였고, 제도의 감영(監營)·병영(兵營)·수영(水營) 및 진(鎭)·보(堡)의 총약환가(銃藥丸價) 역시 자체내의 경비로 마련토록하였다. 하지만 이들 군아문(軍衙門)은 총약환을 생산하기 위하여 대규모의 제조장을 영내(營內)에 설치하고 제조원료를 조달하기 위하여 철광(鐵鑛)·유황광(硫黃鑛)·연광(鉛鑛)·동광(銅鑛) 등 전국 각처의 신구광산(新舊鑛山)을 수용하였으며, 연료(燃料)를 조달하기 위한 산림지를 절수(折受)하였고, 운영비를 마련할 재원(財源) 확보를 위한 각처의 전토를 점유하여 자급자족의 기반을 확보하였다.

그러나 각읍수령의 재량에 맡긴 월과총약환법은 농민들의 부담을 가중시킨 결과를 초래했다. 농민들은 내우외환에 시달리고 각종 세역부담에 혹사당하는 처지에서 총약환의 경비마저 담당하기란 고역일

수 밖에 없었다. 농민들의 불만이 고조되자 효종, 현종, 숙종 초에 걸쳐 삼남(三南)에 대동법(大同法)을 실시하면서 총약환가(銃藥丸價)를 시가(時價)의 2배로 책정하여 대동미에 별도의 공가(貢價)로 포함시켰다.

총약환가가 대동미 중 공가로 전환되자 오군문과 군기시(軍器寺) 등 군아문(軍衙門)이 종래 서울의 부민(富民)들이 총약환을 각읍에 수가제납(受價製納)하던 것을 "무기를 민간에서 제조하는 것이 옳지않다."는 명분으로 이들을 배제하고 공납권(貢納權)을 독차지하였다.

그러나 숙종 8년(1682) 청(淸)나라 건륭제(乾隆帝)가 9년을 끌어왔던 삼번난(三藩亂)을 평정하자 정부의 분위기도 바뀌었다. 북벌론의 명분을 중시하여 군사정책에 치중하던 정부가 국가재정문제에 관심을 갖게 되었다. 이를 간파한 서울의 민간제조업자들은 재정아문(財政衙門)들인 상평청(常平廳)·진휼청(賑恤廳) 등과 결탁하여 군아문을 배제하고 총약환월과계(銃藥丸月課契)를 조직하였으며 18세기 군수공업분야를 거의 독점하게 되었다. 그리고 일부의 부상대고(富商大賈)들은 호조(戶曹)가 탈취한 군영문(軍營門)의 연은점(鉛銀店)에 별장(別將)으로 참여하여 엄청난 이득을 얻고 있었다.

이러한 17~18세기 말의 군수광공업에 관한 연구는 조선후기 광공업 연구에 선행되어야 할 충분한 가치를 지니고 있었다. 그것은 또한 이시기의 철물수공업분야로서는 총약환제조업이 생산시설 및 생산규모면에 있어서 비중이 가장 컸었고, 광업의 경우에도 조선후기 광산중 소규모의 민간철점이나 19세기의 금광업을 제외하고는 군수광물의 필요에서 개발된 철·유황·연은·동광이 거의 전부였기 때문이다.

따라서 필자는 본고에서 17~18세기 말의 군수광공업이 발전하게 된 동기와 군수광공업의 생산실태 및 그 성장과정을 규명할 것이지만 특히 군수광공업의 경영형태가 변화 발전하는 과정을 추구하여 조선후기 생산경제 발전의 시기구분을 가늠해 보려 하였다.

2022년 1월 저자

차례

제3장

군아문 군수광업의 발전

제4장

군아문 군수산업의 몰락과 계인(契人)·별장제하(別將制下)의 광공업 발전

제5장

18세기 말 19세기 초 '물주(物主)'제하 자본제적 민영광업실태

제 1 장
군수산업성장의 배경

제1절 속오삼수제(束伍三手制)의 성립과 변천

속오삼수제의 성립은 조총 상용무기화의 전제가 되며 그것은 군수산업정책의 전환점이 되었다. 따라서 속오삼수제의 성립과정과 그 상용무기로서의 조총의 조달문제를 살펴봄으로써 조선후기에 군수산업이 성장해 가는 배경을 이해할 수 있다.

임진왜란 중 명군과 왜군이 무장한 조총[1]은 곧 서양의 화승총(火繩銃)이었다. 16세기 초에 개인 휴대용 병기로 완성된 화승총이 동양삼국으로 전파된 것은 일본이 최초로서, 1543년 종자도(種子島)에 표류해온 폴투칼 상인에 의해서였다. 그러나 중국과 조선은 이보다 20년 내지 50년이나 늦게 전래되었다. 중국에서는 1563년 절강성(浙江省)에 침입한 왜구(倭寇)로부터 전습하게 되었지만, 조선왕조에는 1589년(선조 22

---

1) 坪井九馬三은 「鐵砲傳來考」〈史學雜誌 제29호(1,2) 明治 28년〉에서 火繩銃에 대한 名稱을 日本에서는 鐵砲, 中國에서는 鳥觜銃이라 하였지만, 중국에서 이미 「鳥銃」이라 불렀던 것 같다. 곧 紀效新書 및 宣祖實錄 71 宣祖 29년 正月 丁酉條 南部主簿 臣忠一 書啓中에 「能中飛鳥 故日鳥銃」이라 하고 있는 것이다.

년)에 대마도주(對馬島主) 평의지(平義智)가 선물로 바침으로써 전해졌으나 별다른 관심 없이 군기시(軍器寺)의 창고에 사장된채 임진왜란을 맞았다.[2] 일본은 화승총의 사용법과 제조기술을 익혀 직전신장(織田信長)의 국내통일전에 주무기로 이용되었고,[3] 중국에서는 3년여에 걸쳐 남방을 노략질해왔던 왜구를 소탕하는데 사용하였다.[4] 곧 임진왜란에 참가한 명군이나 왜군에게는 화승총이 이미 상용소총으로 익숙해져 있었다. 임진왜란 중 우리가 조총의 제조 및 장방법(裝放法)을 전수한 것은 기록상 임진왜란 이듬해인 선조 26年 2월이었다.[5] 이때 선조는 서울과 지방의 군병들로 하여금 조총을 학습토록 명령하였고, 조총사격술을 과거(科擧)의 시목(試目)에 넣도록 하였다.[6]

선조는 조총을 천하의 신기(神器)[7]라고 경탄해 마지 않았다. 그것은 당시 조총의 명중률이 궁시에 비하여 5배였고, 쾌쟁에 비하여 10배였다는 사실[8]과 3번을 연달아 발사할 수 있었다는 점일 것이다.[9] 조총의

2) 坪井九馬三:「鐵砲傳來考」 및 柳成龍:「懲毖錄」 卷1 참조.

3) 世界百科大辭典 20, p.168 平凡社刊.

4) 重峯集 卷 3 疏部 宣祖 7年 質正官回還後 上八條疏 및 宣祖實錄 45 宣祖 26年 閏 11月 甲午條 참조.

5) 宣祖實錄 35, 宣祖 26년 2월 乙未.
「上曰 予今日偶令內官 率火砲匠試放鳥銃 以聽其聲 放畢 內官來言 有一天朝人 偶然來觀 敎其放砲之法云 予曰 凡天下事 有偶然而成功者 … 鳥銃之制 放砲之法 一一敎之 少無隱諱 其法非難成 且自言如得善匠 我當觀監造成云 …」.
宣祖實錄 36 宣祖 26년 3월 丙寅.
「上敎曰 鳥銃之制 則已爲得習矣」.

6) 宣祖修正實錄 27 宣祖 26年 2月 丙戌條.

7) 宣祖實錄 44 宣祖 26년 11월 壬戌條.

8) 神器秘訣(全) 宣祖 36년 咸鏡道都巡察使 韓孝純著.

9) 宣祖實錄 34 宣祖 26년 正月 辛酉條.

명중률은 높이 평가되어 그 이름도 '나는 새를 능히 맞힐 수 있다.'고 하여 붙여졌다.[10] 당시 우리나라 군사의 접전시 주무기였던 궁시나 쾌쟁에 비하면 명중률이나 치사율이 몇 배로 높고, 또 연발마저 가능하였으니 조총의 전습 사용문제는 절실하였음에 틀림없다. 거기에다 선조 26년 정월, 평양성 탈환의 주된 병력이 조총으로 무장한 명나라 남방병이였다는 사실도 조총의 전력을 믿기에 족하였다. 동년 9월에 환도한 조선왕조정부는 군기시와 훈련도감으로 하여금 조총을 제조케 하였고,[11] 이듬해 3월에는 황해도·충청도 중 탄철(炭鐵)이 생산되는 곳에는 조총에 밝은 자를 수령으로 파견하고 도회(都會)를 설치하여 조총 생산에 박차를 가하도록 지시하였다.[12]

조총을 주무기로 수용하게 되면서 그에 따른 전술과 군사편제도 채택하지 않을 수 없게 되었다. 조선왕조 전기의 오위제(五衛制)나 진관법(鎭管法)이 그 편제에 있어서 뿐만 아니라 새로운 무기에 따른 전법에 있어서도 이미 시의를 잃었기 때문이다. 왕조정부는 명나라 군사들 중 남방병의 편제와 전술의 교과서였던 「기효신서」(紀效新書)를 채택하

---

10) 坪井九馬三은 「鐵砲傳來考」〈史學雜誌 제29호(1,2) 明治 28년〉에서 火繩銃에 대한 名稱을 日本에서는 鐵砲, 中國에서는 鳥觜銃이라 하였지만, 중국에서 이미 「鳥銃」이라 불렸던 것 같다. 곧 紀效新書 및 宣祖實錄 71 宣祖 29년 正月 丁酉條 南部主簿 臣忠一 書啓中에 「能中飛鳥 故日鳥銃」이라 하고 있는 것이다.

11) 宣祖修正實錄 28 宣祖 27년 2월 庚戌.
「初平壤之復也 上詣謝都督李如松 問天兵前後勝敗之異 都督曰 前來北方之將 恒習防胡戰法 故戰不利 今來所用 乃戚將軍紀效新書 乃於倭之法 所以全承也 … 及上還都 命設訓練都監 成龍爲都提調 … 募飢民爲兵 應者頗集 … 旬日得數千人 敎以戚氏三手練技之法 置把摠哨官 部分演習 實如戚制 數月而成軍容 …」.

12) 宣祖實錄 49 宣祖 27년 3월 己卯.
「擇取京中善手鐵匠五六人 來習於都監 藝成之後 分送於黃海忠淸沿海各官炭鐵有裕處 設爲都會 連續打造 因使精巧 根幹曉解鳥銃之人爲守令 專掌其事」.

였다. 기효신서는 明나라 말의 무장인 척계광(戚繼光)이 중국남방의 왜구를 소탕하는 과정에서 터득한 어왜(禦倭)의 요법(要法)이었다.[13] 기효신서의 요지는 속오분군법(束伍分軍法)과 삼수기법(三手技法)이었다.[14] 속오분군법의 요지를 보면,

> "1영(營)이 5사(司)를 거느리는데 사에는 파총(把摠)이 있고,1사는 5초(哨)를 거느리는데 초에는 초관(硝官)이 있고, 1초는 3기(旗)를 거느리는데 기에는 기총(旗摠)이 있고, 1기(旗)는 3대(隊)를 거느리는데 대에는 대총(隊摠)이 있다. 1대(隊)는 화병(火兵)을 포함해 11명이다."[15]

이라고 하여 영장(營將)[16]통솔하의 영을 분군편제상 최상의 단위로 하고 사·초·기·대 등 다섯 단위로 구분하였다. 곧 1영은 영장 1人과 파총 5인, 초관 25인, 기총 75인, 대총 225인 및 2,475명의 병사로 구성된 셈이다. 속오군은 이 분군법에 따라 편성된 군사를 총칭하는 것으로 선조 27년에 창설한 훈련도감의 군사나 뒤에 설치된 총융청·수어청·어영청·금위영의 군사와 제도각읍에 편성된 군사를 모두 속오군이라 부르는 것이 타당하다. 그러나 본고에서는 편의상 오군문(五軍門)

---

13) 宣祖修正實錄 28 宣祖 27년 2월 庚戌.
「初平壤之復也 上詣謝都督李如松 問天兵前後勝敗之異 都督曰 前來北方之將 恒習防胡戰法 故戰不利 今來所用 乃戚將軍紀效新書 乃於倭之法 所以全承也 … 及上還都 命設訓練都監 成龍爲都提調 … 募飢民爲兵 應者頗集 … 旬日得數千人 敎以戚氏三手練技之法 置把摠哨官 部分演習 實如戚制 數月而成軍容 …」.

14) 戚繼光: 「紀效新書」.

15) 懲毖錄 15 軍門謄錄 宣祖 28년 12월 18일조.

16) 營將制에 관해서는 車文燮: 「朝鮮後期의 營將에 대하여」, pp.514~515 史叢 12·13 合輯 참조.

의 군사는 경군(京軍) 또는 정군(正軍)이라 하고 제도각읍의 군사만 속오군이라고 하겠다.[17] 다음 삼수기법(三手技法)은 삼수(三手) 곧 포수(砲手)·사수(射手)·살수(殺手)의 기예(技藝)를 말하거니와 포수는 조총병이고, 사수는 궁병(弓兵)이며 살수는 등패(籐牌)·낭선(筤筅)·장창(長槍)·당파(鐺鈀) 등을 사용한 창검병(槍劍兵)들이었다.

이상에서 속오분군법(束伍分軍法)에 의해 편성되어 삼수기법(三手技法)으로 훈련받은 군사제도를 편의상 속오삼수제(束伍三手制)라 하였으며, 이 속오삼수제는 선조 26년 10월 훈련도감군에 최초로 적용되었는데[18] 당시의 도감군수는 사수인 마병(馬兵)이 2초, 포살수인 보병(步兵)이 25초였다.[19]

도감군 설치에 이어 지방에도 양민(良民)·공사천(公私賤) 중 장건한 자들을 뽑아 속오군조직을 확대하고,[20] 선조 28년에는 영장통솔하의 영단위의 속오군이 도(道)의 대소에 맞게 설치되기 시작하였다. 영(營)이 처음 실시된 지역은 경기도로 여겨진다. 이 경기지방의 속오군은 훈련도감군을 중영군(中營軍)으로 삼고, 좌우전후 4영(營)에 분속시켰고, 강화(江華)와 교동(喬洞)의 속오군은 수영군(水營軍)에 편속하였다.[21]

---

17) 仁祖實錄 19 仁祖 6년 12월 辛卯.
「軍籍廟堂上李曙曰 兵家所謂束伍二字 以其團束隊伍之意 雖是正軍 作束則此亦束伍 …」.

18) 宣祖修正實錄 28 宣祖 27년 2월 庚戌.
「初平壤之復也 上詣謝都督李如松 問天兵前後勝敗之異 都督曰 前來北方之將 恒習防胡戰法 故戰不利 今來所用 乃戚將軍紀效新書 乃於倭之法 所以全承也 … 及上還都 命設訓練都監 成龍爲都提調 … 募飢民爲兵 應者頗集 … 旬日得數千人 敎以戚氏三手練技之法 置把摠哨官 部分演習 實如戚制 數月而成軍容 …」.

19) 萬機要覽 軍政篇 2 訓練都監 軍摠條.

20) 宣祖修正實錄 28 宣祖 27년 12月朔 甲辰條.
「置哨軍時 京城設訓練都監 募兵訓練 而外方亦置哨軍或束伍軍 毋論良民公私賤人 選壯充額 束以戚書之制 敎鍊三手 …」.

영단위의 제도 속오군 편성이 언제 완료되었는지는 상고할 수 없으나 당시 속오군 편성을 총감(摠監)했던 유성룡(柳成龍)의 「평안도진관관병편오책」(平安道鎭管官兵編伍册) 중 잔권(殘卷) 2책(册)에 보면, 선조 29년 4월에 영유·숙천·안주·영변·희천·박천·태천·운산·귀성·선천·용천·미곶·철산·의주·인산·건천·수구·옥강·방산·청성·청수 등지의 편성이 완료된 것으로 보아,[22] 적어도 선조 30년을 전후하여 제도의 속오군 편성이 끝나지 않았나 생각된다. 설치 당시의 영장이 몇명인지는 밝혀져 있지 않지만, 영조 22년에 편찬한 속대전(續大典)에는 경기도 6명, 충청도 5명, 경상도 6명, 전라도 5명, 황해도 6명, 강원도 3명, 함경도 6명, 평안도 9명 및 강화도를 중심으로 편성된 해방영장(海防營將)인 진무영(鎭撫營) 5명, 모두 51명이 기재되어 있다.[23]

영·사·초·기·대 단위의 속오군편성은 전술한 바와 같이 1영은 5사, 1사는 5초, 1초는 3기, 1기는 3대로 되는 것이 원칙이었으나, 반드시 원칙에 구애되지는 않았다. 각읍 및 면·리·촌의 인원수와 거리의 원근을 고려하여 편성함을 원칙으로 하였고, 이곳의 인원을 저곳에 옮기거나 가까운 곳을 떠나 먼곳에 편입시키지 못하도록 하였다.[24] 그리고 속오군의 훈련도 역시 초를 단위로 기중(里中)에 교장(敎場)을 설치하고 초관의 지휘 하에 삼수기법을 익히도록 되어 있었다.[25]

---

21) 懲毖錄 15 軍門謄錄 編伍事目.

22) 朝鮮史料叢刊 제10 鎭管官兵編伍册 殘卷 1, 2.

23) 續大典 兵典 外官職.

24) 懲毖錄 15 軍門謄錄 移京畿巡察使文.

25) 懲毖錄 15 軍門謄錄 移京畿巡察使文.
「各於軍兵操鍊 道里遠近平均處 設一司敎場 而其司所統各哨 亦於所居里中 設演習射藝之場 平時則哨官 各領其軍 於里中敎場 習射或放砲或習用槍疾走等事」.

이들 각읍의 속오군이 평상시 훈련용으로 사용하는 무기는 사수일 경우 사비로 궁·전을 구입하고, 포수들은 각읍에서 조총과 화약·연환을 지급함이 원칙이다.[26] 그러나 각읍에서 조총을 충분히 나눠줄 만큼 되어 있지 못했던 효종때만 하여도, 동왕 5년에 "속오군이 스스로 조총을 마련한자에게는 1결을 급복(給復)키로 하여"[27] 속오군들로 하여금 조총을 사비(私備)토록 권장하였다. 곧 속오군들은 당해 읍에서 지급한, 또는 자비로 구입한 조총을 상시휴대하고 여가에 따라 리중의 교장에서 수련했던 것 같다. 그런데 정부가 이들 속오군에게 관비든 자비든 조총을 휴대케 한 것은 평상시 사격술을 연마하여 유사시에 대비하려는 뜻에서이지만, 흉년을 당하여 이들이 도산할 경우 국가로서는 많은 병기를 유실할 뿐아니라 나아가서는 불의의 사태까지도 염려되는 일이었다. 그 때문에 현종 11년에 좌상 허적(許積)이 "도망한 기민(飢民) 중 군사가 절반이니 관에서 지급한 조총과 각종 군사 장비를 관에서 거둬 들여 내년 가을까지 관고(官庫)에 보관케하자"고 제안하여 왕이 허락했다.[28] 곧 기민이 도산하기 전에 미리 각관에서 지급한 조총과 장비를 모두 관고에 수취하였다가 다음해 가을 추수 때 다시 지급키로 한 것이다.

각읍의 속오군편성은 전쟁 중에 착수되었기 때문에 신분상의 제한을 두지 않았음은 물론이고, 연령상에 있어서도 15세 이상 50세 이하

26) 仁祖實錄 16 仁祖 5년 4월 丙辰.
「備局於兵曹判書李廷龜條陳營將節目啓曰 … 一, 砲手私習時 鳥銃火藥鉛丸 自官備給軍兵私持弓箭 如有破傷處 亦自官中修補以給」.

27) 增補文獻備考 112 兵考 4 法令.

28) 顯宗改修實錄 23 顯宗 11년 10월 丁亥條.

의 남자면 잔약하고 병든 자가 아닌 이상 모두 입대시켰으며, 50세 이상된 남자일지라도 용력이 있는 자는 연령에 관계없이 모집하였다.[29] 이러한 규정은 그 뒤에도 크게 변동됨이 없이 지켜져 속대전(續大典)에도 군사들 중 사망한자나 나이가 60세로 45년간 군역을 진자 및 도망한지 10년이 넘는 자만 면역(免役)하고 다른 사람으로 대체한다고 규정하였다.[30]

이들 제도각읍의 속오군은 왜란후 훈련도감의 군사와 더불어 국가의 중요한 전투병력이었다. 속오군이 최초로 전투에 참가한 것은 광해군 6년에 일어난 명·청전이었다. 이때 국가에서는 춘경기(春耕期)의 군사동원에 따른 국내의 소요를 피하기 위해 평안도속오군 25,500명 중 7,000명만, 그리고 황연도2,550명, 강원도 200명, 개성부 50명 등 서울 이북의 속오군 중 9,800명만 징발하였다.[31] 그리고 정묘호란이 일어난 뒤인 인조 5년 11월에도 비변사에서는 청나라의 재침에 대비하기 위하여 충청·전라·경상 등 하삼도의 병사(兵使)들로 하여금 수하의 친병들만 거느리고 계면(界面)에 와서 주둔케 하는 한편, 도내의 군병(속오군)은 각기 영장들로 하여금 미리 약속해 두었다가 유사시 조정의 명령을 받아 급히 참전토록 대기시켜 놓았다.[32]

---

29) 懲毖錄15 軍門謄錄.
「且年五十歲以下 十五歲以上 不至殘病者 則雖不解操弓者 皆可編入行伍 且又雖過五十歲而勇力絕倫者 則亦不當以年歲爲拘 要之 男丁則盡令爲兵 …」.

30) 續大典 兵典 免役條.

31) 光海君日記 127 光海君 10년 閏4월 乙亥(鼎足山本).
「兵曹啓曰 因備邊司啓辭調兵事 臣等竊查甲寅年(光海君 6年) 啓下公事 則平安道束伍軍二萬五千五百 老殘收布 一萬二千五百 差加操鍊 能得其死力 則亦足制勝 今若遍徵諸道 則騷擾之弊 勢不可不慮 姑勿調發 只平安道七千名 黃延道二千五百五十名 江原道二百名 開城府五十名 抄出准備 以待師期事啓下矣」.

이상과 같이 임진왜란 중 제도각읍에 편성한 속오군은 조선왕조의 정규군이지만 병농일치제를 적용하여 평상시에는 농사 일에 쉴틈을 타서 삼수기법을 수련하고 유사시에만 전투에 참가케 하였다.

광해군말 인조 초에는 만주에서 여진족이 흥기함에 따라 군사상의 문제가 심각해져 정부는 수도(首都)의 외곽수비를 공고히 하기위해 인조 2년과 4년에 총융청과 수어청을 각각 설치하고, 총융청은 수원·남양·통진·파주·장단 등 5개영의 속오군을, 수어청은 광주·양주·죽산·원주 등 4개영의 속오군을 통할하게 하였다.[33] 이리하여 근기병(近畿兵)의 동원체제를 갖추고 난중 왕실의 피난처로 남한산성과 강화도의 수비체제도 강화하였다.

그러나 인조 14년에 일어난 병자호란은 제도각읍에 편성한 속오군 체제의 개편을 불가피하게 하였다. 그것은 이때 청태종이 거느린 10만 대군이 압록강을 건너 서울을 급습한 것이 불과 10여일밖에 걸리지 않았고, 또한 청나라 군사의 침입은 임진왜란과 같이 장기간에 걸친 전면전쟁을 유발한 것이 아니고, 서울을 급습하는 국지전(局地戰)이었다는 사실이다. 곧 속오군은 제도 각읍에 산재해 있어 단기간의 서울 급습에 대처하기에는 동원체제가 불합리하였다. 그런데다 정부가 효·현 양대를 거쳐 숙종초에 이르기까지 북벌정책을 추진하기 위해서도

---

32) 仁祖實錄 17 仁祖 5년 11월 庚辰.

「今見義州府尹嚴愰狀啓 江氷已合 在我先事之謀 不可少緩 令下三道兵使 依上年例 只領手下若干親兵 簡其騶率 來駐界面 道內軍兵 則各令營將 預先約束 脫有事變 待朝廷分付 各相統率 星夜上來 俾免違誤宜當 請以此意下諭 從之」.

33) 顯宗改修實錄 10 顯宗 4년 11월 丁丑.

「摠戎廳 仁祖甲子始置 以代京畿兵使將畿兵 其後廣州竹山楊州三營 移屬於守禦廳 本廳所屬水原南陽通津坡州長湍等五營 … 守禦廳 仁祖時完豊府院君李曙 以虜釁日深 都城單弱難守 且以江都無應援 廣州近治有南漢山城 … 廣州楊州竹山原州等四營屬焉 …」.

정예군사를 중앙에 두고 양성할 필요가 절실하였다. 이상과 같이 서울 수비의 강화와 북벌정책의 추진을 목적으로 서울에 정예병으로 편성된 군영을 증설하기 시작한 것이다.

효종 3년에는 어영청의 정군(正軍)을, 현종 12년에는 훈련별대(訓鍊別隊)를, 숙종 8년에는 금위영의 정군을 각각 편성하였다. 이 어영청과 금위영의 정군은 주로 각읍의 속오군중에서 차출된 자들이다. 이들은 번차(番次)에 따라 교대로 서울에 올라와 근무한 번상정군(番上正軍)이다. 어영청·금위영의 번상정군에 대한 자장(資裝)과 양향(糧餉)을 조달하기 위한 방안으로 정부는 급보법(給保法)을 제정 실시하였다.[34] 조선후기의 급보법은 훈련도감의 군사들에게만 적용하여 그 수가 얼마되지 않았지만 어영·금위 양영의 호보수(戶保數)와 함께 살펴보면, 훈련도감은 마·보병 5,200 여명에 마병이 714명인데 서북양도를 제외한 여섯 도의 포보(砲保)와 향보(餉保)가 모두 합쳐 44,000명이고, 어영청은 표하군(標下軍)·별파진(別破陳) 1,800여명에 향정군(鄕正軍)이 6,700여명인데 6도(道)의 미포보인(米布保人)은 49,000여명이며, 금위영은 표하마병(標下馬兵) 726명에 향정군(鄕正軍)이 16,300여명인데 보인(保人)도 16,300여명이었다[35]고 하니 훈·어·금 3군문의 군사는 약 40,726명인데 보인이 109,300여명이라는 것이다. 그런데 금위영의 보인 수는 잘못 기록되어 있다.

속대전(續大典) 병전(兵典) 번상조(番上條)에 보면

34) 顯宗改修實錄 10 顯宗 4년 11월 丁丑條 및 萬機要覽 軍政篇 3 禁衛營條 참조.

35) 星湖僿設(上) p.356 軍兵保 慶熙出版社影印本, 增補文獻備考 121 兵考 13 叢論軍制.

"어영·금위군사로 상번하는 자를 정군으로 삼고 각기 자보(資保)한 명을 두어 자장(資裝)을 갖추게 하고 또 보인 2명을 두어 각각 관에 쌀 12말을 납부케 하여 각기 해당영(營)에서 받아놓았다가 이를 번상군사의 요미(料米)로 제공한다."

고 하였다.

곧 어영·금위 양영 군사의 급보수가 동일하다. 따라서 상기한 금영의 보인수도 16,000여명이 아니라 어영청과 비슷한 50,000여명이었을 것이다.

그것은 또한 숙종 30년에 우의정 이세백(李世白)과 이조판서 이유(李濡)가 양역변통(良役變通)에 관하여 연품(筵稟)한 가운데서 "어·금양영의 호보수를, 40,000명의 군사도 실로 적지 않은데 보인까지 합치면 거의 200,000명에 달하여 백성들의 고통스러움이 모두 여기에서 나옵니다."[36]라고 한 것을 보아도 대체로 짐작할 수 있다.

이상에서 볼 때 임진왜란 중 국가가 서울에 훈련도감을 설치하고 제도각읍에 속오군을 편성했을 때는 훈련도감군은 불과 사수인 마병 2초에 포살수인 보군이 25초였다. 그러나 훈련도감의 군사는 6,000여명으로 증가되고, 보인을 44,000여명이나 확보하게 되었으며, 인조 2년과 4년에는 총융청과 수어청이 각각 설치되어, 경기도내의 속오군을 흡수한데다가 어·금양영이 개설되면서 호·보가 20여만 명이나 되었다.

이처럼 임진왜란후 양차의 호란을 겪고 북벌정책을 추진함에 따른

36) 增補文獻備考 121 兵考 13 補摠論軍制.

경군(京軍) 및 보인(保人)의 확충은 다른 한편으로 제도각읍의 束伍軍을 유명무실하게 하였다. 총융청과 수어청의 군사는 앞에서 논급한 것과 같이 경기도내의 속오군을 흡수한 것이지만 훈련도감의 보인이나 어·금양영의 정군과 보인은 제도각읍의 속오군 중에서 초출된 것이었고 속오군 중에서도 장건하고 부실한 자를 골라 뽑아 속오군은 점차 "쇠약하고 가난한 사람들"만 남게 되었다.[37]

이러한 제도각읍 속오군의 유명무실화에 더욱 박차를 가한 것은 곡물을 바치면 번상을 면제해주는 납속제번제(納粟除番制)였다. 속오군에 대한 납속제번제가 처음 실시된 것은 언제인지 상고할 수 없으나, 숙종 29년에 한성군(韓城君) 이기하(李基夏)가 "속오군을 처음에는 양인은 자원하여 조(粟) 20두를, 사노(私奴)는 15두를 납부하면 번상을 면제했는데, 지금은 다시 감액하여 양인에게는 5두를 감하고 사노에게는 3두를 감했습니다."[38]라고 한 것으로 보아, 속오군에 대한 납속제번제는 숙종 29년 이전에 이미 실시되었음을 알 수 있다. 이 제도로 말미암아 경군(京軍)과 그 보인(保人)을 초출하고 남은 속오군 중에서도 장실(壯實)한 자는 납속제번하게 마련이니 더욱 속오군은 유명무실화 할 수밖에 없었다.

이상과 같이 양차의 호란과 북벌정책의 추진을 계기로 17세기 중말엽까지 5군문이 모두 설치되고 호보제가 확대됨으로써 속오군 중에서도 장실한 남자들이 군문의 번상정군이나 미포보인으로 초출되었고, 거기에다 납속제번제까지 적용되어 속오군은 사실상 빈잔(貧殘)하고

37) 備邊司謄錄 59 肅宗 34년 8월 21일.
「我國赴戰之軍 惟恃束伍 而壯實良丁 則皆歸徵布 疲殘無衣之類 苟充團束」.

38) 備邊司謄錄 53 肅宗 29년 正月 23日條.

의지할 곳 없는 무리들만 남게 되었다. 따라서 임진왜란 중에 조직되어 국가의 전투병과 정규군으로 유지되어온 병농일치제하의 제도속오군체제는 점차 붕괴되어 갔다. 이처럼 5군문을 중심으로 한 경군체제가 강화되고 속오군체제가 붕괴됨으로써 정부는 속오군을 보강하려는 노력도 일찍부터 시도되었다. 속오군보강책으로 실시된 것은 두 가지다. 하나는 속오군급보법(束伍軍給保法)이며, 다른 하나는 속오군세초법(束伍軍歲抄法)이었다. 속오군에게 보인을 붙여주기 시작한 것이 언제부터 인지는 확실치않으나 효종 5년과 현종 4년의 기록에 경상도속오군의 급보사실이 나타났으니 늦어도 효종 초부터 경상도속오군에 한해서만 실시된 듯하다.[39] 그리고 경상도속오군에 대한 급보실태를 정조 22년의 하동군속오군병보무오식개도안(河東郡束伍軍兵保戊午式改都案)을 참고하면 하동군의 속오군수가 총 196명(양인(良人) 144, 노(奴) 52)인데 보인은 215명(양인 146, 노 69)으로 각기 보 1인을 두는것이 정식이나 별중초원군(別中硝元軍)과 각 기(旗)의 복마군(卜馬軍)에 한해서는 각각 보 2명으로 되어 있었다.[40]

다음 속오군에 대한 세초법 역시 언제부터 실시되었는지 정확한 기록이 없지만 顯宗 12년 8월에 영의정허적(許積)이 "세초를 비록 정지시켜 버렸으나 다만 속오군은 얻는대로 충정하지 않으면 빠지는 수가 매우 많을 것이니 비록 풍년이라도 한번에 충정하기 어려울 것입니다.""[41]고 한 것을 보면, 속오군의 세초법도 효종연간이나 현종 초에 이미 실시된 것으로 보이며, 흉년에도 철저히 세초법을 실시한 것 같

39) 孝宗實錄 13 孝宗 5년 8월 丙寅條 및 顯宗實錄 7 顯宗 4년 9월 壬寅條 참조.

40) 河東郡束伍軍兵保戊午式改都案.

41) 顯宗改修實錄 24 顯宗 12년 8월 丙戌.

다. 왕조정부는 경상도속오군에 한해서지만, 급보법을 적용하여 속오군의 부담을 줄임으로서 정예화를 기하였고, 세초법에 따라 매년 적령기의 장정들을 수괄하여 속오군에 충정시켜 왔다. 그러나 전술한 바와 같이 5군문의 정군과 보인을 속오군중 장실한 자를 초출하고 또 속오군에게도 납속제번제를 적용함으로써 속오군체제는 붕괴되는 위기를 모면할 수 없었다. 이 때문에 영조 4년(1728) 이인좌란을 겪은 직후인 영조 6년에 무너져가는 속오군체제를 다시 보강할 목적으로속오절목(束伍節目)을 마련하였다. 이때의 속오절목중 중요한 규정은 역시 급보법과 세초법을 보강하는 문제였다. 첫째 급보법에 관해서는 종래 경상도속오군에게만 적용하였던 것을 제도에 확대 적용키로 하고, 덧붙여서 연호잡역(煙戶雜役)을 견감키로 하였다. 둘째 세초법은 도망자나 유고자 등의 충원이 연말에 가서야 이루어지기 때문에 그동안에 간위(奸僞)와 정채수렴(情債收斂) 등 비위사실이 개재되었다고 하여 매월 초출하는삭초법(朔抄法)으로 바꾸었다. 그리고 속오군의 병기(兵器)문제도 규정하였는데, 조총·창검·궁시 등에 반드시 기(旗)·대(隊)별 숫자를 명가(銘刻)하고 전마(戰馬)는 화인(火印)을 깊이 찍어 서로 빌려서 사용하는 폐단이 없도록 하였다. 그런데 여기에서 특히 주목되는 것은 제도속오군에게 급보법을 확대적용했다는 사실이다.

상기한 바와 같이 5군문의 호보제에 이어 이제는 제도속오군에게까지 전면적으로 호보제가 적용됨으로써 보인의 수는 급격히 증가하였다. 보인수의 이러한 증가현상은 「만기요람」에서도 찾아 볼 수 있다.

> "5위를 혁파하고 5영이 설치되면서 양병(養兵)의 군자(軍資)를 오로지 양보(良保)에 의존하였는데 경·외에서 서로 본받아 교묘히 착취함이

> 날로 늘고 그 명색도 불어나 포2필을 징수하는 양군(良軍) 수가 숙종조에 30만명이던 것이 영조조에는 50만명으로 증가되었다."[42]

는 것이다. 곧 영조 6년의 「속오절목」[43]이 속오군을 보강할 목적으로 취해진 조처라고 하지만, 속오군체제가 강화되기는커녕 납포군수를 증가시키므로서 더 많은 수의 농민들에게 고통이 가중되었다. 결국 농민들을 속박하고 경제적인 부담을 가중시킨 결과만을 초래하였을 뿐이다. 그것은 영조 25년에 호남어사(湖南御史)로 다녀온 김치인(金致仁)이

> "각읍의 속오군은 사천(私賤) 등 의지할 곳없는 자들로 충정되어 있기 때문에 습조(習操)할 때에는 곧 도망해 버리므로 장교들은 습조시를 당하면 걸인들을 몰아 와서 숫자만 채우는 형편입니다."[44]

고 복명하였다. 곧 이때에도 속오군적(束伍軍籍)은 「사천등 의지할데 없는 자들로 편성된 허적(虛籍)만이 존치해 있었으며, 습조시의 속오군은

---

42) 萬機要覽 財用篇 3 均役.
「五衛罷而五營設 則養兵之資 專靠良保 京外相效 巧取日增 名色滋繁 良軍之徵布二匹者 肅廟朝爲三十萬人 至英廟朝爲五十萬人 而民志不定 圖免身役漸衆 其應役者 獨無告窮民耳 於是有白骨徵布 黃口簽丁 徵族徵隣 民不能堪」.

43) 增補文獻備考 110 兵考 2 英祖 6년 束伍節目.
「束伍軍各給一保 烟戶雜役蠲減 … 逃故代定之類 必欲待歲末 合數磨勘於各營 則其間奸僞易生 而且情債收斂 亦有弊端 必使朔末公事時 某故代充某 某逃代充某 … 鳥銃槍劍弓矢等物 亦刻其某旗某隊 戰馬從深火印 以防其相借之弊」.

44) 英祖實錄 70 英祖 25년 12월 癸卯.
「各道束伍 全以私賤無依者充定 習操時輒逃散 將校輩 驅來乞丐之流 臨急苟充」.

강제로 모취한걸인들에 불과하였다. 이렇게 허적만이 존치해 있는 상태에서 제도각읍에는 전술한 정조 22년 하동군의 속오군처럼 호·보가 엄연히 분리되어 있었고, 정조 2년 현재 8도에는 호적상에 21만명의 속오군이 남아 있었다.[45)]

이상에서 대체로 속오삼수제의 성립과 속오군체제의 붕괴과정을 살펴 본 셈이다.

이처럼 17세기 말 18세기 초에 중앙의 5군문과 지방의 속오군체제가 붕괴되고 있는 현실을 직시한 당시의 진보적인 학자들 가운데서는 군제를 강화할 새로운 방안들을 제시하고 있었다. 유수원(柳壽垣)은 양병의 재원을 농업생산이 아닌 염철전매수입 등 다른 생산부문에서 찾을 것을 모색하였고, 정원(正言) 박성원(朴盛源)은 양반도 군역에 참여시킬 것을 주장하였으며, 정약용(丁若鏞)은 여전제(閭田制)에 기초한 농민군제(農民軍制)와 수포제(收布制)에 의한 중앙군의 양병안(養兵案)을 제시하고 있었다.[46)]

그런데 본절에서 특히 부언해 두고자 하는 것은 조총을 사사로히 지니고 수렵행위를 해온 사포수(私砲手)들에 관한 문제다. 전술했듯이 임진왜란후 속오군은 당해 읍에서 조총과 화약·연환을 지급하여 사습시에 사용토록 하였고, 또 자비로 조총을 구입하는 자에게는 급복하는 특전까지 부여하면서 평상시에 조총의 사격술을 연마토록 해왔다. 이 때문에 서울이나 지방의 삼수중 포수들은 농사를 짓는 여가에 수렵

---

45) 正祖實錄 5 正祖 2년 閏 6월 辛丑.
「… 八路之束伍二十有一萬 …」.

46) 姜萬吉:「軍制改革論을 통해 본 實學의 性格」, pp.162~166 東方學誌 22, 延世大學校國學研究院刊 1979.6.

또한 가능하였고, 때로는 농사를 버리고 수렵에 전업하는 자들도 증가하였다. 따라서 수렵을 전업으로 삼는 자들은 군적(軍籍)마저 이탈하게 마련이어서, 일찍부터 사포수들에 대한 정부의 관심이 지대하였다. 그 한 예로 인조 18년에 이조참판 이식(李植)은

> "제도의 산행포수(山行砲手)들 가운데는 군오(軍伍)에 소속되지 않은 자가 매우 많습니다. 이들이 날로 성하면, 기수(氣數)에도 관계될 듯하니 마땅히 각읍으로 하여금 엄격히 조사 수괄토록 하되 특히 총기를 가지고 수렵하는 자로서 성명이 군적에 실려 있지 않는 자는 모두 당율(唐律)로 다스려야 합니다."[47]

고 주장하였다. 이는 군역도피자를 수괄해야 하는 문제일 뿐만 아니라, 「기수」에 관계되는 일로 염려하고 있었다. 그 때문에 전술한 좌상 허적도 현종 11년에 기민으로 도산하는 자 중에는 군병이 태반이므로 관에서 지급한 조총과 군장을 수취하였다가 흉년이 끝난 뒤에 되돌려 주자고 주장한 것도 단순히 관의 무기를 유실하는 염려 때문에서만은 아니었다. 그러나 포수로 하여금 사격술을 익히게 하기 위해서는 상시로 휴대하고 수련해야 함이 당연한 일이므로 그 뒤에는 포수들의 조총을 관에서 수취하는 일은 없었다. 다만 숙종 11년(1685)에 함경도에서 범월사건(犯越事件)이 일어나 북관포수(北關砲手)들의 조총을 각읍에서 수취하였다가[48] 동왕 21년에 특진관(特進官) 권시경(權是經)이 "그들이

---

47) 仁祖實錄 4 仁祖 18年 3月朔 壬午條.
「諸道山行砲手 不屬於軍伍者甚多 此輩之日盛 似關於氣數 … 宜令各邑嚴加查括 凡以銃技行獵 而姓名不在軍籍者 皆論以唐律」.

사는 길이 또한 장록(獐鹿)을 수렵하여 전매(專賣)하는 것인데 수렵을 못하게 하면 자생(資生)할 수가 없습니다."[49]고 주장하여 다시금 조총을 돌려주었던 적이 있었을 뿐이다.

조선왕조후기 사포수의 증가 현상은 빈농의 포수가 흉황과 세역을 피하여 자생할 목적으로 이농하게 되지만, 한편으로는 피물(皮物)의 상품가치가 높아 수렵의 전업화가 더욱 촉진되고 있었다. 17세기중엽 이후 피물은 대청무역상의 수출품목중 중요한 위치를 점하고 있었다. 곧 사포수의 증가는 조선후기 상품경제의 발전과 병행하고 있었던 셈이다.[50]

한편 이러한 사포수의 증가현상이 조선후기에 걸쳐 지속되면서 급기야는 붕괴되어가고 있었던 속오군체제의 한 보강책으로 주목되기에 이르렀다.

첫째, 사포수들은 수렵을 생업화 함으로써 사격술이 능숙하게 마련이어서 전시에도 일반 군병에 비교할 바가 아니었다. 둘째, 삼수제가 전술상 비록 나름대로의 장점을 지니고는 있지만, 궁시나 창검으로 무장한 군사가 숙달된 조총병을 당할 도리는 없다. 오히려 삼수제보다는 능숙한 조총병대를 조직하는 일이 강병을 확보하는 가장 이상적인 전투편제임에 틀림없다. 결국 정부가 영조 6년에 「속오절목」을 마련하여 제도의 속오군을 보강해 보려고 노력하였지만 결과는 마찬가지

---

48) 英祖實錄 11 英祖 3년 6월 甲寅條.
「命北關軍兵復習鳥銃 從咸鏡監司趙絅之請也 先是肅廟乙丑 北民有犯越之變 故朝家嚴禁邊民之行獵 而盡取鳥銃 藏之官府 …」.

49) 備邊司謄錄 49 肅宗 21년 11월 3일.
「渠輩生理 亦在於獵得樟鹿 轉賣聊賴 而此路亦斷 無以資生 …」.

50) 姜萬吉 : 「朝鮮後期 商業資本의 研究」, pp.93~94(韓國史研究 1) 참조.

였다. 이러한 노력 끝에 속오군체제를 보강하는 하나의 방법이 사포수를 단속하는 일임을 깨닫게 된 것 같다. 곧 영조 21년(1745)에 호남심리사(湖南審理使) 조영국(趙英國)이

"각읍의 속오군은 완전히 볼품없이 되어 유사시에 믿을 것은 산행포수밖에 없습니다. 비록 병자호란시를 두고 말하더라도 류림(柳琳)의 금화전투(金化戰鬪)*가 오로지 청주(淸州)의 300명 산행포수의 힘에 의거하였던 것이니, 이로서도 그들이 정병임을 감히 알 수 있습니다. 호남에도 사포수가 적지 않으니, 사정청(査正廳)의 성책(成册)중에 각읍의 산척(山尺)을 모두 기록해두어 그들에게 역(役)을 면제시켜 단속할 뜻을 보여야 합니다."[51]

고 주장하였다. 이러한 정부의 사포수작대(私砲手作隊)를 위한 노력은 점차 실현되어 가고 있었던 것으로 보인다. 그것은 동왕 23년에 북병사 정찬술(鄭纘述)의 장계에서도

"사수인 마군馬軍이었다가 장포수(壯砲手)로 강등된 자 및 전부터 포.살수인 보군으로 있었던 자를 모두 합치면 50초(약 5,000여명)인데 그중 이미 조총을 받은 자는 20초(약 2,000여명)입니다. 북병영(北兵

51) 英祖實錄 61 英祖 21년 4월 丁未條.
「各邑束伍 全不成樣 緩急所恃 莫如山行砲手 雖以丙子事言之 柳琳金化之戰 專賴淸州三百山行砲手之力 則此其爲精兵可知 通計一道 其數亦不少 査正廳成册中 列邑山尺 一並載錄 俾勿侵役 以示團束之意焉」*졸고;병자호란전후 류림장군의 장략과 김화대첩(2019옴생출판사간)참조정묘호란때 충청병사로 병사를 이끌고 한강남안에 주둔했던 사실과 혼동한 듯하다.

營)에서 조총을 나눠준 수는 원군포수(元軍砲手) 1,800명과 아병포수(牙兵砲手) 240명으로 도합 2,400명입니다. 병법상에는 살수 4초에 조총 1초로 되어 있는데 지금은 모두 총수(銃手)가 되었습니다."[52]

고 하여 사수인 마군을 조총수로 전환시켜 갔을 뿐 아니라, 살수는 아예 없애고 보군을 모두 조총수로 편성하였던 것이다. 이처럼 속오군이 포수로만 구성되었다는 사실은 사실상 삼수제의 붕괴를 의미하는 것이었다. 그런데 속오군 내부의 조총수 증가와 병행하여 각도에는 아예 사포수만으로 편성한 조총병대(鳥銃兵隊)가 설치되기 시작하였다. 〈증보문헌비고〉(增補文獻備考)에 기재된 것만 살펴보아도 함경도 5초, 황해도 6초 120〉, 전라도 150명이었다.[53] 사포수만으로 편성된 독립적인 조총병대의 설치는 19세기중엽 대원군집정기에는 더욱 증가되어 고종 4년에는 함경도 경흥에 160명, 길주에 300명, 동왕 5년에는 공충도에 1,000명, 동왕 6년에는 전라감영에 200명을 조직해 두고 있었다.[54] 이러한 추세는 속오삼수제가 개항 이후의 신식군대편제로 전환하는 과도기적인 현상이라고 할 수 있을 것 같다.

제2절 각읍월과총약환가(各邑月課銃藥丸價) 설정

임진왜란 중에 속오삼수제를 채택하여 서울에는 훈련도감을 설치

52) 英祖實錄 66 英祖 23년 12월 丙子條.

53) 增補文獻備考 118-9 兵考(10,11) 州郡兵(1, 2).

54) 增補文獻備考 118-9 兵考(10,11) 州郡兵(1, 2).

하고 제도각읍에는 속오군을 편성하였으나, 이들 삼수에게 무기를 조달하는 문제가 심각한 일이었다. 그중에서도 사수나 살수의 궁시와 창검 등은 종래부터 사용해왔던 무기며 또 제조하기가 어려운 것도 아니었다. 그러나 포수에게 지급할 조총과 화약·연환 등은 제조 원료를 손쉽게 구할 수도 없었을 뿐 아니라, 그것을 제조하기도 어려운 무기였다. 조총은 정철(正鐵)로써 제조하기 때문에 철을 구하기는 쉬우나 제조과정이 복잡하고 당시로서는 고도의 기술을 요하였으며, 화약은 당시 유황과 염초 및 버드나무재(柳)를 배합하여 만들었는데, 유황광산이 개발되지 않았고, 염초제조 또한 기술상의 문제가 뒤따라야 하였다. 연환은 연철로써 만드는데 우리나라는 연(鉛)과 은(銀)이 동일한 광석에 혼재하여 연은광산을 개발하지 않는 한 조달할 수 없었다. 이 때문에 임진왜란 중에 이미 서울과 지방의 포수를 양성하고, 또 그들에게 지급할 총약환(銃藥丸)을 조달해아 하는 문제는 정부의 가장 중요한 과제였다.

포수의 양성과 총약환의 조달문제가 임진왜란 중에 처음으로 제기된 것은 임진왜란 이듬해인 선조 26년 정월에 평양성(平壤城)을 탈환한 직후부터의 일이며, 제조에 착수하게 된 것은 적어도 명(明)·왜(倭)로부터 제조법을 전수한 뒤인 그해 6월 이후부터였다. 임진왜란 중에 정부는 조총과 화약 및 연환을 생산 조달하기 위하여 선조 26년부터 도회제 생산(都會制 生産)을 제도에 강요하였다. 이 도회제 생산형태는 이미 조선전기에도 있어 왔던 제도였으며,[55] 인력과 물력이 부족한 조건에서 국가가 제품원료의 생산읍을 도회(都會)로 삼고, 인근 제읍의

55) 柳承宙 : 「朝鮮前期의 軍需鐵鑛業研究」, p.309 韓國史論 7, 1980. 11. 國史編纂委員會刊.

재력과 인력을 한데 모아 집중생산하는 형태였다.

임진왜란 중 선조 26년 6월에 포로한 일본인 조우여문(調于汝文) 등을 정부는 동년 7월에 군기시(軍器寺) 관원의 감독하에 원융(元戎)이 주둔한 영변(寧邊)으로 옮겨 놓고 장인(匠人)들로 하여금 염초제조기술과 더불어 조총제조법을 전습·제조토록 하였다.[56] 그러나 그중 조총제조법을 알고 있던 왜인포로가 병사함으로써 조총생산은 이루어지지 못하였고, 염초제조만이 계속되고 있었다.[57]

조총생산은 선조 26년 10월의 환도(還都)와 더불어 설치한 훈련도감에 의하여 적극 추진되었다. 훈련도감에서는 동왕 27년 2월부터 왜병포로 중 조총제조기술을 가진 자들을 염초제조기술자와 함께 도감에 유치하고 조총제조와 염초자취역에 사역하기 시작하였다.[58] 조총은 그것의 제조법이 쉽지 않았기 때문에 화약이나 연환 및 다른 구식병기와 같이 쉽게 지방의 장인들에게 맡길 수 없어 각도의 도회제생산을 강요할 수가 없었다. 뿐만 아니라 훈련도감에서 생산되고 있던 조총마

---

56) 宣祖實錄 36 宣祖 26년 3월 丙寅·己亥條.
宣祖實錄 40 宣祖 26년 7월 辛酉條.

57) 宣祖實錄 48 宣祖 27년 2월 丙寅.
「又傳曰 中國之將 則不殺生擒之倭 而我國之人 則擒輒殺之 以絕其投降之路 非但度量狹隘 緣此他國之技不得傳習 前在永柔 偶得生擒倭二人 適皆迷下者 有司請殺之 予力止之 其一教煮焰硝 其一教造鳥銃 鳥銃者病死 焰硝者今在寧變矣 此其一驗也 今因言端 偶及之此意更議 今後生擒倭兇狡難制者外 其餘械送京師 或誘致納降」.

58) 宣祖實錄 48 宣祖 27년 2월 丙寅.
「又傳曰 中國之將 則不殺生擒之倭 而我國之人 則擒輒殺之 以絕其投降之路 非但度量狹隘 緣此他國之技不得傳習 前在永柔 偶得生擒倭二人 適皆迷下者 有司請殺之 予力止之 其一教煮焰硝 其一教造鳥銃 鳥銃者病死 焰硝者今在寧變矣 此其一驗也 今因言端 偶及之此意更議 今後生擒倭兇狡難制者外 其餘械送京師 或誘致納降」.
宣祖實錄 49 宣祖 27년 2월 戊寅.
宣祖實錄 53 宣祖 27년 7월 己丑.

저도 선조가 동왕 26년 12월에

> "우리나라에서 만든 조총은 모두 거칠게 만들어서 쓸모가 없으니 앞으로는 이렇게 하지말고 왜조총(倭鳥銃) 중 정묘한 것을 표준으로 삼아 한결같이 그모양대로 만드는 것이 옳다."[59)]

라고 할 정도였으므로 지방의 장인들에게 맡길 일이 아니었다. 그러나 조총생산을 각읍에 맡길 것을 최초로 시도한 것은 선조 27년 2월 영의정 유성룡에 의해서였다. 그는 "황해도와 충청도 같은 도에는 조총과 화약을 제조하도록 할수 있습니다"고 하자, 왕도 그렇다.[60)]고 하였다. 이 유성룡의 제안은 구체화되어 동년 3월 비변사가 포수양성안(砲手養成案)을 골자로 마련한 훈련사목(訓練事目)에 의해 실시케 되었다.

첫째, 서울의 숙련된 철물장인 5, 6명을 훈련도감에서 훈련시킨뒤 황해·충청의 연해 각관 중 탄·철이 풍부한 곳에 보낸다.

둘째, 탄·철이 풍부한 읍에 도회(都會)를 설치하여 계속 정교하게 타조케 한다.

셋째, 도회읍의 수령은 부지런하고 성실하며 조총의 구조성능을 익히 아는 자를 파견하여 작업을 전담케 하고 성과를 책임지게 한다.[61)]

이리하여 조총은 서울의 훈련도감에 이어 선조 27년 3월부터 황해·충청의 탄철이 풍부한 5,6개소 읍에서 도회제 생산에 착수하게 되었다.

---

59) 宣祖實錄 46 宣祖 26년 12월 辛亥條.

60) 宣祖實錄 48 宣祖 27년 2월 辛酉條.

61) 宣祖實錄 49 宣祖 27년 3월 己卯條.

연환(鉛丸)의 경우도 조총과 마찬가지로 일단 제품원료가 생산되는 곳에서만 제조가 가능하였다. 임진왜란중 연환의 주공급지는 함경도 단천(端川)이었다. 선조 26년 8월에 은화를 주조할 목적으로 이 광산을 개발하였으나,[62] 동시에 연환의 공급처로 되었고, 이를 채굴하기 위하여 동왕 27년 5월에는 단천과 길주민의 공물(貢物)을 긴요한 것 외는 견감헤 주었다.[63] 단천에 이어 함흥·안변 및 충청도의 연광산도 개발되어 동왕 29년 정월에 비변사에서는

> "함흥·안변·단천 및 충청도 충주의 연철산지를 해당도의 감사에게 교서를 띄어 많이 채취해 올리게 하여 전쟁시 사용할 수 있도록 충당함이 옳습니다."[64]

고 하여 산연지의 각도감사들에게 하서하여 많이 채취해 올려보내토록 하고 있었다. 이들 산연지의 각읍주민들에 의해 채취하는 광산노동 역시 탄철산지의 조총제조를 위한 도회제와 같은 부역노동이 강요되었다.

한편 화약생산의 경우는 조총이나 연환과는 약간 달랐다. 화약생산 원료는 유황·염초·유회였다. 유황은 극히 소량이 필요하였으나 국내

---

62) 宣祖實錄 41 宣祖 26년 8월 甲申.
宣祖實錄 56 宣祖 27년 10월 甲寅.

63) 宣祖實錄 51 宣祖 27년 5월 壬寅.

64) 宣祖實錄 71 宣祖 29년 正月 己未條.
「備邊司啓日 (上略) 火砲軍器整備事 … 軍器寺前年所造大小砲合一百九十餘 又有收拾天地字以下大砲數十餘位 此亦不足於用 所當連續多鑄 而鍮鐵已盡 事力不具 未能卒辦 … 咸興安邊端川鉛鐵及忠淸道忠州鉛鐵所産處　下書各道監司多數採取　上送以備急用爲當(下略)」.

의 유황산지를 임진왜란중에 개발하지 못하여 명나라로부터 수입하였고, 유회는 어디서든지 구할 수 있는 원료여서 결국 화약제조에는 염초생산이 문제였다.

염초의 원료는 고가(古家)의 추녀 밑 함토(鹹土)에서 구할 수 있을 정도로 국내에서의 생산이 가능하였지만 제조과정이 복잡하여 상당한 기술이 필요하였다.[65)]

당초 염초생산도 조총과 같이 앞서 언급한 것처럼 훈련도감에서도 제조하였지만,[66)] 군기시가 구식 화포생산과 아울러 관장, 생산하고 있었다.[67)] 전술한 바와 같이 선조 26년 7월 왜인포로 조우여문 중 1인이 자초술(煮硝術)을 알고 있어 군기시 관원의 감독하에 영변에서 자초역에 종사하게 되었고,[68)] 그들은 동왕 27년 2월 현재도 영변에서 자초하고 있었다.[69)]

---

65) 제3장의 軍衙門의 火藥製造實態 참조.

66) 宣祖實錄 49 宣祖 27년 3월 己亥.
宣祖實錄 50 宣祖 27년 4월 癸亥.

67) 제3장의 軍衙門의 火藥製造實態 참조.

68) 宣祖實錄 36 宣祖 26년 3월 丙寅·己亥條.
宣祖實錄 40 宣祖 26년 7월 辛酉條.
宣祖實錄 48 宣祖 27년 2월 丙寅.
「又傳曰 中國之將 則不殺生擒之倭 而我國之人 則擒輒殺之 以絕其投降之路 非但度量狹隘 緣此他國之技不得傳習 前在永柔 偶得生擒倭二人 適皆迷下者 有司請殺之 予力止之 其一敎煮焰硝 其一敎造鳥銃 鳥銃者病死 焰硝者今在寧變矣 此其一驗也 今因言端 偶及之此意更議 今後生擒倭兇狡難制者外 其餘械送京師 或誘致納降」.

69) 宣祖實錄 48 宣祖 27년 2월 丙寅.
「又傳曰 中國之將 則不殺生擒之倭 而我國之人 則擒輒殺之 以絕其投降之路 非但度量狹隘 緣此他國之技不得傳習 前在永柔 偶得生擒倭二人 適皆迷下者 有司請殺之 予力止之 其一敎煮焰硝 其一敎造鳥銃 鳥銃者病死 焰硝者今在寧變矣 此其一驗也 今因言端 偶及之此意更議 今後生擒倭兇狡難制者外 其餘械送京師 或誘致納降」 주(57) 참조.

이 영변 자초역을 시도하던 동년 6월에 선조는 정원에 하교하기를,

> "적이 싸울 때마다 완승하는 것이 오직 화포 때문이고, 명나라군사의 위력도 오직 화포때문이며 우리나라의 단점 역시 여기에 있다. 지금 마땅히 평안황해충청전라도 등에 각각 도회를 설치하여 화약을 많이 생산하는 한편 사람들에게 총쏘는 기술을 가르쳐라 한 사람을 가르쳐놓으면 열사람을 가르칠 것이고 그 열사람은 백사람을 가르치고 그 백사람은 천만명을 가르칠것이니 이와같이 하면 몇해안가서 모두 포수가 될것이다."[70]

고 하였다. 선조는 전쟁의 승패가 조총에 달려 있음을 절감하고 포수를 많이 양성하기 위하여 평안·황해·충청·전라도 등 수복지의 각도에 「도회」를 설치하고 화약을 많이 생산토록하고 조총의 사격술을 널리 가르치도록 하교하였던것이다. 이에 비변사에서는 하교 중의 염초 및 궁전 생산의 도회제 적용에 관한 지침을 상세히 제시하고 있었다. 첫째 각도의 감사와 병사 및 수영에 「도회」를 설치할 것을 원칙으로 하고, 둘째는 각기 도내의 각관 중 가능한 한 大邑에 도호(都護)를 설치하되 방백(方伯)이 선택토록 하고, 모름지기 무장이 수령으로 있는 읍을 택하도록 하였다. 이때 비변사에서 도호를 설치할 수 있을 만한 거진(巨鎭)들을 열거한 것을 보면, 황해도의 해주·안악, 충청도의 홍주·공주·임천·서천, 평안도의 의주·성천·강계·귀성, 경상도의 경주·안동·진주, 강원도의 길주·단川·영흥·회령 등 읍이었다.[71]

---

70) 宣祖實錄 39 宣祖 26년 6월 壬子條.

71) 宣祖實錄 39 宣祖 26년 6월 壬子條.

이상과 같이 정부가 선조 26년 6월부터 수복지의 제도로 하여금 염초와 아울러 궁전의 도회제생산을 실시케 한 뒤, 동년 10월에는 다시 풍원부원군 유성룡이 강화도의 감목관(監牧官)으로 하여금 목자(牧子)들을 거느리고 자초토록 건의하였고, 완성군(完城君) 이헌국(李憲國)은 도성내의 민가로 하여금 집집마다 염초를 생산토록 할 것을 주장하였다.[72]

이리하여 선조 26년 6월 이후 제도의 거진에 이어 강화·서울에 이르기까지 염초자취역이 확대 실시되었다.[73]

임진왜란중 조총은 그런대로 조달되었고 연환도 연광을 일부 개발함으로써 해결되었으나, 화약은 국내 생산이 가능하면서도 엄청난 소모를 요하는 것이기 때문에 제도의 도회제생산이 강요되었던 것이지만 소기한 성과를 거두지는 못하고 있었던 것 같다. 그것은 징비록(懲毖錄)의 선조 29년조에

> "화약은 비록 각관으로 하여금 자취토록 하였으나, 혹 자취법을 알지 못하거나 혹 태만하고 성실치 못한 나머지 부질없이 민력만을 소모할 뿐 소득은 많지 않다."[74]

고 한데서도 짐작할 수 있다.

이상이 대략 임진왜란 중 국가가 조총과 화약 및 연환을 생산 조달해 온 실태거니와 한마디로 임진왜란중의 총약환은 복정(卜定)류의 도

72) 宣祖實錄 43 宣祖 26년 10월 壬寅條.
73) 宣祖實錄 46 宣祖 26년 12월 辛亥條.
74) 懲毖錄 5 芹曝集 經理西方事務 丙申 4월.

회제생산에 기초하고 있었다. 이러한 도회제생산형태는 국가의 재력과 인력이 부족한 전시체제하에서 불가피하게 적용될 성질의 것이었고, 선조 28년부터 동왕 30년을 전후하여 제도각읍에 포수를 중심으로 하는 속오군 편성이 완료되고, 또 전쟁이 마무리 지워진 후에까지 강행할 수 있는 방법은 아니었다. 더욱이 北方의 위협이 높아가고 삼수제를 확립시킬 필요가 절실하였던 정부로서는 이제 이와는 달리 장기적인 군사훈련과 군비강화책을 강구하지 않으면 안 되었다.

임진왜란 직후 정부는 특히 화약수용 문제를 해결하기 위하여 우선 두 가지 방법을 실시하고 있었다. 첫째는 염초를 납부하면 면역시키는 납초면역법(納硝免役法)이었고, 둘째는 도회제생산체제를 월과자초법(月課煮硝法)으로 전환시키는 정책이었다. 납초면역법은 염초 60斤을 관에 납부한 자에게 면역의 특전을 부여한 제도였다. 선조 34년 2월의 기록에 의하면, 평안도의 경우는 요동(遼東)의 염초가가 저렴하여 은일량에 20근을 살 수 있어 아예 은삼량만 바치고 면역하는 자가 있는가하면, 수령들 중에는 이를 기화로하여 납초품으로 사리를 도모하는데 이용하는 자가 있다고 하였다.[75] 그러나 요동의 염초가가 저렴하였기 때문에 일부에서는 국내의 자초역이 너무 힘들다는 이유로 오히려 명나라의 염초를 수입할 것을 주장하였고,[76] 또 사신의 행차를 이용한 명나라 염초 수입도 일부 이루어지고 있었다.[77]

---

75) 宣祖實錄 134 宣祖 34년 2월 丁丑.
「平安道觀察使徐渻馳啓曰 (上略) 臣等莅職頗久 風聞於人 則頃以操鍊一事 急求焰硝火藥等物 至於懸賞購募 而遼陽地方 焰硝價廉 二十斤値銀一兩 而納硝六十斤 則免役 或有硝緣請囑於各司 圖得三兩銀子 因之免役 甚者 守令又將其所納焰硝 以濟己私者有之 納硝免役移屬公事 一切革罷 俾絶奸濫之弊云」.

76) 宣祖實錄 134 宣祖 34년 2월 癸巳.

다음, 월과자초법의 적용은 선조 36년 3월에 군기부정(軍器副正) 이지효(李止孝)의 진언이 단서를 이룬 것 같다.

> "신은 용렬한 무부(武夫)로 군기시에 근무한지 오래 되었습니다. 화약을 판출하기 매우 어려운데다 각 도에 보내는 양이 적지 않아 거기에 부응하기가 어려운 형편이었습니다. 삼가 듣건대 명나라 법에는 곳곳마다 염초를 생산토록 허락하였기 때문에. 사람들이 모두 자초법을 알아서 조총을 사용하는데 뛰어난 것입니다. 원컨대 명나라 사례대로 각도 각읍으로 하여금 자초하여 사용토록 하십시오."[78]

군기시에서 화약제조역을 관장해 온 듯한 이지효는 군기사가 각도에 많은 량의 화약을 제조해보내기에 어려움이 큼으로 명나라처럼 각도 각읍으로 하여금 자체 생산해 쓰도록 하자는 의견이었다. 즉 그간 각읍에서의 염초자취량이 극소하여 군기시가 부득이 제송해 왔지만 앞으로는 각읍으로 하여금필요한화약을 제조케 하자는 주장이었다. 이러한 사정은 동년 5월의 비변사계문에도 나타나고 있었다. 곧 서울과 제도에서의 연간 자초량은 포수의 습방용에 불과하여 비변사가 지금 염초청(焰硝廳)을 별도로 세워고 자초하지만 인력이 부족하여 역시 생산량이 보잘 것이 없는 실정이었다. 이리하여 비변사는 소강첨사(所江

77) 宣祖實錄 134 宣祖 34년 2월 癸巳.
宣祖實錄 135 宣祖 34년 3월 丙辰條.
「咸鏡監司申磼馳啓曰 臣到界之後 審察列邑砲手敎訓之事 與平安道頓異 火藥焰硝亦無措備之路 極爲可慮 臣忝在備邊司堂上時 尹承勳果送銀子百五十兩 貿易焰硝 已經歲月 尙無貿送之期 今則承勳 已爲上京 方在本兵之地 使之專掌照管 急速貿送 啓下備邊司」.

78) 宣祖實錄 160 宣祖 36년 3월 丁卯條.

僉使) 남궁간(南宮僩)으로 하여금 소강일대에서의 자초를 지시하고 월과제에 기초한 사목(事目)을 작성 하달하였던 것이다.[79] 이상에서 볼 때 군기시부정 이지효가 화약을 각도각읍이 자체 생산하여 써야 한다고 제의한 방안과, 소강지역 자초의 월과제는 이후 도회제 대신 각읍월과자초제(各邑月課煮硝制)를 제정하는 단서를 이루었을 것으로 짐작된다.

종래의 도회제가 대읍을 도회 또는 도호로 설정하고 인근 읍의 인력을 동원한 생산체제였고, 일시적인 집중생산을 강요한 데 비하여, 각읍월과자초법은 장기적인 정액생산을 요구하는 생산체제였다. 따라서 각읍의 자급자족적인 그리고 장기적인 정액생산제인 각읍월과제는 도회제생산보다는 농민의 요역노동을 덜 강요하였을 것도 같다. 각읍의 정액제 생산체제인 월과자초법이 실시된 연월은 상고할 수 없으나 선조 36년 7월에 대사헌 권희(權憘)가

> "신이 서로(西路)에서 돌아올 때 각읍의 염초폐단을 들었는데, 대읍은 으레히 40근을, 중읍은 30근 소읍은 15근을 매월 마련하여 바치도록 하였는데, 모두 면포로서 교환하는데 1근 값이 많게는 2필에 달했습니다."[80]

이라고 한 것으로 보아, 명나라 요동땅과 멀지 않은 서북지방 평안도나 황해도의 각읍에서는 직접 염초를 힘들게 생산하려하지 않고 읍민들로부터 면포를 수렴하여 요동의 염초를 수입한 것으로 보인다. 이러

79) 宣祖實錄 162 宣祖 36년 5월 甲戌.

80) 宣祖實錄 164 宣祖 36년 7월 丁丑.

한 월과제의 실상은 각읍뿐 아니라 변진(邊鎭)의 궁전생산에도 예외가 아니었다. 곧 동년 동월에 영사(領事) 이덕형(李德馨)은

> "근래 변진의 병기가 점차 허술해져서 비변사가 신칙하여 매월 제조케 하였는데, 각 진이 정교하게 제조할 수 없어 혹간 대가를 전결에 부과 징수하여 쓸모없는 궁전들을 억지로 채워놓고 있습니다."[81]

고 한 것을 보면 변진의 궁전제조도 역시 월과제가 적용되고 있었지만 성의를 다해 정교하게 제조하지 않고 있었다. 어쨌던 임진왜란 이후의 제도각읍·진의 병기제조는 공히 월과제하에 추진되고 있었고 폐단도 많았다.

각읍월과법이 광해군연간에는 화약뿐 아니라, 조총과 연환에까지 확대 적용되었고, 각읍의 수령은 당해읍에 부과된 수량의 총약환을 제조하도록 강요하였다.[82] 그리고 정부는 민력(民力)을 소모하지 않도록 하기 위하여 당해 읍에 할당된 월과총약환을 생산하는 데 필요한 물자(物資)를 수령으로 하여금 자체내의 경비에서 염출하도록 규정하였다.[83]

그러나 이미 인조대에 들어와서는 물자를 수령이 판출(辨出)하지 않

---

81) 宣祖實錄 164 宣祖 36년 7월 丁丑.

82) 仁祖實錄 14 仁祖 4년 11월 甲午.
「命各邑月課軍器 限三年姑罷 壬辰亂後 各官軍器蕩然 不得已權己設法 使各官逐月措備 反正後 特진軫民弊 限四年權罷 至是當復設 而民力未蘇 憲府請限五年勿復 故有是命」

83) 承政院日記 1 仁祖 元年 4월 13일.
「李适曰 … 且如各官月課軍器 當初之意 欲其不費民力 自官中措備 而今則皆責出民間 以田結收布 苟充備納 前日所備 亦不修治 而每造新件 徒煩民力 而終無實用 …」.

고 농민들로부터 포(布)를 수취하여 충당하는가 하면,[84] 황해도와 평안도의 경우에는 관향곡(管餉穀)으로 대충(代充)할 뜻을 비치고 있었다. 인조 27년 3월 이시방(李時昉)이 아뢰기를,

> "황해, 평안 양도에서는 월과군기 때문에 守令들이 모두 걱정하고 있습니다. 곧 복호(復戶)는 많고, 전결(田結)은 적은데 해마다 청사(淸使)를 접대해야 하고 또 월과군기도 채워 놓아야 하니 형편이 매우 곤란하다는 것입니다. 이리하여 각읍에 비축되어 있는 관향곡을 그 수량에 따라 혹 5분의 1이나 3분의 1의 모곡(耗穀)을 만들어내 주셨으면 하고 있습니다."

고 하였고, 이어 승지(承旨) 유경집(柳景緝)도 아뢰기를

> "월과군기에 대한 당초의 사목(事目)에서는 비록 각읍의 수령으로 하여금 자력으로 물자를 마련토록 하였지만 전란후에 각읍은 관아에 바치는 액수가 대폭 감소되어 청사접대비도 마련키 힘들게 됨으로써 부득이 월과가를 민결(民結)에서 염출해 왔습니다."[85]

라고 한 것을 보아도 월과가는 당초 각읍의 자체경비에서 염출하도록 되었던 것이지만, 전란후에 점차 민결(民結)에 부과되기에 이르므로서

---

84) 承政院日記 1 仁祖 元年 4월 13일.
「李适曰 … 且如各官月課軍器 當初之意 欲其不費民力 自官中措備 而今則皆責出民間 以田結收布 苟充備納 前日所備 亦不修治 而每造新件 徒煩民力 而終無實用 …」.

85) 備邊司謄錄 13 仁祖 27년 3월 20일.

농민들에게는 하나의 새로운세역(稅役)으로 전화된 셈이었다.

광해군연간 각읍에 할당된 월과총약환(月課銃藥丸)은 행정상의 대·중·소 등위별로 정액이 배정되어 있었다. 대부(大府)·도호부(都護府)는 매년 조총 24병(柄=자루), 화약 96근(斤), 연환 4,800개를, 부(府)는 조총 18병, 화약 72근, 연환 3,600개를, 군(郡)은 조총 12병, 화약 48근, 연환 2,400개를, 그리고 현(縣)은 조총 6병, 화약 24근, 연환 1,200개를 각각 마련토록 규정된 것이다. 총약환의 법정가(法定價)는 조총이 병당 미(米) 5곡(斛, 1곡=10두)였고, 화약은 근당 미 1곡이며, 연환은 100개당 미 5두였다.[86)]

이상과 같이 행정단위별 차등분배를 실시한 제도각읍의 월과총약환은 연간 엄청난 수량에 달하며, 그로 말미암아 소요되는 가미량(價米量)도 적지 않았다. 시행 당시의 각읍분등과 내역은 알 길이 없으나 우선 참고로 중종 25년(1530)에 증수한 동국여지승람(東國輿地勝覽) 중의 각읍을 기준으로 환산해 보아도 대개 전국의 연간총할당량은 조총의 경우 3,510병이며, 화약이 14,040근, 연환이 702,000개에 달하였다. 그리고 여기에 소요되는 가미량도 조총이 11,700석, 화약이 9,360석, 연환이 2,340석으로 연총월과미는 23,400여석인 셈이었다.[87)]

임진왜란을 겪은 농민들의 궁핍은 재언할 필요가 없거니와 설상가상으로 가중된 세역(稅役)을 감당하기란 힘겨운 일이 아닐 수 없었다. 농민들의 불만과 반발은 자연히 표면화되기 마련이었다. 이 때문에 인조는 반정직후에 민폐가 된다는 명분으로 4년간의 제도각읍 월과총

86) 磻溪隧錄 권 21 兵制 및 備邊司謄錄 13 仁祖 27년 3월 20일조 참조.

87) 磻溪隧錄중 大府·都護府는 大府·大都護府로 파악하였고 牧의 경우는 大都護府使와 牧使가 다같이 正三品이기 때문에 大府·都護府의 기준치로 환산하였다.

약환 제조를 정파하였다. 그러나 同王 4년에 이르러 사헌부에서 다시 민력(民力)이 회복되지 않았다는 이유로 5년간 더 정지할 것을 요구하여 결국 3년간을 더 정파키로 의결(議決)되었다. 이리하여 인조 원년부터 7년간은 완전히 각읍의 월과총약환 생산이 정지된 셈이었다.[88)]

이처럼 비합법적으로 농민에게 전가한 세역은 곧 농민들의 반발을 사게 될 뿐만이 아니라, 각읍 수령으로서도 월과가의 수취가 용이할 수 없었음으로 정부는 보다 합리적인 세목(稅目)을 규정한 수취제도를 마련할 필요가 절실하였다. 곧 왕조정부가 대동미(大同米)에 월과가를 산입(算入)한 이유가 바로 여기에 있었다.[89)]

대동법은 광해군 즉위년(1608)에 이미 경기도에 실시되기 시작하여 인조 2년(1624)에는 강원도에, 효종 3년(1652)에는 충청도에, 동왕 8년(1657)에는 전라도의 연해읍에, 그리고 현종 3년(1662)에는 전라도의 산군에, 숙종 3년에는 경상도에, 동왕 34년(1708)에는 황해도에 적용됨으로써 평안도와 함경도를 제외한 제도에 시행되었다.[90)]

그러나 대동법이 실시된 도일 경우에도 각기 특수한 사정으로 월과가가 대동미에 산입되지 않았다. 이를테면 경기도의 경우는 월과법을 적용치 않고 있었다. 곧 경기도의 속오군은 인조 2년(1624)과 4년에 총융청과 수어청이 설치되면서 각기 두 군아문에서 지급하기 때문이다.[91)] 그리고 평안도와 함경도는 대동법이 실시되지 않은 곳이므로 종

---

88) 仁祖實錄 14 仁祖 4년 11월 甲午.
「命各邑月課軍器 限三年姑罷 壬辰亂後 各官軍器蕩然 不得已權己設法 使各官逐月措備 反正後 特진軫民弊 限四年權罷 至是當復設 而民力未蘇 憲府請限五年勿復 故有是命」.

89) 備邊司謄錄 31 肅宗 元年 11월 19일 및 備邊司謄錄 40 肅宗 14년 4월 4일조 참조.

90) 新補受教輯錄 吏典 京官職 宣惠廳.

91) 備邊司謄錄 31 肅宗 元年 11월 19일. 備邊司謄錄 40 肅宗 12년 9월 20일.

래의 제도각읍월과총약환 관례를 답습하였다.[92] 따라서 각읍월과총약환가가 대동미에 산입된 지역은 삼남과 강원·황해도였다. 그러나 황해도와 강원도의 월과총약환은 서북양도의 경우와 마찬가지로 종전의 제도각읍월과의 관례대로 시행 해오다가 숙종 34년(1708)에 이르러서야 상정가(詳定價)에 산입되었으며,[93] 월과가 자체도 얼마되지 않았다. 황해도의 그것은 총약환가를 모두 합쳐 대·소미(大·小米) 각 420석 13두 9승 8홉 2작이었고,[94] 강원도도 총약환가를 합쳐 대미 24석 전미 8석 전 982량 9전 6푼에 불과하였다.[95]

그런데 여기에서 한 가지 언급해 둘 것은 대동법이 각도에 적용된 시기와 월과가가 대동미에 계상(計上)된 시기가 반드시 일치하지 않다는 것이다. 월과가를 대동미에 계상하고 지출하기 위해서는 그 시행세칙(施行細則)에 해당하는 사목(事目)이 작성되어야 하기 때문이다. 효종 3년에 대동법이 적용된 충청도의 사목은 동왕 5년 3월에 재가되었으며, 효종 8년 연해읍에,[96] 현종 3년 산군제읍에 적용된 전라도의 사목은 현종 4년에 재가되고,[97] 숙종 3년에 대동법이 적용된 경상도의 사목은 동왕 7년에 계하되었다.[98] 다시 말하면 삼남의 각읍월과총약환가가

備邊司謄錄 42 肅宗 14년 4월 4일.

92) 備邊司謄錄 78 英祖 元年 12월 17일.
「… 西北兩道 自是關防重地 器械尤當別樣措置 而似聞兩道月課鳥銃 每年貿得於京中 塞責備置云」.

93) 備邊司謄錄 18 孝宗 7년 4월 15일. 備邊司謄錄 45 肅宗 17년 12월 19일.
六典條例 8 兵典 軍器寺 참조.

94) 江原廳事例(附海西公剩).

95) 「江原廳事例」 詳定恒式會減(有逐年會減者 有間年上下者).

96) 「湖西大同事目」(順治 11년 3월 孝宗 5년 甲午).

97) 「全南道大同事目」(康熙 2년 3월, 顯宗 4년 癸卯 啓下).

대동미에 계상 지출되는 정확한 시기는 충청도가 효종 5년(1654), 전라도가 현종 4년(1663), 경상도가 숙종 7년(1681)인 셈이다.

삼남의 각읍월과총약환가가 대동미에 산입되면서 월과규정상에도 많은 차이가 나타나고 있었다. 그것은 우선 각읍의 분등기준(分等基準)에서 드러난다. 광해군연간의 제도각읍 월과총약환법에서는 각읍의 분등기준을 대부·도호부·부·군·현 등 행정적 대소단위에 두고 있었으나, 대동법실시 이후 삼남의 월과법에서는 전결(田結)을 기준으로 대·中·小·잔(殘) 또는 대·中·中小·小·잔읍으로 구분하고 있었다.[99] 전결의 多少에 따른 읍세(邑勢)를 기준으로 하여 각읍을 분등한 것은 행정단위로 구분하였을 때보다는 해당읍 농민들의 부담이 훨씬 합리적으로 배분된 감이 있다. 그것은 당시 각읍의 읍세가 반드시 행정단위상의 분등과 일치하지 않았기 때문이다.[100] 그리고 또 하나의 차이점은 월과량에 있었다.

아래표 〈1〉과 〈2〉에서 볼 수 있듯이 대동법 시행 후 충청·전라 양도의 연총 각읍월과량은 대읍의 경우 대부·대도호부와 일치하지만 중읍은 오히려 군과 소읍은 현과 일치하고, 잔읍은 현의 3분의 1에 해당하였고, 부에 해당하는 월과량은 없어졌다.

---

98) 「嶺南廳事例目錄」(外官會減, 各邑月課外邑措備 今廢).

99) 「湖西大同事目」(順治 11년 3월 孝宗 5년 甲午).
「全南道大同事目」(康熙 2년 3월, 顯宗 4년 癸卯 啓下).
「嶺南廳事例目錄」(外官會減, 各邑月課外邑措備 今廢).

100) 일례를 들면 忠淸道의 경우 東國輿地勝覽에는 4牧 12郡 1縣(令) 37縣(監)인데 호서대동사목에서는 大邑 4官 中邑 7官 小邑 33官 殘邑 10官으로 分等하고 있다. 그리고 各邑은 큰 功過가 있을 때면 郡으로 승격되기도 縣으로 格下되기도 하여 行政單位와 邑勢는 일치하지 않았다.

〈표 1〉 대동법시행전후의 연총월과액비교표(충·전 양도)[102]

각 읍 분 등	조 총	화 약	연 환
대부·도호부	24병	96근	4,800개
大 읍	24병	96근	4,800개
부	18병	72근	3,600개
중 읍	12병	48근	2,400개
군	12병	48근	2,400개
小 읍	6병	24근	1,200개
현	6병	24근	1,200개
殘 읍	2병	8근	400개

한편 경상도의 경우는 충청·전라도와는 달리 대·중·중소·소·잔읍으로 분등하고 있었으며 월과량에서도 충·전양도와는 달랐다. 대읍은 매월 조총 2병, 화약 8근, 연환 400개를 제조하고, 동시에 간(間) 3개월마다 조총 4병, 화약 8근, 연환 400개를 제조하고, 또 간 3개월마다 조총 4병, 화약 15근, 연환 750개를 마련토록 할당하였다. 중읍은 매월 조총 1병, 화약 4근, 연환 200개를, 중소읍은 매 3개월에 조총 3병, 화약 2근반, 연환 450개를, 그리고 소읍은 매 2개월에, 잔읍은 매 4개월마다 각각 조총 1병, 화약 4근, 연환 200개를 마련토록 규정하고 있었다.[101]

어떻든 종래 현단위에 배정한 월과량이 대동법 시행후의 소읍과 맞먹는 반면 그것의 3분의 1에 불과한 잔읍의 월과량이 설정되는 등 삼

---

101) 「嶺南廳事例目錄」(外官會減, 各邑月課外邑措備 今廢).

102) 磻溪隧錄 권 21 兵制 및 備邊司謄錄 13 仁祖 27년 3월 20일조 참조.
「湖西大同事目」(順治 11년 3월 孝宗 5년 甲午).
「全南道大同事目」(康熙 2년 3월, 顯宗 4년 癸卯 啓下).

남각읍월과의 실수량은 종전에 비해 감소되었으므로 농민들의 부담도 다소 줄어진 셈이었다.[103)]

그러나 총약환의 법정단가는 종래와 마찬가지로 조총은 병당 미 3석 5두(5곡), 화약은 근당 미 10두(1곡), 연환은 100개당 미 5두로 책정되었다. 다만 그 가운데 연환가는 숙종 7년(1681)에 충청병사의 건의에 따라 100개당 5두를 4두로 인하하게 됨으로써 동년에 월과가가 대동미에 산입된 경상도도 충청·전라도와 같이 4두로 인하되었다. 그러나 이때의 단가인하는 인하된 월과여미로써 연환을 더 마련하자는데 목적이 있었고, 월과연환가의 절대량을 감소시킨 것이 아니므로 농민의 부담이 경감된 것은 아니었다.[104)] 5두에서 4두로 감가하고 나머지 1두로 연환을 더만들게 됨에 따라 연간 대읍은 1,344개, 中邑은 672개, 小邑은 332개, 잔읍은 112개를 각각 더 만들게 되었다.[105)] 이상에서 숙종 7년(1681) 현재의 삼남월과총약환과 그 가미량을 적시해 보면 다음과 같다.[106)]

103) 一例로 忠淸道의 月課鳥銃量만 비교해 보아도 종전에는 年間 468柄(米 1,500石)이 할당된데 비하여 大同法 實施이후에는 불과 398柄(米 1,326石 10斗)에 지나지 않았다.

104) 嶺南廳事例目錄.
「鉛丸每百箇價米五斗矣 康熙辛酉 因忠淸兵使所報 各道鉛丸每百箇價米四斗定數 一斗則不足鉛丸加備事定奪」.

105) 湖南廳事例 月課銃藥丸條.
「鉛丸則康熙辛酉爲始加備 每年大邑一千三百四十四箇 中邑六百七十二箇 小邑三百三十二箇 殘邑一百十二箇」.

106) 「湖西大同事目」(順治 11년 3월 孝宗 5년 甲午).
「全南道大同事目」(康熙 2년 3월, 顯宗 4년 癸卯 啓下).
「嶺南廳事例目錄」(外官會減, 各邑月課外邑措備 今廢).
筆者가 作成한 表內의 統計가 전적으로 上記한 各大同事目에 의거한 것이나 湖西와 湖南의 藥丸價가 일부의 다른 記錄과 약간의 차이가 있어 附言해 두려 한다. 湖西銃藥丸價는 忠淸道大同事目의 기록과 備邊司謄錄 18 孝宗 7년 4월 13일조의 기록이 일치한다.

〈표 2〉 대동법시행전후의 연총월과액비교표(충·전 경상3도)[107)]

각 읍 분 등	조 총	화 약	연 환
대부·도호부	24병	96근	4,800개
대 읍	24병	96근	4,800개
부	18병	72근	3,600개
중 읍	12병	48근	2,400개
군	12병	48근	2,400개
소 읍	6병	24근	1,200개
현	6병	24근	1,200개
잔 읍	2병	8근	400개

		충 청 도	전 라 도	경 상 도	계
鳥銃	조총수	398병	504병	623병	1,525병
	월과미	1,326석 10斗	1,680석	2,076石 10두	5,083石 5두
火 藥	화약량	1,592근	2,016근	2,436근	6,044근
	월과미	1,061석 5두	1,344석	1,624석	4,029石 5두
鉛 丸	연환수	99,500개	126,000개	231,750개	457,250개
	월과미	265석 5두	336석	618석	1,219石 5두
각도별월과미		2,653석 5두	3,360석	4,318石 10두	10,332석

그런데도 火藥과 鉛丸의 합계가 萬機要覽 賑恤廳事例에는 1,346石으로 기재되어 있어 本表의 1,326石 10斗와는 약 20石의 相差가 있다. 그리고 湖南藥丸價도 備邊司謄錄 28 顯宗 10년 正月 3일조에 1,680石이라 기록되어 全南道大同事目과 일치되지만 賑恤廳事例나 六典條例 宣惠廳條에는 1,688石으로 기재되고 있어 8石의 차이가 난다. 賑恤廳事例나 六典條例는 훨씬 뒤에 쓰여진 기록이고 그간에 月課價의 변동이 있었거나 記錄上의 차이가 생겼는지는 알 길이 없다. 그러나 筆者가 集計하는 과정에서 느낀 바인데 우연인지 혹 모르겠지만 湖南과 湖西의 경우 鳥銃價가 반드시 藥丸價의 合計와 일치되고 있었다. 이것은 당초 月課價를 策定할 때 計算上의 편의를 얻기 위한 조치가 아니었나 싶다. 이것이 사실이라면 上表는 정확한 것이다.

107) 磻溪隧錄 권 21 兵制 및 備邊司謄錄 13 仁祖 27년 3월 20일조 참조.
「湖西大同事目」(順治 11년 3월 孝宗 5년 甲午).
「全南道大同事目」(康熙 2년 3월, 顯宗 4년 癸卯 啓下).

앞에서도 언급한 바와 같이 총약환의 법정가는 종래와 동등한 단가로 대동미에 계상하고 있다. 그러나 17세기를 통하여 총약환의 상품화가 촉진됨에 따라 총약환의 제조업은 급격히 성장하였고, 총약환제조업의 성장은 한편으로 철광·유황광·연광업의 발전을 초래함으로써 월과가의 법정가와 시가간에는 현격한 차이가 나타나게 되었다.

이러한 법정가와 시가간의 현격한 차이는 결국 법정가를 감하하는 조처를 불가피하게 하였다. 앞서 지적한 바와 같이 숙종 7년(1681)에 연환가를 줄인 것이 그 일례며, 동왕 30년에는 화약가의 법정가도 감하하고 있었지만, 감가된 법정가로도 시가에 비하면 약 2~3배 이상에 달하는 액수였으니, 다음 장에서 다시 논급할 것이다. 공가와 시가간의 차이는 생산력이 발전함에 따라 더욱 확대되어 갔으며, 공가의 확보는 엄청난 이윤획득을 보장하게 되었다. 공가와 시가간의 차액을 수취하기 위하여 17세기중엽 이후에는 군아문과 민간제조업자간에 치열한 분쟁이 계속되었다.

제2장
군·아문 군수공업의 성장

제1절　군·민간의 방납권 분쟁

1) 군아문 방납제(防納制)의 성립

광해군연간에 각읍월과총약환법이 제정되었고, 대동법시행 이후에는 그것의 월과가가 대동미에 포함됨으로써 각읍의 총약환조달은 재정적인 뒷받침이 확고해졌다. 그러나 임진왜란 중에 설치된 훈련도감을 위시하여 인조 2년과 4년에 각각 설치된 총융청·수어청 및 효종 3년과 숙종 8년에 설치된 어영청·금위영 등 수도권의 오군문과, 그 밖의 각도 감·병·수영의 경우도 일반 운영비는 물론 소관군병의 총약환마저 모두 자체내의 경비로 조달토록 되어 있었다.

이러한 이유 때문에 5군문과 감병수영에서는 일찍부터 관권과 방대한 군역의무자의 노동력을 바탕으로 둔전(屯田)을 점유 개간하는 동시에 보인수포, 환곡취모(還穀取耗), 동전주조사업 및 각종의 방납과 대내외 상업상의 취리를 통하여 자체내의 제반 경용을 충당하는 자급자족적인 경제체제를 구축하게 되었다. 동시에 이와 같은 군아문 유지비의 판출(辦出)형태는 뒤에 상세히 설명하겠지만, 곧 자체 내의 필요한 총약환의 조달방법에도 적용되었다. 다시 말하면 군문의 소속 군병이나 감병수영의 표하(標下) 군사에 대한 총약환의 조달비는 정부가 별도의 예산을 책정하여 지출한 것이 아니라, 군아문이 능력껏 자체 내에서 마련하여 조달하도록 되어 있었다.

그러나 월과가가 대동미에 산입되기 시작한 효종 5년(1654) 이전 곧 17세기 전반기에는 민간제조업자들에 의한 총약환제조업이 주류를 이루고 있었다. 이 시기에도 군기시와 훈련도감 등 일부의 군아문에서는 총약환을 제조하고 있었지만, 그것은 자체내의 수용량을 조달하기에도 급급한 실정이었다. 군기시와 훈련도감을 제외한 서울과 지방의 군·영문과 각읍월과군기의 총대부분은 이들 민간제조업자들에 의하여 조달되었으며, 조총으로 수렵에 종사한 사포수들의 총약환도 민간제조업자들의 제품을 매입한 것이었다. 이처럼 광범한 판로를 상대로 한 민간제조업자의 총약환제조업은 17세기 전반기에 가속적으로 성장하고 있었다.

당초 제도각읍월과총약환법은 훈련도감 등 군아문의 경우와 마찬가지로 각읍으로 하여금 本邑의 수용군기를 자체 생산케 하려는 의도에서 제정된 것이지만 당시로서는 우선 총약환의 제조기술을 가진 공장을 각읍마다 확보할 수가 없었고, 동시에 철·유황·연철·염초 등 각종 제조원료를 구하기조차 어려웠다. 이 때문에 각읍에서는 총약환을 민간제조업자들로부터 구입할 수밖에 없었다.[1] 서울에는 국내에서

1) 備邊司謄錄 13 仁祖 27년 3월 20일.
「… 月課規例 大邑則通一年 鳥銃二十四柄 火藥九十六斤 鉛丸二千四百箇 中邑小邑有差 差等之物 自官不得造作 給價貿備」.

가장 우수한 공장들이 모여 들었고, 각처의 상인들이 물화를 반입하는 곳이었다. 공장을 확보하기가 용이하였고, 제조원료를 구입하기가 쉬웠다. 이 때문에 민간의 총약환 제조업은 서울에서 성장하고 있었다. 이러한 서울의 분위기는 숙종 10년(1684)에 지사(知事) 신여철(申汝哲)이 계품(啓稟)한 다음과 같은 내용에서도 쉽게 짐작될 수 있다.

"화약이 맹렬하거나 맹렬하지 못함은 오로지 염초의 질이 좋거나 좋지 못함에 달려 있습니다. 서울이나 지방에 모두 함토가 떨어졌기 때문에 염초의 품질이 아주 나빠졌습니다. 군문에서 사들인 것은 세 번 달구고하고 또 충분히 정치하게 빻은 뒤에 제조하므로 화약이 정맹하여 군기에 사용할 수 있습니다. 그러나 근래 서울의 부민(富民)들은 영남이나 송상(松商)의 염초를 사다가 두 번 달구지도 않을 뿐 아니라, 충분히 빻치도 않으며 오로지 공력을 덜려는 데만 힘씁니다. 심지어 조총도 항간(巷間) 처처에서 사사로이 제조하여 아문에 방납하고 있으니 놀랍고 해괴하기 그지없습니다. 일찍이 외방각읍의 월과조총이나 화약이 견고하고 정밀치 못했던 것이 실로 이 때문이었으므로 효종조에는 이러한 폐단을 철저히 고치기 위하여 각읍월과를 특히 훈련도감과 어영청으로으로 하여금 정밀하게 제조하여 각읍에 나누어 보낸 뒤 선혜청(宣惠廳)에서 공가(貢價)를 지불케 한 것은 실로 우연한 뜻이 아닙니다. 대저 군기같이 중한 물건을 어찌 부민배(富民輩)로 하여금 처처에서 사사로이 제조하여 방납하고 이익을 취하도록 내버려둘 수 있습니까. 이를 엄금하여 군기가 견정하지 못한 폐단이 없도록 하십시오."[2)]

2) 承政院日記 302 肅宗 10년 2월 13일, 備邊司謄錄 38 肅宗 10년 2월 14일.

곧 서울의 곳곳에는 부민들이 조총과 화약의 제조장을 설치하고 조총과 화약을 제조하여 서울의 군아문과 제도 각읍에 방납하고 있었다. 그들은 조총·화약을 제조하기 위한 제품원료를 송상 등 중간상인을 통하여 구입키도 하였고, 아니면 영남 등지에 직접 내려가 매입하고 있었다. 그러나 17세기후반기에 접어들면서 각읍의 월과가가 대동미에 산입되고 군아문의 군기제조기술이 발달하면서 민간제조업자들의 방납이권은 위축되기 시작하였다.

각읍월과총약환가가 대동미에 산입되고 선혜청에서 일괄 취급하게 되면서부터 방납자들에게는 극히 유리한 여건이 조성되었다. 월과가는 이제 전세 대동미와 같이 매년 선혜청에 납입되었고, 방납업자는 적시에 납품하고 일시에 수가할 수가 있게 된 것이다. 종래 각읍이 자체내의 경비나 농민에게 수취한 미포로서 월과군기를 조비할 경우에는 각읍의 사정에 따라 매입하고 있었고, 방납업자 역시 제품의 판매도 간헐적이었고 대가의 수취도 용이하지 않았던 것이다.

삼남의 월과가는 10,000여석에 달하였다. 10,000여석의 월과가를 수가제납할 경우의 소득은 후술하겠지만 5,000石을 상회할 만큼 17세기후반기 공가와 시가간의 차액은 컸다. 이러한 제여건이 군아문으로 하여금 민간제조업자의 방납권을 탈취코자 하게 된 가장 중요한 동기였다.

그러나 군아문에서 민간제조업자들로부터 방납권을 탈취하기 위하여 내세운 명분과 주장은 그렇치가 않았다. 그것은 첫째, 막중한 군기를 민간인으로 하여금 제조판매하게 내버려 둘 수가 없다는 것이었고, 둘째, 민간제조업자들은 영리를 추구한 나머지 생산비를 줄일 목적으로 제품을 불량하게 만든다는 것이며, 셋째는 각읍에서 월과규정을

충실히 이행하지 못하고 있다는 것이었다.[3]

군아문의 책임자는 대신과 중신들로서 이들은 정책을 입안하고 또 실현시켰던 자들인데다 그들의 주장도 방납권을 탈취하기에 적합한 나름대로의 이유를 가지고 있었다. 그런데 삼남월과총약환의 방납권을 군아문에서 탈취한정확한 연도는 밝혀져 있지 않다.

그러나 호남청사례(湖南廳事例)에 의하면 "월과가를 각읍에 획급하여 제조한 무기를 모두 기록하고 창고에 보관케 하였으나, 각읍에서 착실히 제조해바치지 못하기 때문에 현종 7년(1666)부터는 각읍에서 제조하여 비치하는 법 곧 각읍조비법(各邑措備法)을 혁파하고, 서울의 군문에서 제조토록 하였다"[4]고한다. 호서는 대동사목(大同事目)에 경군문에서 만들어 보낸다고 한 기록이 없어 상고할 수 없으나, 월과총약환가가 대동미에 산입되고 사목이 계하된 시기가 효종 5년이고, 호남은 현종 4년이었다고 한 점을 고려하면 호서 역시 현종 7년을 전후하여 경군문에서 제송했을 것 같다. 그것은 또 현종 11년(1670)의 기록에도 호남·호서의 월과조총 908병(가미 3,026석)을 훈련도감이 300병(1,000石), 군기시가 200병(666石, 10두), 수어청이 108병(360석)을 각각 방납한 사실로도 짐작할 수 있다.[5] 다음 영남의 경우는 월과총약환가가 대동

---

3) 承政院日記 302 肅宗 10년 2월 13일, 備邊司謄錄 38 肅宗 10년 2월 14일.
湖南廳事例.
「月課銃藥丸各邑措備之法革罷 自京軍門製造下送 … 劃給各邑措備會錄矣 各邑不能着實備上 故康熙丙午 始自京軍門造送矣」.

4) 湖南廳事例.
「月課銃藥丸各邑措備之法革罷 自京軍門製造下送 … 劃給各邑措備會錄矣 各邑不能着實備上 故康熙丙午 始自京軍門造送矣」.

5) 備邊司謄錄 29 顯祖 11년 4월 17일.

미에 산입되고 사목이 계하된 시기가 숙종 7년인데다 영남청사례(嶺南廳事例)에도 '월과군기는 곧 유사시를 대비한 것인데 각읍에서는 제조해 기록하고 창고에 비치한다는 이름만 있을 뿐, 착실히 갖추어 올리지 못하기 때문에 숙종 7년(1681)부터 각읍월과의 외읍조비법(外邑措備法)을 혁파하였다'[6]고 한 것을 보면 영남의 각읍월과총약환은 숙종 7년부터 경군문에서 방납하게 된 것 같다.

이처럼 군아문에서 민간제조업자들의 방납권을 탈취하여 독점적으로 수가제납하게 되자 월과가의 엄청난 차액이 군문의 경용으로 전입되었다. 이와같이 군문에서 민간제조업자들의 방납권을 탈취한 목적이 여리를 수취하자는데 있었으므로 월과가의 많은 차액을 몇몇 군아문에서만 전적으로 취득해야 할 이유는 없었다. 월과군기가는 군기를 제조할 능력만 있다면 어느 관청에서도 취용할 수 있는 문제였다.

이 때문에 숙종 9년(1683)에 이르러 강화유수 이민서(李敏叙)의 요청을 받은 병조판서 남구만(南九萬)은 강도(江都)의 군기를 조달할 목적으로 삼남월과가의 江都移管을 요구하였다. 곧 이민서는 선혜청의 삼남월과가를 얻어 강화부에서 총약환을 제조하여 삼남에 분송한뒤 그 여미(餘米)로서 강도의 군사 4,000명의 군기와 군막을 조성하겠다는 것이다. 남구만은 이 문제를 묘당(廟堂)에 상의한 결과 조총은 서울의 장인을 따를 수 없으므로 불가능하고 약환은 가능하다고 하여 약환가만 1년간 출급하자고 주장하였다. 이에 대해 좌의정 민정중(閔鼎重)과 전 강화유수였던 대사헌 조사석(趙師錫)은 월과총약환을 지금까지 군아문

6) 嶺南廳事例.
「… 月課軍器 乃是備於不虞 而各邑只有會錄措備之名 不能着實備上…康熙辛酉 外邑措備革罷 …」.

에서 수가제납해 왔으니 이번에는 강화유수의 소청을 허락함이 마땅하다는 의견이었고, 조총가도 모두 획급하되 서울의 장인을 뽑아보내도록 하자고 하였다. 이리하여 숙종 10년분의 삼남월과가는 강도에서 전액수취하게 되었다.[7]

이에 숙종 8년(1682)에 설치되었던 금위영에서도 동왕 11년에 판중추부사 민정중(閔鼎重)이 강도의 전례를 따라 삼남월과가를 수년간 독점할 것을 요구하였다.[8] 그러나 영의정 김수항(金壽恒)이 수년간 금위영에서 독점하여 제송하는 것은 불가하다는 의견이었다. 곧 삼군문공히 경비가 부족한 이유 때문에 균등하게 나누어 제조해 보내도록 이미 결정되었으며 만약 금위영에서만 수년간 독점 제송하게 되면 훈련도감과 어영청이 균등한 혜택을 입지 못한다는 것이다. 김수항은 오히려 삼군문이 각각 1년간씩 돌아가며 월과총약환을 만들어 보내거나 아니면 수년간을 한정하고 매년 삼군문이 그 수량을 균분하여 조송하는 것이 옳다고 주장하였다. 이에 대하여 숙종은 명년부터 삼군문이 꼭같이 나누어 제송토록 하라고 지시하였다.[9]

이리하여 효종조말경부터 훈·어양국이 민간제조업자의 삼남월과 방납권을 탈취하기 시작한 이래 군기시와 수어청이, 그리고 강화부가 일시 차용키도 하였지만, 결국 12년(1686)부터는 훈·어·금 삼군문이 똑같이 나누어 제송토록 규정하였다.

---

7) 備邊司謄錄 37 肅宗 9년 9월 15일.

8) 備邊司謄錄 39 肅宗 11년 3월 22일.
「判中樞府事閔鼎重請對入侍時所啓 … 又所啓 三南月課軍器 分授三軍門使之造作事 曾已啓下矣 本營物力 最爲罷弊 而又有此倉庫經營之擧 實有難辦之慮 三南月課限數年 自本營獨當 使之取用其價米 似爲便當 令廟堂稟處何如 上曰 分付廟堂」.

9) 備邊司謄錄 39 肅宗 11년 3월 28일.

한편 황해도와 평안도의 경우는 임진왜란이후 줄곧 민간제조업자들이 총약환을 방납해 왔었다. 그러나 서울의 군문들이 삼남월과총약환의 방납권을 완전히 탈취한 무렵인 숙종 10년대에 이르러서는 각읍월과총약환을 감영에서 방납하고 있었던 같다. 그것은 숙종 17년에 참찬관 권해(權瑎)가

> "서북지방의 각읍은 매년 월과가가 매우 많이 책정되어 있어 1년의 월과가로서 3년의 군기를 충분히 마련할 수 있기 때문에 감영에서는 값이 후한 것을 탐내어 각읍월과를 모두 감영에서 방납한다."[10)]

고 한 것으로도 짐작할 수 있다. 이처럼 해서와 관서의 각읍월과총약환을 각기 그 도의 감영에서 수가방납(受價防納)하게 되었으므로 민간제조업자들은 삼남과 더불어 양서의 총약환판로마저 잃게 된셈이다. 이제 군아문은 월과총약환의 방납권을 차지함으로써 군기의 생산규모를 한층 더 확대하는 계기가 되었고, 반면 민간제조업은 위축되는 결과를 초래하였으며, 군아문은 거액의 자금을 확보하고 생산규모를 확대할 수 있었지만 민간제조업자들은 엄청난 수입원과 판로를 상실한 처지가 되었다.

2) 상진청(常賑廳) 소관 월과계(月課契)의 성립

서울의 민간제조업자들은 이제 삼남과 양서의 총약환방납을 군아

---

10) 備邊司謄錄 45 肅宗 17년 12월 19일.
「… 西路各邑 每年月課之價頗優 一年之價 足以備兩年軍器 故監營利其價優 各邑月課 皆自營門防納 …」.

문이 독점함으로써 합법적인 수입원을 잃은 것이 사실이지만 한편 나름대로의 판로를 확보하고 있었다. 첫째는 함경도와 강원도의 각읍 월과총약환을 방납하는 길이며, 둘째는 전술한 바 있는 경외군병의 급복법(給復法)에 따라 조총을 사비로 구매하는 자들을 대상으로 판매하는 길이다. 효종 5년(1654)에 실시되었던 이 급복법은,[11] 숙종 9년(1683)까지 30여년간 실시되었다.[12] 그리고 셋째는 임진왜란후 제정된 듯한 각읍수령의 군기별비규정(軍器別備規定)을 대상으로 하는 판로였다. 각읍수령으로 하여금 월과군기외에 군기를 별도로 마련한 자에게는 성과에 따라 승서(陞敍)하거나 가자(加資)해 왔다.[13] 넷째는 전술한 산행포수(山行砲手)·산척(山尺)이라 부르는 사포수(私砲手)들에게 판매하는 길이었다. 그러나 당시 가장 큰 판로였던 삼남·양서월과총약환의 방납권을 군영문에 빼앗긴 것은 엄청난 손해가 아닐 수 없었다. 이 때문에 그것에 대한 반발이 곧 서울의 민간군기제조업자들에 의하여 일어나고 있었다. 그러나 권력있는 아문과 결탁하지 않는 한 민간제조업자들의 힘만으로 군문에서 탈취한 방납권을 되찾을 수는 없는 일이었다. 민간제조업자들은 마침내 당시의 공인제(貢人制)를 원용하여상진청(常賑廳)과 결탁하는 길을 모색하였다. 이러한 노력이 최초로 성공

---

11) 增補文獻備考 112 兵考 4 法令.

12) 肅宗實錄 14 上 肅宗 9년 正月 壬子條.
「蓋當初因鳥銃之稀貴 募令給復自備 而今則京外所打造者 足可以分給 給復之規 宜一切革罷 上從之」.

13) 備邊司謄錄 14 孝宗 元年 7년 19일.
「都承旨申濡曰 軍器之極弊 都由於別備之故 列邑守令 以別備軍器 多夢賞典 或得陞敍 或得加資」.
備邊司謄錄 60 肅宗 36년 10월 1일.
「軍器別備者 舊軍器並爲修補後論賞事 曾已定式」.

한 것은 삼남월과연환의 방납권을 차지한 일이었다.

숙종 11년(1685) 3월에 삼남월과총약환을 삼군문으로 하여금 균분조송토록 규정하자, 3개월 뒤인 동년 6월에 좌의정 남구만은 그중 삼남월과연환가를 상평청(常平廳)에 이속할 것을 요구하였다. 당시 상평청은 청나라사신이 왕래할 때 경기 각읍의 부마가(夫馬價)와 연행(燕行) 때의 비용을 조달하는 역할을 담당하고 있었다. 상평청은 그러한 비용을 조달하기 위하여 경기각읍의 모곡(耗穀)을 확보하였으나 호자(鋪子)의 전매행위가 중단되어 경비를 염출하기가 어려워졌다. 이러한 이유를 들어 남구만은

> "선혜청의 삼남월과중 연환가를 지금부터 본청(상진청)에 정급(定給)하여 연환을 조성해 각읍에 분송하고 그 여가(餘價)를 사용토록 하면 1년에 미(米) 800여석은 취득할 수가 있습니다. 또 연환은 만들기가 본래 어려운 일이 아니어서 일찍이 청성부원군(淸城府院君) 김석주(金錫胄)가 본청당상으로 있을 때도 조성했던 규례(規例)가 있습니다. 이러한 것이 지금의 구급책이며, 일후의 폐단을 영구히 없게 하는 길이라 여겨 통의(通議)해 본즉 영이정도 좋겠다고 하므로 앙달합니다. 본청의 제조가 입시해 있으니 하순해 처리함이 어떻겠습니까?"[14]

고 요청하였다. 남구만의 이 제안은 상평청당상 여성제(呂聖齊)의 의사를 물은 다음 재가되었고, 곧 삼남월과연환계(三南月課鉛丸契)가 성립하였다.[15] 그런데 여기에서 잠시 언급해 둘 것은 상평청(常平廳)과 진휼청

---

14) 承政院日記 309 숙종 11년 6월 3일 및 備邊司謄錄 39 숙종 11년 6월 4일.

15) 續大典 4 兵典 軍器條. 英祖實錄 82 英祖 30년 11월 乙未條.

(賑恤廳)의 명칭에 관한 문제다. 상평청과 진휼청은 원래 독립된 관청이었다. 인조 4년(1626)에 이르러 진휼청이 상평청에 이속되면서 상평청 당상1원과 선혜청당상이 진휼청사무를 겸관하고 역시 상평청산원1원이 진휼청을 겸찰하였다. 따라서 진휼 시에는 진휼청, 진휼이 끝나면 상평청으로 개칭되어 왔고 영조 29년(1753) 균역청(均役廳)에 합치므로써 각기 청호(廳號)를 두게 되었다. 이 때문에 사료상 상평청과 진휼청을 혼용하여 상진청이라 쓰인 경우도 있지만 대개 진휼문제에 관한 것은 진휼청이라 부르고 있다. 그러나, 월과가를 청득할 목적으로 제시할 경우는 평상시에도 흔히 진휼청이란 명칭을 사용하지만 진휼청이 독립된 관서는 아니었다.[16] 따라서 본고에서는 편의상 영조 29년 이전의 기록에 관한한 상진청(常賑廳)이라 부르기로 하였다.

상진청에서 삼남월과연환가를 청득할 수 있었던 것은 연환제조업자들의 노력과 요구에 힘입은 것이며, 상진청 자체가 연광이나 연환제조소를 보유하고 있었던 것은 아니다. 상진청에서는 삼남월과연환 457,256개를 계인(契人)에게 제조 납부케 하고 월과가미 총 1,219石 5斗 중 800여석을 취득하고, 계인에게는 총월가미의 3분의 1에 해당하는 400여석만 공가(貢價)로 지급하였다. 그런데 동왕 19년에는 예조판서 유명현(柳命賢)이 본청의 비용이 너무 많아 월과연환가를 판출하기가 어렵다는 이유를 들어 연점(鉛店) 4, 5개소를 본청에서 설점수세(設店收稅)토록 요구하여 허락되었다.[17] 그렇다면 상진청이 계인에게 월과

備邊司謄錄 127 英祖 30년 12월 10日條.

16) 新補受教輯錄 吏典 京官職 宣惠廳, 萬機要覽 財用篇 4 宣惠廳 各項事例.

17) 承政院日記 400 肅宗 19년 3월 18일.

「禮曹判書柳命賢所啓 三南月課鉛丸之價 例自常平廳 出給貢物主人 使之備納 而近來本廳

연환가를 지불치 않고 연점을 계인들로 하여금 운영케 한것인지, 아니면 상진청이 세연(稅鉛)을 수취하여 계인들로 하여금 제납토록 하였는지는 상고할 수 없으나, 어쨌던 상진청이 연점을 확보한 이상 계인에게 지불하는 월과연환가는 400여석 이하로 줄어들었을 가능성이 크다. 연환가의 상진청계인 구관제는 이후 금위영에서 호남의 숙종 27년분 연환가를 일시 차용한 적이 있었을 뿐[18] 후술하겠지만, 영조 30년 총융청에 이관될 때까지 계속 지켜졌다. 따라서 숙종 11년 3월에 규정한 삼남월과총·약·환의 삼군문이 균등하게 나누게 한 조처는 조총과 화약만의 방납으로 한정된 셈이다.

숙종 11년 6월에 상평청의 경비를 조달하기 위한 재원을 확보하기 위하여 삼남월과연환가는 공가(貢價)로 명목이 바뀌었고, 동시에 상평청 소관하의 삼남월과연환계가 창출된 것이다. 숙종 11년에 외교상의 재정을 담당한 부서였던 상평청소관하에 삼남월과연환계가 성립될 수 있었다는 데는 적어도 약간의 중요한 역사적 의미가 있었다고 생각된다.

첫째는 이 무렵 국가의 중대한 관심사가 군사상의 문제보다 오히려 외교상의 문제에 있었음을 시사한 일면이 들어났다는 점이다. 청나라는 강희제(康熙帝, 1662~1722)를 맞아 숙종 7년(1681)에 삼번(三藩)의 란을 평정하였고 국세는 날로 강성해지고 있었다. 따라서 효·현양대와 숙

費用浩多 價本辦出笥簡 採鉛四五處 自本廳募得 以爲採取補用之地何如 上曰 依爲之」.

18) 承政院日記 402 肅宗 28년 正月 15日條.

「工曹參判李寅燁又所啓 湖南月課鉛丸 上年則 禁衛營 以新造鳥銃之故 專管取用 而今年既無造銃之擧 勅行今當出來 而常平廳虛竭 無以策應 依前劃給常平廳何如 上曰 劃給常平廳可也」.

종초에 걸쳐 일부 위정자들의 북벌론(北伐論)은 현실적으로 무의미한 명분론으로 흘렀던 것이다. 따라서 17세기 말엽에 접어들면 정부의 군비에 대한 관심이 17세기전반기의 그것에 비하여 약화되고 있었다.

둘째는 군사상의 문제에 대한 관심이 약화된 상황에서 정부는 막중한 군기제조비를 이제는 상평청의 외교비로 전용하는 곧 정부의 경비로 전용하는데 주저하지 않았다는 점이다. 따라서 이후에 진휼청의 진휼비로 유용될 수 있게 한 단서가 이때에 이미 이루어졌다고 하겠다.

셋째는 상기한 정부의 의도가 비록 군사상의 관심이 약화된 데서 출발하였더라도 민간제조업자의 성장과 요구가 없었다면 공가로 전환시킬 수는 없었을 것이다. 곧 이 시기에 삼남월과연환계가 성립할 수 있었다는 사실은 민간제조업자의 성장과 방납의 요구가 절실했음을 반영한 것이라고 여겨진다.

상평청이 삼남월과연환가를 공가로 흡수한 뒤에 두 번째로 공가로 흡수된 것은 삼남월과화약가였다. 삼남의 월과화약가는 연간 총액이 4,029石 5斗였고 본년조(本年條)와 간년조(間年條)로 구분되어 있었다.[19] 본·간년제가 성립된 시기는 상고할 수 없으나 대체로 삼남월과화약가가 대동미에 흡수된 뒤 3군문에서 방납한 시기부터라고 여겨진다.

효종은 동왕 원년(1650) 10월에 덕원부사(德源府使) 김중신(金重信)을

19) 우선 「間年」이라 함은 1년을 거른다는 의미로 한해 걸러 한번에 本邑에서 煮取함을 뜻한다. 그런데 備邊司謄錄 41 숙종 13년 10월 15일조에 보면 兵曹判書李師命이 「焰硝煮取之制 三年爲一次 六年二次矣」라고 하여 三年一次制를 間年制로 해석하고 있다. 그러나 備邊司謄錄 22 顯宗 3년 8월 10日條와 承政院日記 402 肅宗 28년 正月 15日條, 六典條例 8 兵典 軍器寺條 및 萬機要覽 財用篇 1 各貢 宣惠廳條를 참고해 보면 鳥銃은 三年一次制를 적용하였으나 火藥은 間年(大年 또는 大等) 本年(小年 또는 小等)制를 적용하고 있었다. 이러 미루어 볼 때 李師命은 鳥銃의 三年一次制와 混同한 것이 틀림이 없다.

불러들인 자리에서 승지(承旨)에게 '지난번 경상감사의 장계로 인하여 염초를 각읍의 성잔(盛殘)에 따라 분정(分定)하라고 명령하였는데 함경도에는 지시하지 않았든가'고 묻고는 비변사로 하여금 함경감사에게 지시하여 읍의 성잔에 따라 염초자취량을 분정하라고 명령하고 있었다.[20] 이때 영남에 이어 함경도에 적용한 각읍염초자취법은 호서와 호남에도 적용되었고[21] 또 「반계수록에도 '각읍에는 모두 염초국(焰硝局)을 설치하고 염초를 자취한다'[22]고 한 것을 보면, 제도각읍에 일률적으로 적용된 것으로 보인다.

효종이 각읍으로 하여금 염초의 월과제 생산을 강요하면서부터 한편으로는 염초의 민간제조업도 성장하여 전술했듯이 서울의 군문이나, 민간제조업자들이 염초를 수매하고 있었다. 민간제조업자들이 수매한 사실은 전술하였으므로 군문에서 수매한 사례를 들어 보면, 수어청에서는 효종 5년에 통영곡(統營穀) 10,000石으로 영남의 민간업자들로부터 염초를 매입한데[23] 이어, 현종 원년에는 다시 2,500여근을 구

---

20) 備邊司謄錄 14 孝宗 元年 10월 8일.

「啓曰 今月初八日 德源府使李重信引見時 上謂承旨曰 頃因慶尙監司狀啓 焰硝隨殘盛分定事分付矣 咸鏡道則不爲分付乎 承旨曰 咸鏡道則未及行會云矣 上曰 然則言于備邊司事傳敎矣焰硝分定事 咸鏡監司處 一體施行之意 已爲分付矣 敢啓 答曰 知道」.

21) 全南道大同事目. 湖南廳事例, 承政院日記 192 顯宗 7년 正月 23일조 참조.

22) 磻溪隧錄補遺 券 郡縣制.

「各邑皆置焰硝局 量擇邑居不遠柴木便近處 造局廨具器械 雖有時停役 勿如今之撤其廨舍, … 役以僧徒及閑戶 或自常平廳給價雇人, … 凡閑戶之役一歲有定日」.

23) 備邊司謄錄 17 孝宗 5년 11월 25일.

「啓曰 今月二十三日引見時 戶曹判書李時昉所啓 守禦廳所儲火藥甚少 必須預爲措備然後可爲臨急之用 臣聞李元老之言 則嶺南之人 多造火藥 私相賣買 若除出統營穀石之 在山郡未易輸致者 從便換貿 則似好矣 上曰 依爲之 石數令廟堂忝酌定給事傳敎矣 嶺南山郡所儲統營會付穀物 限一萬石除出 以備守禦廳火藥貿用之資似當 此意分付統臣何如 答曰依啓」.

입하고 있었다.[24] 그리고 숙종 4년에는 영남의 무인 배상도(裵尙度)가 연철과 함께 염초 5,072근을 별비품(別備品)으로 상납하는가 하면,[25] 동왕 18년의 기록에는 영남에서 자취한 염초가 품질이 량호하다고 하였다.[26] 이상의 기록들을 통해서 볼 때 효종 원년 이후 영남의 염초생산업은 상당히 성장하였고, 그들의 제품은 서울의 군문과 민간제조업자들에게 판매되고 있었다.

곧 효종 원년의 각읍자초법 시행은 마침내 두 가지의 상이한 현상을 나타내게 되었다. 한편으로는 각읍의 농민들에게 부역노동을 강요한 셈이 되었고, 한편으로는 염초의 민간제조업을 성장시킨 결과가 되었다. 각읍에 자초법을 강요함으로써 결과적으로 화약의 민간제조업을 성장시키게 되었지만, 반대로 화약의 민간제조업이 성장함에 따라 각읍은, 화약을 자체생산하는 비용과 노력에 비하여 구입하는 편이 오히려 이익이 되었으므로, 결국은 각읍자초법을 해이하게 하였다. 이러한 사정은 효종 5년 영돈녕부사(領敦寧府事) 이경석(李景奭)의 다음과 같은 상소문에 잘 나타나 있다.

> "신이 들은 바로서는 호서의 염초자련역은 한 도의 큰 폐단이라고 합니다. 월과화약을 사들이는 외에 또 염초자취역을 지고 있습니다. 염

24) 備邊司謄錄 20 顯宗 元年 正月 5일.
「又自本廳 定送幹事人 貿得鉛鐵八千四百餘斤 焰硝二千五百餘斤於嶺南所産之邑 …」.

25) 備邊司謄錄 34 肅宗 4년 11월 25일.
「領議政許(積)所啓 臣曾在體府時 大興山城軍器 欲爲措備 而難得其人矣 聞嶺南武人裵尙度 爲人根幹有才 出給若干價 使之料理措備 則其本價還充之外 別備焰硝 至於五千七十二斤 鉛鐵二千四十斤之多」.

26) 備邊司謄錄 46 肅宗 18년 5월 18일.
「… 嶺南各邑所産焰硝 素稱品好 …」.

초를 매입한다면 폐단도 덜고 수량도 충족되지만, 자취하려면 비용이 많이 들고 공력도 배가 듭니다. 조정에서는 영남의 경우처럼 반드시 각읍으로 하여금 자초케 하고 사매하지 못하도록 분부한 것으로 들었는데, 신의 생각으로는 그것은 다만 백성을 병들게 하는 일로 보일뿐 나라를 이롭게 하는 처사로 보이지 않습니다."[27]

당시 호서에 부과된 1연간의 염초자취량은 3,000근이었다. 자취역에 사역키 위하여 본도에서는 속오군을 동원할 계획이었지만 효종은 허락하지 않았고, 다만 양반 연군을 한 차례 내어 쓰라고 지시하는 등 역군을 동원하는 문제가 자못 심각하였다.[28] 이런 불합리한 제도는 곧 시정되지 않을 수 없는 것이어서 그것의 개선책으로 마련된 것이 이른바 본·간년제였다고 생각된다. 간년조(間年條)에 대한 구체적인 내용은 「전남도대동사목」에 잘 나타나 있다.

"염초자취역이 작은 일이 아닌데 오로지 연호에만 책임지우니 감당키 어려운 형편이다. 자취당차지년(煮取當次之年=間年)에는 월과화약을 예(例)에 따라 정지하고 호서례에 의거 월가화약가미의 원수(元數)내에서 적당량을 덜어내어 석유황을 사 두고 또 나머지 월가미로는 공장

27) 孝宗實錄 13 孝宗 5년 11월 甲辰.

「領敦寧府事李景奭上疏曰 … 以臣所聞 湖西煮硝之事 大爲一道之弊 月課貿備之外 又有煮取之擧 買之則弊省 而數亦足 煮之則費多而功必倍 似聞朝廷分付 必令邑邑而煮之 如嶺南之爲 毋得私買 如臣淺慮 但見其病民 未見其利國也」.

28) 備邊司謄錄 17 孝宗 5년 11월 3일.

「吏曹參判洪命夏所啓 湖西焰硝煮取時調用束伍事 今日當爲定奪 何以爲之 上曰 束伍之役 皆以爲偏苦 民結不可用 且三千斤煮取 分定列邑 則不至大段 束伍則勿爲調用 兩班烟軍 一番出用事 則依前定奪 分付本道 而此外餘數 則漸次煮取可也」.

의 요포(料布)와 각종 수요 지출에 이용한다면 민역(民役)의 소모를 조금이나마 덜 수가 있으니 이로써 정식(定式)함이 옳다."[29]

고 청하여 재가되었다. 1년 걸러 한번씩 염초를 본읍에서 자취할 때 삼남의 각읍은 화약가를 본읍에 유치하고 그것으로 유황을 매입하거나 염초자취역에 동원된 공장들의 료포와 각종 원료 및 연료를 구입하는 데 사용하게 되었다. 이러한 본·간년제가 효종 5년경에 이미 성립되어 있었음으로 군문은 사실상 숙종 12년이래 삼남의 각읍월과화약가운데서도 본년조를 방납하게 되었다.

숙종 11년에 비록 삼남월과조총과 본년조화약을 삼군문만 균등하게 만들어 보내도록 규정하였지만, 다른 아문에서 그냥있지 않았다. 앞서 동왕 9년에 삼남월과약환가를 1년간 요청해 얻은바 있었던 강화부가 동왕 13년 8월에 다시 강도의 저치미를 확보하기 위하여 삼남의 본년조화약가를 요구하였다. 강화부는 일찍이 호남에서 10만여석의 미곡을 이전토록 하였고, 그것을 풍년에 수납키로 하였으나, 흉년이 계속되어 수봉치 못하다가 동년에 그중 3만석을 받아들일 수 있었다. 그러나 나머지 7만여석을 마저 수봉키가 막연하였기 때문에 삼남의 본년조월과화약가미를 청득하게 된 것인데, 병조판서 이사명(李師命)은 앞으로 5, 6년간 상평청이 전포(錢布)를 제출하여 군기를 구입해서 각읍에 분송하고, 본년조삼남월과화약가는 직접 강도에 수납토록 건의하

---

29) 全南道大同事目.

「煮取之役不細 而專責於烟戶 其勢難堪 煮取當次之年 則月課火藥 例爲停止 依湖西例 同價米元數內 量宜除出 貿備石硫黃 又以所餘 移用工匠料布與各項應入之需 則其在民役 庶減一分之費 以此定式爲白齊」.

였고, 영의정 남구만(南九萬)은 군문의 경우 삼남월과미 이외에도 당연히 들어오는 재화가 있으니 병조판서로 하여금 군문의 장인들을 시켜 월과군기를 만들어 보내 월과미는 각읍이 강도에 직접 납부토록 할 것을 요청하여 허락되었다.[30)]

이사명이나 남구만은 이때 모두 강도의 군량을 쌓아두기 위하여 삼남의 본년조월과화약가미를 강도에 직접 납부토록 하자는데 의견이 일치하였다. 그러나 월과군기를 조달하는 방법에는 차이가 있었다. 결국 이사명이 제안한대로 상진청에서 전포(錢布)를 덜어내서 군기를 구입하여 각읍에 하송하고 본년조 월과화약가미를 모두 강도에 직납토록 되었다. 하지만 이사명은 동년 10월에 다시 삼남의 간년조월과화약가미마저 요구하였다. 이사명은 앞으로 5년간 삼남각읍의 염초자취역을 중지하고 상평청이 구입하여 하송하는 한편 월과미를 강도에 직납케 하도록 요구하였다. 이에 영의정 남구만도 각읍이 효종 이후 줄곧 염초를 자취해 왔기 때문에 자초법을 충분히 알고 있으므로 4, 5년간 정지하고 강도의 군량미를 저축하는 것이 옳다고 하였다.

이리하여 각읍에서 당차년(當次年)에 자체생산하던 간년조(間年條)마저 강도의 군량을 조달할 목적으로 숙종 14년~18년까지 만 5년간 각읍의 생산을 정지하게 되었다.[31)] 이처럼 상진청에서 시장에서 화약을 구입하여 각읍에 분송하게 된 것은 화약제조업자들에게 일정한 이익을 가져다 주었을 것은 당연하다. 비록 이들 제조업자들이 연환계와 같이 계조직을 간춘 공인으로 등장하지는 못하였지만, 그들의 화약생

30) 備邊司謄錄 41 肅宗 13년 8월 13일.

31) 備邊司謄錄 41 肅宗 13년 10월 15일.

산과 제품의 판로가 상진청을 통하여 확장된 것만은 사실이다.

그런데 상진청이 시장에서 구입하여 삼남각읍에 분송하던 것이 그 뒤 곧 중단되고 군문에서 화약을 만들어 보내게 되었던 것 같다.[32] 따라서 민간제조업자들의 원성이 높아 졌으며, 그들의 요구는 마침내 조정대신들에게까지 비화되었다. 곧 숙종 15년(1689) 정월에 서인정권이 물러나고 이른바 기사환국으로 남인정권이 들어서면서 그해 2월, 군아문에 의한 군기의 방납행위에 대하여 대신들 간에 격렬한 논란이 일고 있었다. 좌의정 목래선(睦來善)이

"무릇 방납의 폐단은 조정에서 금하는 바지만, 도성 백성들의 생계가 매우 어려워서 혹 방납하여 일면 자생(資生)하고 일면 응역(應役)합니다. 그러나 각군문 및 제상사·제궁가·형세가가 배리(倍利)를 취하려고 방납을 탈취하니 이것은 소위 백성과 더불어 이를 다투는 것입니다. 고할 데 없는 인민은 소원할 곳이 없으니 이 또한 해참하기 그지 없는 것입니다. 앞으로는 각군문 및 제상사·제궁가·형세가가 전의 습관을 버리지 못하고 다시 방납을 탈취하거든 드러나는 대로 징치하여 궁핍한 백성이 억울함을 호소하는 폐단이 없도록 하는 것이 마땅합니다."

고 하자, 우의정 김덕원(金德遠)은

"대동법실시이후 다른 방납은 없었고, 단 군문월과가 있었을 뿐인데 곧 군기입니다. 민간에서 방납한 것이 군문에서 제조한 것만큼 견고하

32) 湖南廳事例, 備邊司謄錄 47 肅宗 19년 6월 13일, 承政院日記 352 肅宗 19년 6월 13일.

고 정밀치 못하기 때문입니다.”

고 하므로 좌의정 목래선이 다시

“민간에서 비록 군기를 만들어 바치면 군문에서 그중 정밀히 제조한 것만을 가려서 받으면 어찌 사용치 못하는 폐단이 있겠습니까? 관청이 결코 백성과 더불어 이해를 다투어서는 안됩니다.”

고 강력히 주장하였다. 이에 숙종도 각별히 신칙하여 금단함이 옳다고 하였다.[33] 이상의 국왕과 대신들 간에 논란된 내용을 보고 느낄 수 있는 것은 첫째 군아문이 민간제조업자들을 물리치고 삼남월과화약의 본·간년조를 모두 방납하는 데 대한 불만이 반영되었다는 사실이었고, 둘째는 민간제조업자가 생산한 화약이 군문의 제품에 못지않게 되었다는 사실이며, 셋째는 군아문에 의한 월과군기의 방납이 군비를 강화하는 데 도움이 컸을 것임에도 불구하고, 조정에서는 이제 군비보다는 민생의 안정을 도모하는데 더욱 관심이 높아가고 있음을 볼 수 있다.

이러한 분위기에서 숙종 16년에는 우의정 김덕원이 삼군문에서 제조하여 삼남의 각읍에 방납하고 있던 월과조총가미를 진휼비에 보태 쓰게 할것을 주장하였다. 그는 각읍월과조총은 급한 문제가 아니고 진휼청의 물력을 마련할 길이 없다는 이유로 금년의 월과조총제조를 중지하고 재해를 입은 읍의 월과조총가미를 본읍에 두게하여 진휼비

33) 備邊司謄錄 43 肅宗 15년 2월 15일.

에 쓰도록 하는 한편, 타읍의 월과미는 진휼청에 수납하여 일후의 진휼비에 보태쓰도록 하자고 요청하였는데 이 김덕원의 요청은 즉시 받아들여졌다.[34)]

삼남의 월과군기제조를 완전히 중지하고 그 가미를 모두 진휼비로 유용한 사실은 처음 있었던 일이었고, 이는 이후에 상진청이 삼남월과미를 진휼비 에 보태쓰는 선례가 되었다. 곧 각읍의 군비를 충실히 할 목적에서 마련되었던 월과군기가가 17세기 말에 접어들면서 완전히 정부의 한 세입원(稅入源)으로 변질되기 시작하였다.

숙종 11년에는 삼남월과연환가미의 대부분이 상평청의 외교비로 전용케 된데 이어 동왕 13년부터는 본년조와 간년조 월과화약가가 강도의 군향미를 조달하는 재원으로 되었으며, 동왕 16년에는 월과조총가가 진휼비에 보태쓰게되었다. 삼남월과화약가의 본년조·간년조가 강도에 직접 납부한지 만 5년, 당초의 정한 시한이 다 되었으므로 동왕 19년에는 병조가 삼남의 병사(兵使)들에게 다시금 전례대로 간년조의 각읍자초역(各邑煮硝役)을 실시하도록 지시하였다. 그런데 이때 상진청에서는 병조와 달리 「흉년」이란 이유로 이미 각읍의 자초역을 중단시켰고, 또 군문의 조총제송도 못하게 한 뒤 월과총약가를 모두 진휼비로 사용해 버렸었다. 이 때문에 다음해부터 각읍자초역을 실시키로 결정되었으니, 숙종 13년(1687)에 강도의 군향문제로 중단되었던 각읍

34) 備邊司謄錄 44 肅宗 16년 7월 14일.
「右議政金德遠所啓 外方月課軍器 使三軍門打造下送 許捧其價米矣 外方月課 不至緊急 賑廳物力 無以措辦 今年月課 姑爲停止 被災邑價米 捧留本邑 以補賑資 其餘價米 則令賑廳依數收捧 而且軍器寺 三名日進上甲冑鳥銃等物 自今年冬至限明年誕日進上停止 其價米亦令賑廳捧上 補用於賑資 則似爲便當矣 上曰 依爲之」.

의 간년조 염초자취역은 만 6년만에 복구되었고 동왕 20년(1694)부터 실행키로 확정된 셈이다.[35] 결국 상진청에서 삼남월과화약을 월과가를 받아 화약을 사서 납부하거나 연환을 공물로 삼아 만들어 보내는 등 월과가의 청득이 빈번해지고, 진휼비로 전용하게 까지 되자 군문과 아울러 가장 강한 반발을 보인 것이 군기시였다.

숙종 22년(1696) 10월, 군기시제조였던 판부사(判府事) 윤지선(尹趾善)은 상진청이 민간제조업자들에게 값을 주고 만들어 납부한 군기를 각 읍에 나눠보내는 것이 부당하다고 지적하고 제군문과 군기시가 해당 업무를 분장(分掌)할 것을 주장하였다. 이 문제는 묘당으로 하여금 품처토록 하였지만, 받아들여지지 않고 말았다.[36]

군기시에서 이처럼 삼남월과군기를 제군문과 분담하여 만들어 보낼것을 요구한지 한지 6년만인 동왕 28년(1702) 12월에는 상진청이 삼남의 본년조 월과화약방납권을 요청하였다. 행사직(行司直) 이닌엽(李寅燁)은 진휼미를 조달하기 위한 재원으로서 삼군문에서 제송해온 본년조 삼남월과가를 청득하여 화약을 마련해보내고 화약가미를 저축하겠다는 것이다. 이 이인엽의 제안은 즉시 받아들여졌고 본년조가미의 전액이 상진청으로 이관되었다.[37]

삼군문이 분장해온 삼남의 본년조월과화약가가 상진청으로 이관된데 대해 즉각적인 반응을 나타낸 것은 훈련도감과 어영청이었다. 이듬해 정월에 훈련대장 이기하(李基夏)는 본년조월과화약을 상진청에 이관하여 민간제조업자로 하여금 방납케 하면 군기가 견고하고 정밀하지

35) 湖南廳事例, 備邊司謄錄 47 肅宗 19년 6월 13일, 承政院日記 352 肅宗 19년 6월 13일.
36) 承政院日記 414 肅宗 22년 10월 15일.
37) 承政院日記 403 肅宗 28년 12월 18일.

못하다는 점을 지적하였다. 그리고 훈련도감은 삼남월과조총과 화약을 제조해 보낸 뒤 남은 가미로 장인들의 料米급료를 지급해 왔으며 도감포수들의 조총을 개수, 타조해 왔기 때문에 삼남월과총약을 훈련도감에서 만들어 보내야 한다고 주장하였다. 이에 대한 정부의 논의는 결국 민정(民政)에 관계되는 상진청과 군사상의 비중이 큰 훈련도감만이 삼남월과군기를 방납할 수 있도록 하였다.[38]

그런데 동년 8월에 다시 이조판서 이유(李濡)가 송도(松都)에 있는 총융청소속 아병(牙兵)들로부터 거두는 쌀을 탕감하고 그들을 개성부의 군사로 삼게 하는 한편 삼남총약환가미 10,000여석을 그 대신 총융청에서 수취할 것을 건의하자 이를 또한 숙종은 시행토록 허락하였다.[39] 이상과 같이 삼남월과화약은 숙종 20년에 본·간년조가 복구된 이후 동왕 22년 10월에는 군기시가 방납권을 요구하였고, 동왕 28년 12월에는 상진청이, 동왕 29년 정월에는 훈련도감이 각각 청득하였는데, 같은 해 8월에는 다시 총융청에 전액지급키로 결정됨으로써 수가규정이 몇 번씩이나 번복된 셈이다. 총융청방납이 결정되자 두달 뒤인 동년 10월에 군기시제조였던 판부사 윤지선은 다시 군기시의 경비가 탕갈한 사정을 들고 삼남월과총약환가를 제군문과 똑같이 나누어 여리를 취할 것을 요청하였다. 이때 연환가는 이미 상평청에 전속되어있어 변동할 수가 없었으므로 총·약가에 한하여 군기시가 요청한대로 균분취영토록 허락하였다.[40] 이리하여 다시금 월과조총과 본년조화약가는

38) 承政院日記 409 肅宗 29년 正月 20일.

39) 肅宗實錄 38(上) 肅宗 29년 8월 癸酉條.

40) 肅宗實錄 38(下) 肅宗 29년 10월 丁亥條.
「判府事尹趾善上箚陳所帶軍器寺蕩竭之狀 請三南月課鳥銃火藥鉛丸等物價 得與諸軍門

오군문과 군기시에서 균등히 나누어 만들어 보내도록 결정되었다. 그러나 이듬해 숙종 30년(1704) 7월에 이르러 상진청에서는 다시 본년조 월과화약을 나눠맡아 만들어보내도록 요청하였다. 곧 지의금부사(知義禁府事) 민진후(閔鎭厚)는,

"월과화약은 각아문이 돌아가면서 구관해 왔고, 원래 일정한 규정이 없었습니다. 지난번 판중추부사 윤지선의 차자(箚子)로 말미암아 비변사에서는 5군문과 군기시에 균일하게 분급하자는 의견으로 다시 아뢰었던 것입니다. 대개 삼남화약의 원래 액수인 6,000斤 내에서 호서는 도내의 수용이 부족하다고 하여(원문 수자결(缺)) 6,000근, 이 때문에 가본의 다소가 고르지 못합니다. 호서는 화약 1근값이 미 6두이고 양남은 화약 1근가가 미 10두인데 비록 6두라도 화약을 제조한 뒤에 오히려 잉여가 많습니다. 신이 듣기로는 경외의 화약이 항상 부족하여 걱정해 왔으며, 도성을 수축한 뒤에는 불가불 화약을 더 많이 준비해야 할 것입니다. 이제 양남의 월과를 호서례에 따라 6斗로 절가(折價)한다면, 삼남의 화약은 1년에 마땅히 9,900여근이 됩니다. 그중 6,000근을 5군문과 군기시에 각각 1,000근씩 분급하면, 1,000근가가 마땅히 미 400석은 되므로 또한 잉여를 취해 보태쓸수 있습니다. 또 3,900여근은 이어 상평청으로 하여금 구관케하되 가본(價本)의 유입(流入)여부를 논하지 말고, 반드시 4,000斤을 표준해서 월과화약을 마련케하십시요, 1년간 장만하게 총 10,000근 내에서 7,000근은 삼납각읍에 종전대로 분송하고 나머지 3,000근은 비변사가 차지하여 어느 한 군문이 맡아 잘 저장하였다가 혹 외방의 청득처에 제급하거나 혹은 강도와 남한에 이송하거나

一體分授 取贏補用 廟堂履啓 鉛丸價米 已屬常平 不可撓改 其餘依疏辭施行 許之」.

혹은 유치했다가 도성공역에 사용해도 안 될 것이 없습니다. 매년 3,000근 화약도 적은 것이 아니거니와 상평청의 가미중 여잉을 진휼청에서 취용한다면 진휼비에 보탬됨도 더욱 크니 이로써 규례를 확정하여 영구히 시행하는 것이 어떻겠습니까?"[41]

고 요청하였고, 이에 대해 좌의정 이여(李畬)도 제군문의 물력이 대부분 조잔하지만, 진휼청의 경우 구민비(救民費)를 염출할 길이 없으니 이상과 같이 갈라서 나누는 것이 편리하고 좋을 것 같다고 동의함으로써 왕이 윤허하였다. 이리하여 숙종 28년 12월부터 상진청과 군기시 및 5군문간에 다투어 왔던 삼남월과군기중 본년조화약의 수가제납권 문제가 만 2년만에 결정 난 셈이다.

숙종 30년부터 삼남의 본년조월과화약가는, 호서례에 따라 호남과 영남도 한 근당 미 10두에서 6두로 인하되었고, 동시에 월과화약량도 6,000여근에서 10,000斤으로 증액 책정되었다. 그리고, 10,000근중에서 4,000근은 상진청에서 구관하고, 나머지 6,000근은 5군문과 군기시가 각각 1,000근씩 구관하게 되었다. 상진청에서 노력한 결과 4,000斤의 본년조화약을 구관하게 되면서 비로소 삼남월과화약계(三南月課火藥契)가 도하(都下)에 성립되었다. 삼남월과화약계가 조직된 정확한 시기는 상고할 수 없으나, 앞서 숙종 30년 7월에 삼남월과화약의 본년조 4,000근을 상진청으로 하여금 구관토록 주선한 민진후가 동왕 32년 4월에

41) 承政院日記 419 肅宗 30년 7월 20일.

"판부사 이유가 진휼청당상으로 있었을 때 본청에는 원래 화약을 조성하는 기구가 없기 때문에 군문의 화약을 값을 주고 사서 각읍에 분송하였다. 그러나 그뒤 값을 받고 만들어 납부하겠다고 요청하는 자들이 있어 허락하였지만, 특별히 신칙하여 화약이 정맹(精猛)치 못할 우려가 없도록 하게 하였다."[42]

고 말한 것이라든가, 同王 45년 4월 진휼청에서,

"일찍이 갑신년(숙종 30년)간에 본청에서 삼남월과화약가미를 청득하여 계인(契人)을 별도로 정하여 제조케 하였다."[43]

고 한 기록들을 통하여 살펴볼 때 삼남월과화약계가 조직된 것은 숙종 30년 7월경으로 여겨진다.

상진청에서 계인제를 적용하여 다시금 삼남월과화약의 본년조 4,000근을 구관하게 된 것은 월과가를 더욱 흡수할 수 있는 중요한 계기로 되었고, 동시에 화약제조업자들은 월과계인으로 진출할 수 있는 길을 개척한 셈이다. 상진청은 계인제에 편승하여 절반의 여미(餘米)를 수취하지만, 민간의 화약제조업자들은 상진청계인이 됨으로써 일정한 이익이 보장되었다. 이러한 상호이해관계 때문에 민간제조업자와 상진청은 군아문의 방납권을 탈취하는 데 상호협조할 수 밖에 없었다. 이들 양자의 노력은 마침내 동왕 37년에는 해서총약환가를 상진청에 이관하고 해서총약환계(海西銃藥丸契)의 성립을 보게 되었으

42) 承政院日記 429 肅宗 32년 4월 20일.

43) 承政院日記 515 肅宗 45년 4월 10일.

며,[44] 동왕 39년(1713)에 이르러서는 선혜청(宣惠廳)에서 구관하고 있었던 삼남월과화약 중 간년조 7,000여근마저 흡수하는데 성공하였다. 간년조월과화약을 상진청에 이관하고 수가제납권(受價製納權)을 확보하기 위하여 삼남월과화약계인들이 정부에 건의한 내용이 구체적으로 나타나 있지는 않지만 대개 다음과 같은 두 가지를 지적한 듯하다. 하나는 선혜청구관하의 각읍화약제조가 함토를 굴취하고 토목을 운반하며 염초를 자취하고 화약을 도침하는 과정에서 농민들에게 끼치는 폐해가 크다는 점이고, 다른 하나는 지방의 공장들은 화약제조법에 미숙하기 때문에 제품이 불량하여 전시에 쓸 수가 없다는 이유다.[45] 이 때문에 숙종 20년부터 다시 실시되어 왔던 삼남각읍의 간년조월과화약규정은 폐기되고 말았다.

결국 2년 1차제의 간년조월과화약가도 본년조와 같이 4,029석 5두이지만 화약량은 앞에서 언급한 바와 같이 호서에서 근당 6두로 이미 인하 책정하고 있었기 때문에 숙종 39년에는 7,000근으로 증액된 셈이다. 따라서 삼남월과화약계는 본년에는 4,000근, 간년에는 7,000여근의 화약을 수가제납(受價製納)하게 된 것이다.

이처럼 삼남월과화약의 수가제납량이 대부분 상진청의 월과화약계로 넘어가고 5군문과 군기시에서는 불과 본년조화약 1,000근씩을 방납하는 처지에 놓임에 따라 군아문에서는 방납권을 탈취하려는 노력을 집요하게 전개하였다. 그 가운데에서도 선봉에 나선 것은 훈련도감

44) 江原廳事例 附海西公剩, 海西廳事例目錄.
承政院日記 631 英祖 3년 正月 16일.
備邊司謄錄 82 英祖 3년 12월 11일.

45) 承政院日記 500 肅宗 43년 2월 1일.

이었다.

숙종 41년(1715) 12월에 좌의정 김창집(金昌集)은, 상진청소관 삼남약환계와 해서총약환계가 제납하는 총약환의 성능이 나쁘다는 것을 신랄하게 지적하면서 월과공물제(月課貢物制)를 혁파하고 각군문에서 제송토록 건의하였다.[46] 이 문제에 대하여 왕은 묘당으로 하여금 상의하여 품처하라고 지시하였고 묘당에서 복주하여 계하되었다고 한다. 그러나 복주한 내용과 계하된 결과가 무엇인지는 밝혀져 있지 않았다. 하지만 후술하게 될 내용들을 종합해 보면 상진청소관하의 삼남월과약환과 해서총약환 중 삼남월과화약의 본년조만 군문에서 제송토록 되었다. 본년조는 종래부터 삼군문에서 분장하여 방납해 오다가 숙종 30년에 삼남월과화약계에 4,000근이 이속되었을 뿐이다. 곧 이때에 계하된 것은 본년조중 삼남월과화약계에 분배되었던 4,000근을 군문에서 탈취한 셈이다. 그런데 이 4,000근도 군문에서 제납토록만 허락된 것일뿐 각 군문의 몫이 정해지지는 않았다. 이듬해인 동왕 42년 8월에 이르러 훈련도감도제조 김우항(金宇杭)은 훈련도감 복마군(卜馬軍)의 삭료(朔料)를 염출할 목적으로 상진청구관 본년조 4,000근을 모두 훈련도감에 이속시켜 줄 것을 요청하였고 곧 허락되었다.[47] 본년조 4,000근을 탈취한데 이어서 이듬해인 동왕 43년(1717) 2월에는 다시 간년조 7,000여근마저 탈취하였는데 이때 훈련도감에서 방납권을 탈

46) 肅宗實錄 56 肅宗 41년 12월 丙寅條.
「左議政金昌集上疏 首論訓局兵制 … 又曰 三南兩西 皆有月課銃藥鉛丸 而近自該廳作爲貢物 給價措備 聞其銃鐵不精 臨放折裂 火藥藏置稍久 多不起火 可知其不合於戰 其所謂月課貢物 亟宜革罷 以其價移送各軍門 使之措備 則機械精利 而事體歸正矣」.

47) 承政院日記 497 肅宗 42년 8월 2일. 備邊司謄錄 69 肅宗 42년 8월 3일.

취하기 위해 제시한 조건은 두 가지였다. 한 가지는 그간 흉년이 계속되어 매번 재감되어 왔기 때문에 세입미포가 감축되어온 데다가 당년에는 대흉년으로 木 327동 27필과 미 1,614석이 재감되어 복마군의 삭료, 군병의 의자(衣資) 및 중일습방용(中日習放用)의 화약을 조달할 수가 없게 되었다는 내용이었고, 다른 하나는 전년에 전 경상우병사 윤왕상尹王商이 월과화약계가 정해진 수량만을 각읍으로 분송하기 때문에 수용량에 부족하다는 장계를 올려 정부에서는 숙종 46년부터 간년조 화약을 각읍에서 자취하도록 결정하였다는데 있었다. 간년조의 각읍자취는 민폐가 컸고 화약의 성능이 좋지 않기때문에 훈련도감에서 간년조 6,900근을 방납하게만 되면 3,000근을 첨가해서 하송하겠다고 하였다.[48] 결국 훈련도감에서는 진휼청소관의 본년조 4,000근을 탈취한데 이어 간년조 6,900근의 방납권마저 탈취하게 되었다. 상진청에서는 그간 본년조에서 800석, 간년조에 2,000석을 앉아서 수취해 왔으므로 경용상의 부족을 면치 못하게 되었으며 삼남월과화약계는 해체되어야 할 운명에 놓이게 되었다.

따라서 상진청과 월과화약계인은 삼남월과화약의 방납권을 되찾기 위하여 끈질기게 노력하고 있었다. 이듬해인 숙종 44년(1718) 4월에 진휼청당상을 겸대한 공조판서 민진원(閔鎭遠)이 '종래 진휼비조로 저축되었던 미곡이 12만곡이었으나 작년의 진휼시에 대부분 소모되고 현재 17,000여곡이 남았지만 매번의 발매미가 6, 7천곡으로 2~3차 발매할 것도 못되는데다 사대부가에도 1천곡은 대여해야 하므로 군수에 못지않게 중한 이 진휼비를 마련토록 삼남월과화약가를 환속해 달라'

48) 承政院日記 500 肅宗 43년 2월 1일.

고 요구하였다. 세자(경종)는 묘당으로 하여금 품처케 하였는데 결국 상진청의 요구는 관철되지 못하였고,[49] 이 때문에 이듬해 4월에 또다시 요청하였다. 이때 상진청에서 제의한 내용을 보면 숙종 30년이래 삼남월과화약계인들이 월과가(근당 6두)의 절반만 받고 제납해 왔기 때문에 매년 부족한 화약이 일만근에 달하여 열읍에서는 수령치 못한 월과화약을 받아내기 위해 매일같이 장계를 올리고 있다는 것이다. 그러나 궁핍한 계인들로부터 징수할 도리는 없으니, 훈련도감에 추가로 이속된 간년조화약가를 1년간만 빌려주면 착실히 감독하에 제조하여 결축된 화약과 당해년의 화약까지 충당하겠다고 하였다.. 이러한 상진청의 요청은 비로소 받아들여졌다.[50] 그러나 곧 이어 영의정 김창집(金昌集)과 훈련대장 이홍술(李弘述)은 이미 계하된 일이었지만 번복시키고야 말았다. 양자의 주장은 첫째, 민간제조업자로 하여금 군기를 사사로이 제조케 함이 부당한 데다 제품이 정맹하지 못하다는 것이며, 둘째는 이미 군문에 이속된 것을 변통하는 것은 사리에 어긋난다는 것으로 결축된 화약은 훈련도감으로 하여금 계인들중 부유한 자들로부터 독촉해 걷워들이겠다는 내용이다.[51]

상진청은 이처럼 양차에 걸친 방납권 요구가 무산되자 비중이 큰 재무부서인 호조의 힘마저 빌어서 삼남월과화약의 방납권을 복구하려한 것으로 보인다. 경종 3년 3월에 호조판서 이태좌(李台佐)는 상진청에서 월과화약을 방납해야 할 이유를 다음과 같이 제기하고 있었다.

---

49) 肅宗實錄 61 肅宗 44년 4월 丙戌條.

50) 承政院日記 515 肅宗 45년 4월 10일.

51) 承政院日記 515 肅宗 45년 4월 10일, 備邊司謄錄 72 肅宗 45년 4년 12일.

"호도의 1년 경용은 반드시 10만석 미가 있어야 근근히 되는데 금년 세입은 삼남의 전결이 크게 줄어들어 7만석도 제대로 못됩니다. 전에는 이런 해일 경우 혹 강도의 상진청미를 빌려사용하여 부족량을 보태었지만 지금은 강도의 남은 미곡 역시 매우 적어서 전처럼 취용키가 어렵게 되어 백방으로 생각해 보았으나 전혀 계책이 없습니다. 삼남에서 거둔 조세미가 조금전 올라 왔으니, 1년간 지출할 액수를 모두 계산해서 부족액은 마땅히 진휼청이나 혹은 다른 곳의 곡물을 빌려 대신 사용해야 하겠습니다. 그러나, 진휼청의 남아있는 곡식도 5만석이 채 안되니 우선 2만석만 대용하겠지만, 대용한 뒤 그 대가는 지불하지 않을 수 없으니, 영남의 저치미중에서 여유가 있는 대로 마땅히그만큼 나눠주어야 합니다. 하지만, 재물과 곡식의 고갈됨이 이 지경에까지 이르렀으니 근심하고 걱정스러운 마음 그지없습니다. 진휼청문서를 살펴보건대 삼남 월과화약에는 본년조와 간년조가 있어 본년조는 1만근으로 작정(作定)하고 각군문이 분송하는 이외의 나머지 3,900여근은 진휼청에서 구관하여 계인에게 출급해서 각읍에 제송하고 가미를 취용하는데 거의 700여석이나 되었고 간년조는 진휼청에서 전적으로 구관하여 본화약을 삼남에 조송하고 여미 2,000여석으로는 별총(別銃)을 조작하여 북한산성에 유치하였습니다. 그러나 무술년(숙종 44년)간에 이르러 당시의 대신이 진차하여 군문에 이속하고 말았습니다. 지금의 이 화약이 당초에는 진휼청에서 구관하던 물건이니 본년·간년조를 논할 것 없이 진휼청에서 그전처럼 구관하고 그 잉여미는 수취하여 진휼곡에 보용하는 것이 어떻겠습니까?"[52]

---

52) 承政院日記 552 景宗 3년 3월 6일.

단순히 진휼비로서만이 아니라 호조의 경비와도 이해가 직결된다는 것이며, 또한 월과화약 자체가 종래 상진청에서 구관해 왔던 것이므로 환속하는 것이 타당하다는 주장이었다. 이러한 이태좌의 제의는 즉각 받아들여졌고 곧바로 해당 관청에 공문을 발송하였다.

이리하여 상진청에서는 이제 숙종 42년 8월과 동왕 43년 2월에 각각 훈련도감에 빼앗겼던 본년조 4,000근과 간년조 7,000여근을 만 6년만에 되찾게 되었고, 동시에 해체되었던 삼남월과화약계도 복구되었다.

그런데 앞서 숙종 43년에 훈련도감이 간년조 7,000여근을 상진청에서 탈취하였을 때 군기시는 군기시소관 본년조 1,000근이 배당된 양남 23개읍[53]의 간년조 1,000斤마저 청득한 바 있었다. 그러나 상진청에서는 군기시에 추속된 간년조 1,000근을 인정하지 않았다. 이 때문에 군기시에서는 이듬해인 경종 4년 정월에 이르러 간년조 1,000근을 환부하라고 요청하였다. 군기시는 연례로 만들어 바치는 융기(戎器) 외에 프고 작은 봉진물(封進物) 을 만들어 진상하고 외방의 청득을 담당하지만 공물작지가(貢物作紙價) 외에는 세입이 없다는 것이며, 약간의 원공(元貢)도 대부분 감축되고 월과조총도 정지된 상태에 원역(員役)의 월급과 공장의 급료를 지급할 길이 막연하다는 내용이었다. 군기시의 요구는 관철되어 상진청소관 간년조는 1,000근이 줄어든 5,900여근

---

53) 六典條例 8, 兵典 軍器寺 火藥條.

「蔚山 昌寧 咸安 居昌 榮川 淸道 昌原 固城 泰仁 潭陽 康津 海南 淳昌 咸平 興陽 興城 古阜 長興 寶城 茂長(大年各八十斤 小年各四十八斤) 三嘉(大年四十斤 小年二十四斤) 同福 和順(大年十三斤 小年八斤) 大小年輪回下矣」.

※ 計 23邑: 大年 1,777斤 小年 1,000斤.

으로 되고 말았다.[54)]

그러나 상진청에서는 군기시에 빼앗긴 간년조 1,000여근을 되찾기 위하여 영조 4년(1728) 2월에 선혜청당상 이집(李𡐔)을 통해 요청하고 있었다.

> "진휼청은 본래 세입이 없기 때문에 수십년전부터 삼남월과화약을 본청에 이속하고 화약을 만들어 분송한 뒤에 그 가미를 수취하여 진휼비에 보태 써 왔습니다. 그런데 갑진년(景宗 4년)에 군기시에서 원역의 급료가 부족하다는 핑계로 소위 간년조 1,000근 가미 660여석을 초기(草記)로 군기시에 이속시켰습니다. 지금 이 1,000근가미가 본청에 있었을 때에는 계인에게 200석만 지급하고 460여석을 모두 진휼비에 보용해 왔습니다. 이처럼 본청이 궁핍한 때를 당하여 누백석을 잃는다는 것은 실로 적지 않은 양입니다. 군기시의 형편이 몹시 구차하다면 작지미 60석은 참작하여 나눠 주겠으나 간년조 1,000근은 진휼청에 환속하여 진휼비에 보태쓰는 것이 어떻겠습니까?"[55)]

간년조 1,000근을 상진청에 환속하고 대신 작지가미 60석[56)]을 군기시에 획급하겠다는 이집의 이 요청은 관철되었다. 이리하여 영조 4년(1728) 2월 현재 삼남월과화약계인들은 본년조 4,000근과 간년조 7,000여근을 수가제납하게 되었다.

---

54) 六典條例 8, 兵典 軍器寺 火藥條.

55) 備邊司謄錄 83 英祖 4년 2월 9일.

56) 六典條例 8 兵典 軍器寺條에 보면
「火藥契火藥價米作紙四十石(大年六十石十斗)」라고 하였으므로 作紙米는 火藥價米의 1/10에 해당하였다.

이후 영조 30년(1754)에 이르러 상진청소관하의 삼남월과화약계와 연환계 및 해서총약환계 등 3계인들의 군기제조장이 연융대(鍊戎臺)로 이설된 사실이 있었을 뿐이다. 이 이후부터는 상진청계인과 군아문간의 방납권 분쟁은 없었고 다만 영조 23년(1747)에 총융청의 신영(新營)이 도성과 북한산성의 중간에 있는 연융대로 이설되고, 동왕 26년에 총융사가 경기병사를 겸대하여 연융대로 출진하게 되자[57] 동왕 30년 11월에 좌의정 김상로(金尙魯)는 영저(營底)의 거민(居民)을 모집하기 위한 한 방책으로 삼남약환계와 해서총약환계를 그곳에 이설하도록 요청하였다.[58] 이리하여 동년 12월에는 삼남약환계해서총약환계이속총융청절목(三南藥丸契海西銃藥丸契移屬摠戎廳節目)이 작성되었고, 契人들의 제조소와 공장의 숙소가 연융대 근처로 모두 옮겨졌다.[59]

3) 군기시 소관 월과계(月課契)의 성립

17세기 전반기에 국가가 강력히 추진하였던 군사정책은 후반기에 접어들면서 약화되기 시작하였다. 군사상의 관심은 약화되고 점차 외교상의 관심으로 기울어졌으며, 17세기 말 18세기 초에는 대민정책상의 문제가 강하게 부각되고 있었다. 이러한 정치적 배경과 병행하여 한편에서는 민간제조업도 성장하였고 그들이 상진청과 결탁하여 군문을 배제하고 월과군기의 방납권을 확보해 갔다. 숙종 11년에는 삼남월과연환계를 성립시킨데 이어 동왕 30년에는 삼남월과화약계를 조직

57) 萬機要覽 軍政篇 3 摠戎廳條.

58) 英祖實錄 82 英祖 30년 11월 乙未條.

59) 備邊司謄錄 127 英祖 30년 12월 10일.
節目의 내용은 다음 4章에서 詳論될 것이다.

하였고, 동왕 37년에는 해서총약환계를 구성하는데 성공하였다.

이상과 같이 민간의 군기제조업자들이 상진청과 결탁하여 군문을 배제하고 월과군기의 방납권을 서서히 탈취해 가고 있는 가운데, 일부의 민간제조업자들은 군기시와 결탁하여 월과군기의 방납권을 取得하려고 노력하였다.

민간제조업자들이 군기시와 결탁하여 방납권을 취득하려고 시도하기 이전에 이미 군기시도 자체내의 경비를 염출하기 위해 월과군기를 수가제납하고 있었다. 앞서 언급했듯이 현종 11년에 훈·어양국 및 수어청과 더불어 호서·호남의 월과조총 일부를 분장하여 제송한 사실이 있었다. 그러나 숙종 11년에 삼남월과조총과 본년조 월과화약의 방납권을 삼군문에서 독점한 뒤부터는 월과군기의 방납에 참여하지 못하였다. 삼남월과조총은 숙종 16년에 우의정김덕원의 제의로 본년조 화약가와 더불어 진휼비1로 이용된 바 있었다. 이를 선례로 하여 삼남월과총가만은 동왕 21년(1695)부터 상진청의 진휼비로 전용되기 시작하여 동왕 29년[60]과 동왕 36년(1710)에 일시 오군문방납권이 복구된 적도 있었으나,[61] 동왕 41년(1715)까지 20여년간 거의 상진청의 진휼비로 사용하였다.[62]

---

60) 肅宗實錄 38(下) 肅宗 29년 10월 丁亥條.
「判府事尹趾善上箚陳所帶軍器寺蕩竭之狀 請三南月課鳥銃火藥鉛丸等物價 得與諸軍門一體分授 取贏補用 廟堂覆啓 鉛丸價米 已屬常平 不可撓改 其餘依疏辭施行 許之」.

61) 備邊司謄錄 60 肅宗 36년 11월 6일.
「司啓辭 頃因訓練大將李基夏榻前陳達復 舊事有考文書稟處之命矣 取考惠廳文書 則自乙亥(肅宗 21年 1695) 以後權減 … 則今諸軍門 當有軍器造成之事 而物力皆患不敷 三南月課米五千一百石零 今五軍門如前取用 以爲趁時措辦之地 何如 答曰 允」.

62) 承政院日記 497 肅宗 42년 8월 2일. 備邊司謄錄 69 肅宗 42년 8월 3일.

삼남월과조총가가 상진청의 진휼비로 전용되고 본년조 화약가 역시 상진청이 민간제조업자들의 제품을 구입하여 분송하는 상황하에서, 군기시는 숙종 22년(1696) 10월에 이르러 전술한 바와 같이 군아문에서 제송할 것을 주장하였다. 곧 군기시제조였던 판부사(判府事) 윤지선(尹趾善)은

> "삼남월과조총·화약·연환등물을 혹 제군문에서 분장하거나 혹은 상진청에서 주관하였지만, 군기시는 도리어 참여하지 못하였습니다. 법례(法例)를 두고 말하더라도 군기시는 각양군기를 조성하는 일을 맡고 있는 곳이므로 마땅히 먼저 주장(主掌)한 뒤에라야 타아문에도 미칠 수 있는 것입니다. 항차 지금 군기시의 궁핍함이 또한 제군문에 비할 바 아닙니다. 비록 월과가의 전액을 본사에 환속시킬 수는 없다고 하더라도 마땅히 제군문이 관장하는 월과를 다같이 분장토록은 해야 할 것입니다. 상진청의 경우는 비록 그간에 진휼비를 판출키 어려워 마침내 이런 일이 있었기는 하지만, 불과 아무 사람에게 제조토록 맡기고 잉여(赢餘)를 수취할 따름입니다. 막중한 무기의 수용을 한잡인(閑雜人)에게 맡긴다는 것도 옳지 못하거니와 진휼비에 보탬됨이 또한 얼마나 되겠습니까? 지금 상진청에서 만약 내년 봄 진휼비에 만분의 일이라도 오히려 보태고자 한다면 피차가 공물(公物)이 아닌 것이 없으니 재정적 여유가 있는 관서와 없는 관서 간에 서로 도움이 마땅하니 그 잉여를 적절히 취용토록 우선 허락하되 진휼이 정파된 뒤에 다시 의논하는 것도 나쁠 것이 없습니다. 이렇게 하면 상진청에도 손해될 것이 없고, 본사에도 이익됨이 없지 않습니다. 또한 무기를 정교하게 제조하는 도리를 두고 말하더라도 본사에서 전담하여 조성하는 것이 또한 어찌 외방인이 구차하게 충당하여 수납된 것과 비할 수 있겠습니까?"[63]

고 건의하였다. 이 문제는 결국 받아들여지지 않고 말았지만 군기시의 주장은 첫째 군기시가 군기제조아문이므로 월과군기도 당연히 군기시에서 주관함이 원칙이라는 것이었고, 둘째는 상진청은 군기를 관장할 수 없는 아문인데다가 민간제조업자의 제품을 방납함으로써 군기의 부실화를 초래하고 명분에도 어긋나니, 월과군기는 군기시와 제군문이 분장 제송해야 한다고 주장하였다.

이러한 군기시의 명분과 주장이 당시에는 비록 효과를 거두지 못하였지만 적어도 월과군기의 방납이 군기시가 관장할 성질의 것임을 재인식시켰던 것은 확실하다. 곧 이로부터 7년만인 숙종 29년(1703) 8월에 본년조 삼남월과화약의 방납권이 총융청에 이관토록 결정되자[64] 두 달 뒤인 동년 10월에 군기시제조 윤지선은 또 다시 군기시의 경용이 부족함을 말하고, 삼남월과총약환을 5군문과 균등히 나누어 잉여를 취할 것을 요청하여 월과조총과 본년조화약가에 한하여 제군문과 군기시가 균분하여 방납토록 결정되었다.[65] 이리하여 군기시에서는 숙종 29년에 비로소 삼남월과조총의 일부와 본년조 삼남월과화약중 1,000근을 수가제납하게 된 것이다.[66] 그러나 월과조총가는 전술한대로 역시 상진청의 진휼비로 보태쓰게 되었고 본년조 월과화약 1,000근만 방납하고 있었다. 그러나, 군기시가 이때 본년조 월과화약 1,000근을 수가제납하게 되지만 사실상은 공인제(貢人制)에 기초하고 있었

63) 承政院日記 414 肅宗 22년 10월 15일.

64) 肅宗實錄 38(上) 肅宗 29년 8월 癸酉條.

65) 肅宗實錄 38(下) 肅宗 29년 10월 丁亥條.
「判府事尹趾善上箚陳所帶軍器寺蕩竭之狀 請三南月課鳥銃火藥鉛丸等物價 得與諸軍門一體分授 取嬴補用 廟堂履啓 鉛丸價米 已屬常平 不可撓改 其餘依疏辭施行 許之」.

66) 承政院日記 419 肅宗 30년 7월 20일.

다. 곧 군기시는 화약제조에 필요한 원료를 민간제조업자들로 하여금 납품토록 하여 화약합제작업만은 군기시 건물내에서 하였다. 군기시의 제약원료를 납품한 민간제조업자들이 사실상은 최초의 군기사소관 월과화약계인들이라고 하겠다.[67]

군기시가 삼남월과화약의 본년조 1,000근을 공인제에 의존하여 방납하게 되면서부터 점차 본사의 직접적인 군기제조작업이 둔화되고 계인제를 확대하여 공가의 여영을 수취하는 아문으로 변모해 가고 있었다. 군기시에서는 다시 숙종 34년(1708)에 강원도의 월과총약환을 방납하게 되었고,[68] 동왕 41년(1715)에는 곧 전술한 바의 삼남월과조총을 오군문과 더불어 균분조성하게 되었으며,[69] 동왕 43년(1717)에는 다시 삼남월과화약의 간년조중 1,000근을 방납하게 되었었다.[70] 그러나 이 간년조 1,000근은 영조 4년(1728) 2월 상진청에 빼앗겼고, 그 대신 상진청으로부터 작지가미 60석만을 매년 받기로 하였다.[71] 이리하여 영조 4년 현재 군기시에서는 삼남월과조총의 일부와 본년조화약 1,000근 및 강원도의 월과총약환을 방납하는 셈이다.

그러나 영조원년(1721)에 천보총(千步銃) 제조가 성공하면서는 군기시의 방납로가 크게 확대되었다. 천보총은 일찍이 숙종말에 이미 박영준

67) 承政院日記 497 肅宗 42년 8월 2일. 備邊司謄錄 69 肅宗 42년 8월 3일.

68) 備邊司謄錄 18 孝宗 7년 4월 15일. 備邊司謄錄 45 肅宗 17년 12월 19일. 六典條例 8 兵典 軍器寺 참조.

69) 全南道大同事目, 嶺南廳事例.

70) 承政院日記 564 景宗 4년 正月 21일.

71) 備邊司謄錄 83 英祖 4년 2월 9일. 六典條例 8 兵典 軍器寺條에 보면 「火藥契火藥價米作紙四十石(大年六十石十斗)」라고 하였으므로 作紙米는 火藥價米의 1/10에 해당하였다.

(朴英俊)이 창제한 총이었는데, 영조원년 초에 그의 아들 박지번(朴枝蕃)으로 하여금 2자루를 시범적으로 제조케 하였다. 종래부터 사용해 왔던 조총보다 약간 무거웠지만, 조총의 사정거리가 백여보에 지나지 않았는데 비해 천보총은 900여보에 달하였고, 수성용(守城用0으로 적합하였다고 한다.

이 때문에 동년 여름에 삼남월과조총을 천보총으로 바꾸어서 제조해 보내도록 결정하였고, 동년 12월에는 서북양도에도 삼남예(三南例)에 의거 군기시가 제조해 보내도록 결정하였다.[72)]

숙종 41년부터 5군문과 군기사가 분담하여 방납해 오던 삼남월과조총을 영조원년에 천보총으로 대체해 방납토록 결정하면서사목(事目)을 마련하였다고 했으나, 사목의 내용을 밝힌 자료가 없어 군기시가 삼남에 천보총을 제송한 구체적인 절차를 알 길이 없고, 동시에 서북양도의 경우도 구체적으로 어떠한 삼남예가 적용되었던지도 상고할 수 없다. 다만 영조 7년 6월의 기록에

> "함경도의 월과는 원래 대동미에서 마련하는 것이 아니고 各邑에서 월과가를 자체조달하였다고 하며 천보총을 원하면 천보총을, 월과총을 원하면 월과총을 보냈다. 곧 법을 정해서 한 것이 아니라 원하는 데로 좇았을 뿐이다."[73)]

---

72) 備邊司謄錄 78 英祖 元年 12월 27일.

73) 備邊司謄錄 89 英祖 7년 6월 20일.
「北道月課 元非大同措備之事 各邑自備其價云 而欲得千步銃則送之 欲得月課銃則送之 而非依法之事 從自願爲之矣」.

라고 한 것을 보면, 정부에서 마련한 「사목」에 의거하여 제송된 것이 아니라 천보총과 조총중 감영에서 요구하는 종류를 군기시가 제송해 왔던 것임을 알 수 있다. 당시의 천보총은 군기시에서만 제조한 듯하다. 그것은 영조 13년에 삼남에 천보총을 제송하게 되면서도 군기시에서 전담하였다. 상고할 수는 없지만 박지번(朴枝蕃)으로 하여금 천보총 2자루를 시범제조케 하고 또 월과조총 대신 천보총을 마련토록 주청한 곳이 곧 군기시였다는 사실로 미루어 볼 때 군기시가 박지번을 군기시에 소속시키고, 천보총 제조를 위임하였을 가능성이 크다. 어떻든 영조원년부터 군기시에서는 서북양도에 천보총을 제송하기 시작하였고, 서북양도의 천보총의 수요량이 어느 정도 충당되었을 것으로 여겨지는 영조 13년에 이르러서야 비로소 군기시 공인으로 하여금 삼남월과조총수중 3분의 1을 천보총으로 대체하여 조송케 하였고, 앞서 숙종 41년부터 5군문과 군기시가 나누어 만들어 보내 온 월과조총은 모두 권감하였다.[74] 이상에서 볼 때 영조원년에 비록 삼남의 월과조총을 천보총으로 대체하여 제송키로 결정되었으나 서북양도에 우선 천보총이 구비된 연후로 미루어졌던 것 같으며, 동시에 삼남월과조총은 영조 13년까지 5군문과 군기시가 종래대로 균분제송해 왔음을 알 수 있겠다.

이리하여 군기시에는 영조원년~13년사이에 서북양도에 천보총 또

---

74) 嶺南廳事例 「乾隆丁巳」.
「乾隆丁巳(英祖 13年) 就元數中三分一換作千步銃 屬之軍器寺貢人 自京打造下送 五局及軍器寺鳥銃 一並權減矣」 및 備邊司謄錄 101 英祖 13년 3월 6일조 참조.
湖南廳事例.
「乾隆丁巳 因備局定奪 鳥銃都數中三分一除出一百七十柄名以千步銃 屬之軍器寺貢人 三南輪回給價打送矣」.

는 조총을 제송하거나, 삼남의 월과조총 대신 천보총을 제송하는 총계(銃契)가 성립된 셈이다. 그런데 삼남의 월과조총수는 연총 1,525자루였다. 월과조총수중 3분의 1을 천보총으로 대체하고 군기시와 5군문에서 제송하던 조총을 모두 삭감했다면 조총 1,525자루를 없애고 천보총 508자루를 제송하게 된 셈이다.

이상과 같이 하여 17세기 전반기에 민간제조업자들에 의하여 방납되던 제도각읍의 월과총약환은 대동법실시 이후 17세기 후반기에 접어들면서 대부분을 경군문(京軍門)에서 탈취하여 방납하게 되었지만 민간제조업자들은 꾸준히 성장하였고, 마침내는 상진청이나 군기시와 결탁하여 군문방납을 배제하고 17세기 말 18세기 초에 월과군기방납권을 거의 독점적으로 확보하게 되었다.

이 시기 민간업자나 군아문을 막론하고 군기방납권은 큰 이권으로 등장하였다. 이 때문에 민간업자와 군아문 사이는 물론 군아문 상호간에도 이 방납권을 획득하기 위해 치열하게 다투었다. 다행이 민간업자들은 시의에 맞게 재정아문인 상진청과 늦게는 군기시와도 손잡고 방납권을 획득하여 민간제조업의 성장을 추동하는 계기를 마련하였다.

제2절 군아문의 군기제조실태

1) 조총의 제조실태

임진왜란을 계로기 훈련도감 등 5군문과 군기시에서는 각기 조총을 製造 관리하는 부서가 마련되었고 조총제조장을 보유하고 있었다. 따라서 조총제조장에는 조총의 부품마다 전문기술을 가진 여러 장인들이 소속되어 있었으며, 이들의 노임과 제조원료를 조달하기 위한 운영비도 자체내에서 마련하고 있었다. 여기에서 이들 각군아문의 조총제조실태를 하나하나 점검할 필요는 없으나, 또 그럴 만한 자료도 충분하지 못하기 때문에 여기에서는 훈련도감의 조총제조실태를 중점적으로 살펴보려 한다.

훈련도감은 임진왜란 이듬해인 선조 26년 10월, 서울에 설치되었고 조선왕조후기 군제개편의 주무관청으로서 제도각읍의 속오군에게 삼수기법을 가르쳤으며, 총약환을 제조하는 기술도 보급하였다. 훈련도감은 설치 초에 조총의 제조 관리업무를 관장토록 하는 조총색(鳥銃色)을 별도로 두었고, 담당 제조(提調)와 낭청(郎廳) 및 감관(監官) 등의 직책을 설정하였다.[75] 이후 훈련도감의 조총색에서는 전시나 평시를 막론하고 전시용과 자체보관용을 위한 조총을 제조해왔고, 효·현종대부터 영조 13년까지는 삼남월과조총을 방납키도 하였다.

훈련도감의 조총제조장은 화약제조장과 함께 하도감(下都監)에 설치되어 있었다.[76] 하도감의 규모는 총 390간이었고,[77] 또 하도감의 소관창고인 하도감고 37간 가운데는 조총색에 딸린 창고가 13간이 있었다. 이 조총창고 13간중 6간은 군기를, 2간은 미곡을, 5간은 군물을 각각 쌓아둔 곳이다.[78]

훈련도감에서 매년 생산하는 조총이 얼마나 되었는지는 상고할 수 없다. 왜·호양란 중에는 정량이 있을 수 없는 일이고, 효·현종 이후에

---

75) 承政院日記 414 肅宗 22년 10월 15일 및 萬機要覽 軍政篇 2 訓練都監 員額條.

76) 純祖實錄 14 純祖 11년 3월 乙卯條.

77) 萬機要覽 軍政篇 2 訓練都監 公廨.

78) 萬機要覽 財用篇 6 諸倉 下都監庫.

는 삼남의 월과조총만도 1,000여병을 상회하였다. 다만 「훈국등록(訓局謄錄)」의 숙종 44년 11월의 기사에 '조총과 환도(環刀)는 매년 각각 300자루를 새로 만들거나 개조하여 환급한다.'[79]것으로 보아 훈련도감에서는 매년 조총과 환도를 각각 300병씩 새로 만들거나 개조하여 환급해 왔던 것 같다. 그렇다면 효·현양대 이후 영조 13년까지 삼남월과조총 1,000여병을 생산한 시기에는 연간 1,300여병의 조총을 제조하거나 일부를 개조하고 있었던 셈이다. 그러나 영조 13년에 삼남월과조총의 방납권이 군기사공인에게 넘어간 뒤로는 훈련도감에서 연간 생산된 조총은 자체수용을 위한 정액인 300병에 불과했던 것으로 생각된다.

훈련도감에서는 조총색의 운영비를 조달하기 위하여 당초부터 별도의 세입원을 마련해 놓고 있었다. 조총색의 1년간 연례로 거두는 미·목·전은 미 43석 7두와 목 4동 4필 및 전 330냥이 있었지만,[80] 이것으로서는 연간 지출비를 충당할 수가 없었다. 그 때문에 조총과 환도의 제조에 필요한 원료를 군색에서 취용해 왔다.[81] 그리고 영조 12년에는 충청도 보령(保寧)에 청라동(青羅洞) 전답을 사 두고 연간 130냥의 둔세(屯稅)를 수봉하여 경용에 보태고 있었다.[82] 뿐만 아니라 훈련도감에서는 각색장인들의 급류를 조달하기 위한 방편으로 군미(軍米) 3,000석을 하도감으로 하여금 매년 군병들에게 환곡으로 대여하여 모곡을

---

79) 訓局謄錄 戊戌(景宗 44) 11월 22일조.

80) 萬機要覽 軍政篇 2 訓練都監 財用鳥銃色.

81) 萬機要覽 軍政篇 2 訓練都監 財用鳥銃色.

82) 萬機要覽 軍政篇 2 訓練都監 財用鳥銃色.
「軍米三千石 自下都監 每年糶糴於軍額中取耗 以爲各樣匠料」.

수취하여 경비에 보태게 하고 있었다.[83] 이상과 같이 훈련도감의 조총색에서는 매년 응봉미·목·전외에 군색에서 취용하거나 둔세를 수봉하거나 환곡을 취모보용하는 형태로 원역과 장인들의 급료 등 조총색내의 제반 경비를 마련하는 동시에, 조총을 제조하는 데 필요한 원료의 공급처도 각처에 보유하고 있었다. 다음 장에서 논술하겠지만, 조총제조원료철을 조달하기 위하여 산철지인 재령(載寧)에 철현둔(鐵峴屯)을 설치하고 연간 부리철(夫里鐵) 11,750근을 수취해 왔고, 철물마조석(磨造石)인 여석(礪石)은 매년 나주(羅州)나 연일(延日)에서 40개 돌덩이(石塊)를 수봉하였다. 그리고 총가(銃架)의 재료목인 가시목(加時木)은 전라병영과 좌우수영 및 제주목에 복정(卜定)하였다.[84] 이상과 같은 제반 세입물과 자재를 운반하기 위하여 조총색에는 수상선 3척과 수레 3량도 비치되어 있었다.[85]

훈련도감의 조총색은 제조·낭청·감관등 조총의 제조 관리업무를 담당할 관원과 제조작업을 담당하는 각색공장을 두었고, 조총제조장과 부속된 창고 등의 시설을 갖추었으며, 경비를 조달할 세원과 자재를 조달할 생산지를 보유하고 매년 자체내의 필요한 조총을 제조해 왔고, 때로는 각읍월과조총도 생산해 왔다. 그러나 하도감에 설치된 이 조총제조장에서 진행된 작업의 실태를 파악할 수 있는 자료는 찾아볼 수 없다. 그러나 다행히도 「금위영등록(禁衛營謄錄)」에서 이를 추찰할 수 있을 만한 기록을 볼 수 있다. 「금위영등록」[86]의 숙종 10년 10월

---

83) 萬機要覽 軍政篇 2 訓練都監 諸屯.

84) 萬機要覽 軍政篇 2 財用, 訓局謄錄 戊戌(肅宗 44년) 11월 22일조.

85) 萬機要覽 軍政篇 2 訓練都監 舟車條.

86) 禁衛營謄錄(上) 甲子(肅宗 10년) 10월 6일조.

6일조에 '금위별대(禁衛別隊)에 나누어 줄 조총을 본영에서 교련관 이행창(李行昌)·신행즙(申行楫) 등으로 하여금 1,000병을 감독제조케 하고, 또 100병을 별비토록 하였는데 조금전에 제조 작업이 모두 끝났다. 특별히 제조한 조총 10병은 남라개(南羅箇)·연대(鉛帒) 등을 구비하여 봉진코자 합니다'고 계달하였고, 숙종은 매우 정치하게 제조되었다고 칭찬하면서 감조관을 예에 따라 품처하도록 지시한 내용이 있다.

숙종 10년 10월은, 동왕 8년 5월에 금위영이 설치된 지 만 2년 5개월 뒤였다. 동왕 7년 봄부터 병조의 정초군(精抄軍)에게 나눠 줄 환도 3,000자루를 제조하기 시작하여 동왕 8년 8일에 끝냈던 것으로 미루어 보아, 이 조총제조역은 동왕 9년 봄부터나 시작되어 약 1년 이상 걸렸던 것이 아닌가 싶다.

이때 금위영의 조총제조역에 참여하였던 관원과 장인의 별단(別單)을 살펴보면 감조낭청의 경우는 제조역이 끝나기 전에 이미 외직으로 나가버렸고, 시임낭청(時任郎廳)은 그때 아직 공무를 집행하지 않고 있어 보고서에는 이 두 사람의 성명이 모두 빠져 있었다. 감조관원의 경우에는 교련관 이행창이 처음에 감관직을 맡아 타조역을 감독하였으나, 총가의 장식을 950자루만 끝냈었고, 뒤에 신행즙이 감관으로 부임하여 나머지 150자루의 장식을 마쳤다고 한다. 다음, 원역별단(員役別單)에는 서리(書吏) 1인, 고직(庫直) 1명, 사령(使令) 1명, 도편수(都邊首) 1명 외에 장종(匠種)에 따라 야장편수(冶匠邊首) 오계상(吳戒尙) 등 19명 외에 각 편수(邊首)와 장인(匠人)들을 열거하였다. 그리고 진상별단(進上別單)에는 별조조총(別造鳥銃) 10병, 남라개(南羅箇) 10부, 연자대(鉛子袋) 10개, 이약통(耳藥桶) 10개, 화철(火鐵) 10개, 약근(藥斤) 10개, 연환집개(鉛丸執介) 등을 모두 봉진한다고 기록되어 있다.

여기에서 우선 조총제조장의 관리 및 생산조직을 도식화한다면 다음과 같은 系表가 된다.

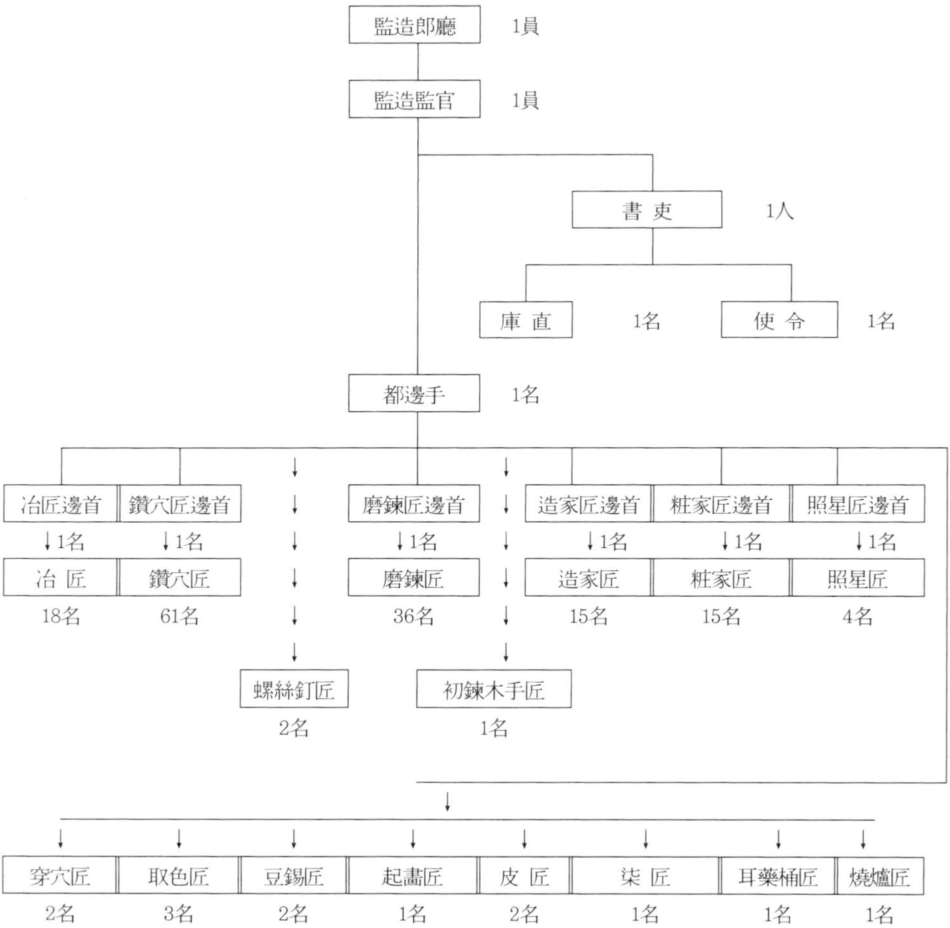

감조낭청은 조총제조역의 총책으로서 제반사무를 총괄하였던 것으로 보인다. 숙종 10년 금위영의 조총제조시 감조낭청은 이미 작업이

끝나기 전에 외직으로 나갔고 후임이 미처 부임치 않았기 때문에 알 수 없으나, 동왕 8년의 환도제조시 감조낭청은 병조좌랑 심사홍(沈思泓)이 맡았던 것으로 보아 정육품인 좌랑급이 역시 감조낭청을 맡지 않았을까 싶다. 감조감관은 교련관이라고 하여 품계를 알 수 없으나, 환도제조시의 감조감관 한준신(韓浚信)이 전 만호(萬戶)로 현직이 교련관이었던 점으로 미루어 보아 종사품의 무관이었다.

그러나 감조감관은 역시 낭청의 지시를 받으며, 서리·고직·사령을 수하에 두고 실질적으로 조총제조역을 감독한 관원이었고, 서리는 물품의 출납과 장인들의 급료 등 일체의 사무를 처리하고 문서화하는 관원일것이며, 고직은 물품의 보관업무를, 사령은 문서나 구두전달을 맡은 심부름꾼일 것 같다.

〈조총부품명〉*

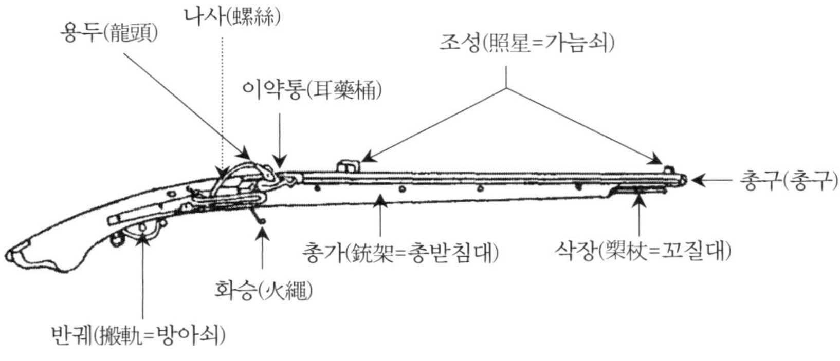

* 조총장방법: 총구를 통해서 꼬질대로 화약을 밀어 넣은 다음에 총알을 넣고 종이 뭉치를 밀어 넣어 화약과 총알이 밖으로 쏟아지지 나오지 않도록 한다. 총을 발사할 때에는 화승을 용두에 꽂아 넣은 다음, 화승에 불을 붙이고 방아쇠를 당기면 용두가 이약통에 내려가 불을 붙여서 총구에 담긴 화약에 불을 붙여 총알을 발사한다.

위의 系表에 나타난 16종별의 장인명목은 각자의 장기(長技)에 따라 조총의 각 부품을 맡아 제조하였는데, 이처럼 장인명목이 많은 것은 곧 그만큼 조총의 제조공정이 복잡하였기 때문이며, 또 한편으로는 대규모 생산을 요구하는 작업체제가 필요한 때문이다.

소로장(燒爐匠)·야장(冶匠)·찬혈장(鑽穴匠)·나사정장(螺絲釘匠)·연마장(鍊磨匠)·조성장(照星匠)·두석장(豆錫匠)·이약통장(耳藥桶匠) 등은 모두 총신(銃身)의 철제부품을 제조한 장인들이었고, 초련목수장(初鍊木手匠)·조가장(造家匠)·장가장(粧家匠)·천혈장(穿穴匠)·취색장(取色匠)·기화장(起畵匠)·칠장(柒匠) 등은 총가(銃架)의 목제부품을 만드는 장인들이며, 피장(皮匠)은 조총의 멜방끈이나 화약낭(火藥囊) 및 연자대(鉛子袋) 등을 만들었다.

조총을 제조하는 과정에서는 무엇보다도 총철(銃鐵)이 정강(精强)하게 제련된 정철(正鐵)이어야 하였고, 그것으로 총신을 타조(打造)하게 되는데, 우선 총혈(銃穴=총구)을 어느 정도 마련해 두어야 하기 때문에 처음에는 반원통형(半圓筒形)의 철물 두쪽을 만들어 한데 접합하는 곧 양통상포 형태로 타조하였으나 뒤에는단통권성형태로 제조하였다. 이러한 총신부를 타조하는 일을 맡은 공장이 소로장과 야장이었다. 총신부의 제조과정에서 특별히 기술을 요했던 부분은 총구와 총혈의 밑창에 만들어 붙이는 나사장(螺絲釘)이었다. 총혈을 깎고 다듬는 작업은 찬혈장(鑽穴匠)이 하였고, 나사를 제작하는 일은 나사정장이 담당하였다. 두쪽의 반원통철을 한데 접합해 놓은 총혈은 작고 거칠어 찬혈장이 강찬(鋼鑽)으로 깎아내고 다듬게 되는데, 반드시 3전중(錢重)의 둥근 연환을 장전 발사하는데 적합하도록 되어야 하므로 한 장인이 하루에 촌여(寸餘)씩 총구부터 깍기시작하여 밑부분에 이르되 한 달간 찬광

(鑽光)한 것이 상품(上品)이라고 했다. 총구가 고르지 못하면 연환을 장전하고 발사하는데 지장을 초래할 뿐 아니라, 발사시에 총신이 파괴되어 총을 진자가 죽거나 다치기 때문에 가장 주의를 요하는 작업이었다. 총혈의 저면(底面)에 나사(螺絲)를 장치한 것은 장전한 화약을 폭발시켜 연환을 발사할 때의 충격을 완화하고 총신의 파열을 막기 위한 조처라고 생각된다. 암·수 나사가 모두 철제품이므로 여간 정교치 않는한 알맞기가 어려운 일이어서 나사정장은 이 나사제조작업만 담당하였다.

다음 연마장의 작업이 조총의 어느 부분에 한정된 것인지가 자세치가 않다. 필자의 생각으로는 조총의 각 철물부품의 외면을 다듬는 작업일 것으로 여겨진다. 이를테면, 총신만 하여도 외양이 곱게 다듬어진 팔각형인데 이처럼 팔각형의 총신외양을 깎고 닦는 작업이나, 조성(照星)·용두(龍頭)·이약통(耳藥桶)·반궤(搬軌) 등 각종 철제부품의 외양을 연마하는 작업을 맡았을 것이라고 여겨진다. 조성장(照星匠)은 총신의 앞뒤에 가늠쇠를 만들어 붙였던 것이고, 두석장(豆錫匠)은 용두와 그 받침 및 반궤 등이 모두 두석이므로 용두 등에 딸린 부품들을 제조한 것이며, 이약통장은 화문(火門)·화문개(火門蓋) 등을 제조하였다.

이상의 제공정은 모두 총신부분에 관한 작업이었다. 다음은 총가부분의 작업들로써 초련목수장은 총가를 다듬는 데 필요한 원료목을 제작하는데 그쳤던 것으로 보이며, 실제 작업은 조가장이 총가를 만들고 장가장이 총가를 장식하고 천혈장이 총신과 접합시킬 총가의 흠을 파며 취색장이 광택을 내고 기화장이 문양을 그려놓으면, 칠장이 칠을 하여 총가가 완성되었다.

이처럼 조총제조공정은 16단계로 세분되어 있는데 그것은 무엇보다도 단시일에 많은 수량의 조총을 생산하는 데 필요한 작업체제였고, 또 부품마다 장인을 전문화함으로써 양품을 생산할 수 있었기 때문이다. 그러나 한 공정에 많은 장인이 매달릴 경우는 통제가 불가피하기 때문에 반드시 편수(邊首)를 두었으니, 야장·찬혈장·연마장·조가장·장가장·조성장의 편수가 그것이다. 편수는 작업현장에 참여하여 실제로 작업을 하고 또 지도도 하는 자들이었다. 도편수(都邊首)는 조총제조작업을 전적으로 책임지고 관리하지만, 특히 이들 편수와 편수가 없는 공정의 장인들을 감시 감독한 것 같다. 곧 금위영의 조총제조장은 낭청·감관 등 관원의 감시하에 도편수와 편수가 작업을 감독 지시하는 가운데, 16분야의 장인명색이 각기 소장의 기술에 따라 부품을 전문적으로 제조하였다. 이러한 공정의 분화에 따른 장인의 배치수가 일정하지 않지만, 한자루의 조총이 생산되는 소요시간에 맞춘 것으로써 소요시간에 따라 장인수가 결정된 것이다. 조총의 제조공정이 16분야로 세분화된 분업에 기초한 협업적인 작업이 진행되고 있었다. 조총의 제조공정은 이 시기 수공업의 분업실태를 보여주는 한 사례였다.

이러한 금위영의 조총제조실태는 그것에 선행하여 조총을 생산해온 훈련도감의 조총제조형태를 준용한 데 불과한 것이며, 나아가 각 군문과 군기시등 군아문의 조총제조실태를 엿보게 한다. 그런데 이들 군아문에서 복무한 도편수·편수·장인 등 조총제조장인들의 처우를 자세히 기술한 자료는 없다. 다만 훈련도감의 경우 인조 19년의 기록에,

"훈련도감의 조총궁전염초조작시에 통계장인이 140여명인데 한 달의 총급료 쌀이 112석"[87]이라 하였고, 효종 5년에 이완(李浣)은, "염초자취와 조총타조하는 곳에 공장조역에게 급료를 지급하고 고용함이 없다

이들이 아니면 작업을 할 수 없기 때문에 부득이 옛규례에 따라 급료를 지급하는데 그 수가 수백명이고 그 가운데는 년소하나 장건(壯健)한 자도 있습니다."[88]

라고 한 것을 보면, 인조 19년 현재 훈련도감의 조총·궁전·염초제조장에는 140여명의 전속적인 장인들이 있었고, 이들에게는 매월 장료를 지급하였는데 장료는 평균 1인당 12斗 가량이었다. 이들 전속장인들 외에 효종 5년 현재 장인들의 작업을 돕도록 급료를 주지 않고 고립한 조역군(助役軍)이 수백 명이나 있었다.

훈련도감의 장인중 조총제조장인들의 경우는 인조연간과는 달리 효종 이후 영조 13년 사이에는 삼남월과조총을 생산해야 하기 때문에 그 수가 증가했었을 것이다. 전술한 효종 5년의 기사에 수백명의 조역군을 사역한 이유도 삼남월과군기의 방납에 기인했을 것으로 추측된다. 그러나 효종 이후 영조 13년간에 훈련도감의 조총제조장인이 얼마나 되었는지는 앞으로 상고해 봐야 하겠으나 우선 상기한 금위영의 규모보다는 오히려 컸을 것으로 보면, 숙종 10년대의 훈련도감 조총제조장인수도 200여명에 가까웠을 것으로 짐작된다. 그러나 영조 13년 이후에는 훈련도감에서 자체 내의 수용에 충당할 조총 300여병만 생산하였기 때문에 대폭 삭감되었을 것이다.

---

87) 備邊司謄錄 6 仁祖 19년 5월 2일.
88) 備邊司謄錄 17 孝宗 5년 2월 11일.

2) 자초법(煮硝法)의 개선과 화약제조 실태

① 자초법(煮硝法)의 개선과 명청(明淸) 염초수입

자초법(煮硝法)은 선조 26년 정월에 선조의 지시에 따라 비변사가 요동도사(遼東都司) 장삼외(張三畏)에게 이문(移文)하여 전습되기 시작하였다.[89] 이때의 비변사 요청으로 동년 3월에 비로소 예조판서 윤근수(尹根壽)와 요동도사 장삼외간의 통역을 담당하고 있던 역관(譯官) 표헌(表憲)이 명나라의 자초법을 배워 왔으나[90] 그가 전습한 명의 자초법이 얼마큼의 성과를 거두었는지는 기록에 없다. 그것은 표헌이 기술자가 아닌 통역관인 이상 자초법을 전습하였다 하더라도 그것이 몸소 기술을 익혀서 전한 것이 아니며, 명나라 사람의 자초법을 문자상으로 전달한데 지나지 않았다.. 하지만 성과는 차지하고라도 표헌에 의하여 명나라의 자초법이 최초로 시도된 것은 사실이다.

정부는 요동도사 장삼외와 제독(提督) 이여송(李如松)에게 공문을 보내어 명나라의 자초법을 배워 오기를 노력하는 동시에, 왜군에게 포로가 되었다가 빠져나온 우리 나라 사람들과 또 우리 군사에게 포로가된 일본인을 통해서 일본의 자초법을 전습하려고도 노력하였다.

선조 26년 2월에 왜군에게 포로되어 자초법을 익혔다는 남녀가 있음을 보고받은 정부는 곧 행재소(行在所)로 올려 보내도록 지시하였고,[91] 대마도주(對馬島主) 평의지(平義智)의 진중(陣中)에서 도망쳐 나온

---

89) 宣祖實錄 34 宣祖 26년 正月 癸未條.
「備忘記日 …賊之長技 唯在於火砲 我軍遇輒驚潰 只在於此 今宜移咨都司張三畏 或李提督前 須習煮取焰硝之法 作銃放丸之制 一邊下令 能習其制者 陞堂上如何 此意前日面諭於左相 而未見擧行矣 大槩近觀時習 雖經變故 少無革私奉公之意」.

90) 宣祖實錄 36 宣祖 26년 3월 壬午條.
「備忘記 今次焰硝之法 乃譯官表憲之學得而來者 憲可加資」.

왜어역관(倭語譯官) 김덕회(金德澮)를 그간의 부역죄(赴役罪)로 국문할 때에도 왜관(倭官)에게 지시하여 자초법을 배웠는지를 추문케 하였다.[92] 그러나 이들은 일본의 자초법을 전습하는데 도움이 되지 못하였고, 역시 포로한 왜병을 통해서만 일본 자초법의 전습이 가능하였다.

선조 26년 3월 왕은 승정원을 통해 아래와 같은 내용의 밀지(密旨)를 이항복(李恒福)에게 내렸다.

> "조총의 제조법은 이미 전습하였으나 염초자취법은 아직 전습하지 못했는데 이번에 포로한 왜인이 자초법을 안다고 한다. 이 왜인들을 죽여서 이익될 것도 없으니 죽이는 문제는 뒤로 미루고 속히 오응림(吳應林)과 소충한(蘇忠漢)으로 하여금 장인들을 거느리고 가서 자초법을 모두 배우게 하라."[93]

선조의 밀지에 나타나는 포로 왜인은 「조우調于」「여문汝文」으로 그중 한 사람은 조총제조법을 아는 자였고, 한 사람은 자초법을 아는 자였다. 선조는 밀지에 이어 군기시에 지시하기를 자초법을 아는 자는 영변(寧邊)으로 옮겨 보내고 조총제조법을 아는 자는 산철지가 있는 어느 읍으로 옮기되 관원을 딸려 보내어 가을(7월)부터 작업에 착수토록

---

91) 宣祖實錄 35 宣祖 26년 2월 己未條.
「上教政院曰 觀金功狀啓 則我國被擄女人自賊中還來 而學焰硝煮取之法 時方試煮云 南丁亦有學得之人 急急不分晝夜 送于行在所事下書」.

92) 宣祖實錄 29 宣祖 25년 8월 癸巳 및 宣祖實錄 35 宣祖 26년 辛丑·壬寅·丙午·丁未條 참조.

93) 宣祖實錄 36 宣祖 26년 3월 丙寅條.
「上教曰 鳥銃之制 則已爲傳習矣 焰硝煮取之法 未能傳習 今次生擒倭人 知基煮法云 此倭殺之無益 宜貳其死 速令吳應林蘇忠漢等 率匠人盡得其法 此意密言于兵曹判書 李恒福」.

하라고 하였다. 그러나 군기시에서는 2~3개월이 넘도록 족쇄를 채운 채 연금해 두고 있다가 동년 6월에야 두 왜인을 영변으로 송치하였다.[94] 결국 이들 왜인 중 조총제조자는 영변에 도착한 뒤 병사하였고, 자초법을 아는 자만이 관원의 감시하에 자초역에 종사하면서 우리의 공장들에게 일본의 자초법을 전습시키는데 공헌하였다.[95]

선조는 이처럼 포로한 왜인들을 조총제조와 염초생산에 사역할 목적으로형벌에 처하지 않았기 때문에 「조우」 「여문」 등은 '일본이 조선을 먼저 함락하여 주둔한 뒤 이어서 중국을 침범하려 하였지만, 중국군이 조선에 들어와 왜병이 많이 죽었기 때문에 관백(關白)이 저희들을 돌아오라라고 시켰다'는 정보를 누설하였다. 비변사에서는 이를 명나라 경략(經略)에게 알려야 한다고 주장했을 때에도 선조는 만약 알리면 이들 두 왜인을 잡아가 버릴 것이니 머물러 두고 조총과 염초의 제조법을 전습케 하도록 해야 한다면서 중국측에 보고하는 것을 반대하였으며,[96] 이듬해인 선조 27년(1594) 2월에는 다시 「조우」 「여문」의 예를 들어 왜인 포로중 흉교하여 다스리기 어려운자를 제외하고는 죽이지 말고, 조총염초제조역에 투입토록 하라고 지시하였다.[97]

---

94) 宣祖實錄 39 宣祖 26년 6월 己亥.

95) 宣祖實錄 48 宣祖 27년 2월 丙寅.
「又傳曰 中國之將 則不殺生擒之倭 而我國之人 則擒輒殺之 以絕其投降之路 非但度量狹隘 緣此他國之技不得傳習 前在永柔 偶得生擒倭二人 適皆迷下者 有司請殺之 予力止之 其一敎煮焰硝 其一敎造鳥銃 鳥銃者病死 焰硝者今在寧邊矣 此其一驗也 今因言端 偶及之此意更議 今後生擒倭兇狡難制者外 其餘械送京師 或誘致納降」.

96) 宣祖實錄 40 宣祖 26년 7월 辛酉.
「備邊司啓曰 被虜倭調于汝文等供辭 有先焰朝鮮 入據其地然後 仍犯中國 而中國之兵來朝鮮 倭兵多死 故關白使之回來等語 報知經略無妨 上曰 不須報之 報之則必取去此倭 此倭自稱能知鳥銃焰硝之法 留使傳習可矣」.

97) 宣祖實錄 48 宣祖 27년 2월 丙寅.

이상과 같이 임진왜란 이듬해인 선조 26년(1593)에는 표헌에 의하여 명나라의 자초법이 전해진데 이어, 「조우」「여문」 등에 의하여 일본의 자초법이 염초생산에 적용케 되었다. 「만기요람」에는 확실한 연대가 밝혀져 있지 않지만, 훈련도감이 설치된 선조 26년(1593) 10월 이후에 군기시l 장인 대풍손(大豊孫)이 적진에서 빠져나와 하루에 10여근씩을 생산해 내었다는 기록이 있다.

> "유성룡(柳成龍)이 또 조총을 교습코자 하였으나, 화약이 없어 걱정하였는데 군기시장 대풍손이 화약을 자취해서 왜적에게 공급한 죄로 마땅히 사형에 처하게 되었던 것을 특별히 용서하고 염초를 자취케 하였더니, 풍손이 감사하고 두려워 힘을 다함으로써 하루에 10여근을 자취해 내었다."[98]

대풍손은 군기시에 소속되어 있던 장인으로 왜군에게 포로되어 염초생산역에 종사한 자였다는 점으로 보아 임진왜란 전에도 군기시의 염초장이었을 것이며, 그는 우리 나라의 전통적인 자초법을 전수해 온 유일한 자초장일 것이라 생각되니 이를 통해 우리의 전통적인 자초법이 계승되었을 것같다. 임진왜란중 자초법의 개발에 특기할 만한 일은 충청도 서천(舒川)사람 임몽(林夢)에 의한 해토자초법(海土煮硝法)의 개발이었다. 해토자초법은 원래 선조가 명나라 사람들이 바닷물로 염초를 제조한다는 소문을 듣고 소위 해수자초법(海水煮硝法)을 전습하려

98) 萬機要覽 軍政篇 2 訓練都監.
「成龍又慾敎鳥銃 而患無火藥 有軍器寺匠大豊孫者 以煮火藥與賊 罪當死 特貸之 令煮焰硝 豊孫感懼盡力 一日能煮十餘斤」.

고 고심해온 데서 나온 성과였다. 명·왜의 자초법이나 우리 전래의 자초법이 모두 고가(古家)의 추녀밑이나 담장밑의 묽고 습한 함토(醎土)만을 채취하여 제조하기 때문에 대규모 생산이 불가능하지만, 바닷물로써 제조할 수만 있다면 대량 생산이 가능하다는 기대가 해수자초법의 개발을 권장하게 하였고 마침내 해토자초법을 발명케 한 것이다.

이 해수자초법에 관한 말들이 언제 누구를 통해서 전해졌는지 알 수 없지만, 선조 26년 2월에 선조가 숙천행재소에서 지중추부사 이덕형(李德馨)과 평안감사 이원익(李元翼)을 인견한 자리에서 명나라 군사의 자초법이 어떤 것인가고 물었을 때, 이원익이 조수의 흰거품을 많이 모아 자초한다고 말하자 선조가 그것은 소금 만드는 법이지 어찌 염초 만드는 법이냐고 말한 적이 있다.[99] 이것이 해수자초법에 관한 최초의 기록이었고, 동년 3월에도 좌의정 윤두수(尹斗壽)가 바다 물로 자초한다는 사실을 선조에게 말한 적이 있다.[100] 이리하여 선조는 해수로서 염초를 생산할 수 있다는 사실을 확신하였고, 어떻게든 해수자초법을 개발할 것을 결심하여 동년 9월에 다음과 같은 내용의 비망기를 내렸다.

> "명나라 사람의 해수자초법을 지금까지 한 사람도 전습한 자가 없다. 지금 마땅히 각별히 명령을 내려 과연 그 해수자초법을 능히 전습하는 자가 있으면 직위가 있는 사람일 경우 당상관으로 승진케하고 그 이하

99) 宣祖實錄 35 宣祖 26년 2월 乙巳.
「引見接伴使知中樞府事李德馨平安道監司李元翼 … 上曰 焰硝之制 亦何以爲之 元翼曰海潮白漚 多聚而煮之 上曰 此煮鹽之事也 豈曰焰硝乎」.

100) 宣祖實錄 36 宣祖 26년 3월 庚申.
「左議政尹斗壽 將往提督所在處 上命引見時 … 仍傳曰 今方對敵 焰硝之法 請學可也 斗壽曰 以海水煮爲焰硝云」.

사람에게는 높은 관직을 제수하겠다."[101]

선조의 이 비망기에 대하여 비변사에서도 그것이 염초생산이 저조한 현실을 타개할 수 있는 유일한 길이므로 중상(重賞)을 내려서 유능한 자초기술자의 요상심(激賞心)을 불러 일으켜야 한다고 찬동하였다.[102] 그러나 해수자초법을 전습한 자가 나타나지 않아 초조해진 선조는 동년 10월에도 다시 관심을 보이더니,[103] 이듬해 정월에는 철군을 앞둔 명장 낙상지(駱尙志)에게 명나라의 자초법을 상세히 적어 줄 것을 청하도록 하는 한편 또 낙상지에게 '언뜻 듣기에 산동(山東)지방에서는 바다물로 염초를 자련한다고 하는데 그 말을 믿을 수 있는가'고 물어 보도록 지시하였다.[104] 낙상지가 해수로 자초하는 것이 아니고 해변의 함토로서 제조한다고 말했는지는 알 수 없었지만 동왕 28년(1595) 2월 선조는 승정원에 전지(傳旨)를 내리기를,

"해변의 함토로 염초를 자취하는 법을 진유격(陳遊擊)에게 물어보되

101) 宣祖實錄 42 宣祖 26년 9월 乙未.
「備忘記曰 … 雖學百技 勇士如雲 非火藥 決不可當此 焰硝一事 曾爲留意 幸而傳習倭法 而唐焰硝海水煮成之法 則至今無人傳習 今宜各別下令 果能傳習其海水煮成之法者 則有職人蠅堂上 其下除授高職事」.

102) 宣祖實錄 42 宣祖 26년 9월 庚申.
「備邊司啓曰 以海水煮焰硝之法 無人傳習 所用不廣 誠爲欠事 重賞之下 必有能者 如有學習者 別施重賞宜當 傳曰 依啓 擧行條件 奉承傳」.

103) 宣祖實錄 43 宣祖 26년 10월 壬寅.

104) 宣祖實錄 47 宣祖 27년 正月 戊子.
「傳曰 … 且小邦 雖粗習焰硝之制 而亦不能精知其法 仄聞山東地方 則以海水煮煉云 未知此言信然否 凡各様火器造作放砲之法 煮煉之術 願大人 從容詳悉書示 以此措辭 以致丁寧之意於駱參將何如」.

> 직접 묻기가 어렵거든 그가 거느린 가정(家丁) 중에 다행히 혹 아는 자가 있으면 뇌물을 주고 비밀히 물어서라도 전습토록 하라."[105]

고 지시하였다. 이로 미루어 볼 때 낙상지로부터 해수 아닌 해변의 함토로 염초를 생산한다는 사실을 비로소 확인한 듯하다.

선조는 해수자초법을 전습케 하기 위하여 비밀히 진유격의 휘하에 사람을 보냈을 뿐만 아니라, 명병(明兵)을 훈련도감으로 초치하여 해토자취법을 시험키로 하였는데 별다른 성과를 얻지 못하였다. 이러한 분위기 속에 동년 5월 서천(舒川)의 한 군보(軍保)였던 임몽(林夢)이 해토자취법을 자력으로 개발하여 훈련도감에 보고 하였다. 이에 훈련도감에서는 감관(監官) 조효남(趙孝南)을 파견하여 임몽과 남양(南陽)해변에 내려가 시범적으로 자초케 하였다. 임몽은 5일 동안에 해토로 자련한 염초 1근과 함토 2푼, 해토 1푼을 합하여 자련한 염초 3근을 갖고, 훈련도감으로 올라와 유황 유회 등과 합제하여 화약을 만든 뒤 조총에 넣어 발사한 결과 화약의 성능이 정맹함을 입증하였다. 그러나 훈련도감에서는 임몽을 다시 각 염초제조소의 우수한 장인들과 함께 남양으로 내려 보내어 장인들에게 자취법을 전습시킨 뒤에 논상토록 할 것을 건의하였다. 이에 대해 선조는 보다 유식한 낭청을 파견하여 임몽과 염초장들을 대동하고 남양에 내려가 철저히 시험한 뒤에 논상토록 하라고 지시하였다.[106]

---

105) 宣祖實錄 60 宣祖 28년 2월 庚申.
「傳于政院曰 … 以海邊醎土 煮鍊焰硝 … 設或難於直問 其所帶家丁 幸或有知之者 則可贈賂密問 期於傳習」.

106) 宣祖實錄 63 宣祖 28년 5월 丁酉.

낭청을 따라 남양에 내려간지 24일만인 동년 6월, 훈련도감에서는 임몽의 해토자취법이 성공적으로 끝났으므로 중상을 내림이 마땅하지만보인(保人)으로서는 규례상 금군(禁軍)에 제수할 수밖에 없다고 보고하였다. 그러나 선조는 파격적인 상전(賞典)을 베풀어 동반(東班) 육품(六品)의 실직(實職)인 중부주부(中部主簿)에 임명하였다.[107] 이 때문에 사간원에서는 공장천부(工匠賤夫)를 육품동반직에 제수함은 조정의 공적에 보답하는 법규에도 어긋난다 하고 즉시 하명하여 바꾸도록 할 것을 주장하고 나서는 등 많은 물의를 자아내었지만, 선조는 끝내 듣지 않았다.[108]

이리하여 해토자초법이 비로소 우리 나라 사람의 자력으로 개발되었거니와, 그로 인하여 한 시골의 보인이 동반육품의 실직에 제수되는 특례를 낳게 되었다. 해토자초법은 함토를 염장(鹽場)안 인마의 왕래가 잦은 지역에서도 채취할 수 있다는 가능성을 입증한 것으로써 함토의 채취범위를 확대시킨 데는 공이 크다고 하겠으나, 그것만으로 염초의 질적인 개선과 대규모 생산을 보장하지는 못하였다.

한편 정부는 군제의 개편과 만주족의 성장에 따라 왜란이후에도 군

107) 宣祖實錄 64 宣祖 28년 6월 丙寅.

「訓練都監啓曰 林夢別爲除職事傳敎矣 我國欲以海土煮取焰硝者久矣 未知煮煉之法 不得煮取 而今者林夢 能傳此法 所當另加賞典 使之激勸 而林夢本是保人 以規例言之 則禁軍除授宜當 答曰 東班六品實職除授」.

108) 宣祖實錄 65 宣祖 28년 7월 丙戌.

「司諫院啓曰 中部主簿林夢 乃以工匠賤夫 至授六品東班 朝家報功之典 果如是乎 請亟命遞改 … 答曰 林夢事已諭 不允」.

宣祖實錄 64 宣祖 28년 6월 丙寅.

「(史臣曰) 夫官爵 國家所以待賢之具也 今林夢 以至微至賤之人 遷授東班六品之職 設使林夢 有煮土之微勞 豈無可施之賞 而必以國家待賢之具 經而卑之 爵賞之濫極矣」.

사상의 문제로 인한 염초의 수용문제는 심각해 갔다. 따라서 난후에도 정부는 전술한 바와 같이 동왕 34년에 납초면역령(納硝免役令)을 내려 농민들로 하여금 염초제조역에 적극 참여토록 권장하여 염초 60근을 국가에 바치는 자에게는 면역의 특전을 부여하는 포상법도 마련하여 국내의 염초생산을 촉구하였다.[109)]

이처럼 국내생산을 장려하는 한편 명나라 염초의 수입방안도 마련하였다. 비변사에서는 국내의 염초수용량을 고려하여 수입량을 결정하였고, 그것의 가액은 호조에서 지불키로 하였다. 그리고 수입절차는 정기사행(定期使行)과 임시사행(臨時使行)편을 이용하였다. 곧 성절(聖節)·정조(正朝)·동지(冬至)·천추사행(千秋使行) 등 정기적인 사행과 사은(謝恩)·진주(陳奏)·진하사행(陳賀使行) 등 임시 사행시에 염초를 수입키로 하였으며, 염초수입업무는 정(正)·부사(副使)와 서장관(書狀官) 등 삼사(三使)와 당상통사(堂上通事)·상통사(上通事) 등 고위역관들이 담당하였다.[110)]

사행시에 수입해온 염초의 수입량이 얼마나 되었는지 상세히 밝혀져 있지 않으나 몇몇 기록을 살펴보면 인조 2년 4월의 사은사행에는 절사(節使)때 수입정액의 절반에 해당하는 1만근을 수입키로 결정하였고,[111)] 동년 7월 훈련도감에서는 정례적으로 수입해온 1,000근외에 별

---

109) 宣祖實錄 134 宣祖 34년 2월 丁丑.

「平安道觀察使徐渻馳啓曰 (上略) 臣等莅職頗久 風聞於人 則頃以操鍊一事 急求焰焇火貪等物 至於懸賞購募 而遼陽地方 焰焇價廉 二十斤直銀一兩 而納焇六十斤 則免役 或有焇緣 請囑於各司 圖得三兩銀子 因之免役 甚者 守令又將其所納焰焇 以潦己私者有之 納焇免役 移屬公事 一切革罷 俾絕奸濫之弊云」.

110) 光海君日記 27 光海君 2년 閏 3월 25일.

「傳曰 冬至使鄭經世呂裕吉等 爲焰硝貿來事 盡心周旋 優數貿來 深用嘉焉 上副使各加一資 書狀官李芬陞叙 堂上通事張士元實職除授 上通事南胤咸加資 ….

도로 2,000근을 수입하고 있었다.[112] 이상에서 볼 때 정기사행의 수입 정량은 2만근, 임시사행시에는 1만근이 수입되고 있었음을 알 수 있고, 수입액중 훈련도감에 정례적으로 배당되는 염초가 1,000근이었음을 추찰할 수 있으며, 사행시가 아니더라도 유사시에는 요동도사(遼東都司)에게 직접 자문(咨文)을 띄어 수입하기도 하였다.[113]

당시의 염초가는 북경(北京)에서 무입할 경우와 요동에서 무입할 경우, 그리고 수입하는 시기에 따라 차이가 있지만, 선조 34년 2월 현재 요동지방의 염초가는 20근에 은(銀) 1냥이었고,[114] 광해군 9년에는 염초 100여근을 무명(木) 1동으로 구입하고 있었다.[115]

비록 공무역의 성격을 띠고 염초를 수입하고 있었지만, 생산지의 사정에 따라 또는 사행시기가 맞고 맞지 않는데 따라 차질이 생길 때가 있었고, 때로는 수입액을 훨씬 초과키도 하였다. 그것은 그때 그때의 사정과 관계되는 문제지만, 정부에서는 수입정량을 초과하도록 독

---

111) 仁祖實錄 5 仁祖 2년 4월 丁未.
「備邊司啓曰 … 且焰硝貿得之便 莫如中朝 今於謝恩使之行 亦令該曹 付送數萬斤所貿之價 使之貿來 上曰 依爲之」.
備邊司謄錄 3 仁祖 2년 5월 28일.
「啓曰 謝恩謝李德馨啓辭 … 答曰 … 至於焰硝貿易 誠今日極緊之事 似難專廢 且節使亦有年例 該貿之數 本司元啓請數萬斤 折半一萬斤貿來 似爲便當」.

112) 仁祖實錄 6 仁祖 2년 7월 甲寅.
「訓練都監 請於赴京之行 例貿焰硝一千斤外 別付二千斤所貿之價 使之貿來 從之」.

113) 光海君日記 129 光海君 10년 6월 乙酉.
「傳曰 焰硝最切於戰用 若待節使之行 則必緩不及事機 直送咨文 參酌貿來 而仍使李慶全極力善圖 期於貿來似當 令備邊司詳議」.

114) 宣祖實錄 134 宣祖 34년 2월 丁丑.

115) 光海君日記 143 光海君 11년 8월 庚申.
「營建都監啓曰 義州譯學訓導崔屹 丁巳年 青瓦燔造所用焰硝三千斤貿易次 價本三十同受去 只納九百斤 其餘二千餘斤 累度催促 而無意來納 下諭于義州府尹 …」.

려하여 수입정량을 초과한 액수가 얼마나 많은가에 따라 보상에도 차이가 있었고, 많을 경우 정·부사와 서장관을 가자(加資)하거나 승서(陞敍)하고 역관들에게도 실직(實職)을 제수하거나 가자하는 사례가 많았다.[116] 뿐만 아니라 수입에 공이 큰 역관일 경우에는 사절을 수행하는 순서에 구애됨이 없이 상시로 수행할 수 있는 특전을 주기도 하였다.[117]

이상과 같이 임진왜란 직후부터 정기사행과 임시사행편에 그리고 요동도사에게 자문을 보내어서까지 명나라의 염초를 수입해 들였지만, 여기에는 역시 역관들의 활약이 컸다고 하겠다. 그러나 명나라로부터의 염초수입로가 항시 순탄하게만 열려 있지 않았다. 광해군 13년 3월 후금(後金)이 심양(審陽)을 점령하면서부터 북경으로 가는 요동지역의 육로가 차단되어 부득이 평안도 선천(宣川)의 선사포(宣沙浦)에서 해로로 여순(旅順)앞의 평도(平島)를 거쳐 등주(登州)에 상륙하여 북경으로 가야만 하였고, 인조 7년부터 동왕 10년까지는 약간 변경하여 선천에서 여순구(旅順口)를 거쳐 북상하여 영변위(寧邊衛)에 상륙한 뒤 산해관(山海關)을 거쳐 북경으로 통하다가 다시 앞서의 등주(登州)를 거치는 노정을 취하기도 하였다.

그러나 정묘호란을 겪은 인조 5년 이후로는 상기한 명으로부터의 염초 수입로는 거의 두절되고 말았다. 정묘호란으로 조선이 비록 후금과 형제의 맹약을 맺기는 하였지만, 전쟁의 위험이 가신 것은 아니었다. 후금의 태종은 태조 누루하치와는 달리 태자 때부터 이미 조선정벌을 주장해 온 자였고, 조선의 인조 역시 광해군의 중립외교정책과는

---

116) 光海君日記 24 光海君 2년 正月 16일, 光海君日記 27 光海君 2년 閏 3월 25일. 光海君日記 49 光海君 4년 正月 丙午·戊申, 備邊司謄錄 3 仁祖 2년 2월 5일.

117) 光海君日記 49 光海君 4년 正月 丙午.

반대로 향명배금책(向明排金策)을 표방한 서인정권에 의하여 추대되었다. 조선과 후금간에는 언제 전쟁이 발발할지 예측할 수 없는 상태였다. 이러한 시점에서 명과의 염초무역이 단절되었으니, 조선으로서는 오직 국내생산에만 의존할 수 밖에 없었다. 염초를 국내생산에만 의존하는 데는 무엇보다도 자초기술을 개선하고 거국적인 염초생산을 추진하지 않을 수 없었다.

이러한 시대적 사정은 자초술의 개발을 자극하여 마침내는 별장(別將) 성근(成根)의 새로운 자초법이 개발되었다. 별장 성근은 정묘호란에 후금군의 포로가 되었다가 돌아온 군사였다. 그는 조선으로 도피해 온 명나라 사람들에게서 그곳의 자초기술을 묻는 등 자초법의 개량에 노력한 끝에 결실을 보게 되어 군기시에 보고하였다. 당시 군기시도 제조였던 이서(李曙)가 이를 「화포식(火砲式)」에 첨부하여 인조 13년 8월에 간포하였다.[118] 이 「신전자취염초방(新傳煮取焰硝方)」에 기초한 자초 작업이 전국적으로 실시되었고, 효종·현종연간에 왜어역관 한세룡(韓世龍)이 일본의 자초법을 전래하기까지 이용되었다.

조선은 인조 15년의 병자호란으로 청나라에 항복하여 치욕적인 군신관계를 서약하였다. 그러나 조선은 어디까지나 그들에게 배후의 위협적인 존재일 수밖에 없었으므로 청태종은 수항조약(受降條約)때에 조선으로 하여금 성벽을 보수하거나 신축하지 못하도록 다짐하였다. 그것은 조선으로 하여금 군사력을 갖추지 못하도록 하는 조처였지만, 이후 청나라에서는 염초·유황 등 특히 군기의 유출을 엄금하였고, 군기를 매매한 사실이 드러날 경우 범법자를 처형하였다. 이러한 청나라

118) 「火砲式諺解」(全) 附新傳煮取焰硝方의 序文과 跋文 참조.

의 금령을 무릅쓰고 염초나 유황을 수입한다는 것은 어려운 일이었으며, 동시에 밀수사실이 발각되는 한 양국간에 커다란 물의가 일게 마련이었다.

그러나 조선에서는 염초·유황의 국가적인 필요 때문에 밀수를 오히려 묵인하거나 더 나아가서는 권장하지 않을 수가 없는 입장이었고, 다른 한편 사행원역들로서는 그로 인한 포상도 중요하지만, 서울의 장시에 팔면 많은 이득을 취할 수가 있었기 때문에 위험을 무릅쓰고 밀수를 감행하게 되었다. 이 때문에 염초의 범금사건만 하여도 수차에 걸쳐 일어났고, 양국간의 중대한 사단으로 주목되었다. 그중 한두 가지 사례만 들면, 효종 8년에는 사은사가 귀국할 때 봉황성(鳳凰城)에서 밀수가 발각된 사건이다.[119] 이때의 사은정사는 효종의 친동생인 인평대군(麟坪大君)이었고 부사는 김남중(金南重), 서장관은 정인경(鄭麟卿)이었다.[120] 이 사건을 심문하기 위하여 도래한 청사(淸使)[121] 4명은 국왕의 입회하에 심문과 구형을 끝낸 다음 「염초사핵주문(焰硝査覈奏文)」을 작성하여 청나라 황제에게 바쳤다.

이 사건의 구형량을 보면, 정사가 벌금 2,000냥, 부사와 서장관이 각각 5급 4급씩을 강등토록 되었고, 사자관(寫字官) 유의립(劉義立)에게는 곤장 30대를 구형하였으며, 참형(斬刑)이 구형된 인원은 의주인 김추립(金秋立)을 비롯하여 x통관장(通官將) 최진남(崔振南)·박경인(朴庚仁)·하득(河得)·영리(營吏)김내홍(金乃泓) 등 5명이며, 김추립의 마부인 김두리송(金頭里松)과 최진남의 종인 주칠금(注叱金)은 불고지죄로 각각 곤장

119) 孝宗實錄 18 孝宗 8년 3월 辛未.

120) 孝宗實錄 18 孝宗 8년 4월 甲戌.

121) 孝宗實錄 18 孝宗 8년 3월 辛未.

40대를, 김내홍의 종인 김충립(金忠立)은 곤장 30대를 구형하였다.[122]

이상의 사행원역 중에서 참형이 구형된 자는 염초를 밀수한 자들이다. 이들중 김추립은 관하의 마부를 대솔한 의주인이라고 한 것을 보면, 당시 의주부에서 의주인만을 뽑아 파견하던 만상군군관(灣上軍官)이 아닌가 싶다. 통관장 최진남은 역관들을 통솔하는 우두머리의 당상역관(堂上譯官)이며, 영리김내홍은 당시 평안감영 등에서 파견하던 무역별장(貿易別將)이다.[123] 박경인과 하득의 경우도 직명이 명시되어 있지 않아 확인할 수는 없으나, 문맥상 통관장 최진남에 이어 기록된 점으로 보아 역관들일 것으로 보인다. 이상에서 볼 때 당시 사행편을 이용하여 청나라의 염초를 밀수입한 자들은 역관들과 만상군관 및 무역별장들로서 전술한 명나라 염초를 수입할 때의 원역들과 다를 것이 없다.

조선왕조정부에서는 이러한 사건이 발생하면 우선 심문과정에서 혹 국가의 군비문제와 정부에서 밀수를 권장한 사실이 드러날까 우려하였다. 그 때문에 정부에서는 청나라 통관(通官)들에게 뇌물을 주게 마련이었고, 밀수자들로 하여금 염초의 군사적 용도를 감추고, 은장(銀匠) 또는 숙피(熟皮)할때의 약품으로 쓰기 위해서라고 변명토록 함으로써 사건을 무마하려 노력하였다.[124]

또 하나의 사례는 현종 7년에 발생한 최선일(崔善一)의 염초 투매(偷買)사건이다. 밀수의 경위는 자세히 알 수 없지만 공사(供辭)에 의하면,

---

122) 孝宗實錄 18 孝宗 8년 4월 甲戌.

123) 拙稿 : 「朝鮮後期對淸貿易의 展開過程」 p.367 白山學報 第8號 東濱金庠基博士古稀紀念史學論叢 白山學會刊 1970.6.

124) 孝宗實錄 18 孝宗 8년 2월 癸卯.

그는 의주사람으로 우가장(牛家庄)[125]에서 심양(瀋陽)에 분납할 폐물(幣物)을 교부하고 돌아오는 길에 설리참(薛里站, 조선왕조실록에는 총참(松站))에서 매입하였다고 한다.[126] 이 사건과 함께 동년에는 조선인 안추립(安秋立)이 청나라에 살다가 본국으로 도주해 온 것을 맞아들였다는 용접사건(容接事件)도 발생하였다.

이 때문에 청나라에서는 두 사건을 조사하기 위하여 동년 6월에 상사 뇌호(雷虎), 부사 목서(穆舒), 제독 이일선(李一先(善)), 대통관 김거군(金巨軍)·김삼달(金三達) 등을 파견하였다. 조정에서는 이 사건을 무마하기 위하여 제독과 대통관들에게만도 무려 15,800냥은을 증여하였다.[127] 이때 염초범을 사핵(查覈)한 내용을 살펴보면, 당시 청나라가 군기투매사건을 얼마나 철저히 다루고 있었던가를 헤아릴 수가 있다. 현종의 입회하에 상사 뇌호의 의사대로 염초범의 사핵이 먼저 시작되었다.

> "이일선이, 염초가 금물인데 왜 샀느냐? 최선일이, 미열한 자이라 실로 금물인줄 모르고 사온 것은 몸에 창질(瘡疾=梅毒)이 있어 약으로 쓰기 위해서입니다. 상(현종)이, 사신이 매양 금물이라고 신칙하는데 어찌 몰랐을 리가 있는가. 저놈의 정상(情狀)이 매우 간사하니 국문함이 마땅하다. 이일선이, 어디서 샀으며 판 사람은 누구인가? 최선일이, 판

---

125) 肅宗 5년(1679)에 使行의 牛家庄通過가 금지되기 까지는 使行이 牛家庄에 도착하여 瀋陽(盛京)에 分納할 幣物을 그곳의 押車章京에 交付하게 되는데, 이 分納品의 交付時는 朝鮮側의 당해 押物從事官(譯官)과 淸나라 譯官이 함께 瀋陽에 들러 戶部에 納品하고 歸還하게 되었다.

126) 通文館志 9 紀年 顯宗 丙午.

127) 顯宗實錄 12 顯宗 7년 6월 庚午·乙亥, 顯宗實錄 12 顯宗 7년 7월 丙戌·丁亥·戊子.

사람은 곧 송참(松站)에 사는 왕씨 성을 가진 사람인데 그 성만 기억할 뿐 이름은 기억하지 못합니다. 실은 금물인줄 알았으나 죽을 때가 가까워 법을 무릅쓰고 샀으니 만 번 죽여도 달게 받겠습니다. 이일선이, 또 묻기를 사신이 알지 못했는가? 최선일, 사신은 북쪽으로 향해 가고 우리는 회환시에 잠매해 왔으니 사신이 어찌 알 수 있습니까? 사신의 신칙함이 매우 엄중하였으나 망녕되이 범했으니 죽여 주시오 이일선이 또 묻기를 염초의 근수는 얼마나 되느냐? 최선일이, 한주먹 됩니다. 영의정 정태화(鄭太和)가 이일선에게, 준 자나 받는 자나 죄가 같으니, 대국에서도 통금함이 마땅하오. 이일선이, 그렇다고 하였다. 또 청평위(靑平尉) 심익현(沈益顯) 등을 불러들여 월대(月臺) 위에 앉히고 묻기를, 수행인이 법금을 모범하였으니, 무슨 말로 答하시겠습니까. 대답하기를, 사신이 입시한 뒤에 그들은 중로에서 회환타가 송참에서 잠매한 것인데 사신이 어떻게 알 수 있소이까? 이일선이 또 말하기를, 금물을 범치 말라고 과연 신칙하였습니까. 대답하기를, 영장(領將)과 함께 십분 엄칙 하였소이다. 또 영장 박선일(朴善一), 황산이(黃山伊)를 불러 들이고 묻기를, 너희가 영장이면서 데리고 간 사람의 범법행위는 금하지 못하고 마침내는 알지 못했다고 하니 사신이 당초 엄칙하지 않아서 그런 것이냐? 대답하기를, 엄칙하지 않은 것은 아니나, 금물을 잠매하여 행낭속에 간수하였으니 어찌 알겠습니까? 이일선이,, 너희가 중도에서 수검하였느냐? 답하기를, 그렇습니다. 이일선이, 그렇다면 어찌하여 행낭속에 든 물건을 몰랐다고 하느냐? 이미 수검하였다고 하면서 또 몰랐다고 하니 속이는 형상이 이미 드러났으며, 서로 짜고 사온 것임을 가히 알겠다. 현종이, 이는 거짓말로 꾸며대는 것이니 만약 신문(訊問)하면 바른대로 아뢸 것이다. 이일선이 통관(通官)들과 나가 중문(中門) 밖에서 신문하자, 드디어 수검(搜檢)치 않았음을 자백하였다. 이일선이 다시 국문하자고 청하였다. 현종은 허적(許積)에게 밖에 나가 죄인들이 쓸데없는 말들을 하지 않도록 이르라고 시켰다. 이일선이 다시 신문하자, 박선일이, 신칙하심이 매우 엄중했으나, 몰래 범금하였으니 죽여줍시오. 이일선이 다시 묻기를, 영장들과 짜고 한 짓이 아니냐? 답하기를, 진실로 그런 일은 없었습니다. 이일선이, 이 문제는 이미 사문(査問)이 끝났는데 어떤 죄목으로 헤아려 정함이 옳겠습니까? 칙사(勅使)가, 범금인(犯禁人)은 참죄(斬罪)를 적용하고, 영장은 차육(次律)을 적용하여 곤장일백대에 유배삼천리로 함이 마땅하겠습니다. 현종이. 그렇게 하시오."[128]

최선일이 매입한 염초는 한 움큼밖에 안 된 것이었고, 창질에 약용으로 구입한데 불과하다. 그러나 청나라 조정에서는 양의 다소에 관계없이 염초가 금수품이란 이유 하나만으로 참형을 구형할 뿐 아니라, 그를 영솔한 영장까지도 차율로 논하는 등 가혹한 처벌을 감행하고 있었다. 이처럼 청나라 조정의 수검이 삼엄하고 국가적인 수모가 커짐으로써 이 현종 7년의 최선일사건이 청나라염초밀수의 마지막 사례로 되었다.

전술한 명나라의 경우와는 달리 이처럼 청나라로부터의 염초수입로는 철저하게 봉쇄되었고, 나아가서는 국가적 수모마저 면치 못하는 처지이므로 정부는 더욱 국내에서의 염초생산에 주력하게 되었다. 이러한 내외사정으로 말미암아 효·현종연간에는 왜어역관 한세룡(韓世龍)이 일본의 자초법을 전습하여 전술한 성근(成根)의 자초법을 대신하

128) 顯宗實錄 12 顯宗 7년 7월 己丑.

게 되지만 한세룡의 일본 자초법도 우수한 것은 못되었으며, 만족할 만한 자초법을 얻기에는 이어서 상술하게 될 김지남(金指南)의 「신전자초방(新傳煮硝方)」(현종 24년간)이 출현하기까지 기다려야만 하였다.

3) 화약의 제조실태

군아문에 의한 화약제조실태 역시 전술한 조총의 경우와 마찬가지로 5군문과 군기시에서 각기 규모의 차이는 있어도 동일한 형태의 경영방식하에 진행되고 있었다. 따라서 여기서도 조선후기를 통해 가장 규모가 컸던 훈련도감의 화약제조실태를 중심으로 살펴보려 한다.

조총의 경우와 마찬가지로 훈련도감은 설치초에 화약의 제조관리 업무를 관장토록 하기 위한 화약색(火藥色)을 설치하였고, 그 업무를 담당할 제조·낭청 및 감관을 두었다.[129]

훈련도감의 화약제조장은 하도감에 설치되어 있었고,[130] 별도로 염초청을 마전교(馬廛橋) 옆에 설치하였는데, 그 규모는 211칸에 달한 것으로 보인다.[131] 화약색의 제조·낭청·감관들에 의하여 진행된 염초청과 하도감의 염초·화약생산에는 조총색과 다름없이 많은 공장과 조역군이 동원되었다.[132] 따라서 훈련도감에서는 화약색의 운영비와 각종 원료 및 연료를 자체조달하기 위해서 둔전과 원료·연료의 산지를 확보하고 노동력을 군역형태로 징발하였다.

우선 화약생산에 절실한 것은 제품원료인 유황·염초·유회와 연료

129) 承政院日記 414 肅宗 22년 10월 15일 및 萬機要覽 軍政篇 2 訓練都監 員額條.
130) 純祖實錄 14 純祖 11년 3월 乙卯條.
131) 萬機要覽 軍政篇 2 訓練都監 公廨條.
132) 萬機要覽 軍政篇 2 訓練都監.

로서의 토목(吐木)이었다. 유황을 얻기 위하여 훈련도감에서는 뒤에 상술하게 될 일본유황을 수입하거나 유황광산 개발에 착수하였고, 염초는 주로 서울 시내에서 채취하였지만, 유회와 토목은 둔전을 절수하는 형태로 조달하였다. 둔전의 절수는 또한 운영비를 감출하는 한 방편이기도 하였다. 여기에서 유황을 조달하는 문제는 뒤에 상술할 것이므로 논외로 하고, 또 염초제조문제에 앞서 화약색의 운영비와 토목·유회를 조달하는 실태를 살펴볼 필요가 있다.

훈련도감에서는 인조즉위년(1623)에 경기도 광주목에 용진진(龍津鎭)을 설치하고 별군관(別軍官)을 별장(別將)으로 매년 교대로 파견하여 관장케 하였다. 별장의 수하에는 서기·기총·대총 및 산지기 등 16명이 있었고, 또 122명의 진군(鎭軍)이 있었다. 진군들은 연간 자초용의 토목을 1인당 3자래(法乃)씩 화약색에 바치도록 되었고, 환자곡 380석을 모두 나누어 준 뒤 모곡을 거두어 진(鎭) 내 원역들의 급료에 충당하였다.[133]

인조 즉위년에 훈련도감은 양근의 수변산둔(水邊山屯)도 절수하였다. 수변산둔에는 염초감관을 차송하였고 탄을 수봉하여 화약색에 납부토록 하였으며 동왕 17년에는 다시 감물악둔(甘勿岳屯)과 가라동둔(加羅洞屯)을 절수하였다. 홍천의 감물악둔에는 화약감관을 차송하여 둔민들로부터 매년 자초용릐 토목 100자래를 수취하였고, 춘천의 가라동둔에는 지곡관(知穀官)과 기패관(旗牌官)을 매년 돌아가며 파견하여 둔민들로부터 자초용의 토목 150자래를 수취하였다. 염초감관이 언제부터 수변산둔에서 화전(火田)을 경작하는대로 세금을 부과하게 되었는지는

---

133) 萬機要覽 軍政篇 2 訓練都監 諸鎭.

상고할 수 없으나 1일경(一日耕)이면 탄(炭)2석 동전5전이니 모두 40냥 가량을 화약색에 바쳤다고 하였고, 감물악둔과 가라동둔의 경우도 가라동둔은 지금은 폐지되었고, 다만 화전에 대하여 개간하는대로 집복(執卜)하는데 1일경에 세금을 동전 5전씩 모두 300가량을 화약색에 바친다고 하며, 감물악둔은 지금 폐지되었고 다만 화전에만 개간하는대로 집복하는데 세금은가라동과 같다. (50냥가량을 화약색에 바친다.) 고한 것을 보면, 토목을 매년 납부하면서 수목이 사라진 곳은 화전을 경작하게하고 세전(稅錢)을 수취하였다.[134]

특히 춘천의 가라동둔과 홍천의 감물악둔의 경우 「지금폐지됬다」라고 한 것을 「만기요람」의 편찬연대를 기준으로 하면 순조 8년 이전의 어느 시기에 자초용의 토목수취제가 혁파된 것을 의미하지만, 그 시점을 상고하지 못했다. 다만 숙종 44년에 왕이 화약색에서 화약염초제조업무를 관장하던 종사관 김복근(金復根)을 불러 질문한 가운데, '숙종이 표상을 내리자 부복해말하기를, 자초용의 긴토목 700여냥을 춘천홍천양근의 화전세로 납부합니다'[135]라고 한 것을 보면, 춘천가라동둔과 홍천감물악둔 및 양근의 수변산둔에서 숙종 44년 현재 이미 자초용의 장토목가로 700여냥을 화전수세하고 있었음을 알 수 있다. 「만기요람」의 화전수세액은 상기한 삼처를 합하여도 가라동둔 50냥 수변산둔 40냥 가냥으로 390냥 정도에 불과하니 700여냥과는 상당한 차이가 있다. 결국 이후 언젠가 폐지 되어 갔을 것이다.

어쨌든 상기한 용진진과 가라동·甘勿岳·수변산둔 등이 화약색의

134) 萬機要覽 軍政篇 2 訓練都監 諸屯.

135) 訓局謄錄 戊戌 11월 13일.

염초·화약제조의 토목 또는 경비조달에 중요한 몫을 차지하고 있었음이 확실하며, 그것은 또한 「만기요람」 중 화약색의 재용조에서도 익히 규지할 수 있다. 화약색의 1년 경비는 정식수납하는 미곡 212석 9두와 전 1,410양인데 이는 화전수세가 포함되었던 것이고, 연료와 원료로서 토목 330자래와 유탄(柳炭) 36石은 곧 용진진에서 수봉한 것이다. 그리고 법유(法油) 2두는 의영고(義盈庫)에서, 해장죽(海長竹) 2,000개는 전라좌우수영에서 식년(式年)에 상납케 하였다. 이상의 물력으로써 화약색에서는 연간 염초 1,500근을 생산하였고 그것으로 합제하여 화약 총 1,700근을 생산하였다.[136)]

상기한 「만기요람」보다 약간 뒤의 기록인 「육전조례」에 보면, 연간의 화약생산량이 많이 줄어 있다. 화약색의 화약제조용 원료와 생산량을 보면, 연간 원료로서는 염초 573근, 향석유황(鄕石硫黃) 140근 15냥 2전 5분, 유탄 5석 19두 7승 5합, 법유 6두인데, 이상의 원료로서 연간 화약 총 1,463근 11냥 5전을 생산하고 있다. 그리고 이 화약 1,463근 11냥 5전의 용도는 연간 무예별감(武藝別監) 및 포수들의 무과의 하나인 중일시재때 사용할 487근 2냥, 납저(臘猪)를 수렵할 때 사용할 56근 4냥, 군병의 사사로히 연습할 때 쓸 528근, 서총대에서 습진하고 년말 포를 쏠때 쓸 315근, 화전(火箭) 400기(技)를 타조하는데 들어갈 77근 5냥 5전이었다.[137)]

그러나 훈련도감의 화약색에서 연간 1,700근 또는 1,463근 11냥 3전의 화약을 정액으로 생산한 것은 적어도 경종 3년 이후 19세기간의

---

136) 萬機要覽 軍政篇 2 訓練都監 財用條.

137) 六典條例 卷 8 訓練都監條.

일이며, 그 이전에는 사정이 달랐다. 왜란과 양차의 호란 등 전시와 준전시에는 보다 대규모적인 생산이 요구되었을 것이고, 효·현종대에서 경종 3년까지는 삼남월과화약도 방납하고 있었다. 이때는 전술한 화약색의 일년응봉액만이 아닌 생산비의 배를 초과하는 삼남월과화약가를 얻고 있었고, 연간 10,000근에 가까운 화약을 생산하고 있었다. 그러면 훈련도감 화약색의 염초청과 하도감의 화약제조장을 중심으로 한 염초·화약의 생산실태를 구체적으로 살펴볼만하다.

이미 조총제조실태에서도 밝힌 바와 같이 화약색의 염초·화약제조장을 총관한 것도 감관이었다. 염초·화약제조장의 감관에 대한 기록은 거의 없었다. 다만 「훈국등록(訓局謄錄)」 중 숙종 32년조에, 특진관 이기하(李其夏)가 아뢰기를

> "염초는 곧 군기 가운데서도 가장 긴요한 특품입니다. 그러나 전후의 감독했던 자들이 물력을 많이 소비하였으면서도 1년내에 제조해 바치는 것이 불과 천여근 밖에 안되었습니다. 그런데 전 만호 김준석(金峻錫)은 일찍이 감관으로 있으면서 6개월내에 염초 5,220근을 제조해 바쳤기 때문에 그때 소신이 탑전에서 진달하여 상전을 입게끔 되었던 것입니다. 그 뒤 전 만호 김두망(金斗望)이 감관이 되었는데 그도 역시 6개월내에 염초를 무려 5,505근을 제조해 바쳤습니다. 이것은 김준석과 비교하면 279근이나 더 많은 셈이니, 차별을 두지 말고 상전을 고르게 베풀어야 함이 옳을 것으로 생각되어 감히 앙달하오니 해당관서로 하여금 예규에 살펴 품처토록 하는 것이 어떻겠습니까?"[138]

---

138) 訓局謄錄 丙戌 4월 27일.

고 하여 숙종이 해당관서로 하여금예규를 살펴 품처토록 한 사실이 있다. 이 기록에서 볼 때 화약색의 감관은 첫째, 만호 직을 이미 거친 무관출신들이었고, 둘째 감관들은 짧은 기간에 대량 생산하여 상전을 도모하고 있었으며, 셋째 감관들은 화약색에 상근한 자들이었다기 보다는 상전을 입으면서 더 나은 직책으로 전보되는 곧 6개월 내지 1년 정도의 짧은 기간에 자주 교체되었던 자들인 것으로 생각된다. 그리고 화약색내의 장인과 조역군들을 사역하여 6개월간에 최대한 생산할 수 있었던 염초량은 숙종 32년경 현재 5,500여근에 달했던 것임도 알 수 있다.

무관출신의 감관은 화약생산장의 운영을 장악할 뿐 아니라, 각 공정에 종사하는 편수와 장인들을 감시 감독하였다. 편수는 당해 공정에 숙련된 기술자들로서 당해 공정의 기술적인 제 문제를 파악하고 또 거기에 종사하는 장인들을 감독하였다. 따라서 화약의 불량품이 드러날 경우에는 장인 뿐만이 아니라, 해당 편수와 감관도 그 책임을 면할 수 없었다. 그 처벌규정은 영조 5년에 제정된 「조총화약제조절목(鳥銃火藥製造節目)」에 명시되고 있다.

> "화약은 조총과 달라 제조장의 성명을 새겨 표기할 수 없으니 아무 아문의 한 자(字)와 어느 연호의 두 자(字)를, 합쳐 3자(字)를 양각(陽刻)한 쇠를 만들어 도침할 때 화약편상에 날인하되 감조감관, 편수, 장인 등의 성명은 각기 당해 아문에서 제조연월에 따라 책자에 기록하고 날인하여 차례로 전수하다가 5년 내에 만일 화약이 맹렬하지 않게되면 제조장을, 100근 이하면 곤장 30대, 200근 이상이면 50대를 친 뒤 그로 하여금 고쳐 마련케 한다. 그리고 화약에 만일 탈이 있을 경우 감조감관

은 곤장 20대, 편수는 30대를 쳐서 다른 사람들을 뉘우치게 한다."[139]

한마디로 화약생산은 감관의 지휘하에 각공정의 편수가 소관 장인들을 감독하는 가운데 수행되고 있었다. 화약색의 염초·화약제조장에는 편수·장인뿐 아니라 조역군도 있었다. 그것은 전술했듯이 훈련도감의 조총·궁전·염초제조장에는 도합 140여명으로 한 달의 료미가 112석에 달했다고 하였고,[140] 염초자취와 조총타조역에는 무급가고립된 장인의 조역들이 수백명이나 있었다고 했다.[141] 화약색내의 장인들은 조총색장인과 같이 각자의 기술과 분담한 공정에 따라 각기 장종(匠種)의 명목이 분화되어 있었다.

염초자련장에 종사한 장인을 통칭 「염초군(焰硝軍)」이라 부르지만 염초군내에는 자초용의 함토를 채취하는 취토군(取土軍),[142] 그리고 그것을 작업장으로 운반하는 부토군(負土軍),[143] 자초용의 물을 받는 절수장(節水場)의 급수군(汲水軍),[144] 자초장의 연화군(燃火軍),[145] 연료를 조달하는 토목군(吐木軍)[146] 또는 예초군(刈草軍) 등이 있었다. 그리고 이밖에 화약합제장내에는 유회를 조달하는 유회군(柳灰軍)[147]과 염초·유황·유회를 한데 배합하여 도침하는 도침군(搗砧軍)[148]이 있어 화약생산에 종

139) 備邊司謄錄 85 英祖 5년 5월 25일(原文은 4章 1節 참조).
140) 備邊司謄錄 6 仁祖 19년 5월 2일.
141) 備邊司謄錄 17 孝宗 5년 2월 11일.
142) 承政院日記 212 顯宗 10년 正月 6일.
143) 承政院日記 402 肅宗 28년 2월 13일.
144) 承政院日記 108 孝宗 卽位年 9월 6일.
145) 承政院日記 108 孝宗 卽位年 9월 6일.
146) 承政院日記 328 肅宗 14년 4월 3일.
147) 各營釐整廳謄錄 甲申(肅宗 30년)條.

사하였다. 이상과 같이 분화된 제 작업 중에서도 화약생산과정에서 가장 힘든 일은 함토를 굴취하고 토목을 운반하고 염초를 자련하고 화약을 도침하는 일이었다.[149] 그리고 이들 제작업은 나름대로의 특수성을 지니고 있어서 각각 전속된 장인을 보유하였다.

여기에서 부언해 둘 것은 「군(軍)」자가 붙은 이들을 모두 장인이라고 보아도 되겠는가 하는 문제다. 유황군·염초군·연군 등의 「군」자는 원래 군역의무자가 군아문의 역사(役事)에 신역을 지고 있을 때 붙였던 것으로 장인(기술자)이 아니라, 장인을 도와 일하는 조역자들이었다. 그리고 앞서 나온 부토군·연화군 들이 맡은 일 자체는 장인이 반드시 맡아야할 성질의 것도 아니다. 따라서 엄격하게는 장(匠)과 군(軍)을 구별해야 한다.

그러나 조선후기의 관찬사료에서 장과 군을 엄밀히 구별하기란 어려운 일이다. 그것은 위정자들이 장과 군을 엄격히 구별해서 말하지 않고 통상 「군」이라고 부르기가 일쑤이기 때문이다.[150] 그리고 당시 군수광공업분야와 같이 특수한 물종은 숙련공이 달리 없었고, 조역군도 같은 일에 오래 종사하면서 장인으로 되기도 하였기 때문에 장과 군을 그때그때 명백히 지칭할 수도 없었다.[151] 이러한 이유 때문에도 전술한

---

148) 承政院日記 402 肅宗 28년 2월 13일.

149) 承政院日記 500 肅宗 43년 2월 1일.
「… 掘醎土 運吐木 煮焰硝 搗火藥 …」.

150) 18세기 이후가 되면 鑛山의 경우에서 볼 때 官·民營鑛山을 막론하고 「鉛軍·金軍」 등으로 불러 요즘 흔히 말하는 일군으로서의 「軍」의 의미로 통용되고 만다.

151) 承政院日記 318 肅宗 12년 9월 24일. 備邊司謄錄 40 肅宗 12년 9월 25일.
「內醫院官員 以都提調意啓曰 我國之産出朱砂 實出於意料之外 … 採砂邊手四名 初以黃海道鳳山居備邊司採鉛軍中習知砂脈善於採取者 澤定矣 今則已有成效 不但其功勞可嘉將來採取之役 專賴於此等人 而一人則禁衛保人 三人則私賤云 私賤則依尙方工曹匠人例代

군기시 염초청의 부토군과 도참군도 다 같이 「군」자를 붙였지만 실제는 장인적 대우를 받던 자들이었기 때문에 매년 매월 호조의 미와 병조의 포가 지급되었다. 따라서 「염초군」에도 급료를 주지 않고 고립한 조역군도 있지만 장인도 포함되어 있었을 것같다.

이상과 같이 화약생산과정에서 점차 공정이 분화됨에 따라 장인들이나 조역군들이 소장(所長)의 기술부문에 전속되어 갔다는 사실을 주목해야 하겠다. 이러한 사정은 장인의 명목에서도 추지할 수 있는 것이지만 더욱 구체적으로 해명하기 위해서는 당시의 화약생산과정을 면밀히 검토해 볼 필요가 있다. 화약생산과정을 이해하기 위해서는 화약생산에 관한 구체적인 내용을 알아야했는데 다행히 숙종 24년에 간포된 「신전자초방(新傳煮硝方)」을 찾아볼 수 있었다. 이에 앞서 언급한 한세룡의 자초법은 성근의 자초법보다 우수하여 곧 성근법을 대신해서 널리 적용되었지만 만족한 것은 아니었다.

그런데 역관 김지남이 각고 끝에 청나라의 자초법을 배워와 성공함으로써 숙종 24년(1698)에 「신전자초방」을 간포하게 된 것이다.[152] 이 이후 「신전자초방」은 염초자련법의 교본으로 경외에 널리 반포되었고 조선후기에 걸쳐 계속 전습되었다.[153] 「신전자초방」에 나타난 화약제조과정은 크게 삼단계로 구분해서 정리할 수 있다.

첫째는 함토와 유회를 배합해서 염초용의 물을 받는 사수(篩水)작업이며, 둘째는 자초용의 물로 염초를 자련하는 자초작업이며, 셋째는 염초와 유황 및 유회를 배합·도침하는 도침작업이었다.

給公賤 軍保則頉下 仍爲給復 以爲激勵使役之地 …」.

152) 「新傳煮硝方」 得硝法始末.

153) 備邊司謄錄 144 英祖 39년 11월 16일. 備邊司謄錄 183 正祖 20년 5월 12일.

이상 세가지 工程중 도침작업은 자초과정이 완료된 뒤에 실시되었고 또 유황의 구입이나 유회를 얻는 것은 용이하여 자연 군아문의 화약생산은 염초생산이 가장 주요한 작업이었다. 우선 사수·자초작업에 착수하기 전에 취토군·부토군과 토목군(예초군)들은 함토와 연료를 구하고 다복회(多福灰, 이때는 유회 대신으로 쓰였다.)를 마련해야했다. 함토를 괄취하는 일을 취토작업이라 하며 함토는 주로 노상(路上)이나 담장 밑에서 괄취하였다.

> "노상이나 담장 밑의 흙으로 낮에는 햇빛이 쬐이고, 밤에는 기운이 솟아 흙색이 검고 맛이 매운 흙이 최상품이고, 서늘하거나 쓰거나 달거나 신흙은 둘째며, 짠흙은 뒤에 습기가 생기므로 좋지 않다. 흙색을 보아 흙을 맛보면 흰부분은 맛이 싱겁고, 검은 부분은 맛이 두텁다. 굽은 삽으로 검은 부분만 엷게 긁고 깊이 긁어서는 안 된다. 깊이 긁으면 생흙이 섞여 맛이 엷어진다. 채취한 뒤에 사람이 밟고 볕을 쬐이면 몇일 뒤에는 다시 기미(氣味)가 솟아올라 검은 부분이 자연히 생기니, 앞서처럼 취용할 수 있다. 그러나 만약 비를 맞으면 십수일간 뜨거운 볕을 쬐인 뒤에 취용할 수 있다. 종래의 취토법이 가옥내의 흙을 전용한 이유는 곧 비를 맞지 않아 흙의 맛이 항시 진하기 때문이다."[154]

이상 김지남의 취토법이 성근·한세룡 등의 취토법과 다른 점은 옥내에서도 취토할 뿐 아니라, 노상이나 담밑에서도 쉽게 구할 수 있다는 사실과 짠흙염토(鹹土)보다는 매운 흙(釅土)이 가장 좋다고 한 점이

154) 「新傳煮硝方」 참조.

다. 그러나 사료상에는 엄토라고 쓰기 보다는 대체로 함토라고 쓰고 있어 본고에서도 함토로 통용하겠다.

앞에서도 수차 함토를 채취하기가 어려운 일임을 언급한 바 있지만, 군아문에서는 이 함토를 얻기 위하여 온갖 어려움을 겪어온 것이 사실이다. 그것은 일찍이 현종 10년(1669) 좌의정 허적의 보고에서도 훈련도감의 취토군이 민가에 들어가 함토를 굴취하면서 작폐가 없지 않아 사람들이 부엌에 모래를 깔아 버린다고 하였고, 심지어 빈 궁궐이나 개성부 등의 관아가 취토지로 되고 있었다.[155] 도성내 각군아문의 취토 작업은 서민가에 그치지 않았고 마침내는 사대부가와 여러 궁가에까지 미치게 되어 도성내 주민들의 반발이 컸던 것으로 보인다. 그것은 도성내 각군아문이 제의하여 마련된 「염초청사목(焰硝廳事目)」에도 나타나 있다. 염초청사목이 언제 어느 아문에서 처음으로 마련하였는지 상고할 수 없으나, 대체로 현종말 숙종초에 훈련도감이나 군기시에서 처음으로 제정한 것 같다. 그것은 숙종 15년(1689) 10월에 권규(權珪)가 어영청의 취토문제로, 건청하기를,

> "본청에도 염초청을 설치하여 자취토록 계하되어 이를 거행코자 하나 반드시 함토를 취득한 뒤라야 성취할 수 있겠기 때문에 각군문의 염초청사목을 상고해 보니 염초자취용 함토는 제궁가·각아문·사대부가를 막론하고 굴취하도록 허가하고 있었습니다. 만약 서울에서 채취하

155) 承政院日記 212 顯宗 10년 10월 6일.
「左議政許積曰 … 硫黃則多有産處 不患不足 而焰硝爲難耳 煮焰硝之土 必取於人家醎汚之地 而數十年取土 所餘無幾 且取土之際 軍卒輩 不無作弊之事 故人皆取沙鋪諸庭除 以此節無可用之土 頃者 採取於空闕中 蓋出於不得已也」.

> 지 못하면 그만두어야 할 형편이므로 굴취를 불허하는 제궁가나 사대부가의 가장은 파직하고 서인은 전가족을 변방으로 보내도록 한다는 전지를 봉승한 것입니다. 본청도 한결같이 염초청사목에 의거 거행케 하도록 한성부로 하여금 분부케 하여 시행함이 어떻겠습니까?"[156]

고 청하여 윤허되었다. 우선 이 기사에서 제궁가나 사서인의 반발이 컸다는 사실과, 숙종 15년 이전에 이미 군아문의 염초청사목이 마련되었음을 알 수 있다. 그리고 뒤에 총융·수어양청이 염초청을 설치하면서 훈련도감·군기시의 염초청사목을 준용토록 요청한 것으로 보아 훈련도감과 군기시가 제일 먼저 사목을 마련한 것이 확실하다.[157] 이처럼 함토채취가 옥내에서만 가능하다는 불편을 덜기 위하여 김지남이 마침내 노상이나 담장 밑에서 구할 수 있음을 발견한 것은 큰 성과가 아닐 수 없었다. 그러나 옥내함토마저도 채취하기 위하여 서울의 창덕궁과 창경궁 등 제궁궐과 사서인가가 훈련도감을 위시한 각군아문의 취토군에게 계속 개방되었다.[158]

김지남의 자초법에서는 함토에 반드시 다복재나 곡식대 및 풋나무의 재(灰)를 배합하는 것이 원칙으로 되어 있다. 이 때문에 취토작업과 동시에 한편에는 취회(取灰)작업이 진행되었다. 이 취회작업은 별도로

---

156) 承政院日記 337 肅宗 15년 10월 9일.
「權珪 以御營廳言啓曰 本廳焰硝 設局煮取事 啓下奉行 而必得醎土然後 可以成就 故取考各軍門焰硝廳事目 則焰硝煮取所用醎土 勿論諸宮家各衙門士大夫家 許令掘取 而若於京中不得掘取 則勢將停廢 不許掘取諸宮家士大夫家 家長罷職 庶人則全家徒邊事 捧承傳矣 本廳一依焰硝廳事目 擧行之意 令漢城府分付施行何如 傳曰 允」.

157) 承政院日記 423 肅宗 31년 3월 11일. 承政院日記 425 肅宗 31년 6월 10일. 承政院日記 436 肅宗 33년 8월 4일.

158) 承政院日記 425 肅宗 31년 6월 10일. 承政院日記 436 肅宗 33년 8월 4일.

이루어지는 것이 아니라, 염초를 자련할 때 연료를 다복이나 곡식피 및 풋나무로 사용케 하므로써 자초시에 취회토록 하였고, 연료를 토목에서 잡초로 바꾸어 연료조달마저 용이하게 되었다.

> "다복재와 곡식대재(벼·기장·피·조의 짚이나 콩·팥의 각대나 수수대재등이 제일 좋고 잡초·잡목 등 풋나무가 그 다음이며, 소나무재는 쓰지 못한다. 염초용의 물을 다릴 때는 반드시 재를 내어 쓸 수 있는 땔감으로 사용한다면 재를 동시에 얻을 수 있어 일거양득이다. 7월 15일 이후 서리가 내리기 전까지는 온갖 풀들이 다 살이 올라 재를 만들면, 그 재가 반드시 맵기(辣) 마련이며 또한 이때는 농한기이기 때문에 풀베기가 매우 편하다. …곡식대는 많이 얻기가 쉽지 않으니, 다복과 기타의 연한 나무(軟木)와 강한풀(强草)을 임의로 베어 쓰는 것이 좋다. 이른바 물다릴 때에는 반드시 풋나무를 사용하라고 함은 단지 재를 내어 쓰기 위해서만이 아니고 약한 불을 지피기에는 오직 풋나무라야 조절하기 쉽기 때문이다. 따라서 소나무는 이런 면에서 자초용에 적합지 않을 뿐 아니라, 소나무를 베기는 또한 풀베기에 비하면 힘이 들고 어렵다. 이러한 묘리를 알지 못하고 반드시 토목이 있어야만 된다고 해서 소나무가 없는 군현에서는 아예 생각도 못내고 있으니 실로 한탄스럽다."[159]

그러나 김지남의 「신전자초방」이 반포된 이후에도 토목을 사용하는 예는 사료상 허다히 나타난다. 그것은 아마도 풋나무의 화기가 덜하기 때문에 빨리 자련키 위해서 토목을 필요로 하였을 것 같다. 군아문의 경우 군기시나 훈련도감과 같이 토목을 조달할 목적으로 시장(柴

---

159) 「新傳煮硝方」.

場)을 절수해 둔 곳은 별개 문제였다.[160] 그러나 총융청이나 수어청의 경우는 매년 토목가(吐木價)명목으로 병조의 여정목(餘丁木) 10동을 수령해 왔다.[161] 이들 군문은 주로 한강상류로 올라가 토목을 구입해 두었다가 여름철 강물이 불으면 뗏목을 만들어 서울로 운반하였다.[162]

이상에서 대체로 염초자취에 필요한 원료와 연료의 조달문제에 관하여 살펴보았다. 다음에는 화약제조장에서 진행되는 사수·자초작업과 화약제조장에서 이루어졌던 도침작업을 살펴보자. 첫 번째의 사수작업은 전술한 바와 같이 함토와 다복재나 곡식대재 및 풋나무재를 배합하여 자초용수를 걸러내는 일이었다.

> "함토 4두와 재 4두를 고르게 섞고 모래와 돌은 주워낸다. 흙이 만일 누르고 찰지면 재 반말을 더 섞고 모래가 섞였으면 재 반말을 미리 덜고 섞는다. 이 말(斗)은 당말(唐斗)로서 당말의 한말은 본국의 두말 반에 해당하므로 4말은 곧 우리 나라의 10말이다. 재와 흙은 반반씩 섞는 것이 소득도 많고 화약의 품질이 정맹(精猛)함을 여러번 시험하였으니 가벼이 가감치 말라. … 한개의 큰 독(甕)을 방저(傍底)에 한 작은 구멍을 뚫고 대(竹)로 만든 홈통을 박아 물이 흘러 내리게 하고 그 밑에 그릇

160) 承政院日記 532 景宗 1년 8월 20일.
萬機要覽 軍政篇 2 訓練都監.

161) 承政院日記 425 肅宗 31년 6월 10일.
「漢城府判尹閔鎭厚所啓 … 鎭厚曰 摠戎廳設置焰硝廳後 自朝家爲慮其物力之逮 每年劃給十同木矣 守禦廳亦無木棉出處 若無顧助之擧 難以終始成就 依摠戎廳例劃給事 令廟堂稟處何如 上曰 依爲之」.

162) 承政院日記 872 英祖 14년 5월 19일.
「咸寧君朴纘新疎曰 … 今此吐木價 必須趨夏前上下 可以貿易於水上 乘潦作筏運下取用而爲秋冬煮硝之資 …」.

(陶盆)을 놓아 물을 받게 한다. 독안에는 먼저 정자(井字)로 막대기를 버텨 놓은 뒤 그 위에다 대발(옥수수대로 만들지만 그것이 없으면 잡목도 된다) 두벌을 엇깔고 앞서 버무린 흙을 반만 그 위에 얹고 천천히 독안의 사방언저리를 두드려 가며 쌓되 가장자리는 물이 잘 새어 나오도록 그냥 둔다. 다음에 나머지 흙을 넣고 앞서처럼 다독거려 쌓은 뒤 강물(長流水)이나 우물물을 끓여 독시울까지 붓고 물이 다 스며들면 또 붓곤하여 밑에 받친 물이 두 가마(鍋)에 찬 뒤에 그친다. … 그런데 큰 독 대신 목조(木槽)를 사용함이 편하고 좋지만 만약 창졸간에 쓰려 하면 질그릇독처럼 쉽게 구하기가 어렵다. 한 가마에는 4통의 물이 담긴다. 먼저 받은 한가마가 정물(正水)이고 뒤에 받은 한가마가 만물(末水)이다. 다음 날 사수작업시에 만물을 사용하면 맛이 더욱 두텁다. 또 사수작업으로부터 재련·삼련때까지 흐린 물은 사용치 말아야 한다. 흐린 물을 사용하면 각가(角)가 나고 소금이 나오면 염초의 기력도 짧기 때문이다. 각자란 것은 부스러진 석고같이 혹 네모지거나 혹 5~6모가 진 것으로 물에 넣으면 톡톡 튀고 불이 붙지 않는다. 소금이란 것은 혹 바다소금과 같되 발이 굵고 맛이 사나워 마치 곡식의 쭉정이처럼 나쁜 것이다."[163]

다음 두 번째의 자초작업은 사수장에서 받아낸 정물(正水)을 달여 염초를 만드는 일이다. 이 자초작업은 모초(毛硝)생산을 거쳐 정초(精硝)를 생산하는 두 단계로 나누어 진행되었다. 먼저 모초생산과정부터 살펴보자.

---

163) 「新傳煮硝方」.

"정물 한 가마(鍋)를 반드시 다복과 곡식대 혹은 풋나무(雜柴)로 긴히 불을 지펴 한 번 세게 끓인 후에 서서히 불기를 줄여 반가마 가량 되도록 고와(熬) 다른 그릇에 옮겨 담아 놓으면 더러운 재가 모두 가라앉고 물이 맑아진다. 본래 가마솥을 부신 뒤 맑은 물만 다시 붓고 또 한 두번 달인 뒤에 시험 삼아 한 그릇가량 떠서 찬물에 넣고 다 식거든, 남은 물을 따르고 염초발이 섰는가 안섰는가를 봐서 만약 좋지 않으면, 또 한참 달여 다시 찬물에 담가보고 반드시 잘 된 뒤에 불을 그만 땐다. 물이 식은 다음 작은 그릇(瓦盆)에 나눠담아 안전한데 놓아두고 밤을 세운 뒤 윗물을 따르고 나면, 형상이 고슴도치털처럼 엉켜있다. 이것을 모초라고 한다. 그런데 물맛이 매우 매운 것이라야만 반가마되게 달여도 되지만 물맛이 만일 싱거우면 비록 반이상 졸여도 꼭 모초가 된다는 보장은 없다. 그러나 불때기를 그칠 무렵에 반드시 정성을 들여 살피되 만약 너무 달여 물이 늙(老)어도 毛硝가 되지 않으니 모름지기 남겨놓은 물(剩水)을 한사발 붓고 녹힌 다음 잠깐 더 달여라."[164]

이상과 같이 하여 모초가 생산되면 그 모초를 재련하여 정초(精硝)를 생산하게 된다. 이 정초의 생산과정을 흔히 재련작업이라 하였다.

"모초를 가마에 담고 평평하게 고른 다음 모초 위에 두 손가락을 포갠 높이만큼 맑은 물을 채우고 잠시 한번 끓인 뒤 모초가 다 녹으면 아교물을 조금 붓고 또 한번 끓이면 짜서 습기를 내는 기운과 더러워서 맹렬성을 손상케 하는 물질이 모두 솟아 올라 거품이 되니, 총자로 그 거품을 건져내고 다시 아교물을 붓고 또 끓여 그 거품을 다 건져내되 이렇게

164) 「新傳煮硝方」.

하기를 서너번 한 뒤 한 놋자로 떠서 기울여보면 드리우며 엉키는 것이 마치 나비의 날개와 상아(象牙)의 뾰족한 부분과 같다. 그런 뒤에 모두 퍼내어 자분(磁盆)에 담고 두어 모금 냉수를 뿌리고 두터운 유보(襦褓)로 그 자분의 주둥이를 봉하고 가는 노끈으로 매어 그늘지고 서늘한집 안에 두어 바람과 볕을 쐬이지 않게 하여 완전히 냉각되기를 기다렸다가 봉한 것을 풀고 남은 물을 따라 버리면 형상이 고드름과 옥비녀와 같아 광택이 빛나고 좋아서 가히 어여쁘다. 이것을 정초라고 부른다. …상아의 첨부처럼 드리우며 엉키기를 기다리지 않고 미리 먼저 불땜을 그치면, 염초의 기력이 덜하고 모자라며 또 혹 너무 지나치게 끓이면 순식간에 각(角)이 나고 소금이 되니 가장 자세히 살핌이 마땅하다. 종래의 자초법에서는 재련한 물이 매우 흐려 가라앉힌 뒤 다만 맑은 물만 퍼서 쓰고 밑에 가라 앉은 찌꺼기는 다 버리기 때문에 모초가 만약 100근이면 겨우 30여근의 정초를 얻었다. 그러나 이 자초법으로는 재련하는 물이 맑아 가마에 남긴 물을 모두 사용하기 때문에 정초 또한 70~80근에 달하며, 염초의 품질이 빛나고 좋으며 염초의 성질도 강하고 맹렬하여 움속에 쌓아둔채 10년간 장마를 겪어도 상하거나 습기가 생길 염려는 전혀 없으니 이것이 모두 재(灰)와 아교물 덕분이다."[165]

이상의 재련과정을 거침으로써 염초의 완제품인 정초(精硝)가 생산되는 셈이다. 그러나 재련과정을 통해서도 우수한 정초가 생산되지 못했을 경우에는 다시 재련과정을 반복하게 되는데 이를 삼련(三鍊)작업이라 하였다.

그리고 김지남은 이 「신전자초방」에 의거하여 염초를 생산할 경우

---

165) 「新傳煮硝方」.

소요되는 원료와 연료를 생산량과 비교하여 설명하면서 종래의 자초법과 대비하여 그 우열을 밝히는 일도 잊지 않았다.

"이는 다만 한 가마(鍋)를 고우는 역사(役事)를 설명한 것이다. 대체로 흙과 재를 합쳐 20말(조선말)이면 물 4통을 받고 풋나무 2동을 들이면 모초 6,7근을 얻게 된다. 따라서 만일 흙과 재를 합쳐 100말이면 물 40통을 받고 풋나무 20동을 들이면 6,70근의 모초를 얻게 되는 것이다. 그러나 종래의 자초법으로는 흙 240두로 물 88통을 받아 토목을 거의 한 자래(法) 들여 모초 20여근을 얻으니 한 자래의 토목을 20동의 풋나무에 비하면 값이 이미 배가 되며 얻는 모초도 3분의 1이 못되며 염초의 품질 또한 비교도 안된다. 염초란 것이 흙에서 나오지만 재 또한 정기(精氣)를 발해 그 더러운 것을 제거하여 맹렬함을 떨치는 것인지라 온갖 맛있는 흙을 다 사용하되 오직 짠것은 사용치 않음은 소금으로서는 좋지만, 염초에는 이롭지 않기 때문이다. 그런데도 종래의 자초법에서는 오직 짠흙(함토)만 귀중하게 여겼으니 염초를 적게 얻은 이유도 이 때문이다. 재를 흙과 반반씩 섞는 이유는 그것이 서로 도와 빨아내도록 하기 위해서인데 종래의 자초법에서는 오직 흙만 사용하였으니, 염초품질이 떨어짐도 이 때문이었다. 풋나무 불로는 세게 또는 약하게 다리는데, 전에는 토목으로 절도 없이 맹렬하게만 끓였다. 그리고 또 흙과 재를 합하여 10두에서 받은 물이 불과 2통이지만, 전에는 4통이나 되게 많이 받으니 물이 이미 많고 보면 맛도 더욱 옅게 마련이다. 비컨대 밥지을 때도, 되면 익기 쉽고, 묽으면 나무를 허비하는 이치와 같다. 그러니 종래의 자초법이 공역은 많이 들고 염초는 적게 얻은 것이 당연하다."[166]

마지막으로 염초와 유황 및 유회를 배합하여 화약을 제조하는 작업이 실시된다. 이 화약을 합제하는 작업에서 가장 중요한 것은 원료의 적절한 배합과 충분한 도침작업이 이루어져야 한다는 내용이다.

> "정초 1근에 유회 3양과 유황 1양 4전으로 하되 6,7월에는 유황 1전을 더 넣는다. … 염초·유회·유황은 각각 잘게 빻고 가늘게 쳐서 각기 분수(分數)대로 달여서 한 그릇에 담고 쌀 씻은 맑은 뜨물로 반죽을 매우 고르게 한 다음 날이 밝을 때 시작하여 날이 저물 때까지 힘껏 찧어야 하는데 많이 찧을수록 더 좋다. 찧을 적에 반드시 축축한 기운이 있어야 좋으니 만일 찧어서 기운이 없거든 물을 적게 뿌리고 자주 휘저어 건조하지 않도록 하라."[167]

이상에서 「신전자초방」에 나타난 원료 및 연료의 조달사정과 사수·자초·합제과정을 자세히 살펴보았다.

여기에서 취토·예초·사수·자초·도침작업으로 연결되는 화약색에서의 화약생산이 연간 계속적으로 이뤄졌는가 아니면 적합한 계절을 택해서 일시에 진행되었는가를 우선 살펴볼 필요가 있을 것 같다. 앞의 「훈국등록」에 나타난 경우는 1연간생산형태와 6개월생산형태로 구분되었는데 그 외의 몇몇 사료에 나타나는 사례들을 보면, 화약생산작업은 다른 것에 비하여 계절적인 영향을 보다 많이 받고 있었으며 그 때문에 화약생산은 각계절에 맞추어 하나하나 진행시키고 있었다.

취토작업은 가장 선행되는 작업이기도 하지만, 특히 우기를 피하여

166) 「新傳煮硝方」.

167) 「新傳煮硝方」.

봄철에 실시한 듯하고,[168] 여름에는 예초작업이나 토목을 구입하는 일을 하였다.[169] 봄과 여름에 원료와 연료를 비축한 뒤 가을과 겨울에 사수·자초·도침작업이 실시되었다고 보여진다.[170] 그러나 「신전자초방」에서는 예초 기간을 7월 15일부터 9월 15일까지로 하는 것을 권장하고 있으니, 사수·자초·도침작업은 9월 15일 이후에 시작되어 12월 15일경에 이르는 3개월간으로 보아야 할 것 같다. 그렇다면 「신전자초방」에 나타난 기록을 통해서 훈련도감의 화약색에서 화약생산에 얼마만큼의 원료와 연료가 소요되었으며, 또 소요된 인원은 얼마나 되었을까를 추정해 볼 수 있을 것같다.

훈련도감에서 자체내의 수용화약과 아울러 가장 많은 화약을 생산한 시기는 숙종 42년과 43년에 삼남월과화약의 본년조 4,000여근과 간년조 7,000여근을 방납하기 시작한 때부터 경종 3년에 이르러 이를 모두 삼남월과화약계인들에게 빼앗기기까지라고 할 수 있으며, 이중에서 편의상 우선 間年條 7,000斤의 생산량을 기준으로 살펴보자.

---

168) 承政院日記 123 孝宗 3년 2월 23일.
「… 焰硝廳 則醎土堀取 移置庭中 雖露以空石 雨水沾濕 每患停役 …」.
承政院日記 425 肅宗 31년 6월 10일.
「漢城府判尹閔鎭厚所啓 各軍門皆有所謂焰硝廳 而獨守禦廳 以殘幣之故 尙未設置矣 … 自今春始設焰硝廳 而閭閻間醎土未易求得 …」.

169) 「新傳煮硝方」.
承政院日記 872 英祖 14년 5월 19일.
「咸寧君朴纘新疏曰 … 今此吐木價 必須趁夏前上下 可以貿易於水上 乘潦作筏運下取用 而爲秋冬煮硝之資」.

170) 承政院日記 872 英祖 14년 5월 19일.
「咸寧君朴纘新疏曰 … 今此吐木價 必須趁夏前上下 可以貿易於水上 乘潦作筏運下取用 而爲秋冬煮硝之資」.
備邊司謄錄 6 仁祖 19년 5월 2일.
「… 焰硝則夏節 固當停役 …」.

화약합제 때 원료의 배합비율은 정초 1근(16냥) 유회 3냥· 유황 1냥 4전(6, 7월에 1전을 추가)으로 되어 있다. 따라서 월과화약 7,000근의 원료 소요량은 정초 5,490근, 유회 1,029근 6냥중(兩重), 유황 480근 6냥중이다.

이중 정초 5,490근은 모초 약 7,320근을 재련하여 얻게 된 것이며 모초 7,320근을 생산키 위해서는 함토 11,261.5두와 회 11,261.5두를 채취하여 사수작업을 통해 정수 4,504.6통(27,027승 6합)을 받아낸 뒤 풋나무 2,252.3동을 들여 자련해야 하였다.[171]

이상의 원료와 연료를 얻기 위해서 소요된 인원은 얼마나 될까. 함토와 배합하는 회는 자련할때 얻게 되므로 연료만 헤아려보는 것으로 족하다. 우선 함토의 경우 광물과 달라 한 곳에서 계속 채취할 수 있는 성질의 것이 아니라, 섬돌아래나 노상 또는 담장 밑의 해묵은 표토를 찾아서 괄취하는 것이므로 용이한 작업이 아니다. 11,261.5두를 가령 봄 3개월 동안에 괄취한다고 하면 하루에 125두 이상을 괄취해야 한다는 계산이다. 이것을 1인당 하루에 5두씩 괄취할 수 있다고 볼 때 3개월간 하루도 쉬지 않고 매일 25명의 취토군이 함토의 괄취작업에 종사한 셈이다.

다음, 자련용 연료로서 그리고 회를 얻기 위한 시초(柴草)인 풋나무를 조달하는 경우를 살펴보면. 김지남은 음력 7월 보름께부터 9월 중순경인 서리가 내릴 때까지의 2개월간에 예초토록 권장하고 있다. 훈련도감의 자초용 연료는 2,252.3동이 소요된다. 2개월간에 2,252여

171) 1斤=16兩重. 1兩=10錢重. 1斗=10升, 1桶=6升으로 換算하였다. 그런데 종래의 煮硝法으로는 精硝 5,490斤을 얻기 위해서는 毛硝 18,300斤을 再錬해야 하였고 毛硝 18,300斤을 煮取하려면 鹹土 219,600斗에서 80,520桶의 正水를 받고 吐木 915法이 필요하였다.

동을 예취하기 위해서는 하루에 38동을 예취해야만 한다. 하루에 1인당 1동씩 예취할 수 있다고 볼 때 매일 38명의 예초군이 동원되야 한다.

그런데 여기에서 다만 풋나무 2,252.3동을 연료로서 사용할 겨우 재가 반드시 11,261.3斤 가량이 나오는지는 의문이며, 또 자련용으로 토목을 사용할 경우면 취회용의 풋나무를 별도로 해야 하는 문제를 고려해야 한다.

이상의 취토작업과 예초작업에 종사하였을 인원은 장인이라고 보기는 어렵고, 다음의 사수 및 자초작업에서 기술적인 분야를 맡았을 사람들이 실질적인 염초장들이라고 보아야 한다.

모초 7,320여근을 자련키 위해서는 4,504.6통(27,027승 6합)의 정수를 받아야 한다. 함토 10두, 회 10두, 합계 20두들이 한 개의 큰 옹기에서 받는 정수는 4통이다. 따라서 한 개의 큰 옹기로서는 1,126회에 걸쳐 사수해야 4,504.6통의 정수를 받을 수 있다. 따라서 여러 개의 큰 옹기를 설치하지 않으면 안 된다. 이 작업을 가령 9월 15일 이후 3개월 만에 끝내려 한다면 12.3개의 큰 옹기를 설치하고 연일 사수해야 할 것이다. 따라서 사수장에도 10여명 이상의 장인이 필요했을 것 같다.

정수 4,504.6통으로 7,320근의 모초를 자련하게 되는데 자초용 가마의 용량은 4통들이었다. 한 가마에 든 4통의 정수를 반가마 곧 2통 정도가 되도록 자련해야 모초가 되므로 한 개의 가마에서 불과 6.5근 가량의 모초가 생산되고 있었다. 따라서 7,320근의 모초을 생산하기 위해서는 한 개의 가마로서는 11,126.2회를 거듭해야 한다. 한 가마분의 소요시간은 하루였다. 이 때문에 이 작업 역시 많은 가마솥을 이용하지 않을 수 없게 된다. 만일에 이 모초생산도 3개월에 끝내려 하였다면, 매일 12,3개의 가마솥이 필요했다.

그런데 이 자초장에서는 모초를 생산할 뿐 아니라 정초를 생산하기 위하여 재련 또는 삼련하였다. 효종 6년(1655) 현재의 훈련도감에는 염초를 자련하는 가마솥의 수가 40여좌였는데, 불을 지펴 작업이 시작된」한 뒤에는 주야불철하기 때문에 자주 파열하여 쇠를 덧붙여 개조할 때마다 물력이 많이 소모된다고 하였고[172] 이로부터 약 10여년 후인 현종 7년(1660)의 기록에 의하면 당시 훈련도감의 연간 생산량이 6,000근에 불과하였다.[173] 이로 미루어 보면 7,000여근을 생산했을 때는 40여좌는 넘지 않았을까 싶다.

따라서 모초와 정초를 생산하는 자초장에도 20여명 이상의 장인이 종사하고 있었을 것이고, 그 외에 장인의 지시를 받아 조역한 연화군이 상당수 있었을 것이다. 뿐만 아니라 사수장과 자초장에는 또한 급수군도 상당수 있었을 것같다.

그리고 모초를 초련·재련한 뒤 도침하는 작업에도 많은 인원이 필요하였다. 한사람이 하루종일 도침할 수 있는 화약은 204전중에 불과하다. 1,120,000전중의 화약을 도침하려면 5,490日 이상이 걸린다. 따라서 도침도구를 늘리고 도침군을 증원할 수 밖에 없다. 가령 9월 15일 이후부터 3개월간에 완료하려 한다면 61개의 도침기구에 61명의 도침군이 연일 매달려야 하는 셈이다.

---

172) 承政院日記 134, 孝宗 6년 2월 3일.
「訓練都監啓曰 焰硝煮釜元數四十餘坐 燃火起役之後 則晝夜不徹 …」.

173) 承政院日記 197 顯宗 7년 9월 1일.
「… 大槩都監一年煮硝 多至六千斤 …」.

그러나 이상의 경우는 연간생산을 기준으로 산출한 것이지만 그것을 6개월로 단축하여 계산한다면 더 많은 인원을 필요로 하였을 것이다. 어쨌든 훈련도감의 염초청과 화약합제소에는 수백명에 달하는 취토군·부토군·토목군(예초군)·연화군·급수군·도침군 등이 분화된 공정에 각각 전속되어 분업적 협업형태의 화약생산에 종사한 것이며, 이들은 감관의 지휘감독하에 당해공정의 책임장인인 편수의 지시를 받으며 종사했을 것이다.

제3장
군아문 군수광업의 발전

제1절 광산의 절수(折受) 및 경영실태

조선왕조시대에 국가가 관용의 철물을 조달하기 위하여 마련하였던 수취제도는 공철제(貢鐵制)와 세철제(稅鐵制)로 구분되었다. 조선왕조초기에 이미 제도화되었던 공철제와 세철제는 임진왜란이후 대동법이 실시되기까지 병존하였던 정부의 철물수취제도였다. 공철제는 제도 각읍의 농민에게 일률적으로 적용된 철의 공납제이며, 세철제는 산철지의 야철수공업자에게 부과하는 장세(匠稅)였다. 조선왕조초기에 공철은 선공감·군기감에 납부하였고, 세철은 공조에 납부하였다.

공철제는 렴철법과 철장도회제를 통하여 운용되었다. 당초에는 고려의 제도를 답습하여 각읍의 성잔(盛殘)에 따라 공철의 다과를 결정하였고, 각읍에서는 이를 경작면적에 따라 농민에게 분정, 수납하였다. 이러한 수취형태가 이른바 염철법(斂鐵法)이다. 렴철법은 나름대로의 많은 문제점을 갖고 있었다. 그것은 무엇보다도 농민들이 그들에게 부과된 공철은 철 자체가 자력으로 생산할 수 있는 물품이 아니었다는 점에 있었고, 이 때문에 농민들은 부득이 철물을 매입하여 바칠 수밖에 없었다. 따라서 빈농들은 관리의 압박에 못견디어 마침내 가마솥이나 농기구를 바치는 결과를 빚기까지 하였다.

이러한 수취제도의 모순을 보완하기 위한 것이 철장도회제(鐵場都會制)였다. 태종 7년경에 국가는 렴철법을 폐지하고 철장도회제를 채택하였다. 산철읍(産鐵邑)에 「도회(都會)」를 설치하고 인근 제읍민에게 부과된 공철을 제련 상납케 하는 수취형태였다. 농민들은 모두 춘추 각 20~30일간 「도회」의 채굴제련역에 동원되었고, 작업기간의 생활비는 자담하였다. 철장도회의 산철지는 석광(石鑛)보다 사철광(沙鐵鑛)이 대부분이었지만, 춘경(春耕) 전과 추수(秋收) 후에 강물의 모래속에서 사철을 채취 도사하는 고통이 컸다.

철장도회제에 의한 공철수취가 행해지고 있는 한편에는 경·외 야장(冶匠)들의 사적 경영에 의한 야철수공업도 성장하고 있었다. 사경영에 의한 야철수공업이 성장함에 따라 부역노동에 기초한 관영형태하의 철장도회제는 붕괴되기 시작하였다. 이제 대소 부농층은 자신이 철상(鐵商)으로부터 매입하여 바치기를 원하였고, 철장도회에 부역하기를 원치 않게 되었다. 이러한 분위기를 틈타서 사리를 도모하려는 수령과 향리·일수들은 해당 읍에 부과된 공철을 매입 대납하고 농민들로부터 비싼 대가를 수취하는 사례가 세종말년부터 늘어나기 시작하였다. 이리하여 세조 7년경에는 마침내 철장도회제를 혁파하고 종래의 공철량을 반감하는 동시에 공철가를 공정(公定)한 뒤 간경도감(刊經都監)관하에 이른바의 「납분대납(納分代納)」제를 제도화하였다.

당초의 납분대납제는 렴철법을 원칙으로 하면서도 농민들중 대납을 원하는 자의 공철만을 대납토록 허용한 것이었지만, 결국 관리와 상인들이 결탁하여 강제로 대납하기에 이르렀다. 이러한 대납제는 물론 관상(官商)과 대소부농에게는 유리하고 편리한 제도였을지 모르지만, 많은 수의 가난한 농민들에게는 철장도회제의 고통을 능가하는 수취방법일 수밖에 없었다. 이리하여 성종원년에는 다시 대다수 농민들의 요구로 철장도회제를 북구하였지만 관의 무리한 사역과 착취가 계속되어 동왕 18년경에는 또다시 철장도회제를 혁파하고 염철법을 복구하였다.

이때의 렴철법에서는 산철읍은 채납토록 하였고, 대납제를 허용치 않았다. 그러나 중종 이후 명종·선조대를 거쳐 광해군대에 이르기까지도 철광이 없는 읍은 물론이고, 산철읍마저도 미·포로 대납하는 것이 통례로 되어 국용의 철은 시장에서 구입하게 되었다.[1]

이처럼 공철제가 미포대납화함으로써 민간의 야철수공업은 관용과 민용의 수요를 대상으로 하는 판로를 통해 날로 성장하게 되었고,[2] 이러한 民間 야철수공업의 성장을 배경으로 하여 관청이 철물을 사서 사용함도 가능하였다. 따라서 임진왜란 이후에도 야철수공업자들로부터는 세철(稅鐵)을 수취하였지만, 공철의 경우는 심지어 군기시의 공철만 하여도 미포를 수취하고 그것으로 철물을 구입하고 있었다.[3]

1) 柳承宙 ;「朝鮮前期의 軍需鐵鑛業硏究」 韓國史論 7, 國史編纂委員會刊 1980.11.참조.

2) 그 한 例로서 端宗2년(1454)에 완성한 世宗實錄地理志와 中宗 5년(1530)에 增修를 끝낸 新增東國輿地勝覽에 記載된 諸道의 産鐵邑數만 보아도 15世紀中葉에는 66邑이었고 16世紀中葉에는 82邑으로 증가하고 있었다.

	京畿	忠淸	慶尙	全羅	黃海	江原	咸鏡	平安	計
世宗實錄地理志	1	8	14	7	9	19	5	3	66
新增東國輿地勝覽	1	18	17	10	15	9	11	1	82

3) 「火器都監儀軌」 光海君 7년 7월 26일.

「凡設外貢 盖爲國用 軍器寺一年正鐵 外恐之數 僅一萬斤 我國之習 旣曰外貢 則雖産鐵之

임진왜란후 국가의 철물수용문제는 심각하였다. 경외의 군병에게 지급할 조총·창검·궁시 등 병기를 제조할 철물이 필요했을 뿐만 아니라, 파손된 궁궐·관아·사원과 가옥·기명에 이르기까지 철물의 수요는 방대하였다. 이리하여 정부는 철물수취의 한 방책으로 광해군 11년 8월에는 「납철당상제(納鐵堂上制)」를 실시하여 동·서반 정6품 이상인 자로서 정철 700근을 상납하면 당상에 승서키로 규정하였고,[4] 일반인에게도 원납철(願納鐵)의 다소에 따라 당상첩(堂上帖) 등을 발급하는 「납철급첩제(納鐵給帖制)」도 실시하고 있었다.[5] 그러나 임진왜란후 관부의 보편적인 철물수취형태는 전술한대로 직접 야철수공업자들로부터 철물을 구입하는 형태였다. 그 한 예로 숙종 12년 강화유수 신정(申晸)은

> "이민서가 유수로 있을 때 군기를 수리보완할 것이 많아 자원자를 모집하였습니다. 그 가운데 몇사람은 자기 사재도 덧붙여 철물 50,000근을 사서 납부하였으므로 포상하여 장려하도록 장계를 올렸는데, 해당 관서에서는 아직도 거행치 않고 있습니다. 그 때문에 신이 장총(長銃)을 제조코자 자원자를 모집해서 탄·철 등을 값을 주고 구매하려 하였지만,

---

邑 皆不以本色上納 例以米布輸送 中間盡爲花消 畢竟入于公家者 不過一萬斤正鐵 豈不甚可惜也 今宜令戶曹別樣措備軍器寺一年外貢正鐵之數 以足公家之用 黃海全羅公洪等道軍器寺外貢正鐵之價 使之輸送于戶曹 上來之後 令戶曹輸納于都監 則工匠料食 銅鐵正鐵 亦可推移貿用」.

4) 光海君日記 143 光海君 11년 8월 戊辰.
「東西班正職六品以上者 納銅鐵二百斤 納正鐵七百斤 陞堂上事啓下」.

5) 備邊司謄錄 20 顯宗 元年 8월 24일.
「(訓練大將) 李浣曰 當初 李義立名稱者 來告於臣 募得二百餘戶 掘吹水鐵 前後收捧稅木其數甚多 今又以釜鼎各二百坐 自爲領來 江都所在大小火砲雖多 而無丸不可用 今始具丸爲有用之物 … 上曰 堂上帖文給之可也」.

헛수고만 하였습니다. 그들은 아무런 이익이 없다는 이유로 한사람도 응모하지 않습니다. 이 길이 한번 막히면 본부의 형편으로는 손쓸 길이 없게 됩니다."[6]

고 간청하고 있는 실정이다. 그러나 임진왜란후에 시행된 「납철당상제」나 「원납급첩제」 및 「급가무판」 형태는 모두 철물생산을 자극하는 계기가 되어 민간의 야철수공업을 성장케 하였지만, 때로는 관용의 철물구입과정에서 야철수공업자들로부터 염가로 매입하려는 폐단이 있었기 때문에 야철수공업자를 괴롭혔던 경우도 없지 않았다.[7] 이상과 같이 왕조초기이후 철물수취체제가 변질되는 상황에서 정부는 임진왜란을 맞게 되었고, 난중에 조총등 군기의 대대적인 생산을 도모하기 위하여 전술한 바와 같이 「도회」제생산을 강요한 것이지만 난후에는 각읍월과총약환법을 제정 실시하였다.

조총마저 각읍월과군기법에 포함시킬 수 있게 된 것은 임진왜난후 사회가 점차 안정됨에 따라 민간 야철수공업자들이 자리를 잡게 되고, 또 조총의 제조기술이 널리 보급되었기 때문에 가능하였다. 따라서 효·현종연간에 군아문에서 삼남월과조총을 방납하기전까지만 해도 서울에는 민간의 조총제조업이 활기를 띠었고, 이들의 생산품은 서울

---

6) 備邊司謄錄 40 肅宗 12년 9월 8일.
「李敏叙爲留守時 多有軍器修補之事 募得自願 其中數人 添備己物 貿納五萬斤鐵物 而狀啓褒奬之後 該曹尙不擧行 故臣欲造長銃 炭鐵等物 募人給價貿販 而皆以爲徒勞無益 一不應募 此路一閉 則以本府形勢 決無措手之處」.

7) 孝宗實錄 19 孝宗 8년 8월 丁亥.
「京衙門貿鐵於海西之弊 有難勝言 分給價布 多定斤數 其差遣之人 又多憑公營私之弊 以此吹鐵爲業者 擧皆逃散 請令各衙門稍加裁量 以省日分之弊 上從之」.

의 군아문과 각읍의 월과조총으로 방납되고 있었다. 그러나 전술한 바와 같이 군아문에서 삼남월과조총의 방납권을 탈취하고, 평안·황해 감영이 해도내의 월과조총을 방납하게 된 뒤에는 민간의 조총제조업도 위축될 수밖에 없었다.

따라서 군아문에서 삼남·양서의 조총방납권을 차지한 17세기 중엽부터 군기시 공인에 의한 천보총방납이 이루어졌던, 18세기 초중엽에 이르는 1세기간은 군아문에 의한 조총생산이 주류를 이루었으므로, 임진왜란후 조총제조를 위한 군수철광의 생산실태도 역시 군아문소관 철점들을 중심으로 살펴보는 것이 옳을 것같다.

군·아문의 경우에도, 군기시는 왕조초기부터 군기제조원료로서 공철을 수취해왔다. 따라서 공철제가 미포대납화되었다 하여도 철물을 구입할 수 있는 경비를 매년 수취하였다. 그러나 훈련도감 등 경내의 5군문은 조총 등 무기를 제조하기 위한 철물을 조달할 경비가 마련되어 있지 않았다. 이 때문에 5군문에서는 점차 야철수공업자들이 자리잡은 산철지를 절수하거나, 야철수공업자들을 군오(軍伍)에 편입시켜 갔다.

훈련도감에서는 선조 27년에 황해도 재령의 철현둔을 절수하였고,[8] 뒤에 남포(藍浦)에도 철점을 설치하여 84명의 점군(店軍)을 두었으며,[9] 영남지방에도 철점을 설치하였다.[10] 어영청은 현종즉위년(1659)에 황

---

8) 萬機要覽 軍政篇 2 訓練都監 諸鎮條.
「鐵峴鎮(在載寧 宣祖癸巳置 知穀官旗牌官輸差二周年) 鎮軍二百五十名(每名薪鐵五十斤歲納于鳥銃色) 火田隨起執卜 以所耕各穀捧稅(假令七十石納于新營) 有警急 別將率領 入守長壽山城」.

9) 「各營釐整廳騰錄」(甲申) 肅宗 30년에 店軍 84명중 34명을 削減, 50명(藍浦 45명, 鴻山 3명, 定山 2명)만 남겼다.

해도 장연(長淵)에 왕제둔(汪濟屯)을 절수하였으며,[11] 동왕 14년에는 총융청이 역시 장연에 취철아병(取鐵牙兵)을 모집하여 군오에 편입하고 신철(身鐵)을 수취하였으며,[12] 숙종 41년(1715)에는 금위영이 재령에 갈산둔(葛山屯)을 절수하였다.[13] 이리하여 당시 산철지로 유명하였던 황해도의 재령·장연 등지의 산지는 대부분이 5군문의 절수지가 되었고, 한편 그곳의 야철수공업에 종사한 자들의 일부는 취철아병으로 편입되어 신철을 납부하고 있었다.

5군문의 철점 및 철물의 수취형태를 일일이 규명하는 일은 사료상의 제약 때문에 불가능하다. 다행히도 훈련도감의 경우는 「철현진사례(鐵峴鎭事例)」[14]가 남아있고, 또 앞장에서도 훈련도감의 조총제조실태를 규명한 바 있으므로 상호 연관 지워 보는 것이 이해를 도울 수 있을 것 같아, 여기서도 훈련도감의 철현진철점을 중심으로 당시 군아문 군수철광의 경영실태를 유추해보고자 한다.

철현진은 황해도의 재령군에 속해 있지만 그 경계가 재령·해주·평산의 접경에 위치하였다. 훈련도감이 절수한 진의 정계는 문암(門岩) 미륵산(彌勒山) 대수마령(大水磨嶺) 백락산(白樂山)을 연결하는 주위

10) 肅宗實錄 10 肅宗 6년 12월 甲寅.
備邊司가 慶尙前監司林信圭狀本으로 다시 奏請한 가운데서 보면「訓局鐵店數外 匠人募軍 皆刷送本邑」이라 하였다.

11) 萬機要覽 軍政篇 3 御營廳 諸屯.

12) 萬機要覽 軍政篇 3 摠戎廳 募民養兵.

13) 備邊司謄錄 71 肅宗 44년 10월 6일.
「提調兵曹判書趙道彬所啓 鐵物最爲軍門之緊用 而本營他無出處 每當月課鳥銃 及各樣軍器打造之時 給價貿用 所費不些 故去乙未(肅宗 41年)年間 判府事李 爲都提調時 陳達榻前依訓局鐵峴例 設屯於載寧地 …」.

14) 「鐵峴鎭事例」 서울대학교 奎章閣所藏으로 純祖 8년에 編纂한 1册(4張)의 寫本이다.

총장(總丈) 120리에 걸쳤고, 진내에는 본진(本鎭)과 관암(冠岩)·백락(白樂)·수마(水磨)·한율(旱栗)·사기(沙器)·취봉(鷲峰)·사현(獅峴)·청라(靑羅)·내산산(內蒜山)·외산산(外蒜山)·염수(鹽水)·남석(南石) 등 14개동이 들어 있었다.[15]

훈련도감이 임진왜란 중인 선조 27년에 이 철현둔을 절수한 목적은 세가지였다. 첫째는 전난중에 농민들을 이곳에 모아 토지를 경작하면서 살게 하는 동시에 지세(地稅)를 수취하여 도감의 경비로 충당하려고 한 것이었고, 둘째는 그곳 둔민들로 하여금 철물을 취련 상납토록 하여 조총제조용의 철을 조달하려한 것이었으며,[16] 셋째는 유사시 둔민을 단속하여 철현둔 북쪽에 있는 장수산성(長壽山城)을 지키도록 하기 위한 것이었다.[17] 이 때문에 철현둔은 통칭 철현진이라 하였고, 둔민을 진군(鎭軍)이라 불렀다.

철현진의 진군들로부터 매년 수취하는 지세는 곡물로서 납부되었는데 둔전의 세곡량(歲穀量)은 상고할 수 없고 다만 「만기요람」에 화전은 개간하는대로 농사가 잘되고 못된것을 살펴 세곡을 결정하였고 경작한 각종 곡물을 세금으로 받히는데 연간 70여석이었다고 한다.[18]

---

15) 鐵峴鎭事例.

16) 鐵峴鎭事例.
「募民耕食 收其地稅 補用軍需 吹鐵上納 以爲各樣軍器打造之需」.

17) 萬機要覽 軍政篇 2 訓練都監 諸鎭條.
「鐵峴鎭(在載寧 宣祖癸巳置 知穀官旗牌官輪差二周年) 鎭軍二百五十名(每名薪鐵五十斤歲納于鳥銃色) 火田隨起執卜 以所耕各穀捧稅(假令七十石納于新營) 有警急 別將率領 入守長壽山城」.

18) 萬機要覽 軍政篇 2 訓練都監 諸鎭條.
「鐵峴鎭(在載寧 宣祖癸巳置 知穀官旗牌官輪差二周年) 鎭軍二百五十名(每名薪鐵五十斤歲納于鳥銃色) 火田隨起執卜 以所耕各穀捧稅(假令七十石納于新營) 有警急 別將率領 入守長壽山城」.

다음, 진군들로부터의 취철상납액(吹鐵上納額)은 진의 설치당초에는 진군 1인당 연간 70근을 바치도록 되어 있었으나, 시대가 흐름에 따라 약간씩 줄어들고 있었다. 철현둔이 설치된 선조 27년(1594)부터 순조 8년(1808)까지 200여년 간의 진군 정원과 납철정액의 변동상황은 아래 표와 같다.[19]

	선조 27년 1594	숙종 7년 1681	숙종 30년 1704	영조 6년 1730	영조 27년 1751	순조 8년 1808
진군정액변동수(명)	250	350	250	390	350	450
매년1인당납철정액(근)	70	350	250	390	65	50
훈국연간총수입(근)	17,500	24,500	17,500	27,300	25,350	22,500

훈련도감에서는 지세를 수취하여 경비에 충당하고 신철을 수봉하여 병기를 제조하며, 유사시에는 장수산성을 지킬 것을 목적으로 절수한 철현진에는 지세와 신철을 수봉하고 철현진군을 단속토록하기 위하여 별장(別將)이 파견되어 있었다. 별장은 훈련도감의 지곡관과 기패관중에서 2주년씩 교대로 파견되었다.[20] 이들 지곡관이나 기패관은 서반직의 장관(將官)과는 엄격히 구분되는 장교들이었다.

그러면 별장의 관장하에 취철상납해 왔던 철현진철점은 어떤 형태

19) 鐵峴鎭事例 및 備邊司謄錄 92 영조 8년7월 4일조 참조.
그런데 萬機要覽에는 「鎭軍二百五十名(每命薪鐵五十斤歲納于鳥銃色」(註 8참조)이라 하였고 鐵峴鎭事例의 純祖 8年條(下記註(22)참조)에는 鎭軍數가 450名으로 되어 있어 어느 記錄이 정확한지는 상고하지 못하였고 우선 表에는 450名으로 기입해 두었다.

20) 萬機要覽 軍政篇 2 訓練都監 諸鎭條.
「鐵峴鎭(在載寧 宣祖癸巳置 知穀官旗牌官輪差二周年) 鎭軍二百五十名(每名薪鐵五十斤歲納于鳥銃色) 火田隨起執卜 以所耕各穀捧稅(假令七十石納于新營) 有警急 別將率領 入守長壽山城」.

로 운영되고 있었을까?. 우선 훈련도감에서 철현진을 절수한 데는 지세를 수취하고 장수산성을 방수할 필요도 있었지만, 무엇보다도 훈련도감의 수용철물을 조달하기 위한 것이 일차적인 목적이었다. 따라서 훈련도감은 설치 초의 「수교절목(受教節目)」에서도 진내의 산철지에 대한 사취 「私吹」[21]행위를 엄금하고 오직 도감의 소용철물만을 제련할 것을 규정하였다. 곧 철현진 철점은 도감에 상납할 철만을 취련하는 곳으로 바뀌었다. 그러나 철현진의 진군들은 임진왜란중에 둔토를 경작해 먹고 살도록 모집한 농민들이었고 야철수공업에 종사하던 사람들이 아니었다. 이들 진군은 채광역에 종사할 수는 있지만 광석을 분석하고 제련하는 등의 기술적인 부문을 맡길 수는 없었다. 따라서 훈련도감에서는 당연히 야철장인을 모집하거나 아니면 도감에 소속된 야장을 파견하지 않으면 안 되었을 것이다. 그러나 철현진철점에 종사한 야장들에 관한 기록은 찾아 볼 수 없었고, 다만 철점에 「덕주(德主)」[22]가 있었다는 기록은 남아 있다.

덕주는 당시의 용광로였던 철덕(鐵德)의 주인인 셈인데, 순조 8년의 기록에 재령군에서 덕주를 한정(閑丁)으로 취급하고 세역(稅役)을 부과한 사실이 있는 것으로 미루어 보아 덕주는 제련작업에 직접 종사한 야장이 아니라, 철덕에 소속된 야장들의 제련작업을 지도하는 위치에

21) 鐵峴鎭事例.
「鎭民之帳籍段 各該地方官句管 其外還上 及烟戶雜役 一勿擧論 若有橫侵之弊 大則守令論罪 小則該色及面任輩 上使京營 照律重勘 禁養禁葬私吹之弊 另加嚴飭」.

22) 鐵峴鎭事例.
「鐵峴鎭設置 全爲輦下親兵之軍器與機械打造之需 前後定規 不啻嚴明 而近來外邑 未知受教定奪之意 稱以閑丁 橫侵德主 冶匠水鐵匠巫女之輩 種種侵漁 邑鎭間紛紜努除良 鎭軍未充太多 大邑橫奪之類 並爲鎭軍 移充定額四百五十名 外邑更勿橫侵之意蒙允」.

있는 사람으로서 사실상 철점의 점역을 현장에서 총관한 사람이었을 것으로 생각된다. 그리고 뒷날 상고할 문제지만, 덕주 역시 야장출신의 야장두목이었던 것으로 여겨진다.

철현진 철점에서도 이들 덕주의 감독하에 철광이 채굴되었다. 덕주의 감독하에 제련작업의 기술부문에 참여한 사람들이 야장들이며, 이들 야장은 훈련도감에 소속된 관장들로서 덕주와 함께 일정한 역가가 지급되었을 것으로 사료된다. 그것은 당시 훈련도감이 충원(忠原)에 설치한 보련산(寶連山)유황점의 경우에도 "또 모군을 구하여 채취할 수 있게 하였지만 부역하지 않는 자들이 있어 이들로부터는 신포(身布)를 거두어 공장(工匠)들에게 지급하겠습니다."[23]라 하여 모군중 부역치 않는 자들로부터는 신포를 거두어 공장의 역가로 지불한 사실로도 짐작되는 일이다.

철현진철점에 종사한 야장들은 곧 훈련도감으로부터 급료를 받고 생활하던 관장들이다. 그러나 이들에 대한 역가가 반드시 서울의 훈련도감에서 지불하였다기 보다는 철현진내의 지세에서 현지 조달하였을 것으로 보인다. 앞의 보련산유황점의 경우에도 모군의 신포를 이급하고 있지만, 이곳 철현진의 경우와 마찬가지로 금위영이 영내의 군기용철을 조달할 목적으로 절수한 재령의 갈산둔에서도 둔세곡으로 쇠를 구입하거나 철을 제련[24]한다고 하였다. 곧 취철비용에는 야장의 역가가 포함되는 것이 당연하기 때문이다.

당시 철현진 철점에서 직접 철광을 채굴하고 광석을 운반하고 연료

---

23) 備邊司謄錄 90 英祖 7년 12월 10일.

24) 備邊司謄錄 70 肅宗 44년 10월 6일.
「依訓局鐵店例 設屯於載寧地 … 以其所出穀物 或貿鐵或吹鐵 以爲補用之地 …」.

를 조달하며 제련작업을 보조한 것은 진군들이었으며, 이들 진군에 대한 세역 문제는 설치 당시의 「수교절목」에 명시되고 있다.

훈련도감은 진군들을 도감의 경비와 군기용 철을 조달하도록 철현진에 긴박하는 동시에 당초 진군이 소속된 읍으로부터는 일체의 세역을 부과하지 못하도록 조처하여 도감의 역사(役事)에만 전심토록 하였다. 진군의 호적은 각기 소속되었던 지방관이 구관토록 하지만 그밖의 진군에 대한 환자(還上)나 연호잡역(烟戶雜役) 등은 일체 거론하지 못하게 하고, 만약 진군이 소속된 각읍에서 그들을 침탈하는 폐단이 있으면 심한 경우는 수령을 논죄하고, 심하지 않은 경우는 당해 색리(色吏) 및 면임배(面任輩)를 훈련도감에 불러 법률에 따라 엄하게 처벌할 것을 명백히 규정하였다.[25)]

진군에게는 환곡의 의무적인 수수가 강요되지 않았고, 연호잡역도 면제되었다. 그러나 이들에게 군역이 면제된 것은 아니었다. 유사시에는 장수산성에 들어가 지킬할 의무를 띠고 있었다. 진군에게 정액의 철을 취련 상납케 한 것은 이러한 군역을 대신한 평상시의 신역(身役)[26)] 이었으므로 그들이 상납하는 철을 흔히 「신철(身鐵)」[27)]이라 불렀다. 따라서 진군의 취철역은 요역과 마찬가지로 부역노동의 성격을 지니고 있었다. 철현진이 설치된 초의 진군정수는 앞의 표에 나타나 있듯이

25) 萬機要覽 軍政篇 2 訓練都監 諸鎭條.
「鐵峴鎭(在載寧 宣祖癸巳置 知穀官旗牌官輪差二周年) 鎭軍二百五十名(每名薪鐵五十斤歲納于鳥銃色) 火田隨起執卜 以所耕各穀捧稅(假令七十石納于新營) 有警急 別將率領 入守長壽山城」.

26) 備邊司謄錄 31 肅宗 元年 5월 27일.
「訓練都監設置之初 設店於載寧鐵峴地 募軍數百戶 定爲鎭軍 以其身役 徵其鐵物」.

27) 萬機要覽 軍政篇 3 摠戎廳 募民養兵.

250명이었고, 진군 한 사람의 년간납철정액은 70斤으로서 총 17,500근이었다. 정액의 진군중에서 도망하거나 사망자가 있을 경우에는 진군의 자식으로 충당토록 되어 있었는데,[28] 세월이 흐름에 따라 진내의 인구도 증가하게 마련이어서, 숙종 7년경에는 진군정액을 늘려서 350명으로 증원하였다.[29] 진군의 정액은 숙종 30년 이정청에서 250명(재령 216명 평산 34명)만 남기고 아약(兒弱) 66명 등 100명을 삭감하였는데,[30] 다시 영조 6년에 390명으로 증액되고,[31] 순조 8년에는 450명으로 증가되었으며,[32] 영조 27년에는 균역청에서 납철액을 종래의 진군 1명당 70斤에서 65斤으로 줄였다.[33]

철현진의 진군들이 채굴한 철광이 석광(石鑛)인지 사광(沙鑛)인지는 상고할 수 없다. 그러나 〈세종실록지리지〉의 재령군 토공조에 "석철산이 군의 동쪽5리 대조모로(大棗毛老)에 있는데 정철(正鐵)을 제련해 바치고 또 생철(生鐵)도 공납한다. 그리고 석철은 군의 북쪽 15리 이동(泥洞)에서 난다."고 한 것을 보면, 이 지역에는 석광이 많았던 것 같으나, 대조모로나 니동은 철현진내에 있는 산철지가 아니므로 철현진 철광이 반드시 석광이리라고 단정할 수가 없다. 그리고 조선전기의 전국

28) 鐵峴鎮事例(英祖 4년).
「鐵峴鎮軍 以三百五十名定額 而逃故之代 以其子技塡充矣 本官移定他役 日後則更勿横侵之意 草記蒙允」.

29) 鐵峴鎮事例(肅宗 7년).
「載寧吹鐵所別將革罷後 自本官收鐵物上納事 道臣爲請 大將金錫胄防啓 鎮軍二三百五十名定額 道臣推考 地方官 罷職事蒙允」.

30) 各營釐整廳謄錄(甲申).

31) 備邊司謄錄 92 英祖 8년 7월 4일.

32) 鐵峴鎮事例.

33) 鐵峴鎮事例.

산철지는 대부분이 사광이었다. 그것은 사광이 석광보다 채굴하기가 용이하여 산출량이 석광보다 못한 지역일지라도 사광을 많이 채굴하였기 때문이다. 조선왕조전기 「철장도회」제하에서의 공철채굴 사정을 보면 함경도 경성(鏡城)의 경우 "한 사람이 하루 도사(淘沙)하는 것이 거의 6두"라고 하였는데, 이것은 곧 철장도회의 산철지인 사광에 동원되었던 농민들의 1일 평균 도사량(淘沙量)이었다. 농민들은 농한기에 강이나 하천의 사철광에서 매일 일정량의 사철을 도사하여 각자에게 부과된 세공철량을 생산하도록 강요되었던 것이다.[34] 철현진 진군들의 경우에도 채굴지가 사철광이었다면, 왕조전기의 철장도회제하의 사철광에서와 유사한 형태로 춘경전 추성후의 농한기에 채굴하였을 가능성이 크다.

진군들이 매년 상납한 철의 종류는 철현진사례와 만기요람에 모두 신철(薪鐵)」이라 하였다. 조선시대 철의 종류에는 크게 생철(生鐵)과 숙철(熟鐵)로 구분되었는데 생철은 수철(水鐵)이라고도 하는 「무쇠」이며, 숙철은 「시우쇠」였고 정철(正鐵)이라고도 하였다. 생철이나 숙철을 제련하는 도구는 다 같이 풍상(風廂=풀무)과 야로(冶爐=용광로)였지만, 다만 풍상과 야로사이에 연결되어 있는 풍혈수(風穴數)에 따라 생철제련과 숙철제련과정이 달랐을 뿐이다. 생철제련용의 풍혈은 아홉 개였다. 생철과 숙철이 같은 규모의 야로에서 생산되는 량을 보면 "한 용광로의 불로 생철 100균(勻)이 생산되면 숙철은 이 수량에 못미친다. 숙철의 초출품을 신철로 삼아 1근을 타련(打鍊)하면 질낮은 정철 4량이 산출된

---

34) 柳承宙 : 「朝鮮前期의 軍需鐵鑛業研究」pp.330~331. 韓國史論 7, 1979.11. 國史編纂委員會刊.

다."[35]고 하였다. 생철은 주로 가마솥이나 농기구를 제조하는데 쓰여졌고, 숙철(정철)은 조총 창검 등 병기류나 견정을 요하는 각종도구를 제조하는 데 사용되었다.

철현진의 철점에서는 「시우쇠」를 생산하여 납부하였고, 훈련도감은 이 「시우쇠」를 신철로 삼아 다시 정철을 제련하여 조총 등의 병기 제조에 사용하였던 것같다.

요컨대 훈련도감의 철현진철점은 도감에서 파견된 별장이 감독수세하였고, 도감소속 관장출신인 덕주가 제련작업 일체를 현장에서 지도하였다. 이밖에 도감 소속 장인들인 야장들이 기술부문에 종사하였고, 그 밑에서 진군들이 철광을 채굴하고 연료를 조달하며, 야장의 제련작업을 돕고 있었다. 덕주나 야장들은 역가를 받는 전업적인 장인들이었고, 진군은 농민들로써 부역노동형태로 사역되었다. 이 훈련도감에 의한 철현진철점의 경영실태는 당시 군아문 소관 철점의 경영형태를 대표할 만한 한 사례였다고 하겠다.

제2절 군아문·호조간의 연·은수세권분쟁과 연점의 경영실태

1) 설점수세제(設店收稅制)의 성립

임진왜란 중에 정부가 조총의 연환을 조달하기 위하여 단천·함흥·안변·충주 등지의 산연지를 개발하고 도회제생산을 농민들에게 강

35) 李圭景 : 「五洲衍文長箋散稿」 卷 60 鍊鐵辨證說.

요해 왔음은 이미 전술한 바 있다. 연과 은은 같은 광석에 포함되어 있어 연광석이 곧 은광석이었고, 은광이 곧 연광이었다. 그러나 제련과정에서는 먼저 연철을 생산한 뒤 그것을 재련하는 과정에서 은을 분리시키고 있었다.

조선왕조 후기를 통하여 연과 은은 그것의 용도와 수요를 달리함으로써 광산개발의 필요성도 달리하고 있었다. 임진왜란때부터 연은 조총의 탄환을 주조할 목적으로 채취되었지만, 은은 국내외의 공사거래에 은화가 통용되면서 그 자료로써 개발되었다. 따라서 조선왕조 후기를 통하여 서울의 5군문과 각도감영에서는 연환을 주조하기 위하여 연광개발을 요구하였고, 호조에서는 은화를 확보하기 위하여 은광개발에 급급하였다. 그리고 군문과 각도감영에서 연을 수취하기 위하여 설치한 연광업소를 연점(鉛店)이라 하였고, 호조가 은을 수취하기 위하여 설치한 은광업소를 은점(銀店)이라 불렀다. 그러나 연점이나 은점에서는 연과 은을 동시에 생산하였고, 다만 수세품목에 따라 구분되고 있었을 뿐이다.[36]

임진왜란 후에 각도감영이 연철을 필요로 하여 연점을 설치하려한 움직임이나, 호조가 은화를 필요로 하여 은점을 설치하려한 노력은 다함께 조선후기의 연·은광산의 개발과 연은광업발전을 자극한 중요한 계기가 되었다. 그러나 군문과 각도감영 및 호조에서 연·은을 수취할 목적으로 연·은광산의 개발을 촉구한 일만이 반드시 연·은광산 개발을 촉진시킨 이유만은 아니다. 무엇보다도 이 시기에 있

36) 柳承宙 :「朝鮮前期 鑛業政策論」, 韓國思想大系(Ⅱ (社會經濟思想篇) 1976.5. 成均館大學校 大同文化硏究院刊.

어서 연·은의 사회적 수요가 증대되고, 또 그것의 상품적 가치가 높아져 연·은광산개발에 적극적으로 참여코자 하는 사람들이 많아졌기 때문이다.

연과 은은 임진왜란 후에 그것의 사회적 수요나 상품가치가 급격히 증대하고 있었다. 연은 임진왜란 이후 전술한 바와 같이 경·외의 군병이 모두 삼수제로 편성됨으로써 삼수중 조총병인 포수들의 연환을 주조 조달하는데 필수적인 광물이었다. 군문이나 각도감영에서는 군병용 연환을 주급하기 보다 오히려 비상용으로 주조 저장하는데 노력하였고, 군병은 각자가 매입하도록 되어 있었다. 그리고 각읍에서도 유사시에 대비하고 속오포수에게 지급하기 위하여 월과연환법이 제정되었다. 따라서 연환은 군문이나 각도감영의 비축용으로 그리고 각읍의 월과연환으로 매매되고 있었으며, 군병들의 훈련용 또는 사포수들의 수렵용으로 사사로히 판매되기 시작하였다. 공용연환은 상정가에 의하여, 사용연환은 시가에 준하여 거래되었고, 영조 4년(1728)에 이인좌란으로 군기의 사조사매행위가 엄금되기까지 자유롭게 매매되고 있었다.[37] 한편 은도 역시 임진왜란 중에 명나라와의 외교 및 공사무역에 통용되기 시작한 뒤 청나라와의 무역에도 계속 통용되었으며, 국내에서의 사적 거래에도 은은 화폐로서 통용되어 호조가 필요로하는 이상으로 민간에서도 절실히 필요하였다.[38] 곧 군문·각도감영 및 호조의 수요와 민간의 이해가 일치하면서 연·은광업은 발달할 수 있었다.

전근대사회에 있어서도 광업을 비롯한 모든 산업의 발전은 국가의

---

37) 柳承宙, 「朝鮮後期 貢人에 관한 一研究」(上) pp.3~11. 歷史學報 71, 1976.9.

38) 柳承宙, 「朝鮮後期 對淸貿易의 展開過程」, pp.346~365. 白山學報 8. 1970.6.

수취체제와 민간의 영리문제가 조화를 이룰 때만이 가능하다. 따라서 임진왜란 후 연은광산에 대한 정부의 수취형태에 관하여 주목하지 않을 수 없다. 임진왜란(1592) 이후 효종 2년(1651)에 설점수세법이 성립되기까지 60여년간 국가의 연·은광산에 대한 수취형태는 대체로 농민들의 부역노동에 의존하고 있었으며, 그것은 크게 두가지 형태로 나누어 볼 수 있었다.

하나는 단천공은점(端川貢銀店)의 수취형태로써 선조 때에 정부는 단천읍민의 공물과 잡다한 요역을 모두 면제하고, 그 대신 연간 1,000냥의 은을 채납케하는 공은제(貢銀制)를 적용하였다.[39] 곧 단천읍민들에게 공물과 잡다한 요역을 면제하여 채은작업에 전력토록 함으로써 더 많은 양의 공은을 수취할 수 있었기 때문이다. 이 역시 부역노동에 의존한 관채(官採)에 불과하여 생산력은 점차 떨어져 효종연간에 이르면 정해진 양의 공은을 채납하지 못하여, 미납한 은이 4천여냥에 달하여 현종원년에는 부득이 이를 탕감하지 않을 수 없게 되었고,[40] 동왕 5년에는 공은을 600냥으로 감액하였고, 숙종 28년에는 500냥으로 다시 감액책정하였다.[41]

부역노동에 의한 또 하나의 수취형태는 은점을 개설한 뒤 농민들을

---

39) 萬機要覽 財用篇 4 金銀銅鉛.
「宣祖朝 國用乏罄竭 別遣御史於端川 採銀補用 仍除本邑土貢民役 遂作貢銀(定以一千兩年例上納 顯宗乙巳 減四百兩 肅宗壬午 減一百兩 餘數五百兩 每年春秋 分半上納)」.

40) 顯宗改修實錄 2 顯宗 元年 正月 壬戌.
「內醫都提調李景奭 因入診陳達 … 又曰 北路貢賦 未蒙大蠲減 且聞端川銀穴已窮 未收之銀 多至四千餘兩 減者只是一千兩云 三千兩 將何以辦出乎 上曰 四千兩 盡數蕩滌可也」.

41) 萬機要覽 財用篇 4 金銀銅鉛.
「宣祖朝 國用乏罄竭 別遣御史於端川 採銀補用 仍除本邑土貢民役 遂作貢銀(定以一千兩年例上納 顯宗乙巳 減四百兩 肅宗壬午 減一百兩 餘數五百兩 每年春秋 分半上納)」.

요역의 일부로 사역하여 생산물을 모두 수취하는 형태였다. 이러한 수취형태는 임진왜란후 효종 2년까지 연·은광산에 적용한 거의 일반적인 형태였다. 이를테면, 우선 연철의 경우 선조 26년에 명나라의 요동도사가 광장(鑛長)과 광부(鑛夫)들을 파견하여 국내의 은광을 탐사하였을 때 부역노동을 싫어한 각처의 농민들이 물화(物貨)를 많이 모아 사사로히 광부에게 주면서 광맥을 감추고 찾지 못하게 함으로써 이미 알려져 있었던 원주·주천(酒泉)·의주·금강산(金剛山) 등지의 산연지를 재확인한데 그치고, 새로운 산은지를 개발하지 못하도록 방해한 사실이나,[42] 동왕 29년 정월에 비변사가 함경·충청감사에게 하서하여 "안변·단천 및 충주의 산연지에서 많이 채취하여 올려보내라"고 지시했다든가,[43] 인조 5년 9월에는 다시 비변사가 영흥부(永興府)로 하여금 한 국(局)을 별도로 설치하여 연철을 채납토록 하였고,[44] 동년에 또 훈련도감이 "봉산(鳳山)의 거주민들이 모두 뿔뿔이 흩어져서 연철의 판출을 책임지게 할 도리가 없다"[45]고 우려한 사실이며,[46] 효종 2년에 훈련도감이 다시 여연(閭延)·무창(茂昌)의 산연지개발을 청한 사실들은[47] 모두 왜란과 호란의 와중에 비변사나 훈련도감이 연환을 주조할 목적으로

---

42) 宣祖實錄 40 宣祖 26년 7월 戊辰.
宣祖實錄 41 宣祖 26년 8월 甲申·辛卯.
宣祖實錄 48 宣祖 27년 2월 癸丑.

43) 宣祖實錄 71 宣祖 29년 正月 乙未.
「備邊司啓曰 … 咸興安邊端川鉛鐵及忠淸道忠州鉛鐵所産處 下書各道監司 多數採取上送 以備急用爲當 …」.

44) 仁祖實錄 17 仁祖 5년 9월 丁丑.

45) 承政院日記 17 仁祖 5년 5월 12일.

46) 孝宗實錄 7 孝宗 2년 7월 乙酉.

47) 孝宗實錄 7 孝宗 2년 7월 乙巳.

산연지 농민을 요역의 일부로 사역하여 연철을 수취한 사례들이다.

호조에 의한 은의 수취형태도 이와 다를 것이 없었다. 선조 28년에는 훈련도감의 요청으로 청산(靑山)·보은(報恩)간의 은광이 개발되고[48] 동왕 34년에는 단천공은점이외의 함경도산은지에 관원을 파견하여 은을 채굴하였고[49], 인조 16년에는 비변사가 서울 근처의 여러 산은지를 대대적으로 채취할 수 있도록 호조로 하여금 별도로 계획하여 결정케 하였고,[50] 동왕 27년에는 호조가 청송(靑松)에서 채은하였으나 여의치 않자,[51] 결국 효종 2년 7월에는 파주부(坡州府)로 하여금 부내의 은광에 병졸들을 보내 채굴하게 한 것과 같이 산은지의 농민들을 요역형태로 구사하는데는 한계가 있었다.[52]

상기한 두 종류의 부역노동형태 중 단천공은제는 전읍민의 공물과 잡다한 요역을 모두 면제함으로써 정부측으로서는 재정적 손실과 인

---

48) 宣祖實錄 59 宣祖 28년 正月 乙未.
「領事柳成龍曰 … 我國靑山報恩之間 大山皆銀 頃日都監人 於李德馨所見處鑄之 乃好銀也 若能採鍊 則可山東中江和賣 以爲軍粮矣 …」.

49) 宣祖實錄 134 宣祖 34년 2월 癸巳.
「咸鏡道觀察使申磼曰 … 北道有産銀之處 可使貿易 而此路一開 則恐有濫觴之弊 故禁不爲之矣 尹承勳(前咸鏡監司) 非不知直貿於上國 而送銀兩于備邊司者 慮有雜言陋及其身也 … 自朝家別樣處置 差官採銀 …」.

50) 備邊司謄錄 5 仁祖 16년 10월 27일.
「啓曰 我國前頭用銀 將不知其限量 而近日國中所有之銀 盡歸瀋陽 未有轉換出來之事 無他輕貨可以補用 誠極可慮 曾有産銀處 勿禁私採之令 而私力有難採取 自官家所當廣開其路 以補國用 聞近京之地 已得産銀處所 非止一二云 今宜大擧採取 俾有實效 着令該曹 另爲規劃之擧行何如 答曰 依啓」.

51) 仁祖實錄 50 仁祖 27년 正月 甲子.
「戶曹啓曰 慶尙道靑松地有銀穴 請採取以補勅行之用 上從之」.

52) 孝宗實錄 7 孝宗 2년 7월 乙酉.
「坡州居前司評李源 以本州有銀穴 上疏請試採之 朝廷令本州發卒掘取 議者皆言穴犯長陵山脈 …」.

력의 소모가 컸기 때문에 공역에 드는 비용이 또한 산출한 은의 가격보다 낮지 않은 결과를 가져 왔으므로,[53] 이런 방식은 산은지의 각읍에 다같이 적용할 제도가 못되었다. 그리고 후자의 요역형태도 "힘을 많이 쓰나 얻는 것이 적다."[54] "우리나라는 물자와 노동력이 부족하여 요역이 매우 무거워 매번 국력으로 채굴하려니 역시 노임(勞賃)도 많이 든다."[55]고 한 것과 같이 세역(稅役)에 지친 농민들의 요역에 의한 채굴도 더 이상 강요할 수 없었을 뿐만 아니라 생산성의 저하를 불가피하게 하였다. 이상과 같은 이유 때문에 일찍부터 국가 재정과 인력의 소모없이 세은(稅銀)만을 수취할 목적으로 민간인의 사채를 허용하는 사채허용론이 여러번 제기되어 왔으며, 또 곳에 따라서는 일시 적용된 경우도 없지 않았다.

선조 26년 8월에는 단천은광을 재개하여 관채를 실시하는 동시에 민채(民採)를 허용한 바 있었고,[56] 동왕 39년에는 호조참판 신식(申湜)의 건의로 양주(楊州)은광이 사채된 바 있으며,[57] 인조 5년 6월에는 김육(金

---

53) 承政院日記 120 孝宗 2년 8월 11일.

54) 宣祖實錄 55 宣祖 27년 9월 乙未.
「備邊司啓日 … 今之議者 或以爲採銀貿穀 或以爲出布貿粟云 盖銀雖我國所産 而産出不多 用力多而所得少 …」.

55) 承政院日記 120 孝宗 2년 8월 11일.

56) 宣祖實錄 41 宣祖 26년 8월 甲申.
「備邊司啓日 … 端川所産 素稱品好 今當弛禁 許令採取 收其當稅之物 亦爲官採 廣其上納之數 以爲國用 上從之」.

57) 度支志 外篇 8 版籍司 財用部 金銀事實 宣祖 38년.
增補文獻備考 160 財用考 7 宣祖 38년.
宣祖實錄 199 宣祖 39년 5월 戊辰.
宣祖實錄 203 宣祖 39년 9월 戊子.
柳夢寅 : 「默好稿」(中) 博採銀.

堉) 역시 '우리 나라의 산에는 은혈(銀穴)이 매우 많으니 만약 민채를 허용하여 관(官)이 수세하면 민력을 소비하지 않아도 공용이 자연 충족할 것이라.'[58]고 주장하였었다. 이 때문에 인조 16년에는 비변사에서도 "일찍이 은이 생산되는 곳은 사채를 금하지 말라는 법령이 있었습니다".[59]고 하였다.

그러나 임진왜란후 적어도 효종 2년까지는 은광의 민채가 성공한 적이 없었다. 그 이유는 여러 가지가 있겠으나, 기록상에는 "관가에 걷우는 세금이 너무 무거워 소득으로 비용을 충당하지 못하므로 공장들은 태만하고 역군들은 흩어진다."[60]고 하였고, 또 "사력(私力)으로는 채취하기 어려움이 있다."[61]고 하였다. 곧 첫째는 관의 수세액이 과중하여 소득이 생산비에 미치지 못하였다는 것이고, 둘째는 민간자본이 성숙하지 못한 단계여서 은광을 경영할 만한 민간인이 없었다는 내용

58) 金堉 : 「潛谷先生遺稿」 3 疏箚, 論兩西事宜疏 丁卯 6월.
「… 我國物產不多 不通諸國之貨 只用米布 更無遊行之貨 公私俱乏者 誠以此也 頃者 慾用銅錢 而因亂中止 誠可惜也 國中諸山 銀穴甚多 若許民採用 而官收其稅 則不費民力 公用自足矣 …」.

59) 備邊司謄錄 5 仁祖 16년 10월 27일.
「啓曰 我國前頭用銀 將不知其限量 而近日國中所有之銀 盡歸瀋陽 未有轉換出來之事 無他輕貨可以補用 誠極可慮 曾有產銀處 勿禁私採之令 而私力有難採取 自官家所當廣開其路 以補國用 聞近京之地 已得產銀處所 非止一二云 今宜大擧採取 俾有實效 着令該曹 另爲規劃之擧行何如 答曰 依啓」.

60) 柳夢寅 : 「默好稿」(中) 安邊三十二策贈咸鏡監司韓益之令公序(浚謙) 其七 博採銀條
「… 且聞之道路言曰者 朝家許令私採 楊州等地 亦開礦程工 而官家收稅太重 所得不償其所費 故工匠怠 而役人散焉」.

61) 備邊司謄錄 5 仁祖 16년 10월 27일.
「啓曰 我國前頭用銀 將不知其限量 而近日國中所有之銀 盡歸瀋陽 未有轉換出來之事 無他輕貨可以補用 誠極可慮 曾有產銀處 勿禁私採之令 而私力有難採取 自官家所當廣開其路 以補國用 聞近京之地 已得產銀處所 非止一二云 今宜大擧採取 俾有實效 着令該曹 另爲規劃之擧行何如 答曰 依啓」.

이다.

이제 임진왜란후 효종 2년까지 60여년간에 걸쳐 연은광산의 관채나 민채가 성공하지 못한 이유를 다시 정리해 보면, 첫째 관채의 경우 단천공은제나 요역채광이 모두 농민의 부역노동에 의존하였으므로 세역에 시달리던 농민들이 싫어하였고 정부도 재정과 인력의 손실이 컸었을 뿐 아니라 더 이상 농민에게 부역노동을 강요할 수가 없었다는 점이었고, 둘째는 민채의 경우에도 민간자본이 성숙치 못한 단계인데다가 국가의 세액이 과중하여 광산에 투자하기를 꺼렸던 점이다. 이 때문에 정부가 마침내 관채와 민채의 결함을 시정하고 단처를 보완하여 시의에 맞도록 제시해 보려한 것이 곧 후술하게 될 효종 2년의 「설점수세제(設店收稅制)」였을 것같다. 여기에서 「설점수세」란 용어에 대하여 부언해 둘 것은 그것이 사료상에 한 개의 단어로 쓰여져 왔던 고유한 용어가 아니었지만 정부가 당시 연은산지를 설점한 뒤 수세한 수취제도를 한마디로 표현할 수 있는 포괄적인 용어였기 때문에 편리하게 쓰여져 왔고 필자도 그대로 쓰고 있다.[62] 설점수세법은 효종 2년에 처음으로 반포되었고 「만기요람」에는

> "효종 신묘년에 호조가 계품하여 채은관으로 하여금 設店于 파주(坡州) 교하(交河) 곡산(谷山) 춘천(春川) 공주(公州) 등지에 설점하고 민을 모아 채굴토록 한뒤 세금을 걷우도록 하였다."[63]

62) 高承濟 ; 「近世韓國産業史硏究」, p.286, (大同文化史刊 1959.5)에서 高承濟博士가 최초로 設店收稅制란 용어를 사용하기 시작하였다.

63) 萬機要覽 財用篇 4 金銀銅鉛.

고 하여, 호조가 채은관을 산은지에 파견하여 설점한 뒤 민채에 맡기고 채은관으로 하여금 수세케 한다는 내용인데 그것에 대한 보다 구체적인 기사는 「승정원일기」에 실려 있다.

> "우부승지 남훤(南翧)이 또 비변사의 말로 이르기를, "파주은혈은 일월에 채굴한 것이 정은(正銀) 54냥 연철 70여근인데 은의 품질이 매우 좋아 단천의 것보다 못하지 않습니다. 단지 모두가 석광이라 채굴하기가 쉽지않아공역을 비용으로 계산하면 손익이 서로 비슷합니다. 그러나 국가가 하는 일에 어찌 저울눈재듯 비교해 해아려서야 되겠습니까? 하루로 따지면 부족할지라도 한해를 두고 계산하면 남는것이 있습니다. 단천의 은혈은 이미 200년이 지났습니다. 그공역의 비용도 은의 가격보다 낮지 않으나 지금까지 중지하지 않는 것은값을 주고 은을 산다면 은은 다 소진되고 값은 날로 불어나서 마침애 은을 치굴하는 비용보다 배가 될것이기 때문입니다. 예로부터 은을 치취하는 일은 있었으나 은을 매입하는 나라는 없었습니다. 우리나라는 물력이 부족하고 요역이 매우 무거워서 매번 국력으로 그것을 채굴하려고 한다면 노력과 비용도 많이 듭니다. 채은관으로 하여금 은혈을 찾아 굴착한 연후에 민을 모아 허락해주고 수세토록 하되 세액의 다소를 알맞게 헤아려 정하면 힘안드리고도 세입은 저절로 늘어날 것입니다. 파주의 은광은 거리가 가깝고 품질이 좋으니 관채만 하도록 하고 기타 교하 곡산 춘산 공산등지의 산은처는 채은관이 모두 잘 알고 있으니 가서 살펴보고 은혈을 개착한 뒤 민으로 하여금 세금을 바치면서 채은토록 하면 부상대고가 반드시 기꺼히 달려올수 있을 것입니다. 채은관릐 공로가 매우 많으나 군직을 부쳐주는 것을 아직도 지급하지 않았다고 합니다. 해조로 하여금 예에따라 거행

> 하고 말을 주어 각처로 내려보내 은혈을 시굴토록 함이 어떻겠습니까." 고 하자 왕이답하기를, "아뢴대로 하라고 하고, 또 파주은혈도 버려두지 말고 앞으로 힘을 들이는 것이 옳다."고 하였다."[64]

그 내용은 첫째 정부의 재정이 궁핍하고 농민들의 요역도 과중한 처지에 매양 국력으로 채굴하려 하니 노력과 소비가 많으며, 둘째 정부가 재력을 소비하지 않고 세입을 늘이기 위해서는 파주산은지만 관채키로 하고 교하·곡산·춘산·공산 등지는 민채를 허용하여 수세하자는 것이며, 세째 그렇게 하면 자연 부상대고들 가운데서 반드시 즐겨 참여할 자들이 있을 것이라는 견해였다. 이 내용만 가지고 보면 임진왜란후 효종 2년까지 주장하고, 또 곳에 따라 실시된 바도 있었던 민채형태와 다를 것이 없겠으나, 단 「만기요람」에서 설점수세제가 효종 2년에 처음 실시된 것으로 기록한 이상 일단은 설점수세제가 처음으로 성립된 시기를 효종 2년으로 잡을 수도 있다. 그러나 효종 2년의 기록에 나타나는 이 설점수세제는 숙종 13년(1687)이후에 관행된 「별장제(別將制)」하의 설점수세제[65]와는 구분되어야 하겠기 때문에 필자는 편의상 이것을 「채은관제(採銀官制)」하의 설점수세제라고 해두고 싶다.

앞에 제시한 자료에서 채은관제하의 설점수세제를 간추려 보면, 첫째 채은관은 은광을 시굴할 수 있는 광산기술자로써 호조가 은광개발 업무를 맡기기 위하여 임시로 채용한 사람이며 그의 채은공로에 따라 군직으로 녹봉을 받게하는 것이 최상의 특전이었다. 둘째 호조에서는

---

64) 承政院日記 120 孝宗 2년 8월 11일.

65) 제4장 제3절 「別將制下 鑛山의 經營實態」 참조.

채은관을 먼저 산은지에 파견하여 시굴작업을 실시하여 은맥이 풍부하고, 은의 품질이 량호한가를 조사토록 하였다. 셋째 채은관이 시굴해 본 결과가 좋을 때 비로소 이 광산의 채굴을 원하는 자를 찾아 맡겨서 사채케 한다는 뜻이다. 넷째 채은업자들은 세금을 바치며 채굴하게 되었고, 세액은 알맞은 량을 헤아려 결정한다고 하였으며, 채은관이 수세하여 호조에 납부한다는 내용이다.

대체로 이상과 같은 채은관제하의 설점수세제가 효종 2년에 성립되었다. 그러나 이 이후 채은관제하의 호조소관 은점이 확대되는 모습을 사료에서 찾아보기가 어려웠다. 다만 전술한 교하·춘산·공산·곡산 등지의 산은지는 「만기요람」의 호조수세은점목록 중에 들어 있는 것으로 보아 효종 2년에 곧 개발되었던 것으로 생각되나, 그중 여타 산은지는 그 뒤의 다른 사료에서는 찾아 볼 수 없었고, 오직 곡산은점만이 산출량이 풍부하였던 것으로 나타난다.[66] 그 때문에서인지 현종 4년 3월의 기록에서도 "우리나라는 은화가 생산되지 않고 오직 단천세공 1천냥뿐"[67]이라 하고 또 "우리나라는 단천의 세공 1천냥에 불과하고 이외 비록 은이 생산되는 곳이 있다고 하나 매우 보잘것이 없다."[68]고 하여 단천공은점 외에는 몇몇 곳의 산은처가 있기는 하나 세입이 보잘 것이 없다는 것이다.

---

66) 谷山銀店은 肅宗 15년에 禁衛營에서 收稅하다가 戶曹에 移管된 것을 禁衛營이 다시 차지하였는데 肅宗 28년에는 戶曹에서 請得收稅하였고 同 29년에는 禁衛營과 海營이 並採토록 되었다. 그런데 肅宗 38년 8월에 이르러 禁衛營이 「今聞自海營 曾亦設店 募軍於此地 徵納鉛鐵云」이라 하고, 同 10월에는 완전히 禁衛營所管下에 들게 되었다. (承政院日記 472 肅宗 38년 10월 3일)

67) 顯宗改修實錄 8 顯宗 4년 3월 乙亥.

68) 備邊司謄錄 23 顯宗 4년 3월 8일.

채은관제하 호조소관은점의 이와같은 침체현상은 효종 2년(1651)이래 숙종 13년(1687)에 이르기 약 40여년간 계속되었다. 그러나 호조와는 달리 이 시기에 서울의 5군문과 각도의 감영에서는 「감관제(監官制) 하의 연광개발을 활발히 추진하고 있었다. 5군문과 각도감영이 40여년 간에 각기 몇 개소의 연점을 확보하였고, 그 전체적인 생산액이 얼마나 되었는지는 사료상 상고할 길이 없으나 몇몇의 기록들을 통해서 당시의 사정을 짐작할 수 있다.

현종원년에 수어청이 간사인(幹事人)을 영남의 산은지로 파견하여 연철 840여근을 구입한 사실은 효종연간에 이미 영남에는 연광이 개발되어 연철을 매매하기 시작하였음을 나타내는 사례였다.[69]

서울의 군아문에서 연광의 확보문제가 절실해진 것은 현종 7년부터 호서와 호남의 각읍월과연환을 방납하게 되면서부터였다.

이 때문에 비변사의 당상직을 겸대하고 있었던 군문의 중신들은 각도의 감사와 병사들에게 산연지를 찾아 보고하도록 지시하였다. 그러나, 김사와 병사들은 산연지가 없다고 보고하거나 아니면 아예 회보하지 않는 실정이었다. 이 때문에 숙종원년 정월에 영의정 허적은 '각도에 연철이 나지 않는 곳이 없는데도 감사와 병사들이 폐단을 염려하여 조정의 명령을 받들지 않으니 이는 국가의 기강이 해이해진 탓이므로 회보치 않은 감사와 병사를 찾아 추고하여 산연지 개발에 적극 협조하도록 해야한다'고 주장하였다.[70]

---

69) 備邊司謄錄 20 顯宗元年 正月 5일.

70) 備邊司謄錄 31 肅宗元年 正月 20일.

「知中樞府事 柳赫然曰 鉛鐵鑛採事 曾已分付於道監兵使 而或稱無産出之處 或見其行關終不回報尙無擧行之事 卽今鉛丸乏絕 而無他辦出之路 事甚悶慮矣 領議政許積曰 我國鉛

이처럼 비변사를 통한 강력한 지시는 이후 군아문에 의한 연광개발에 크게 도움이 되었던 것 같다. 그 한 예로 수어청의 삼가연점의 경우를 보면, 숙종 4년에 송정렴은 다음과 같이 상소하였다.

"조정은 사방의 근본입니다. 감사는 한 도의 주인입니다. 수령은 한 읍의 장(長)입니다. 조정에 무릇 일이 있으면 각도 감사에게 분부하고 감사는 열읍의 수령에게 분부하며 수령은 백성에게 분부합니다. 이같이 하면 체동이 서고 정령(政令)이 행해집니다. 어렴풋이 듣건대

장신립(張信立)이란자가 유황감관으로서 진주에 설점하고 추립(秋立)이라는 자는 채은감관으로서 삼가에 설점하여 모두 수어청의 분부라고 칭하고무뢰배들을 많이 모아서 산골짜기에서 당을 지어 읍리(邑里)를 횡행하고 불의를 자행하고 있습니다.한정(閑丁)과 피역배(避役輩)가 서로 다투어 투속하여 옆고을의 지역(紙役)을 담당하는 사찰(寺刹) 또한 많이 함부로 점령하여 마음대로 징수하니 해를 끼침이 이루말할 수가 없습니다. 그러나 감사는 알려고 하지않고 수령은 물어보지도 않으니 면 지방의 어리석고 미천한 백성들은 수어청이 있다는 것만 알 뿐 국가가 있다는 것을 알지 못하니 어찌 크게 한심스러운 일이 아니겠습니까? 장신립 추립의 무리들이 임금을 속이고 사리(私利)를 행하며 간람(姦濫)하고 조롱하는 죄를 징벌하지 않을 없습니다. 수어청이 만일 설점을 시행할 일이 있다면 반드시 계청(啓請)한 연후에 감사에게 분부하여 이를 거행토록 한다면 대체로 일에 계통이 있어 백성들의 뜻도 확립 될

鐵 何地不産 而各道處有弊瘼 朝家分付之事 廢閣不行 此無非國綱解弛之致 各道監兵使中終不回報者 查出推考 以趍鑛採之意 更爲申飭何如 上曰 依爲之」.

것입니다."[71]

이는 수어청에 산은지를 보고하여 감관으로 파견된 자가 연점을 설치함에 있어서 전혀 수령의 제재를 받지 않은 채 연군을 모취하고 인근에 작폐한 실태를 지적한 것이다. 이 기록을 통해서도 당시에 이미 군문의 연점설치가 활발해지고, 그것이 농촌질서를 파괴하는 사회문제로 등장하여, 그고을의 식자층에 의한 규탄의 대상이 되고 있었음을 익히 짐작할 수 있다.

이처럼 서울의 군문들에 의한 연점설치가 활발하게 진행됨에 따라 각도의 감영에서도 관할지역내의 산연지를 찾아 설점수세하기 시작하여 숙종 13년경에 이르러서는 군문과 각도감영의 연점들이 곳곳에 설치되었고, 그 폐단도 적지 않았다. 이 때문에 숙종 13년 3월 좌의정 남구만(南九萬)이

> "… 각군문과 각감영이 제도에 설치한 연점을 모두 계산하여 그대로 남겨 둘 숫자를 참작하여 정하고 그나머지는 모두 혁파해야 한다."[72]

고 주장하기에 이르렀던 것이다. 이상에서 볼 때 군문과 각도감영에 의한 감관제하의 연점설치가 효종 2년 이후 특히 숙종초에 활발하게 이루어졌고 그것은 제도에 확대되고 있었다.

앞에서 살펴본 호조설점의 경우와는 달리 5군문이나 각도의 감영에

71) 宋挺濂 「存養集」(上) 辭獻納兼言事疏(丁巳).

72) 南九萬 「藥泉集」 4 疏箚 五十度呈辭後乞免兼論採銀事箚.

서 특히 숙종초에 많은 연·은산지를 개발하고 있었는데, 그 이유가 어디에 있는지는 자세히 알 수는 없진만 추측할 수 있는 것은 우선 호조만이 연·은산지를 설점수세할 수 있다는 규정이 없었던 당시 호조 한곳의 개발능력이 오개군문과 8개도감영과 비교할 수 없다는 점이다. 군문과 감영들이 각각 한곳의 연점만 확보하더라도 13개소가 될 것이다. 그리고 또 하나의 이유는 군문이나 각도의 감영에서는 연점에서 주로 연철을 수취하였기 때문에 상품가치가 높은 은을 필요로 하는 채은자들에게는 호조소관하에서 세은을 납부하기보다 군문이나 감영소관하의 연점설치를 당연히 원했을 것이다.[73] 그리하여 연·은산지에서 채은관 또는 감관이 되고자하는 사람들은 호조를 피하여 군문이나 감영을 찾아가 연점설치를 청원했을 것이 당연하다.

이상과 같은 이유 때문에 전국의 연·은산지는 군문이나 감영의 소관하에 들어가고, 호조는 사실상 국가의 재무부서임에도 불구하고 단천공은점외에는 극히 보잘 것 없는 몇몇 은점을 확보하는 처지에 놓여 있었다.

2) 군아문·호조간의 연·은수세권 분쟁

호조는 매년 청나라에 천은(天銀) 1,000냥을 세폐(歲幣)로 보내다가 효종 4년에 완전히 면제되었지만[74] 반면 전술한 대로 단천세공은의 채

---

73) 南九萬「藥泉集」4 疏箚 五十度呈辭後乞免兼論採銀事箚, 肅宗 13년 3월 15일.
「… 此其勢又與前日各軍門 專於取鉛 略於取銀者 有不同矣 …」.
承政院日記 347 肅宗 18년 3월 5일.
「… 各軍門鉛店 則只納稅鉛 而不爲納銀 …」.

74) 增補文獻備考 160 財用考 7 附金銀銅.

납이 부실해져 현종 4년에는 600냥으로 감액책정하였다. 따라서 호조에서는 대청외교 및 무역상에 필요한 은화를 주로 왜관(倭館)의 세은(稅銀)에 의존하였지만, 왜은의 세입은 일정치가 못하였다.[75] 그런데 호조의 은화의 지출부문이 청나라와의 외교무역관계에만 한정되지 않았다. 임진왜란후 은화는 점차 국내의 상거래에도 중요한 유통수단으로 되어 더욱 그 수요는 증대되어 갔다.[76] 이러한 사정이 숙종 13년에 이르러 호조로 하여금 군문과 감영소관연점들에 대한 전관수세권(專管收稅權)을 장악해야 할 필요성을 절실하게 하였다. 그러나 군문이나 영문이 연점을 확보한데도 나름대로 군사상의 뚜렷한 명분을 지니고 있었으므로 군·영문의 연점을 탈취하기가 용이한 일이 아니었다.

그러나 호조에서 전관수세할 것을 주장하게 되는 직접적인 계기가 된 것은 경상도 영덕연점(盈德鉛店)에 대한 수세권 문제였다. 숙종 13년 정월 2일 영의정 김수항(金壽恒)은 왕에게 제반의 정무를 보고하는 자리에서 경상감사 서문중(徐文重)이 장계에서 지적한 영덕연점의 폐단문제를 간추려 보고 한 다음 그 대책으로서 영덕연점을 호조에서 전관수세할 것을 다음과 같이 제의하였다.

> "이른바 은점이라고 하는 것은 곧 연을 채굴하는 곳인데 영덕현의 은점에는 서울의 각군아문과 본도의 감영에서 감관을 파견하여 연철을 채취하고 있기 때문에 피역하고 투입한 놀고 먹는 무뢰배들의 수가 날

---

75) 備邊司謄錄 23 顯宗 4년 3월 8일.
「今三月初七日 迎接都監堂上 행형조판서허적 戶曹判書鄭致和 請對引見 鄭致和所啓 待彼物莫切於銀貨 而我國則端川歲貢不過千兩 此外雖有所産之處 而亦甚零星 國中所用 只倭館所出之銀而已 近年以來倭銀 亦不出來 繼用誠難 若無變通之道 則前頭之事 極可慮也 …」.

76) 柳承宙 : 「朝鮮後期鑛業政策論」 pp.568~576.

로 늘어나서 산골짜기에 꽉 들어찼습니다. 이들은 심지어 남의 처자를 약취하고 재물을 훔치니 해마다 계속되는 흉년에 혹 뜻밖의 환란이 없지 않을 것 같기 때문에 이같은 말씀을 드리는 것입니다. 또한 걱정되는 바 없지 않으니 신의 생각으로는 연철이 나는 곳은 반드시 은이 나는 곳이므로 지금 호조에서 구관토록 하고 그 일을 맡아 할 사람을 특별히 가려 감관으로 삼아 내려 보내서 채굴케 하되 은은 호조에 바치고 연철은 그해의 수입량을 계산하여 각 아문으로 분송하게 하면 남잡한 폐단은 여러 아문이 감관을 각기 파견함으로써 많은 인원이 한곳에 모여 있을 때와는 같지 않을 것이니, 그렇게 하는 것이 마땅할 것 같습니다. 그러나 호조판서 유상운(柳尙運)이 근래 신병으로 오랫동안 직무를 받들지 못하고 있으니 그가 출사할 때를 기다려 상의한 다음 품의하여 처리하는 것이 어떻겠습니까?"[77)]

고 건의하였고, 숙종도 그렇게 하라고 허락하였다. 이리하여 영덕은점은 마침내 호조에서 구관하게 되었고, 동시에 연·은을 수세하여 은은 호조에 남기고 연은 각군아문으로 분송하게 되었다. 그러나 유상운에 이어 호조판서에 임명된 이민서(李敏敍)는 이보다 한 걸음 나아가서 현재 전국에 개발된 모든 연은점을 호조에 이속시킬 뿐 아니라, 그 외의 개발되지 않은 곳도 개발함으로써 국내에서 생산되는 은화만으로도 충분히 통용될 수 있게 하고 다시는 타국에 의뢰하지 않겠다[78)]는 의도에서 새로운 관리방안을 제시하였다. 곧 호조에서 별장 2명을 차출하여 경상도와 평안도에 분송하고, 이미 설치되어 있는 연점의 감관들은

77) 備邊司謄錄 41 肅宗 13년 正月 初 2일.

78) 備邊司謄錄 52 肅宗 28년 2월 13일.

모두 혁파하고 새로 임명하는 별장으로 하여금 총관토록 할 것과 채굴한 연·은을 모두 호조에 납부하면 은은 호조에 남기고 연은 각 군아문에 분송할 것과, 별장에게는 인신(印信)을 주조해 지급하고 군현에 관문(關文)을 발송하여 사령(使令)·서원(書員)·통인(通引)·반비(飯婢)·노자(奴子) 등을 정해 주도록 할 것등을 골자로 한 것이다.[79)]

이 방안은 곧 숙종의 재가를 받았으며 별장 2명도 계하되었다. 재가를 받은 뒤 이민서는 좌의정남구만을 만나 이 사실을 알렸는데 남구만은 후폐(後弊)가 두렵다고 하면서 별장을 내려 보내지 말라고 하였다. 이민서는 왕에게, 입시한 대신들에게 물어봐 주기를 청하였고, 이에 영의정 김수항은 '남구만의 뜻은 본래 이러합니다. 전에 호조판서 유상운이 은을 채굴해서 재용에 보태쓰자고 청했을 때에도 신과 정재숭(鄭載嵩)은 편의하다고 말했는데, 남구만은 그렇지 않다고 하였습니다. 소신의 의견으로는 크게 폐단이 될 만한 것은 없으리라 여깁니다. 그러나 만약 본관으로 하여금 이일을 전관케 한다면 안하는 것만 못할 것입니다'고 하였고 숙종도 '이일은 앞서 이미 허락한 것이니 별장을 곧 내려보내도록 하라'고 하였다. 이민서는 '별장을 엄중히 계칙해서 민폐를 끼치지 못하도록 하는 것이 마땅합니다'고 덧붙였다.[80)]

이리하여 경상도의 영덕은점과 평안도의 성천(成川)은점을 비롯하여 특히 두 도내의 군·영문 소속 연점은 모두 임금의 재가를 받은 호조에서 파견한 별장의 전관수세하에 들어가게 되었다. 그러나 이에 대한 전말을 듣게 된 좌의정 남구만은 이틀 뒤인 3월 15일에 장문의 「오십

---

79) 南九萬 ;「藥泉集」4 疏箚, 五十度呈辭後乞免兼論採銀事箚(肅宗 13년 3월 15일) 및「竹石叢函」5 財賦 論採銀事箚 丁卯.

80) 承政院日記 320 肅宗 13년 3월 13일.

도정사후걸면겸논채은사차(五十度呈辭後乞免兼論採銀事箚)」를 올렸다.

남구만은 이 차자에서 연점의 폐단을 방지할 수 있는 방안과 호조별장제를 폐지해야 할 이유를 상세히 지적하였다. 먼저 연점의 폐단을 방지하는 방안으로서는 각 군·영문 소관하의 제도각읍 연점중에서 광맥이 충실한 곳만 남기고 모두 혁파하고, 존속시킬 연점도 정액모군제(定額募軍制)를 채택하여 정액모군은 장적(帳籍)에 올려 산연지의 제도각읍에 비치하여 감사와 수령이 증원을 감시토록 하며, 만약 임의로 증원할 경우에는 감관을 치죄할 뿐 아니라, 군·영문에 책임을 추궁토록 규정한다는 것이다.

다음 호조별장제가 혁파되어야할 이유로서는 첫째 감관제하의 연점은 각 연점마다 감관이 있어 단속하기가 용이하고, 또 감관은 군영문에서 사사로이 파견하였고 왕이 임명한 관원이 아니어서 감사와 수령이 규제하기 쉬웠지만, 별장은 왕이 임명한 정식 관원인데다가 봉명사신(奉命使臣)과 다를바 없으며, 한사람이 한 도내의 연점들을 모두 관장함으로써 연군을 단속키도 어렵고 감사와 수령이 별장을 간섭하기가 쉽지 않다는 점을 들었다. 둘째는 호조의 소득도 줄어들 것이라는 점이다.

군영문의 연점은 연을 수취하고 은은 거의 수취하지 않았는데, 지금 연·은을 동시에 수세하서도 단천공은점처럼 연군들의 공물과 잡다한 요역을 감면해 주지도 않으니 부득이 연군들은 그 생활을 채굴한 연은에 의존하지 않을 수 없고, 별장도 적은 급료로는 생활이 안 될 것이므로 역시 연은을 수취할 것이 당연하다는 것이다. 셋째는 농민들의 바람은 먹을 것을 얻는데 있고 은화를 구하려는데 있지 않는데, 조정에서 관원을 파견하여 백성의 구묘(丘墓)와 가옥을 굴착해 파괴하고 연점을 확장한다면 山野산과 들은 날로 황폐할 것이니 경외민인들의 소망을 상실케 할 것이라는 것이며, 넷째는 지금 임명된 별장중 한 사람은 관서지방의 천예(賤隸)로 일찍이 허적의 집 거간군으로 있으면서 죄를 저질러 숙종 6년의 서인(西人)집정시에 형신(刑訊)을 당했던 자인데 지금 왕명을 받들고 더욱이 고향땅인 관서의 별장으로 파견됨은 부당하다는 것이며, 다섯째는 광군이 국가의 안위와 관계된 중국의 고사(故事)를 들어 철저히 검속할 것을 지적하였던 것이다. 곧 원나라 말에 각처에서 일어난 군도(群盜)들 가운데 대부분이 금은광산에서 나왔다는 것이고, 명나라말기에 신종(神宗)이 광군을 속였다가 결국 제위(帝位)를 잃고 나라를 망치게 한 결과를 초래하였다는 것이다.[81]

이와 같은 남구만의 차자에 대하여 숙종은 묘당으로 하여금 숙강(熟講)해서 처리케 하라는 교지를 내렸고, 3일 뒤인 3월 18일에 영의정 김수항은

> "신의 의견으로는 만약 호조로 하여금 주관케 한다면 그 폐가 혹 각 군문에서 설점할 때보다는 적을 것도 같고 또 약간이나마 채굴한 은을 수취하여 경용에 보충할 수가 있을 것 같기 때문에 이처럼 진달하고 호조로 하여금 상의하여 품처토록 청했던 것이며, 호조판서이민서는 이로 말미암아 정탈을 받았고 아울러 관서의 채은처에도 별장을 파견할 것을 청한 것입니다.(중략) 지금 좌의정의 차자를 보니 글의 뜻이 엄정한 데다 역대의 채은·광세문제가 국가를 멸망케 한 증거까지 열거하여 두려운 마음 그지 없습니다. 양도에 채은별장을 파견하는 일은 곧 그만

---

81) 南九萬 ;「藥泉集」 4 疏箚, 五十度呈辭後乞免兼論採銀事箚, (註(79)에 계속된 記事임).

두게 하는 것이 마땅하며(중략) 좌의정의 차자에서 언급한대로 각아문과 각영문이 제도에 가지고 있는 연점과 모군수를 모두 계산한 다음 참작해서 감액책정하고 본도로 하여금 엄격히 금단하도록 함이 좋겠습니다."[82]

고 하였다. 이에 숙종도 '양도의 별장은 내려 보내지 말고 연점의 단속 문제는 좌의정이 출사한 뒤에 의논해서 정하는 것이 옳다'고 하였다. 그러나 그로부터 보름이 지난 4월 3일에 다시 영의정 김수항은

"지난번 판부사 남구만의 차자로 말미암아 채은별장을 파견치 않을 것은 이미 정탈되었지만 은점의 난잡한 폐단도 변통하지 않을 수 없습니다. 이민서는 말하기를 사체를 두고 말하더라도 본관으로 하여금 수세토록 맡겨 호조에 납부하면 은은 경용에 보태고 연은 각군문에 분송함이 마땅하다고 하는데 신의 의견으로도 민서가 한 말이 사체상 당연하나 이런 일은 오로지 본관에게만 위임하면 틀림없이 착실하게 실행하지 못하여 마침내는 혹 본읍의 민폐가 될 가능성이 있으므로 걱정됩니다".

고 진술하였고, 이에 호조판서 이민서가

"대전(大典)에는 사사로이 채은하는 자는 교형(絞刑)에 처한다고 기재되어 있는데 지금 만약 채은함을 알면서도 수세치 않는다면 이는 사채행위를 허용하는 결과이니 어찌 법전의 본의에 위배되지 않는 일입니

---

82) 備邊司謄錄 41 肅宗 13년 3월 19일.

까. 별장을 파견하면 행동거지가 무겁게 될 것 같은데다 민폐가 되니 혁파함이 실로 마땅하지만 본관으로 하여금 구관하고 수세케 한다면 사체상 당연합니다. 그리고 각아문에서 이미 채연키 위해 파견한 감관들을 지금 만약 전부 보내 버리고 납세도 아울러 한곳으로 귀속시켜 버리면 민폐 또한 없어질 것입니다. 신의 진달하는 바는 다만 나라의 체면상 당연하다는 것이며, 본조가 사소하게 수세하여 이익을 보겠다는 뜻에서가 아닙니다."[83]

고 말하였다. 이에 우의정 이단하(李端夏) 또한 별장을 파견하지 않을 바에는 본관으로 하여금 구관수세케 하는 것이 옳다고 하였고 숙종도 본관으로 하여금 구관수세케 하고 은과 연을 모두 호조에 납부케 하도록 결정하였다. 이리하여 별장으로 하여금 구관수세케 하려던 계획은 취소되고 본읍의 수령으로 하여금 수세케하는 곧 「수령수세제(守令收稅制)」로 바뀌었던 것이다.

이에 따라 숙종 13년(1687) 4월부터 5개월간은 수령수세제가 전국의 연은점에 적용되었던 것이나 동년 9월에 남구만이 영의정으로 입사하게 되면서 수세권문제를 또 한번 거론하게 되었다. 영의정 남구만은 은점의 수세문제에 대하여 수령수세제의 폐단을 지적하면서 호조판서 이민서의 의견을 들을 것을 제의하였고 이에 이민서는 '우리 나라는 명나라에 은을 공납하는 일이 없어지면서 비록 채은을 금단하는 규정은 있으나 대전(大典)에는 채은을 허용한다는 문구가 실려 있는 것으로 보면, 완전히 금단하는 것은 아닌 것 같으며, 더구나 근래는 백성들

83) 承政院日記 321 肅宗 13년 4월 3일.

중 산에 들어가 사채하는 자들도 많으니, 그들이 사채하도록 내버려 두고 수세하지 않는 것도 불가한 것이라'하고 채은 수세할 것을 주장하였다. 그러나 이때 좌부승지 박태손(朴泰遜)은

"신이 본도의 감사로 있을 때 문서 가운데 거두지 못한 은 500여량이 기록되어 있기에 그 곡절을 물었더니, 채은하는 무리들은 아침에 몰렸다가 저녁에 흩어지고 일정한 점소(店所)가 정해 있지 않기 때문에 일일이 수봉하지 못하여 미수은(未收銀)이 있게 되었다고 하였습니다. 대개 채은시 감관이라고 하는 자들은 혹 2,30명을 거느렸거나 혹 10여명을 거느리고 있는데 만약 은맥이 산출되었다는 소문만 들리게 되면, 일시에 운집하니 이들은 모두가 생활터전이 없고 장적(帳籍)에 등록되어 있지 않은 무리들이기 때문에 은맥이 단절되어 버리면 모두 흩어져 버려 비록 세은을 징수하려 해도 도저히 어떻게 할 수가 없는 것입니다. 만약 호조에서 구관하여 매년 세은장적에 기록된대로 징수하기를 해호(海戸)에서 염분세(鹽盆稅)를 징수하듯 한다면 침탈하는 근심이 인족에만 미칠 뿐 아니라 또한 각읍의 큰 폐단이 되고 말 것입니다."

고 하여 호조구관하의 수령수세제에 대하여 불합리한 점을 지적하였다. 이상과 같이 상반되는 주장을 들은 다음, 영의정 남구만은

"국전(國典)에는 과연 은을 사사로이 채굴하는 자는 문형에 처한다는 명문이 있습니다. 이는 祖宗朝때에 연을 취용한 일이 없었기 때문에 이처럼 금령을 설정한 것입니다. 그러나 조총이 있게 된 뒤부터 연환을 사용하지 않을 수 없게 된데다가 연은 은과 더불어 한군데서 같이 산출

되니 어찌 연만 채굴하고 은은 채굴하지 않을 수가 있었겠습니까. 지금에 이르러서는 조종조의 법문을 가지고 말할 수는 없게 되었습니다. 서문중의 당초 장계가 본디 은점의 모군으로 무뢰배가 많이 몰려드는 폐단을 금하고자 하는데 있습니다. 지금 만약 호조가 동일 광산에서 이미 은세를 징수하는 위에 또다시 연세마저 징수하여 각 군문에 분송하게 된다면 그 모군의 수가 반드시 전일의 배가 된 연후에라야 족히 될 것이니, 당초의 장계본의와는 어찌 크게 서로 틀리지를 않겠습니까. 그 외에 불편하고 시행키 어렵다는 점에 관한 의견은 이미 신이 전날의 차자에서 다 지적하였었고, 도신의 장계에도 올려 있어 낱낱이 들추기가 어렵거니와 대체를 두고 논하더라도 각도에서 세은을 거두는 법은 결코 지금 창시(創始)해서 안되며 신의 뜻으로는 단연코 시행해서는 안된다고 생각합니다."[84]

고 하였고, 숙종도 수령수세제를 중지하는데 의견을 같이 하였다. 이리하여 숙종 13년의 호조릐 전관수세권문제는 한동안 전국의 연은점을 수령수세제하에 두기도 하였지만 결국 영덕·성천은점의 수세권이 호조에 이관되었을 뿐 제도의 연점수세권은 종래대로 군영문에 환원되었다.[85] 그러나 영덕과 성천은점은 매우 풍부한 매장량을 보유하고 있었던 산은지였기 때문에 군영문으로서는 손실이 막대하였으므로 그 이권을 끝내 포기하려 하지 않았다. 따라서 이듬해 숙종 14년(1688)에 호조판서 유상운이 '은점은 마땅히 호조에 속한 것인데도 제군문에서 이따금 보낸 차인(差人)들이 「침탈하고 폐단을 짓고 있으니 군문의 차

84) 承政院日記 324 肅宗 13년 9월 13일.

85) 備邊司謄錄 52 肅宗 28년 2월 13일.

인을 몰아내고 호조에 전속케 해달라'고 하고 있었다.[86)]

그러나 숙종 15년(1689)에 기사환국으로 서인정권이 물러가고 남인정권이 들어서면서 연은점의 수세권문제는 또다시 거론되었다. 동왕 16년(1690) 정월에 호조판서 오시복(吳始復)은 전국의 군아문 연점에 대한 수세권을 호조에 전속시킬 것을 다음과 같이 제기하였다.

> "외방 각읍에는 산연지가 매우 많은데 모취된 자들이 모두가 무뢰배들이어서 은광을 채굴하고 제련할 때면 폐단이 없지 않았습니다. 본조에서 일찍이 구관하지 않았던 것도 민간에 해를 끼칠까 염려한데서입니다. 근래 각군문에서는 감관을 각도열읍에 분송하여 연과 은을 수납함이 이미 규례가 되었습니다. 채은행위를 금지하지 않을 바에는 호조가 구관수세함이 사리상 당연하며 항차 근래에는 칙수(勅需)를 조달하기 어려워 은을 무입하는 형편에 이르렀습니다. 각 처의 은점수세를 군문의 경우와 꼭 같이만 실시한다면, 연간 한번의 칙수은은 민력을 소모하지 않고도 얻을 수 있으니, 이 이후부터는 영덕은점례를 좇아 제도의 산은처를 모두 호조에서 구관수세함이 어떻겠습니다."

이에 숙종도 호조에서 수세하는 것이 마땅하다고 하고 이를 곧 허락하였다. 이리하여 전국의 군아문 소속 연점은 다시 호조의 구관수세하에 들어가게 되었다. 그러나 이때 금위영 제조직을 겸대하였던 행병조판서 민암(閔黯)이

86) 備邊司謄錄 52 肅宗 28년 2월 13일.

"금위영을 두고 말하면 매월 입번(入番)하는 군사가 1,300명이나 되어 3차의 습진(習陣)과 10차의 중일시재 및 매일 사습할 때 소모되는 연환의 수량이 매우 많습니다. 연철이 비록 귀하지 않다고는 하지만 만약 은·포로써 구입해 사용하려 한다면 유한한 재화로써 무한한 소비에 충당해야 하니 도저히 지탱하기 어렵습니다. 연점을 지금 만약 호조에서 구관수세하게 되면 군문들은 장차 호조에 요구해야 할 형편인데 호조는 본래 일이 많은 곳이라 책임있게 연철을 보내주지 못 할 것이며, 군문들로서도 매번 요구하기가 또한 불편하니 그 가운데 몇 개의 연점을 군문들에 적절히 나눠줌이 좋을 것 같습니다."[87]

고 하였다. 이 발언의 결과가 어떻게 되었는지는 분명하지 않지만 숙종 20년(1694) 갑술환국으로 서인정권이 들어선 뒤 동왕 28년(1702)에 이르러 연점문제가 재론되었을 때, 행병조판서 김구(金構)가 발언한 가운데, 그때 금위영(행병조판서민암)의 요청에 따라 연점 10개소를 금위영에 나눠주어 지금까지도 수세하고 있다고 하였고, 그는 이어 말하기를 '신이 아는 것은 금위영에 관한 일이며, 다른 아문에 대해서는 어떻게 하였는지 자세히는 알 수 없으나 다른 군문도 지금까지 연점을 수세하고 있는 것으로 보아 그 당시에 군문의 연점이 모두 혁파되지는 않았던 것임을 알 수 있습니다.'[88]고 한 것으로 볼 때 숙종 16년에 호조가 전국의 군문 연점을 흡수하려던 노력은 연환의 필요성이 절실한 금위영등 군문들의 요구로 말미암아 성과를 거두지 못하였던 것 같다. 그러나 금위영에 10개처의 연점을 허락해 준 것을 위시하여 각군문에도

87) 承政院日記 339 肅宗 16년 정월 15일.

88) 備邊司謄錄 52 肅宗 28년 2월 13일.

몇몇개의 연점이 허용된 것은 확실하지마는 그 밖의 각도감병영의 연점은 모두 호조의 구관수세하에 들어 갔던 것으로 여겨진다.

숙종 18년(1692) 2월에 좌의정 목래선(睦來善)은 '북병사(北兵使)가 연환을 마련하기가 어렵다고 걱정하였습니다. 비록 물력이 있어도 서울에까지 와서 사 가지고 가야하기 때문에 거리가 너무 멀어 어렵다는 것입니다. 듣건대 함경도에는 연철산지가 많다고 하니 만약 연점을 설치토록 허락한다면 연철을 제련하여 쓸 수 있을 것입니다. 그러나 연점을 많이 설치하고 보면 폐단이 생길 것이니 함경감영과 남북병영으로 하여금 3개처만 설점하도록 허락함이 어떻겠습니까'고 청하여 왕의 허락을 받고 있었다.[89] 그리고 동왕 19년(1693) 8월에는 예조판서 유명현이 또한 '삼남의 월과연환가는 의례적으로 상평청에서 공물주인에게 출급하여 연환을 제납토록 하여 왔는데, 근래 본청의 지출이 너무 많아 월과가를 마련하기가 몹시 어렵게 되었으니 연점 4, 5개소를 본청에서 설점 채굴하여 충당하면 어떻겠습니까'고 건의하여 또한 숙종의 윤허를 얻었다.[90] 이처럼 함경도의 경우나 상평청의 경우, 왕의 재가를 구하여 제한된 범위내에서 연점을 설치하게 되었다는 사실은 종래 각군아문이 자의로 설점하던 통례와는 달리 이제는 정부의 통제를 받게 되었음을 의미하는 동시에 호조에 의한 전관수세제가 강

89) 備邊司謄錄 46 肅宗 18년 2월 9일.
「左議政睦來善所啓 北兵使以鉛丸難備爲悶 而雖有物力 亦難遠貿於京中 聞北方多有鉛鐵所産之地云 若設鉛店 則可以吹成鉛鐵 而第多數設店 則亦似有弊 令監營及南北兵營 只設三處何如 上曰 依爲之」.

90) 承政院日記 400 肅宗 19년 3월 18일.
「禮曹判書柳命賢所啓 三南月課鉛丸之價 例自常平廳 出給貢物主人 使之備納 而近來本廳費用浩多 價本辦出苟簡 採鉛四五處 自本廳募得 以爲採取補用之地何如 上曰 依爲之」.

한 기반을 굳혀가고 있었다는 반증이기도 하였다.

그러나 각도의 감병영에서는 정부의 강력한 호조수세 일원화정책에도 불구하고 계속 은점의 개발에 착수한 듯하나, 특히 평안도의 경우가 더 심했던 것 같다. 연대는 확실치 않으나 이유(李濡)가 호조판서(숙종 23년(1697) 10월~24년 6월까지 재직하였음)로 있을 때 '평안도에 있는 은점들의 은군과 연군을 호조에 전속시키고 관향사(館餉使)는 구관하지 못하도록 재차 아뢰어 품지(稟旨)로 신칙하였다.'[91]고 한다. 그러나 평안감영의 은광개발은 그 뒤에도 여전히 계속되었고 심지어는 호조에 귀속된 은점과 연군마저 침탈하였다. 이 때문에 숙종 26년(1700) 3월에 이르러 호조판서 김구는 다시

> "지금 평안감영에서 은점을 설치하고 백성을 모집하여 채굴하면서 여전히 호조 소속 은점의 연군들을 침탈하고 있습니다. 주객과 원근의 형세가 또한 다르기 때문에 호조로서는 어떻게 할 도리가 없습니다. 채은문제는 본래 호조의 구관사항이라 설사 그간에 과연 이해관계가 있어 반드시 관향사가 구관해야 한다고 하였더라도 조정의 명령으로 이미 신칙한 뒤이니 오히려 편부(便否)를 자세히 아뢰어서 처분을 기다리는 것이 마땅한 일이거늘 어찌하여 마음대로 폐각해 버릴 수가 있단 말입니까. 부질없이 신칙만 하는 것이 비록 도움될 것이 없을 것 같기는 하지마는 채은문제는 호조에서 전관하고 관향의 은점 연군은 모두 호조에 이속할 것을 다시 신칙 분부함이 어떻겠습니까."[92]

91) 備邊司謄錄 51 肅宗 26년 3월 22일.

92) 備邊司謄錄 51 肅宗 26년 3월 22일.

고 청하여 왕의 허락을 받았다. 이리하여 이유가 호조판서로 있었던 동왕 23년경에 이어 관향사 소관 은점과 연군은 호조에 귀속됨을 재확인한 것이다. 그리고 호조판서 김구는 그의 재임 기간 중에 호조에 속한 전국의 은점 중에서 산출량이 풍부하지 못한 대다수의 은점을 폐쇄해 버렸다고 한다. 곧 그가

> "전국의 은점수는 무려 60~70개소에 달하지만 그 가운데서는 설점한지 여러 해가 지났어도 1전도 납세치 않은 은점 또한 많이 있으며 첩문(帖文)을 손에 쥐고 군역을 면하려고 도모하여 시골마을에 횡행하며 작폐하는 자들이 여러 도에 깔려 있습니다. 이 때문에 신이 호조판서가 되어서는 모두 혁파해 버리고 성천·영덕 등 산은량이 다소 풍부한 곳 약간만을 남겨 두었을 뿐입니다."[93]

고 한 것을 보면, 숙종 26년 현재 호조의 수세은점으로 남게 된 것은 불과 성천·영덕은점등 산은량이 풍부한 곳에 한정되었던 것 같다.

이상과 같이 숙종 13년 이래 은점에 대한 호조의 전관수세권은 수차례나강조되어 왔다. 하지만 군·영문과 상평청 등은 연환을 조달하기 위하여 연점을 확보하려 하였고, 평안감영과 일부 군문들은 임의로 감관을 파견하여 설점수세하거나 호조에 소속한 은점 연군들을 횡탈하기도 하였다.

곧 호조의 전관수세권이 확고해진 것은 아니었고 금위영을 비롯하여 각군문과 상평청·함경감병영 등에서도 비록 제한된 범위 내에서지

93) 備邊司謄錄 52 肅宗 28년 2월 13일.

만 설점수세권을 보유하고 있었다. 따라서 호조에 귀속된 연점들이 충실한 것일 수가 없었다. 소속 은점 60,70개소중 세은을 징수할 만한 곳은 영덕·성천은점 외에 불과 수개소에 지나지 못하였기 때문에 호조의 은부족현상은 여전히 면할 수가 없었고, 은점을 확보하려는 노력은 더욱 강해졌다. 숙종 28년(1702)에 다시 호조판서 김창집(金昌集)은 군문연점이나 감병영의 연은점을 막론하고 전국의 연은산지를 모두 호조에 귀속시키려는 의도에서 제군문에 소속된 연점을 모두 혁파하여 호조에 전속시켜야 한다는 주장을 하기에 이르렀고, 이에 대하여 금위영제조를 겸대한 행병조판서 김구는 다음과 같은 내용의 반론을 제기하였다.

"대개 은점은 비록 호조에서 마땅히 관장해야 되는 것이지만 호조에 소속된 은점의 수가 이미 많은 데다 그 이외에도, 이를테면 염분(鹽盆)·어전(漁箭)·선척(船隻)·공장(工匠)·간가(間架)·저칠(楮柒)·재판(材板) 등 수세할 데가 매우 번다하기 때문에 상찰할 수가 없어 곳곳에 누락되는 곳이 있음을 신이 호조판서를 거쳤기 때문에 그런 폐단을 잘 알고 있습니다. 무릇 일이란 옛날과 지금이 다른 것이 마땅하니 호조에서 자세히 살펴 관장하지 못하는 것을 군문이 별도로 수습하여 군수에 충당하는 것도 나쁘지 않을 것이며, 여러 궁가(宮家)나 각아문의 염분·어전·선척 등도 법전대로 말한다면 그 어느 것인들 호조가 마땅히 관장해야 할 것이 아닙니까. 그러나 지금 역시 한결같이 법전을 준수하지 못하고 있는 것도 형편상 부득이한 점이 있기 때문입니다. 은화에 있어서도 그것이 우리 나라에는 없는 것이어서 언제나 타국 것을 구입해서 사용하며, 우리 나라 것으로는 단천·성천·영덕은이 있을 뿐이고 그 외에 비록 소소하게 취련하고 있는 공사간 몰래 설치한 은점이 간혹 있기는 하지마는 호조에서는 모르고 있습니다."

고 하고, 그는 이어서 호조에서 구관하고 있는 은점 외의 신구은점에 대한 군문수세의 합리성을 피력한 다음, 숙종 13년 이후의 은광업정책이 호조전관수세제를 지향하고는 있었으나, 군아문의 연점을 모두 혁파한 적은 없다는 사실을 사례로 들어 개진하였다. 그리고 '호조가 비록 은은 호조에 남기고 연은 각군문으로 분송하겠다고 하였지만, 사실상 십 수년에 걸쳐 한푼의 연철도 호조에서 제군문으로 이송한 적이 없었으니 다만 실행하지 않는 공언(空言)에 불과하였다.'고 지적하였으며, '각처 은점중 제군문이 직접 개발한 것은 군문에 소속시켜 군수에 충당케 하는 것이 형편상 순편하다'고 주장하였다. 또 그는 숙종 16년에 행병조판서 민암의 요청으로 금위영에 10개소의 연점을 떼어 준 사실을 예시하면서, '그 10개처를 획급하라는 전지(傳旨)를 두고 말하더라도 지금까지 그 숫자를 채우지 못한 것이 많다.'고 하고 제군문은 대신들이 겸직하는 아문인데도 불구하고 은점문제를 상의도 없이 호조에서 마음대로 처리해 버리는 태도를 통박하였고 이에 숙종도 마침내 묘당으로 하여금 품처토록 하였다.[94] 이리하여 4개월여가 경과한 동년 6월 25일에 영의정 서문중은 묘당에서 의논해 정한 사실을 종합보고하기를,

"전병조판서 김구가 각군문에 소속된 은점을 호조에 전속시킨다는

94) 備邊司謄錄 52 肅宗 28년 2월 13일.

> 것은 매우 불편하다고 계품한데 대하여 전하께서 묘당으로 하여금 품처하라 하였습니다. 대체로 채은 문제는 호조에서 구관함이 마땅하고 군문에 이속함은 마땅치 못한데도 군문에서는 연철을 취용할 목적으로 은점을 설치하고 있습니다. 그러나 채은 문제는 호조로 하여금 전관토록 하고 연철은 혹 호조에서 군문으로 이송하는 것이 옳을 것 같습니다."

고 하였다. 이에 대하여 김구의 후임으로 병조판서에 오른 이유가

> "지금 마땅히 은군과 별장을 혁파하고 평안감사로 하여금 거느리고 있는 군관 중에서 일찍이 수령을 지낸 자로서 천류고(泉流庫)를 겸찰(兼察)케 하고, 또 본고(本庫)의 별장을 가려뽑아 힘을 모아 착실히감독하도록 할 것이며, 타도도 은점이 있는 곳은 역시 이와 같이 하되 은은 호조에 전속시키고 연은 군문에 귀속시킴이 마땅할 것 같습니다."

고 제의하였으나 받아들여지지 않았다. 이어 좌의정 이세백(李世白)이,

> "평안도에 있는 은점이나 그 외 다른 도에 있는 은점이거나를 막론하고 은점은 모두 호조에 전속시키고 연철도 호조에서 구관하여 군문으로 이송하는 것이 좋을 것 같습니다."

하고 건의하였고, 숙종도 호조에 전속시키고 호조로 하여금 그 절목(節目)을 정하도록 하는 것이 좋다고 재가하였다.[95] 이상과 같이 하여 숙종 13년(1687) 이래 15년간 끌어온 연은점에 대한 호조의 전관수세권문제

95) 備邊司謄錄 52 肅宗 28년 6월 26일.

는, 숙종 28년(1702) 6월 25일에 비로소 군·영문소관 연은점을 모두 호조에 이속시키고 호조만이 연은점의 설점수세권을 갖도록 결말이났다. 곧 숙종 28년(1702)의 호조전관수세규정은 종래 각군·영문이 가지고 있었던 설점수세권을 박탈한 것이며, 호조만이 연은점에 대한 설점수세권을 갖도록 공인한 조처였다.

그러나 군영문이 필요로 하는 연환의 조달문제는 근본적으로 해결하지 못하였고, 다만 호조에서 연철을 분송한다는 불확실한 방안을 기초로 하여 성립되었을 뿐이다. 따라서 군영문은 대량으로 소모되는 연환의 제조원료를 오직 호조의 분송품에만 의존할 수 없었으므로 연광의 직접적인 개발을 필요로 하였고 또 은의 사회적 수요가 증대됨에 따라 군영문의 은에 대한 필요성도 증대하였다. 특히 감병영의 경우에는 연은산지를 소관지역내에 두고 있었기 때문에 더욱 더 규정을 준수하려 들지 않았다. 그런데 숙종 28년의 규정은 호조의 전관수세권을 공인하는 하나의 원칙상의 의의를 지니는 것이었고, 이를 위반하는데 대한 처벌규정이 마련되었던 것은 아니었다.

이 때문에 경내의 5군문이나 제도의 감병영에서는 연은점의 설점수세권을 요구하는 동시에 임의로 연은점을 설점수세하려 하였다. 때문에 호조와 군·영문간에는 또다시 연은점의 설점수세권을 둘러싸고 치열한 경쟁이 벌어졌다. 그러나 이 이후의 호조와 각도감영간에 야기된 은점의 설점수세권 분쟁은 서술상의 문제로 제4, 5장에서 상론키로 하고 여기서는 5군문에 의한 연점의 설점수세문제만 살펴보려 한다.

5군문은 숙종 28년의 규정에 따라 그동안 설점수세해 왔었던 연점들을 모두 호조에 이속하고 오직 호조에서 수봉하여 분송하는 연철만으로 수용연환을 주조할 수 밖에 없도록 되었다. 그러나 호조에서는 세은을 수취하는데만 급급하여 세연을 군문에 분송할 생각은 갖지 않았기 때문에 숙종 33년에는 훈련도감의 강력한 요구로 군문에서도 호조소관은점에 별장을 파견하여 연철을 수세하도록 결정되었다. 그러나 이때 호조에서는, 만약 군문이 세연을 수취하기 위하여 이중으로 별장을 파견한다면 민폐가 크다고 반대하였고, 호조가 세연을 수봉하여 분송할 것을 약속하므로서 군문별장의 연철수세안은 묵살되고 말았다.[96] 이 이후 군문에서는 호조와 더불어 설점수세권을 다투지 않았고 한 두 개소씩 청득(請得)하기 위하여 내세운 명분과 주장은 역시 숙종 28년 이후 호조가 세연을 군문에 분송하지 않으므로 자체내의 수용연환을 조달할 길이 없다는 것이었다.

이러한 명분과 주장을 가지고 군문에서는 각기 한두개소의 신구(新舊鉛店)을 확보할 수 있었다. 곧 숙종 38년(1712) 8월에는 약방도제조 이이명(李頤命)의 요청으로 금위영에서는 호조소관 황해도 곡산연점의 수세권을 얻게 되었고,[97] 경종 2년(1722) 10월에는 수어사 박필몽(朴弼夢)이 요청하여 충청도 청풍과 단양의 산연지를 설점수세하게 된데[98] 이어 이듬해에는 함경도 고원연점의 수세권도 청득하였으며,[99] 同王

96) 承政院日記 905 英祖 16년 正月 20일.

97) 承政院日記 470 肅宗 38년 8월 3일.

「藥房入診時 都提調李頤命所啓 … 且禁衛營 以新設軍門 藥丸措備之道甚艱 故戶曹屬海西谷山鉛店 曾有啓稟 移屬本營矣 今聞自海營曾亦設店 募軍於此地 徵納鉛鐵云 京外兩營同採一店 事多相妨 募軍亦不可支堪 本營殊無請得之效 自今專屬於本營 海營則道內他產鉛地 可以移設 勿爲如前徵納鉛鐵 谷山店事 分付本道何如 上曰 依爲之」.

98) 承政院日記 546 경종 2년 10월 2일.

99) 備邊司謄錄 75 景宗 4년 5월 3일.

4년(1724) 5월에는 어영청에서도 전라도 금산의 산연지를 설점수세할 수 있었다.[100] 이리하여 금위영·수어청·어영청은 각기 한 두 곳의 연점을 획득 하였지만 훈련도감과 총융청에서는 훨씬 뒤인 영조 16년(1740)에 이르러 연점 문제를 제기하였다. 훈련도감은 동년 정월에 훈련대장 구성임(具聖任)의 요청으로 곡산은점의 연철수세권을 청득하였다.[101]

이리하여 훈련도감에서는 숙종 28년(1702) 이후 무려 38년 만에 처음으로 연철수세권을 얻게 된 셈이었다. 이 곡산은점은 이미 숙종 38년(1712)에 금위영에서 청득한 바 있는데 그것과는 별개의 것인 듯하다. 그것은 곡산에 은점이 반드시 하나만 있었다고 볼 수 없는데다 훈련도감에서 요구할 때 금위영 문제를 거론하지 않았다는 사실이다.

훈련도감에서 곡산은점의 연철수세권을 획득함으로써 5군문 중에 연점을 보유하지 못한 곳은 총융청 뿐이었다. 따라서 총융청에서도 동년 6월 14일에 총융사 박찬신(朴纘新)이 훈련도감례에 따라 호조소관 은점중 한 곳을 수세할 수 있도록 요청하였다.[102] 그러나 좌의정 김재로(金在魯)가 훈련도감은 사체가 자별한 데다 모두가 포수들이라 연환의 수용이 특별히 많지만 총융청은 3군문에 비하면 역시 차이가 있는 것 같고, 또한 다른 군문에서 연달아 제기하여 시끄럽게 될 폐단이 있을 것이니, 그만 두는 것이 옳다고 건의하여 총융청의 제의는 묵살되고 말았다.[103]

100) 備邊司謄錄 75 景宗 4년 5월 3일.
101) 承政院日記 905 英祖 16년 正月 20일.
102) 備邊司謄錄 106 英祖 16년 6월 15일.
103) 承政院日記 115 英祖 16년 閏 6월 18일.

요컨대 군영문에서는 숙종 28년 6월에 소관 연점의 수세권을 호조에 빼앗겼을 뿐 아니라, 설점수세권마저 박탈당하였으므로 비록 뒤에 한 두개소를 차지하였다고는 하나, 사실상 이 시기부터 군·영문의 연점은 몰락하였다.

3) 연점의 경영실태

효종~숙종연간에 군영문에 의하여 설점수세한 연점은 전국에 얼마나 되었는지 확실치 않지만 군영문에 의한 연점설치는 숙종 13년에 이르기까지 활발하게 진행되었다. 호조에서는 단천공은점 외에는 불과 파주·교하·춘산·공산·곡산 등지를 개발하였을 뿐이다. 「만기요람」에 의하면,

> "숙종 13년에 호조로 하여금 은점을 전관케 하고 별장을 파견하여 감독하고 세금을 징수토록 하였다. 이 뒤부터 은점은 제도에 깔렸는데 전후에 설치된 것이 합쳐 68읍이었다."[104]

고 하였다. 곧 숙종 13년에 호조가 일시 은점의 전관수세권을 인정받고 영덕·성천은점에 별장을 파견하여 수세한 이후 은점 수는 증가하여 68개읍에 달했다고 한다. 그렇다면 68개 읍은 숙종 13년 이후의 숫자임이 분명하나, 정확한 시기는 알 수 없다. 다만 숙종 26년 현재

「(左相 金)在魯曰 向於講筵 摠戎使朴纘新陳達 依訓局例 劃得戸曹銀店一處 自本廳借送將校 稅銀則納於戸曹 鉛鐵則補軍需事 有所仰請 自上頗示持難之意 而有令廟堂酌量 稟處之命矣 訓局則事體自別 且全是砲手 鉛丸需用特多 而摠戎廳 則此三軍門 亦似有間 且有他軍門繼起紛紜之弊 置之勿施何如 上曰初旣示意 置之可也」.

104) 萬機要覽 財用篇 4 金銀銅鉛條.

호조판서로 있었던 김구가 당시 각도의 60~70개 소에 달한 은점 중에서 성천·영덕은점 등 약간 충실한 약간의 은점만 남겨 놓고 모두 혁파해 버렸다고 하였고, 또 숙종 26년 3월에 그는 평안감영의 은점을 모두 호조에 전속시킬 것과 아울러 채은 문제는 호조가 전관할 것을 주장하여 공인된 바 있었다.[105] 이때에 호조는 비로소 전국의 연은점을 완전히 파악한 것이었고, 60~70개소는 68개 읍을 범칭한 숫자일 것이므로 만기요람의 68개 읍은 숙종 26년 현재의 통계수자일 것으로 생각된다. 따라서 호조가 숙종 13~26년간에 군영문으로부터 흡수한 수세은점 가운데 당초의 군영문소관 연점이 얼마였던지는 정확히 가려낼 길이 없지만, 그중 적어도 70~80%는 족히 되었을 것 같다.

군영문에 의한 이들 연점의 설점수세제에 대해서는 사료가 빈약하여 구체적으로 설명하기가 어렵지만 연점도 군영문에서 설점수세해온 군수광산이었다는 점에서, 우선 동시대 다른 군영문광산의 관리경영형태에서 그 유사성을 찾아 볼 필요가 있다. 그것은 첫째, 전술한 훈련도감의 철현진사례가 연점에도 적용되었을 가능성이 있다는 점이다. 그 한 예로서 효종 2년 7월에 훈련도감이,

> "강계(江界)·갑산(甲山)사이에는 옛날에 여연(閭延)·무창현(茂昌縣) 등이 있었고 토지가 비옥하여 오곡이 잘 되었지만 그곳이 파저야인(波猪野人) 땅과 가깝기 때문에 폐허로 된 지가 백여년이 다 되었으니 실로 애석한 일입니다. 지금은 파저부락이 철거된지 이미 오래되었고, 왕년에는 부민(府民) 전순민(田舜民) 등이 상소하여 현(縣)을 복구하도록 청

---

105) 備邊司謄錄 52 肅宗 28년 2월 13일.

> 하였으나 비변사에서 연혁(沿革)을 들어 어렵다고 하였으니, 감히 가벼히 제의할 수는 없습니다. 그런데 일찍이 강계부사의 편장(偏將)으로 있었고 그곳의 사정에 익숙한 출신(出身) 이의(李義)라는 자가 근자에 훈련도감에 글을 올리기를 '만약 백성을 모아 둔전을 설치하도록 허락해준다면 100여호(戶)로 그땅을 개간하여 매년 수천석의 곡식을 거둘 수가 있고, 또 철을 취련하고 연철도 채굴할 수가 있으니 둔전별장에 임명하여 그 일을 전담토록 해달라'는 것이었습니다. 이는 현(縣)을 복설하는 것과 다르며 공한지에 농사를 짓고, 철물을 취련하여 도감의 수용에 보태는 것이라 반드시 이익됨이 있을 것이고, 이 사람도 성실근면한 자이니 청컨대 공문을 발급하여 본부(本府)와 상의해서 둔전을 설치케 하고 일을 성취하도록 책임지웠으면 합니다."[106]

고 건의하였다. 그러나 효종이 조종조에 그 곳을 폐기할 때는 반드시 까닭이 있었을 것이니, 일시 모리배의 감언이설에 가볍게 처리할 수 없다면서 허락하지 않았던 사례가 있다. 그러나 이처럼 훈련도감이 둔전제하에 철·연점을 경영하려 한 것은 전술한 철현진의 경우와 크게 다를 것이 없었다.

둘째는, 다음 절에서 상론하게 될 유황점의 경영형태가 연점의 경우와 유사하다는 점이다. 이미 註 (71(351?))에서 밝힌 바지만 숙종 4년에 물의를 일으켰던 수어청소관 삼가연점은 채은감관 장추립이 설점한 것이었고, 같은 수어청소관하의 진주(지리산)유황점은 추립의 형인 장신립이 설점한 것이었다. 이는 다같이 동일한 시기의 동일한 군문소

106) 孝宗實錄 7 孝宗 2년 7월 乙巳.

관점이었고, 또 조총의 연환과 화약을 제조할 목적으로 설점한 군수광산이었다. 이상의 두 사례를 두고 볼 때 당시의 군영문 연점의 관리경영형태도 전술한 훈련도감의 철현진사례나 차절에서 중점적으로 서술될 수어청의 지리산유황점과도 크게 다를 것이 없으리라고 여겨진다. 하지만 연점에 대한 몇가지 드러난 사실도 정리해 볼 필요가 있다.

군영문소관 연점의 경우에도, 효종 2년에 호조로 하여금 은점에 적용토록한 설점수세제가, 광산에 대한 식견을 가진 채은관이 설점한 것과 같이 연광에 밝은 자가 설점하게 된다. 대개 군영문에서 파견된 연점의 관리자를 「감관」이라 통칭하였지만,[107] 영문연점에는 군관을 파견키도 하였다.[108] 당초 군영문은 감관을 연점에 파견하여 세연만을 수봉하였던 것인데,[109] 숙종 13년경에는 은도 일부 수취하는 사례가 늘어났다.[110] 세연의 수취대상은 연군들이었다. 이 연군은 설점시 점세(店勢)에 맞추어 확정한 원정연군(元定鉛軍)들이었다. 군영문에서는 원정연군수에 따라 매년 일정액의 세연을 수취하였다.[111] 군영문의 원정연군들은 소관 아문의 군병(軍兵)으로 등록되었다. 군영문연점의 연군들은 군역을 대신한 신역(身役)으로 채연작업에 종사하였던 것이므로 연점이 페쇄된 뒤에도 언제나 소관 군아문의 군병으로서 매년 정액의 신포

---

107) 備邊司謄錄 41 肅宗 13년 正月 初 2일.
備邊司謄錄 52 肅宗 28년 2월 13일.
南九萬 ;「藥泉集」 4 疏箚 五十度呈辭後乞免兼論採銀事箚.

108) 備邊司謄錄 106 英祖 16년 6월 15일.

109) 南九萬 ;「藥泉集」 4 疏箚 五十度呈辭後乞免兼論採銀事箚. 肅宗 13년 3월 15일.

110) 南九萬 ;「藥泉集」 4 疏箚 五十度呈辭後乞免兼論採銀事箚.
承政院日記 339 肅宗 16년 正月 15일.

111) 備邊司謄錄 41 肅宗 13년 正月 初 2일.
備邊司謄錄 52 肅宗 28년 6월 26일.

(身布)를 납부하였다.[112]

곧 군아문의 연점도 당시의 군아문 소관 여타 군수광산의 일반적인 경영형태와도 다를 것이 없이, 첫째 군아문에서는 둔토를 절수하는 등 점의 운영비를 직접 마련하였던 것으로 보이며, 둘째 군아문은 당해 아문에 전속된 감관·군관 등을 파견하여 관리토록 하였으며, 셋째 연군들은 군역 대신 신역을 지는 부역노동에 동원된 자들이었다.

제3절 유황광개발과 유황점의 경영실태

1) 청·일유황의 밀수와 유황광 개발

명·청으로부터 염초를 공식적 혹은 비공식적으로 수입해 왔던 사실은 전술하였다. 임진왜란후에 정부는 염초와 아울러 화약생산에 필수적 원료인 유황을 구하는 문제도 심각하였다. 국내에 유황광산이 개발되지 않는 한 유황은 부득불 외국에서 수입해 들이지 않을 수 없는 광물이었다. 병자호란이후 특히 효·현양대에 걸쳐 군비를 강화하게 되면서 유황의 필요성이 더욱 절실해졌다. 청국으로부터의 유황밀수는 염초의 경우와 같이 상당한 위험부담을 안고 있었으며, 그 밀수량도 극히 소량에 그쳤고 주로 일본으로부터 수입하고 있었다.

---

112) 그 한例로서「輿地圖書」중의 平安監營所屬鉛軍의 경우를 보면 平安監營所屬 館餉鉛軍의 總數는 292명이었다. 鉛軍의 所屬邑에 따라 各邑의 軍兵條에 記載하고 있었는데 各邑別 鉛軍數는 寧邊府 6명, 泰川郡 3명, 渭源郡 39명, 成川府 52명, 价川郡 16명, 順川郡 1명, 龜城府 17명, 祥原郡 51명, 殷山郡 103명, 安州牧 1명, 肅川郡 1명 모두 292명이었고 이 때는 모두다 收布軍이었다.

청국유황의 밀수기록을 「통문관지(通文舘志)」에서 살펴보면, 현종 2년 청나라 예부자문(禮部咨文)에 '진과관(進果官) 최수간(崔守間)의 종인(從人) 이철서(李哲瑞)가 유황 2근 10냥을 몰래 지니고 있다가 잡혔습니다.' 고 하였고,[113] 다시 현종 4년에는 '사은사의 귀국시에 허룡(許龍)과 언남(彦男) 등이 유황을 몰래 구입했다가 봉황성(鳳凰城)에서 붙들였다.'[114]고 하였다. 이들에 대한 청나라의 문죄(問罪) 및 처벌경위는 전기한 염초 밀수사건과 다를 것이 없다. 위의 두 사건중 허룡의 경우는 자세한 기록이 있다. 허룡은 역관 양효원(梁孝元)의 고용인이었고, 언남은 사자관(寫字官) 이익신(李翊臣)의 고용인이었다. 이들을 심문하기 위하여 동년 11월에 청나라의 사신들이 파견되었다. 허룡과 언남은 금물을 몰래 구입한 죄로 참형에 처하기로 하고, 역관 양효원은 데리고 간 사람이 금령을 범했다는 죄로 3급(三級)을 강등토록 결정하었으며, 역시 역관 이익신도 거느린사람이 금령을 범한 죄로 파직하고 곤장 100대를 맞게 되었다. 그리고 정사 정유성(鄭維城)과 부사 이만(李㬅)은 검칙하지 못했다는 죄목으로 파직토록 결정되었다. 이상의 유황투매사건에 대한 심문결과와 구형량은 「유황사핵주문(硫黃查覈奏文)」에 모두 기록되

113) 通文館志 9 紀年 顯宗 2년 辛丑.

「禮部咨節該准兵部咨開 進果官崔守間從人李哲瑞 密帶硫黃二斤十兩 請遣官審奉旨依議次准來咨開 越江控參被殺情節 次准兵部咨開 進鷹太監陸後立從役鄭竇性 挾馬一匹朴成善帶銅器重二斤等因 具題奉旨 這奏內事情 爾部移文朝鮮國王 詳審擬罪具奏 不必遣官云云 卽將各犯 並干連人等 責供查議 具奏順付」.

114) 通文館志 9 紀年 顯宗 4년 癸卯.

「謝恩使回 馬夫許龍彦南等 被捉硫黃於鳳城專差院正安日新 將奸細之徒 見利忘生犯憲非一 使平日申飭之意歸虛 不勝慙懼等由 咨報禮部 … 刑部右侍郎覺羅勒得洪等 奉到勅諭略日 向來犯買硫黃馬銅及越江伐木等事 累從寬宥 來京等官 宜通改前非 而今進賀員役 被捉硫黃於鳳城 特遣官前往 將犯人並正使等官 究審具奏」.

었고, 우의정 홍명하(洪命夏)를 정사로 한 진주사절(陳奏使節)을 파견하여 청나라 황제에게 보고하였다.[115)]

염초·유황밀수사건은 때때로 국왕까지 청사로부터 많은 수모를 당하였고, 또 청사일행의 접대와 회뢰 등 재정적인 손실도 컸다. 이 때문에 현종은 마침내 대신과 비변사의 여러 신하들을 인견한 자리에서 '염초·유황범금인들이 만약 책문에서 수검할때에만 적발되지 않으면 배 이상의 이익을 얻기 때문에 징계할 도리가 없다. 앞으로 사신일행은 돌아오면서 압록강을 건늘때 철저히 수색함이 옳다'[116)]고 지시하여, 우리측에서 염초·유황밀수를 철저히 단속하게 되었다. 이리하여 청나라로부터의 유황밀수는 단절되었고 유황염초의 범금사건도 다시는 발생하지 않았다.[117)]

명·청으로부터는 유황 수입이 많치 않았고, 대체로 염초를 수입해 왔던데 반해서 일본으로부터는 염초를 수입하지 않고, 유황을 많이 수입하였다.[118)] 염초는 질량면에서 중국의 것이 우세하고, 유황은 일본

---

115) 通文館志 9 紀年 顯宗 5년 甲辰.
顯宗改修實錄 10 顯宗 4년 11월 癸酉.
顯宗實錄 8 顯宗 5년 6월 甲辰.
이상의 記錄들중 實錄에는 求刑量이 通文館志와 달리 兩罪人은 一罰, 譯官 2인은 革職邊遠充軍, 使臣은 革職키로 되어 있었다.

116) 顯宗實錄 12 顯宗 7년 7월 戊子.
「上謂都承旨金壽興曰 柵門搜檢之時 硝黃犯禁之類 若免現捉 基利不啻倍蓰 故無所徵艾 今後則使臣回來渡江時 別加搜檢可也」.

117) 承政院日記 316 肅宗 12년 6월 13일.
備邊司謄錄 40 肅宗 12년 6월 14일.
「領議政 金所啓 犯越採蔘之禁 則新頒事目 嚴飭西北兩道 而北京使行往來之時 員役潛買禁物之弊 亦多有可慮者 在前則以盜買硫黃焰硝之事 累度被捉 致有查問之擧矣 近來則硫黃焰硝 出於我國 雖無盜買之慮 …」.

118) 姜萬吉 : 「朝鮮後期商業資本의 發達」 pp.161~162(高麗大學校出版部刊 1973.3) 참조.

의 것이 우세하였기 때문이라고 여겨진다. 청나라로부터의 염초·유황 밀수가 사행원역에 의해서 이루어졌던 것과 같이 일본으로부터의 유황밀수 역시 통신사행(通信使行)을 통해서 이루어졌고, 주로 대마도주의 비합법적인 수출에 의존하였다. 효종 7년 3월 비변사에서 다음과 같이 당시의 실정을 언급하고 있다.

> "역관 홍희남(洪喜男)·김근행(金謹行)·홍문우(洪文雨) 등의 수본(手本)을 받아보니 저희들은 바다를 건너갈 때 조정의 분부가 있었기 때문에 대마도주를 설득하여 석유황 15,000근을 값을 정하고 약속하였는데 배에 싣고 나올 무렵에 대마도주가 10,000斤을 비록 유치하였으나 뒤에 출래토록 되어 있고, 5,000근은 이미 가지고 왔으며 이외에도 왜장검(倭長劍)40자루와 중검(中劍)60자루를 또한 사가지고왔다고 합니다. 유황은 곧 우리나라에 없는 물건이라 각아문에서 부득이 사왔는데 100근가가 자그마치 60여냥이나 됩니다. 지금 이것은 1칭(稱=15斤)가를, 은자 22냥으로 계산한다니 전의 구입가에 비하면 거의 3분의 1밖에 안됩니다. 그들이 성심껏 사왔으니 실로 가상합니다. 도주가 유치하고 있는 10,000근이 마저 출래하면, 용도의긴흘(緊歇)을 참작해서 각처에 분급하고 그 대가의 은도 또한 당해 아문으로 하여금 마련해 지급케 할 것이며, 왜검 100자루는 호조에 이송하여 객사(客使)의 수용물로 하고 그 대가는 역시 계산해주토록 해야 할 것입니다. 또 일찍이 계미년(인조 21년) 사행시에 물화를 사들인 역관에게 논상한 일이 있었으니, 지금의 이 역관들도 10,000근이 마저 출래하기를 기다렸다가 해조로 하여금 전례를 상고하여 품처케 함이 어떻겠습니까."[119]

---

119) 備邊司謄錄 18 孝宗 7년 3월 26일.

고 요청하여 허락되었다. 이 당시 사들인 15,000근의 유황은 대체로 각군문의 화약합제용으로 나누어 팔았으며, 홍희남 등 사온자들에게는 동래에서 서울까지 운반하는데 소요된 운임까지 계산하여 평안감영에 남아있는 군목(軍木)을 시가에 맞춰 은으로 절가하여 지급하였다.[120)]

이로부터 5, 6년이 경과되자, 국내에는 다시 유황이 매우 귀해져서 100근의 가격이 은자 150여냥에 달하게 되었다. 이에 훈련대장 이완은 현종 4년에 서울에 거주하는 부상(富商)인 이응상(李應祥)에게 유황밀수를 권하였다. 이응상은 임무성(林茂盛)을 동래에 파견, 부산진군관으로서 일본의 사정에 밝은 박명천(朴命天)과 밀수를 주선케 하였다. 그 결과 동년 가을에 왜인은 유황 13,600여근을 배에 싣고 야음을 틈타 가덕도(加德島)에 와서 정박하였고, 역관 한시열(韓時說)과 상인 방이공(方以恭)·임무성(林茂盛)·김덕생(金德生) 등은 100근당 은 70냥으로 값을 정하고 개인의 돈으로 구입하여 훈련도감에 9,700여근, 어영청에 2,000여근을 각각 납부하였다. 이 공로로 이응상과 여러 사람은 상전(賞典)을 받게 되었다.[121)]

한편 같은 해에 다시 훈련도감 도제조인 좌의정 원두표(元斗杓)가 문위사(問慰使)의 수행역관인 김근행에게 '저장된 유황이 거의 떨어져 장

120) 備邊司謄錄 18 孝宗 7년 3월 27일.

「今月二十六日 大臣備局堂上引見時 延城君李時昉所啓 山城所在焰硝一萬餘斤 方爲合劑 而石硫黃他無可得之路 今番洪喜男貿來石硫黃五千斤中 爲先推移取用何如 上曰 依爲之」.

備邊司謄錄 18 孝宗 7년 閏 5월 7일.

「啓曰 洪喜男等所納石硫黃四十稱 價銀每一稱以二十二兩 依當初計下 支計合銀八百八十兩 及十九稱 自東萊運價銀三十三兩零等 從基所願 以平安道兵營留在軍木 從市直折銀題給何如 答曰 允」.

121) 備邊司謄錄 24 顯宗 5년 3월 4일.

차 조련을 폐지하게 되었으니, 만약 많이 사 오면 조정에서 마땅히 복작(封爵)의 상전을 아끼지 않을 것이다.'[122]고 약속하고, 밀수로를 트도록 권유하였다. 이에 따른 김근행의 노력으로 이듬해인 현종 5년 2월에 유황 20,000근과 장검 200자루가 역시 가덕도에 출하되어 부상 이응상의 노복인 무선(武善)이 구매하였고, 그 뒤에 20,000근이 또 수입되었다.[123] 이때 김근행은 일회만의 밀수를 약속한 것이 아니었고, 가덕도를 매매장소로 정하여 임시무역토록 상약하였다. 이리하여 동년 7월에는 왜상이 야간에 가덕도에 와서 정박하였고, 상인 임지죽(林之竹) 등이 백금 6,900여냥으로 석유황 11,300근과 흑각(黑角)·조총·장검 등을 수입하였다.

이 사실은 동래부사 안진(安縝)에 의하여 조정에 비밀히 보고되었고, 비변사에서는 밀양선박에 실어 선산에 운반, 선산에서는 마필에 실어 충주까지 수송하고, 다시 배에 실어 서울로 운송하였다.[124] 그리고 이듬해인 현종 6년 7월에는 역관 김근행이 약정한[125] 왜인의 유황 밀수선이 용초도(龍草島)에 와서 지정된 상인인 임지죽과 피기문(皮起

---

122) 通文館志 卷 7 人物.
「金謹行 字鮮悔 得祺之子也 元相國斗杓 提擧訓局語之日 儲黃垂乏操鍊將廢 若能優得朝廷當不惜封爵之賞 公力圖數年得五萬斤 時相國捐館 賞止加級」.

123) 顯宗實錄 8 顯宗 5년 2월 壬戌.
顯宗實錄 8 顯宗 5년 3월 乙丑.

124) 顯宗改修實錄 11 顯宗 5년 7월 戊申.
顯宗實錄 9 顯宗 5년 7월 戊申.

125) 顯宗實錄 10 顯宗 6년 7월 癸丑, 顯宗改修實錄 13 顯宗 6년 7월 계축.
「刑曹判書金左明日 金謹行所約潛商硫黃事 今當稟處矣 上日 其數幾何 佐明日 向則一萬五千餘斤 今至二萬七千斤矣 太和日 此事初出於政府奴之欲爲免賤計潛貿以來 而故相元斗杓 自備局分付譯官 密令商賈往約於彼中矣 戸曹判書鄭致和日 潛商乃彼國極禁 而我國所爲 倭無不洞知 豈不有傷於國體乎 臣意以爲 此後則不可不痛禁也」.

門)을 찾았다. 경상감사 임의백(任義伯)의 보고에 접한 비변사에서는 동래부사와 수군통제사로 하여금 두 상인에게 분부해서 은밀히 교역토록 지시하였다.[126] 이 무렵에 밀수된 유황도 자그만치 42,000여근에 달하였다.[127]

이와 같이 현종 4~6년간에 이루어진 유황의 밀수량만도 110,000근 이상에 달하게 되어 군사적 수용이 어느 정도 충족되기도 하였겠지만, 그보다는 밀수행위 자체가 지니는 폐단 때문에 조정에서는 밀수자에게 상전을 베풀어 밀수로를 단절시켜서는 안된다는 주장과는 달리, 다른 한편에서는 점차 금지론이 대두되기 시작하였다.

왜인들로서는 현종 5년 현재만 하여도 유황의 일본국내시가가 100근당 은 50~60냥에 불과하지만, 우리나라에 가져와 팔 때는 70~80냥을 받게 됨으로써 그 이익이 컸기 때문에 죽음을 무릅쓰고 야음을 틈타 달려왔으며,[128] 우리나라 상인들 또한 군문에 납품하는 이익은 별문제로 하더라도 유황의 국내 시가가 근당 은1냥 이어서 민간의 화약제조업자들로부터는 상당한 이윤을 취할 수 있었을 것이며, 특히 유황의 밀수는 국가의 상이 주어지고 있었기 때문에 양국 상인들에 의한 유황

---

126) 顯宗實錄 10 顯宗 6년 7월 癸巳, 顯宗改修實錄 13 顯宗 6년 7월 癸巳.
「有倭人密載硫黃一船 來泊於龍草島 尋皮奉事林主簿 慶尙監司任義伯以聞 所謂皮奉事林主簿 卽商人皮起門林之竹 自前與倭人潛貿硫黃者也 備局令東萊府及統營 分付兩人密與交易 而且請自今一切禁斷潛商 申飭于東萊府使 從之」.

127) 顯宗實錄 10 顯宗 6년 7월 癸丑, 顯宗改修實錄 13 顯宗 6년 7월 계축.
「刑曹判書金左明曰 金謹行所約潛商硫黃事 今當稟處矣 上曰 其數幾何 佐明曰 向則一萬五千餘斤 今至二萬七千斤矣 太和曰 此事初出於政府奴之欲爲免賤計潛貿以來 而故相元斗杓 自備局分付譯官 密令商賈往約於彼中矣 戶曹判書鄭致和曰 潛商乃彼國極禁 而我國所爲 倭無不洞知 豈不有傷於國體乎 臣意以爲 此後則不可不痛禁也」.

128) 顯宗實錄 8 顯宗 5년 2월 壬戌.
顯宗實錄 8 顯宗 5년 3월 乙丑.

밀수는 불가피하였을 뿐만 아니라 그것을 빙자하여 왜조총·흑각·왜장검·중검 등도 수입되었다.

야음을 타고 진행되는 이들의 밀무역행위는 가덕도나 용초도 등지에서만 행해지는 것이 아니라, 해안을 멀리 벗어나 바다 가운데서 교역하는 등 밀수는 날로 번성해 갔다. 이 때문에 비로소 밀수를 금지해야 한다는 주장이 현종 5년 윤 6월에 호조판서 정치화(鄭致和)에 의하여 제기되었다. 그는 곧

> "동래의 왜관에 일본 상인이 출래할 때면 아국의 상고를 일일이 점검하여 왜관에 들여 놓는데, 호조에서는 산원(算員)을 내려 보내서 주관수세하고 동래부사와 부산첨사 또한 군관을 파견하여 그 출입을 검찰하여 잠상을 일체 엄금합니다. 지난번 왜인배와 석유황을 몰래 매매했던 일이 있은 뒤로는 우리나라 사람들이 또한 혹 배에 화물을 싣고 중로(中路)에 들어가서 몰래 교역한다고 합니다. 전해 들은 말이라 비록 그 허실을 알지는 못하겠으나, 만약 과연 이런 일이 있다면 앞으로의 폐단은 이루 말할 수 없습니다. 신임 동래부사의 내려 갈때 잠상을 엄금하도록 비변사에서 각별히 신칙해 보내도록 하십시오."[129)]

하고 청하여 왕의 허락을 받았었다. 그리고 이듬해 7월에 김근행이

---

129) 備邊司謄錄 24 顯宗 5년 閏 6월 4일.
顯宗實錄 10 顯宗 6년 7월 癸丑, 顯宗改修實錄 13 顯宗 6년 7월 계축.
「刑曹判書金左明曰 金謹行所約潛商硫黃事 今當稟處矣 上曰 其數幾何 佐明曰 向則一萬五千餘斤 今至二萬七千斤矣 太和曰 此事初出於政府奴之欲爲免賤計潛貿以來 而故相元斗杓 自備局分付譯官 密令商賈往約於彼中矣 戶曹判書鄭致和曰 潛商乃彼國極禁 而我國所爲 倭無不洞知 豈不有傷於國體乎 臣意以爲 此後則不可不痛禁也」.

약정한 42,000근이 용초도에 정박했을 때는 영의정 정태화가 '의정부의 노(奴)가 면천코자 해서 몰래 무역해 왔던 일인데 이번 일은 상신 원두표가 생존시 비변사에서 역관에게 분부하여 비밀히 상고로 하여금 대마도에 가서 약속하고 오게 하였습니다'고 하자, 호조판서 정치화가 '잠상은 곧 일본에서 극력 금하나 우리 나라에서 하는 바이고 관왜(館倭)도 다 알고 있습니다. 또한 상고들은 반드시 이 일을 빙자하여 제맘대로 잠상행위를 하고 있으니 어찌 나라의 체통이 손상됨이 없겠습니까. 신의 생각으로는 엄중히 금단함이 옳겠습니다'[130]고 주장하였다.

이와 같은 밀수금지론이 효과가 있은 때문인지 현종 6년 이후에는 유황의 밀수금지 문제가 재차 거론되지 않았다. 이러한 현상은 밀수금지론자들의 주장으로 일정한 제재를 받은 것이라고 여겨지지만 무엇보다도 국내의 유황생산량이 점차 증대되었다는 사실로써 설명되어야 한다.

종래 유황의 국내생산이 전혀 없었던 것은 아니었다. 이미 세종대에 충청도 청풍에서 채굴되었었고, 성종대에도 함경도경성·길주, 경기도 광주 등지에서 채굴되어 화약의 합제에 이용된 바 있었다.[131] 그러나 임진왜란 전후부터 현종 2년(1661)에 수어청이 전라도진산에서 유황광을 발굴하기까지는 유황이 국내에서 생산되지 않았고,[132] 생산지

---

130) 顯宗實錄 10 顯宗 6년 7월 癸丑, 顯宗改修實錄 13 顯宗 6년 7월 계축.
「刑曹判書金左明日 金謹行所約潛商硫黃事 今當稟處矣 上日 其數幾何 佐明日 向則一萬五千餘斤 今至二萬七千斤矣 太和日 此事初出於政府奴之欲爲免賤計潛貿以來 而故相元斗杓 自備局分付譯官 密令商賈往約於彼中矣 戸曹判書鄭致和日 潛商乃彼國極禁 而我國所爲 倭無不洞知 豈不有傷於國體乎 臣意以爲 此後則不可不痛禁也」.

131) 許善道 : 「李朝中期 火器의 發達」(上) p.77 歷史學報 第 30輯.

가격의 배액에 달하는 고가를 지불하면서 중·일양국의 밀무역품에 의존해 왔다. 이러한 실정하에 수어청에 의한 진산광의 개발은 조선후기 유황광업발전의 단서를 이루게 되었으며, 이를 계기로 동년 6월에는 어영대장 유혁연(柳赫然)의 건의로 마침내 "진품(眞品)이 있는 유황광맥을 보고한 자에게는 후한 상을 내린다."[133]는 규정이 제정되었다. 유황광의 개발을 위한 시상법(施賞法) 제정의 의의는 일반민의 요상심을 자극하여 제도의 유황산지를 탐사보고케 하는데도 있겠지만, 특히 군아문의 설점을 방해해온 지방관들을 제재하는 법적 근거가 마련되는 데 있었다.

당시 군아문에 의한 설점은 뒤에 다시 설명하겠지만 해당읍의 수령으로 하여금 둔세·장세(匠稅)·점세(店稅) 및 연호잡역 환곡 등 각종의 세원을 상실케 하였으므로 지방관들은 군아문의 설점을 철저히 배격해 왔다. 일례를 든다면 현종 4년(1663) 영의정 정태화는

> "유황을 취련한 사람에게 이미 논상하였으니 유황 캐내는 것을 못하게 한 수령에게는 마땅히 벌을 주어야 합니다. 당초 어영청이 상주(尙州) 함창(咸昌) 등지에 유황석이 산출된다는 말을 듣고 공사(工事)를 만들어 사람을 보냈더니 상주목사 이성기(李聖基)가 그 공사를 받지 않고 거행하지 않았습니다. 그 때문에 본청의 하인이 손을 대지못하고 함창으로 가니 공사가 도착해있어 작업을 시작했는데 상주목사가 또 사람을

---

132) 顯宗改修實錄 5 顯宗 2년 6월 庚寅條.
「御營大將柳赫然曰 我國亦不無産出硫黃之處 而不知産穴 只貿於他國 … 守禦使今方送人于湖南珍山郡採取」.

133) 顯宗改修實錄 5 顯宗 2년 6월 庚寅條, 備邊司謄錄 21 顯宗 2년 6월 14일조.

금지시키라고 했다니 실로 놀랍습니다."고 하자, 왕이 "본 도로 하여금 조사해 계문토록 한 뒤 처치하는 것이 옳다."고 하였습니다.[134)]

고 하여 상주목사가 유황광채취를 위한 어영청의 공사를 받아들이지 않았을 뿐 아니라, 함창의 유황광개발까지 고의적으로 방해하였다고 보고함으로써 왕은 감사로 하여금 그 죄상을 보고케 하고 있었다. 여기에서 우리는 왜란전후부터 유황의 국내생산이 오랫동안 단절되어 온 이유의 하나를 짐작할 수 있거니와 어떻든 현종 2년 진산광의 개발과 시상법의 설치는 지방관들의 금압행위에 제재를 가하였고, 반면 활동적이고 광물에 대한 식견을 지닌자들로 하여금 보다 적극적으로 유황광 개발에 투신하게 하였다.

이후 유황광의 개발은 활발하게 진행되어 동왕 10년(1669)에 이르러서는 이미 좌의정 허적이 "유황은 생산지가 많아 부족할 염려가 없다."라고[135)] 하리만큼 유황의 조달문제가 해결된 셈이다. 그러나 이 시기의 정확한 유황의 생산량은 상고할 수 없으며, 다만 사료상에서 찾아볼 수 있었던 유황산지만을 개발연대와 설점한 아문별로 적기해 보면 다음 표와 같다.[136)]

---

134) 備邊司謄錄 23 顯宗 4년 6월 17일.

135) 承政院日記 212 顯宗 10년 正月 6일.

136) 顯宗改修實錄 5 顯宗 2년 6월 庚寅, 顯宗改修實錄 9 顯宗 4년 8월 癸卯.
備邊司謄錄 23 顯宗 4년 6월 17일, 備邊司謄錄 27 顯宗 9년 4월 19일.
備邊司謄錄 36 肅宗 8년 5월 3일, 備邊司謄錄 36 肅宗 8년 7월 4일.
備邊司謄錄 41 肅宗 13년 4월 23일, 備邊司謄錄 86 英祖 5년 7월 29일.
備邊司謄錄 90 英祖 7년 12월 10일, 顯宗實錄 8 顯宗 5년 2월 壬戌.
顯宗實錄 18 顯宗 11년 정월 辛卯, 求忠堂「李義立先生文集」.
守禦廳謄錄 肅宗 14년 10월 4일 狀啓, 承政院日記 470 肅宗 38년 8월 3일.

이 표에 제시된 이외에 누락처가 많을 것이겠지만 우선 여기에 나타난 유황산지만 하여도 현종·숙종양대에 걸쳐 무려 23개처가 발견되었고, 이 중에서 채굴 여부를 상고할 수 없었던 3개처를 제외하고는 채굴작업이 실시되고 있었다.

〈군아문소관 유황산지 및 개발연대〉

설 점 아 문	유황산지 및 개발연대
훈 련 도 감	구례(현종대) 경주(현종대) 충원보련산(숙종 26년) 안음(숙종대)
총 융 청	삼척(숙종 8년)
수 어 청	진산(현종 2년) 진주지리산(현종 11년) 경주·청도접경지(숙종 8년)
어 영 청	상주(숙종 4년) 함창(현종 4년)
금 위 영	강계(숙종 13년) 원주·제천접경지(숙종 38년)
충 청 병 영	옥천(현종 4년) 서원(현종 4년) 지명미상삼처(현종 4년)
경 상 좌 병 영	밀양(현종 9년)
비 변 사	창원(숙종 8년) 瑗호봉하권이(현경북월성근감포면권이리?)
현종연간에 알려진 곳으로 채굴여부 미상처	경중소격서동(현삼청동) 단천·청주

그리고 허적의 말과 같이 현종 10년대에는 유황의 수용에 부족함이 없다고 한것도 대부분의 유황산지가 현종연간에 이미 개발되었기 때문인 것 같다. 위의 표에 명시되어 있어서 재언한 필요는 없겠지만, 여기에서 주목되는 것은 당시의 유황광이 모두 군아문소관하의 유황점이었으며 일반민의 유황광산은 찾아 볼 수 없었다는 점이다.

그러나 당시에 이미 각읍의 월과화약이나 진보군병 및 수렵인의 화

英祖實錄 43 英祖 3년 2월 壬申.

약이 민간수공업자들에 의하여 방납 또는 매매되고 있었고, 역시 화약의 상품가치가 인정되고 있었다는 사실을 고려한다면, 군아문유황점에서 주로 구입하였겠지만 유황의 직접적인 생산을 위한 잠채도 전혀 없었던 것은 아닌 것 같다. 이에 대한 약간의 방증이 될 만한 실례를 몇가지 들어보자.

현종조에 좌의정 심지원(沈之源)이 "서울 소격동에 유황이 나는데도 지금 지키는 사람이 없으니 반드시 몰래 채굴해갈 우려가 있습니다. 청컨재 해조로 하여금 수축하여 수직토록 하십시오"[137]라고 한 경우라든가, 당시의 유명한 광산 개발자였던 이의립(李義立)은 현종 9년(1668)에 璦호봉 유황산지를 발견하여 가동(家僮)을 거느리고 채굴해 오다가 4년 후인 동왕 13년(1672)에야 자진해서 비변사에 보고했다[138]는 사실들을 종합해 보면 비록 짧은 기간이긴 하지만 일부에는 민간인에 의한 잠채도 있었던 것이다. 따라서 상기한 표에 나타난 군아문 설점의 유황점들은 군아문이 직접적으로 개발한 것이거나 아니면 민간인의 보고에 의하여 합법적으로 설점수세한 것만이 적시되었을 뿐이다.

이상과 같이 유황의 국내생산은 일시 조선전기에도 있었으나 계속적인 개발이 이루어지지 못하였다. 그러나 임진왜란 후 삼수제의 성립과 조총병대의 확대로 화약의 수용이 증가되고 월과화약의 방납취리 등 영리성이 개재됨으로써 현종 2년의 진산광 개발이후 20여 읍의 유황산지가 군아문의 설점수세제하에 채굴되기 시작한 셈이다.

---

137) 「漢京識略」 pp.212 서울史料叢書 第2 서울特別市史編纂委員會刊.

138) 李義立 ; 「求忠堂先生文集」(單券).

2) 유황점의 경영실태

유황점의 운영비는 대개 군아문이 절수한 재원(財源)에서 염출되었다. 재원의 형태와 규모는 유황점의 규모와 그것이 위치한 입지적인 조건에 따라 상당한 차이를 나타내고 있었다. 한두 개 유황점의 예를 들어보면, 훈련도감에서 설점한 충원 보련산유황점은 숙종 26년(1700)에 설점하고 화전을 절수하여 일꾼들의 식량에 충당토록 하였으며,[139] 비변사가 설점한 창원유황점은 인근 임해연(臨海淵) 착어소(捉漁所)의 어세(漁稅)를 당시의 유황감관이었던 송여신(宋汝信)으로 하여금 징수케 하여 유황의 자취비(煮取費)로 쓰게 하였다.[140]

이 두곳의 유황점 보다 규모가 훨씬 컸었던 수어청의 진주 지리산점은 점으로부터 50리안에 위치한 삼장(三壯)·시천(矢川)·운곡(雲谷)·가서(加西) 등 4개 면(面)에 걸친 화전을 절수했었고,[141] 동해안에 정박하는 선척의 세금을 경상감영이 수세하여 정기적으로 유황감관에게 보내주었으며, 이밖에도 당시 내륙지방의 중요한 수운로였던 낙동강에 세선(貰船)을 운행함으로써 운영비에 보탤 수 있었다. 본점은 다시 유황의 채굴과 자련시에 사용했던 수철(水鐵)몽둥이나 병항(瓶缸)을 주변의 수철점(水鐵店)이나 도기점(陶器店)에서 현물수세하였다.[142]

이와 같이 군아문은 대개 점의 주변에 화전을 절수하여 백성을 모집하여 경작해 먹고 살게하는 한편, 그들부터 곡물을 징수하여 운영비에 충당케 한 것이 보편적인 재원을 마련하는 방법이었다. 그러나 점의

139) 備邊司謄錄 90 英祖 7년 12월 10일.

140) 備邊司謄錄 33 肅宗 3년 11월 14일.

141) 守禦廳謄錄 己巳 4월 12일.

142) 承政院日記 323 肅宗 13년 8월 17일.

규모와 입지적인 조건에 따라서는 유황감관에게 동해안에 정박하는 선박의 선세나 착어소의 어세 내지는 각종 장점(匠店)의 점세 등을 수세원으로 마련해 주기도 하였고, 낙동강의 세선운행 등 영리행위도 허가하여 운영비를 마련토록 하고 있었다.

군아문에서 마련해준 재원으로 유황점을 관리한 책임자는 유황감관이었다. 유황감관들의 신분과 직위에 대해서는 확실하게 밝혀진 것이 없다. 그러나 유황점의 감관은 당시 각읍의 화약고 책임자인 화약감관들이나 아문과 궁방에서 전곡(錢穀)의 수납 및 보관업무를 담당하고 있었던 감관들과는 약간 구별되어야 할 것 같다. 각읍과 영·아문의 감관들은 중인(中人)계층의 관속들로서 상시적으로 근무한 자들이지만, 유황감관은 보다 자유로운 신분의 양인(良人)들로서 임시적으로 군아문의 공무를 대행한 자들이었다. 그리고 유황점의 감관은 일반감관들과는 자격에 있어서도 차이점을 가지고 있었다. 유황감관은 대개가 유황광산을 발견하여 군아문에 최초로 보고한 자가 임명되는[143] 것이 통례로써 광산을 발견한 대가로 누구나 임명되었겠지만 그것은 동시에 유황점을 운영할 수 있는 자격자에게 위임한 것이기도 하였다. 곧, 유황감관이란 직책은 우선 유황 내지 유황광에 대한 기술과 지식을 갖추지 않고는 채광이나 채취작업이 불가능하였으므로 이들에 한해서만 주어질 수 있는 하나의 기능직이기도 하였다.

유황감관들은 단지 광산에 대한 식견을 지니고 광산을 발견한 이유만으로 감관이 되었으므로, 그들의 위치는 항시 불안한 것이었고, 신

143) 備邊司謄錄 41 肅宗 13년 4월 23일.
備邊司謄錄 36 肅宗 8년 7월 4일.

분상에 있어서도 미천하였기 때문에 감관의 지위를 확고하게 하기 위하여, 봉건적인 제 착취를 배제하기 위하여 신분적인 상승을 도모하는 동시에 합법적인 방법이거나 비합법적인 방법을 통한 재부의 축적에도 노력하였다. 그들은 과외의 증산을 꾀하기 위하여 정액외의 장인이나 모군을 증모한다든가 점의 운영비를 유용하였고, 점 주변의 산림을 벌채하여 영리를 도모하였으며, 한편으로는 인근주민들의 벌통(峰桶)까지 수세하여서라도 다량의 별비품(別備品)을 상납하고 당상·가선첩을 취득키도 하였다.[144)]

이 때문에 당시의 감관들은 대부분이 공사(公事)를 빙자하여 사리를 도모하는 자들로 지목되었다.[145)] 그러나 그들 가운데서도 구충단(求忠堂)이의립(李義立)과 이극경(李克敬) 부자(父子)와 같이 양차의 호란기를 살면서 국가와 민족에 대한 애착과 구국일념으로 효종의 북벌정책에 호응하여 군수광산의 개발과 군수공업발전에 헌신적으로 참여한 자들도 있었다.

이의립은 23세부터 16년간 광맥을 탐사하기 위하여 가야산·금강산·삼각산·묘향산·구월산·백두산·속리산·태백산 등 전국의 명산을 편력한 끝에 효종 8년(1657)에는 경주·울산의 접경지에서 달천철광(達川鐵鑛)을 발견하고, 이어 경주반척곡(盤尺谷)에서 비상맥(砒霜脈)을 찾았으며 현종 10년(1609)에는 만호봉유황맥을 발견하였다. 이중 만호봉유황점은 일시 자력으로 시굴한 뒤 동왕 13년 비변사에 자진 보고하여 비변사소관하의 유황점이 되었다. 현종은 그의 공로를 포상하기 위하

144) 備邊司謄錄 41 肅宗 13년 8월 13일.

145) 守禦廳謄錄 戊辰 10월 13일.

여 숙천부사(肅川府使)를 제수하였으나 고사하였으므로 동왕 14년에 달천철광을 하사하여 스스로 운영하고 세습하도록 하였다.[146] 그리고 그의 아들 극경 역시 일찍부터 이의립의 유황번조법(硫黃燔造法)을 전수하여 수차에 걸쳐 각군아문의 유황감관직을 맡았으며, 숙종 39년(1713)에는 금위영의 유황감관으로 원주와 제천의 접경지에서 유황을 채굴하던 중 동광맥(銅鑛脈)도 발견하였다. 이 동광은 당시 자신의 재력으로는 채광이 불가능하여 금위영에서 자금을 보조하고 그가 상시 거느리고 있던 영남에서 모집한 모군 십수명과 동광근처의 모군 10여명으로 경영에 착수하였다.[147]

유황감관들에 의하여 관리경영되었던 군아문의 유황점에서 직접 유황의 채굴과 자련작업에 종사하고 있었던 점군들은 통칭 「유황군」이라고 불렀으며, 이들 유황군은 기술적인 작업만을 담당했던 약간의 공장(유황점의 장인은 황장(黃匠)이라 불렀다)과 제반의 잡무에 취역하였던 수많은 모군으로 구성되었다. 유황군의 모집은 유황감관에 의하여 행하여졌다. 유황감관은 군아문을 대신하여 유황점의 설치권이 일임되었기 때문에 소관아문의 권력을 등에 업고, 진주지리산 유황점의 경우에서 볼 수 있듯이, 인근 사찰의 지장(紙匠)이나 각읍 점장(店匠) 등 전업적인 수공업자를 모취하였고, 모군이라고 하여 주변의 열읍으로부터 농민들을 임의로 수괄하였다.[148] 그러나 황장과 모군의 모취방식이 비록 강제성을 띠고 있었기는 하지마는 점역에 취역한 그들의 노동형태가 모두 부역노동이라고만 규정지울 수 없는 면도 있었다.

---

146) 李義立 ; 「求忠黨先生文集」 三寶創造日記.

147) 承政院日記 470 肅宗 38년 8월 3일.

148) 宋挺濂 「存養集」(上) 辭獻納兼言事疏(丁巳).

황장들은 이미 수공업을 생업으로 영위해 온 전업적인 수공업 기술자들로서 유황점의 황장으로 전업(轉業)한 처지였기 때문에 이들에게는 매월 양료(糧料)와 역가(役價)가 지불되었다.[149] 곧 군아문 유황점의 황장들은 군아문의 군수광물을 생산하는 점역이라는 특수한 조건 때문에 그들의 모취형태가 약간의 강제성을 띠고 있었기는 하지만, 무가고립(無價雇立)되어 신역을 지는 부역노동과는 달리 관장(官匠)적인 임금노동자의 성격을 띠고 있었다.

모군에 한해서는 점의 재원이 전토일 경우와 그렇지 않을 경우에 각각 상이한 대우가 취해지고 있었다. 전자일 경우에는 전토를 경작해 먹고 살수 있는 터전을 마련해 주었고,[150] 후자일 경우에는 국가에 대한 납세액을 감면해 주었다.[151] 당시 군아문의 유황군들은 소관아문의 군병으로 흡수되어 군역을 대신한 신역으로서의 점역을 지고 있었다. 이 때문에 유황군에게는 군역과 호역(戶役)도 면제되었다.[152] 각군아문의 군병으로 흡수되어 유황점에 취역하고 있었던 유황군의 수가 얼마나 되었는지 그 정확한 통계자료는 찾을 수가 없다. 다만 숙종 30년(1704)과 39년(1713) 양차에 걸친 양역사정시의 유황군 정액에서 약간의 윤곽을 더듬어 볼 수 있을 뿐이다. 양차의 유황군정액은 다음 표와 같다.[153]

149) 備邊司謄錄 90 英祖 7년 12월 10일.
守禦廳謄錄 戊辰 10월 4일 狀啓.

150) 守禦廳謄錄 己巳 4월 12일.

151) 顯宗實錄 18 顯宗 11년 正月 신묘.
「守禦使金佐明啓曰 嶺南左道 慶州淸道接境之處 多産硫黃石云 其近處兩邑山店移屬本廳 許令煮黃蠲其雜役 輕其納稅 則民相效習 可傳煉藥之法 上許之」.

152) 承政院日記 470 肅宗 38년 8월 3일.

	현종 2년~ 숙종 30년	숙종 30년 리정정액	숙종 39년 사정정액	설점지
훈련도감	526	300	300	경주(265) 구례(164) 충주(97)
총융청	389	300	300	경상도
어영청	172 (경기유회군 20명포함)	300	300	경상도
금위영	710	300	300	?
수어청	431	300	300	진주지리산
경상감영·통영·좌우병영	?	?	各 300	경상도
경상좌수영·금정·조령산성	?	?	各 200	경상도
경상좌수영우후·소속유황군	?	?	혁파	경상도

이 표에서 당시의 유황군수를 추산해 보면 5군문의 경우, 숙종 30년 이전의 유황군수는 총 2,228명이고, 이후의 정액인원은 1,500명으로서 정액수의 거의 2분의 1인 728명이 감액되어 있다. 이상과 같은 계산을 기준으로 다시 숙종 39년의 정액시에 혁파된 우후소속군을 제외한 경향의 각군아문정액수를 합한 3,300명에 5군문의 감액비율인 정액수의 2분의 1을 가산하면 4,950여명이 된다. 여기에 우후소속 유황군까지 합한다고 하면 적어도 현종 2년에서 숙종 30년대 이전에 각군아문의 유황점에 취역한 유황군의 수는 5,000여명을 훨씬 초과한 것으로 추산된다.

그렇다면 당시 5군문의 유황점에서 점군의 점역형태는 어떠했던가, 위의 표에 나타나 있듯이 경외군아문의 유황군이 점별로 파악되지 않고 대개 도별로 파악되어 있기 때문에 각점 점군의 규모를 일일이 살

153) 各營釐整廳謄錄 甲申 및 備邊司謄錄 66 肅宗 39年 7月 18日條.

펴 볼 수는 없다. 그러나 점명이 명시된 곳의 유황군수만을 보더라도 훈련도감소속 경주유황점이 265명인 것을 비롯하여 구례점이 164명, 충원보련산점이 97명이며, 수어청의 진주지리산점은 431명이었다. 이상에서 볼 때 당시 군아문의 유황점에 종사했던 유황군의 수는 대개 유황점의 규모에 따라 차이가 컸지만 규모가 가장 작았던 곳일지라도 100여명은 되었던 것 같다.

이들이 취역한 유황점의 작업은 두가지로 구분된다. 하나는 유황광맥을 따라 광석을 채취하는 채황작업이었고, 하나는 채굴한 유황석을 자련(煮煉)하는 자황작업이었다. 채황작업은 대체로 굴착·배수·운반작업으로 수행되었을 것이나, 채황공정이 어떠한 형태로 이루어졌던가는 상고할 수 없다. 다만 전장에서도 언급한 바 있지만, "몽동(夢同)과 병기(甁器)를 수취하지 못하게 하면 장차 유황석을 어떻게 채굴하고, 유황을 어떻게 자련 하느냐?"[154]고 한 것을 보면, 채황시의 도구로서는 몽동(수철제품)이란 기구가 주도구로 사용되고 있었다는 사실만 알 수 있을 뿐, 그 제품용도의 이불리나 용법을 알 수 없어 채황기술상의 우졸을 가릴 수도 없다.

다음 자황작업은 병항을 주도구로 사용하였는데 「오주연문장전산고」에 자황법에 관해서 상세히 기록되어 있다. 그러나 저자가 잘못 알았던지 자황과정 서술에 착오가 있는듯하여 전문을 해석하지 않고 후학을 위해 각주에 넣어 두었다.[155]

---

154) 備邊司謄錄 90 英祖 7년 12월 10일.
守禦廳謄錄 戊辰 10월 4일 狀啓.

155) 李圭景 ; 「五洲衍文長箋散稿「先作煉竈 築甕坏 穹隆如窃 中穿地 埋空陶缸 其採磺艸石盛陶缸 以松葉塞口 另就空陶缸埋置上 以盛礦艸 陶缸口相合 熾火煉之 待一周朞取出 則

대체로 자황작업은 유황석을 도항(陶缸)에 담아 치련(熾煉)한 다음 일주기(一周朞)만에 끄내었는데, 유황의 제조법에는 이밖에 사재(渣滓)를 제거하는 거재법(去滓法)과 악취를 제거하는 무취법(無臭法) 등 일련의 기술적인 방법이 적용되고 있었다.[156] 상술한 채황자황작업의 보조작업으로로서는 연료 등 각종의 재료를 조달하는 일이 또한 많은 인원을 필요로 하였다.[157]

이리하여 100여명 이상 수백명에 달하는 유황점의 점군들은 채황자황 내지는 벌목장에 분속되어 각 개인에 분담된 작업을 수행함으로써 店役이 이루어져 갔다. 분업적이고 협업적인 공정을 통하여 생산된 유황은 매년 정기적으로 소속 군아문에 납부하였고, 군아문은 영내의 화약제조장에서 이 유황과 함께 각처의 절수지로부터 수납하는 염초 및 유회와 합제하여 자체 내의 수용화약이나 각읍의 월과화약을 제조하였으며, 한편으로는 함경도 등 유황의 생산이 없었던 지역의 감병영에 발매하였다.[158] 당시 군아문은 유황점으로부터 연간 유황군 1명당 5근을 정액수세하고 있었다.[159] 따라서 유황군의 수가 400여명에 달했던 지리산점의 경우에는 "현종 11년(1670)에 설점하여 숙종 30년(1704)

艸液流入下缸 侯凝破缸取出 以色黃如蠟爲上 石艸如未盡化 復煉之」.

156) 李圭景 ;「五洲衍文長箋散稿」.

南九萬 ;「藥泉集」 卷 28 嶺南雜錄.

「到安東 往宿壽洞 丁生(時栻)家 … 丁生又云 我國所産石硫黃 雜於沙土 不能用 若與牛猪等肉脂 交合鎔化 則可以去滓 試之良驗云 硫黃乃軍需最切者 貿於外國 每患不足 此言如其果然 可聞諸掌武備者也」.

157) 備邊司謄錄 90 英祖 7년 12월 10일.

守禦廳謄錄 戊辰 10월 4일 狀啓.

158) 承政院日記 450 肅宗 35년 8월 24일.

159) 備邊司謄錄 85 英祖 5년 3월 18일.

에 이르기까지 해마다 받는 것이 2,000근"[160]이란 고정적인 수입을 보게 되었다.

이처럼 군아문에서는 군용의 유황을 수취할 목적으로 유황군의 부역노동에 기초한 관영형태하에 유황점을 운영하고 있었다. 군아문은 유황점의 운영비를 마련하였고, 점을 관리할 감관을 파견하였으며, 황장을 고용하는 한편 유황군을 군병으로 흡수하여 군역대신 점역에 투입시켜 연간일정량의 세황을 수취하고 있었다.

160) 承政院日記 323 肅宗 13년 8월 17일.

제4장
군아문 군수산업의 몰락과 계인(契人)·별장제하(別將制下)의 광공업 발전

제1절 군아문 군수산업의 몰락

17세기 말에 접어들면서 군아문의 감관제하에 운영되던 군수광공업은 점차 몰락해 가고 있었다. 전술한 바와 같이 17세기 초중엽에 우세하였던 정부의 군사정책에 대한 관심이 그 후반에 이르러서는 외교·재정상의 문제로 전환되기 시작하였다. 군사정책에 대한 관심이 약화됨에 따라 군제도 해이해져 경·향군의 수포군화가 촉진되고 있었다. 이러한 군사정책의 약화와 군제의 해이는 군기의 필요성마저 줄어들게 하므로서 군아문 군수산업의 몰락을 자극하고 있었다.

이리하여 군아문과 경제적인 이해가 대립되고 있었던 정부에서는 첫째, 전술한 바와 같이 군아문 군수산업의 중요한 재원이었던 월과군기방납권을 박탈하고, 공가(貢價)의 대부분을 국가의 경상비로 전용하였으며, 둘째 군아문이 군기제조에 필요한 원료와 연료를 조달할 목적으로 수용하였던 광산을 몰수하거나, 광산노동력을 박탈하였다. 정부가 군아문의 광산 및 광군을 몰수한 사례는 전술한 연은광업의 경우에서 익히 볼 수 있었다.

이러한 정부의 군아문 군수광산에 대한 몰수형태는 여타의 군수광산에 대해서도 다를 것이 없었다. 다만 정부는 군아문의 연광과 연군의 경우에는 그곳에서 생산되는 은이 화폐적 가치를 지닌 국가의 재원이었기 때문에 흡수하기에 명분이 뚜렷하였다. 그러나 유황점과 같이 군아문에만 필수적인 군수광산은 생산물 자체가 국가의 재원적 가치를 지닌 것이 아니기 때문에 탈취할 명분이 설 수가 없었다. 그 때문에 정부에서는 연점과는 달리 군아문이 유황점의 운영비를 렴출하기 위하여 절수하였던 둔전와 여타의 재원들을 몰수하거나 유황군을 양역(良役)으로 전환하는 방법을 모색하게 되었다.

정부가 군아문 소관 유황점의 재원과 인력을 처음으로 탈취하려 시도한 것은 연점의 경우와 같은 해인 숙종 13년(1687)이었다. 정부가 연점을 탈취하기 위한 구실을 영덕연점의 폐단문제에서 찾았던 것처럼 유황점 문제도 수어청 소관 지리산유황점의 폐단을 구실로 삼아 제기하였다. 다만 영덕연점의 경우는 '연군'의 작폐가 중점적으로 지적되었지만 지리산유황점은 반대로 '감관'의 작폐가 중심이 되고 있었다.

문제의 발단은 진주목사의 상소에서 비롯되었다. 상소내용의 골자는 유황감관이 주변의 민호를 수탈하고 승도와 점장 및 모군들을 착취하였다는 것이다. 이 지리산유황점 문제도 영덕연점의 경우와 같이 영의정 남구만이 주관하여 처리하게 되었고, 그는 물론 진주목사의 상소를 적극 지지하는 입장이었다. 동년 8월 13일에 그는 지리산유황감관의 폐단을 예시하면서, 전후의 유황감관들을 철저히 조사하고 처벌하여 일후의 폐단을 근절토록 할 것과, 유황점에 대한 「감손절목(減損節目)」을 마련하여 본청과 본도로 하여금 준수토록 건의하였다.[1] 이때의 감손절목은 이미 비변사의 지시로 경상감영에서 작성해 올렸던 것이고, 같은 달 17일에 다만 비변사가 계달하여 왕의 재가를 받았을 뿐이다.

그 내용의 요지는 첫째, 황장을 모두 감하고 모군 100명을 정액으로 삼아 다시는 증원하지 못하도록 하는 것이었고, 둘째는 동해안에 정박하는 선천에 부과하는 세금과 낙동강의 세선(貰船) 및 절수한 둔토를 모두 정부가 수용하는 것이며, 셋째 유황점에서 현물수세하던 철물점 병항점의 수세량을 크게 삭감한 것이었고, 넷째는 그곳 의승(義僧) 4명의 남한산성 입번(入番)을 대신한 승도들의 벌목역을 금하였으며, 다섯째는 감관이 유황점에 장기간 머물지 못하도록 조처하였다.[2] 곧 정부는 수어청유황점의 운영비를 렴출해 왔던 모든 재원을 몰수하고 황장과 대부분의 유황군 및 승도들을 빼내려한 것이었다.

이 「감손절목」이 계하된 후 1년을 지낸 동왕 14년 10월에 이르러 수어청에서는 감손절목의 내용중 부당한 사실들을 하나하나 지적하면서 그것의 수정을 강경하게 요구하였다.[3] 이에 비변사에서는 다시 이를 논의하게 되었고, 동월 13일에 감손절목의 일부를 수정하게 되었다. 첫째, 황장을 전부 감할 수 없으므로 10명을 정급키로 하였고, 둘째 승도의 사역문제는 황점에 인근한 사찰의 승도를 사역하되 인원수

1) 備邊司謄錄 41 肅宗 13년 8월 13일.
2) 承政院日記 323 肅宗 13년 8월 17일.
3) 備邊司謄錄 90 英祖 7년 12월 10일.
守禦廳謄錄 戊辰 10월 4일 狀啓.

를 정하고 성책(成冊)하여 올려 보내도록 하였으며, 셋째 감관은 종전처럼 황점에서 감독케하되 각별히 뽑아서 파견토록 하였다. 그러나 유황점 운영의 재원이었던 동해하정세·낙동강세선 및 절수한 토지수세행위 등은 허락지 않았고 수어청이 자체내의 경비에서 조달토록 하였다. 이리하여 다시 수어청에서는 동년 11월 14일에 장계를 올려 상기 3곳의 재원 중 절수한 둔토의 수세권을 요구하였으며,[4] 그것은 다행히 이듬해 2월 9일에 허락되었다.[5]

그러나 동년 4월 12일 비변사는 지리산의 허리부분 이상의 화전개간은 철저히 금하도록 지시하였고,[6] 동 3월 27일에 수어청에서는 수철몽동점의 현물수세권도 회복하였다.[7] 이 수어청의 지리산유황점은 숙종 21년(1695)에 김진귀(金鎭龜)가 경상도 순무사로 내려갔을 때 수령들이, '유황점이 지리산의 산맥을 파헤쳐 각읍의 폐단이 크다'고 진정하였기 때문에 이를 정부에 건의해서 혁파해 버렸던 것인데, 숙종 31년(1705)에 다시 구점(舊店)에서 멀지 않은 곳에서 새로이 유황맥을 발견하고 정부에 건의하여 설점수세하게 되었다.[8]

어떻든 정부의 입장은 연점의 경우와 마찬가지로 숙종 13년부터 군아문에 소속된 유황점운영의 재원도 몰수하고 인력도 흡수하려 하였

4) 守禦廳謄錄 戊辰 11월 14일 狀啓.

5) 守禦廳謄錄 己巳 2월 9일.
「備邊司爲相考事 節啓下敎 本府書狀 據司啓粘連啓下是白有亦 晋州硫黃店貽弊多端 … 同屯田 定給若干募軍 依田耕作 俾補煮黃時粮料之資 其弊不至於前日設店之時白乎 乙喩 查問其便否於本道後 當爲定奪分付 以此意 本道并以行移何如 康熙二十八年二月初八日 右副承旨臣權愈次知啓依敎是置 傳敎內事意 奉審施行向事」.

6) 守禦廳謄錄 己巳 4월 12일.

7) 守禦廳謄錄 己巳 3월 27일.

8) 備邊司謄錄 56 肅宗 31년 2월 21일.

던 것이다. 이러한 정부의 의도가 집요하게 시도된 것은 18세기 초에 이르러서였다.

군아문에 의한 월과화약의 독점적인 방납권이 무너지기 시작한 것은 숙종 30년(1704)이었다. 이때 삼군문에서만 분배하여 방납해 오던 삼남월과화약은 5군문·군기시 및 상진청소관 삼남월과화약계에 분배되었다. 동년에 설치된 '이정청'에서는, 5군문이 종전에 보유하고 있었던 유황군 2,228명중 728명을 삭감하고 각군문에 300명씩 도합 1500명만 남겼다. 이 정액은 상진청의 삼남화약계가 간년조 월과화약을 모두 흡수한 해인 동왕 39년의 자정(査正)때에는 변동이 없었지만, 동년에는 경상감영·통영·좌우병영의 유황군을 300명씩, 경상좌수영 금정·조령산성의 유황군을 각 200명씩 정액화하는 한편 경상좌수영 우후소속 유황군은 혁파해 버렸다. 이때 정부가 삭감한 이들 유황군은 곧 소속 읍에 되돌려 주었고 도망자가 생기면 충원토록 조처하였던 것이다.[9]

그러나 이러한 조처는 사실상 정부가 양역을 확대시키기 위한 방편에 불과하였다. 정부가 유황군을 삭감하여 양역에 편속시키려는 움직임은 숙종 42년과 43년에 훈련도감이 상진청소관 삼남월과화약계의 방납권을 몰수하였다가 경종 4년(1724)에 다시 빼앗긴 이후에, 더욱 두드러지게 나타나고 있었다.

영조 4년(1729)에 경상도관찰사 박문수(朴文秀)는 각 군문유황군의 폐단을 지적하면서, "유황이 나는 읍은 약간의 액수만 남기고 유황이 안 나는 읍은 모두 없애 군액에 충당하십시오." 하고 건의하였고, 곧 왕의

9) 各營釐整廳謄錄(甲申).

재가를 받아 제도에 시달하였다. 이리하여 경상도관찰사는 도내 각읍에 지시하여 우선 유황점을 보유하고 있지 않았던 총융청 소속 유황군의 신역가(身役價)를 각읍에 받아놓게하고 도내의 300명 유황군을 모두 혁파하여 다른 역에 옮겨 충정해 버렸다. 이 때문에 동년 3월에 총융청에서는 300명 유황군으로부터 유황 또는 신포(身布)를 받아 화약제조비에 사용해온 사실을 밝히고 복구해 줄 것을 건의하였다.[10] 이에 대하여 동년 4월 비변사에서는 절충안을 제기하여 300명 중 절반을 삭감토록 되었다.[11] 그러나 동년 6월 현재 금위영·수어청·어영청의 유황군은 모두 혁파되었다.[12]

총융청과는 달리 훈련도감의 경주·구례유황점의 경우에는 硫黃이 산출되고 있었음에도 불구하고 경상·전라관찰사가 경주 159명과 구례 91명의 유황군을 모두 삭감해 버렸다. 이에 훈련도감의 제조인 지사(知事) 조문명(趙文命)이 영조 5년 윤 7월에 경주·구례양점의 유황으로 매년 6,700근의 화약을 제조해 온 사실을 들어 환원할 것을 요구하였고, 전훈련대장이던 특진관(特進官) 장붕익(張鵬翼)도 훈련도감이 사용하는 유황이 1,000여근이란 사실을 지적하여 두 곳의 유황군은 모두 복구되었다.[13] 그러나 전라감사의 건의에 따라 자황법에 익숙한 황

---

10) 備邊司謄錄 85 英祖 5년 3월 18일.

11) 英祖實錄 22 英祖 5년 4월 壬午.
「備邊司啓 摠戎廳 以本廳慶尙道硫黃軍三百名 請仍存勿罷矣 道臣革罷 固有所執 軍門事務 亦不可不念 請折半罷定 俾彼此俱便 批曰 可」.

12) 備邊司謄錄 86 英祖 5년 6월 20일.
「其一 以爲硫黃所産邑外 硫黃軍革罷 依定奪施行 而各軍門堅執不行 不可不盡數移充闕額是如爲白有臥乎所 禁衛營守禦廳御營廳 則旣爲革罷是白遣 摠戎廳 則折半仍存是白遣 訓局則因湖南伯報狀 能知煮法者外 一併充員其代 以私賤充塡事 分付爲白有如乎 照此施行之意 分付爲白乎旀」.

장 외에는 유황군을 모두 사천(私賤)으로 대체하게 되었다.[14]

훈련도감 소속 유황점이지만 충주의 보련산유황점의 경우는 사정이 달랐다. 본점은 숙종 6년(1680)에 설치되었고 유황군이 97명이던 것을 숙종 30년 이정청에서 47명을 삭감하여 50명만 남아 있었는데, 해당읍의 수령이 유황군을 빼내어 다른 역에 충원하기 시작하여, 영조 7년 현재 4명 밖에 남지 않았다. 4명으로서는 유황의 채굴 및 제련작업이 불가능하여 이들은 세황(稅黃)을 구입하여 훈련도감에 바치게 되었으므로 동년에 충원현감 정익하(鄭益河)가 황점을 폐쇄하고 유황군을 혁파할 것을 상소하였다. 이에 훈련도감에서는 장교를 현지에 파견하여 해당읍의 수령·좌수(座首)와 조사한 끝에 앞의 사실을 확인하였고, 광맥이 풍부한 것도 알게 되었다. 훈련도감은 곧 동년 12월에 정부에 요청하여 숙종 30년의 이정정액인 50명의 유황군을 복구하였다.[15] 이처럼 정부는 각도의 감사 및 수령들과 이해를 같이 하면서 군문의 유황점을 폐쇄하고 거기에 따른 토지와 인력을 탈취하는에 노력하였다.

다음, 군아문의 철점에 대한 정부의 입장도 유황점의 경우와 별로 다를 것이 없었던 것 같다. 그 한 예로 전술한 훈련도감의 철현진철점은, 숙종 7년(1681)에 이미 황해도관찰사가 본점의 별장을 혁파하고 본

---

13) 備邊司謄錄 86 英祖 5년 閏 7월 29일.

14) 備邊司謄錄 86 英祖 5년 6월 20일.

「其一 以爲硫黃所産邑外 硫黃軍革罷 依定奪施行 而各軍門堅執不行 不可不盡數移充闕額 是如爲白有卧乎所 禁衛營守禦廳御營廳 則旣爲革罷是白遣 摠戎廳 則折半仍存是白遣 訓局則因湖南伯報狀 能知煮法者外 一併充員其代 以私賤充塡事 分付爲白有如乎 照此施行之意 分付爲白乎旀」.

15) 備邊司謄錄 90 英祖 7년 12월 10일.

읍의 수령이 수세상납할 것을 요청하였다. 이에 훈련대장 김석주는 이를 통박하였을 뿐 아니라, 관찰사를 추고하고 지방관을 파직토록 요청하여 왕이 재가한 사실이 있었다.[16)]

그러나 군아문의 철점은 반드시 군아문의 군기만이 아니라 자초용의 가마솥 또는 밥솥 등을 제조하는데도 원료로 공급되고 있었고 더욱이 삼남월과조총을 영조 13년까지 방납하던 처지였으므로 좀처럼 정부가 몰수하기 어려운 일이었다. 따라서 숙종 30년(1704)의 이정청에서도 다음 〈표 1〉[17)]에서 볼 수 있듯이 훈련도감과 총융청·수어청의 취철군은 약간씩 삭감하여 당해읍의 수령에게 넘겼으나, 어영청과 금위영은 오히려 상당수를 증액하여 삼군문 다같이 300명을 정액으로 하였고 수어청은 200명, 총융청은 80명을 정액으로 책정하였다. 따라서 이때의 오군문 취철군의 이정수는 종래의 총액과 이정총액을 비교해 볼 때 거의 증감이 없었다.

정부의 군아문 철점 및 취철군에 대한 시책도 역시 유황점의 경우처럼 18세기 초에 들어 서면서 더욱 표면화 되고 있었다. 그 구체적인 사례로는 우선 금위영소관 갈산둔철점의 경우를 들 수 있겠다. 영조 5년(1729) 금위영에서 계달한 내용은 다음과 같다.

> 군문에서 긴요하게 쓰이는 것이 철물이므로 다른 군문은 모두 둔전을 설치하여 세가 들어오는 곳을 갖고 있습니다. 그러나 본영은 달리 나올

16) 鐵峴鎭事例.
「載寧吹鐵所別將革罷後 自本官收鐵物上納事 道臣爲請 大將金錫胄防啓鎭軍以三百五十名 定額 道臣推考 地方官罷職私蒙允」.

17) 各營釐整廳謄錄·備邊司謄錄 85 英祖 5년 4월 20日條 참조.

〈표 1〉 숙종30년의 각군문취철군이정정액

군문별	취철군소속처	종전취철군수	숙종 30년의 이정시의 증감수	이정정액
훈련도감	재령취철점모군	350명·아약(兒弱)66명	100명·아약(兒弱)66명감	250名 재령216명 평산34명
	남포취철점모군	84명·아약40명	34명·아약40명감	50명 남포45명 홍산 3명 정산 2명
어영청	장연취철모군	50명	정군관보의여군 250명을 충수	300명
금위영	재령갈산취철모군	250명	50명증	300명
총융청	황해도취철아병	83명	3명감	80명
수어청	※ 수철아병	225명	25명감	200명
	수원독성산성 취철아병	83명	3명감	80명

곳이 없어 언제나 구입해서 썼는데 끝내 조달키가 어렵게 되어 지난 을미연간(숙종 41년)에는 훈련도감의 철현둔예에 의거하여 취철모군 250명을 정액으로 삼게 해 줄 것을 탑전에게 정탈하였던 것입니다. 이에 재령에 갈산둔을 설치하고 부근의 수개 읍에서 취철군 약간명을 간신히 모취하였고, 모취하지 못한 반수는 지금 모취하여 정액을 채우려 하고 있습니다. 그런데 지난번 갈산둔별장이 보고한 내용을 보면 '취철모군을 해주·연안읍에서 이를 모두 혁파하여 육군에 충정시켰다'는 것입니다. 만약 그렇게 되면 철물은 어떻게 마련하며 유사시의 군기는 장차 무엇으로 제조합니까. 영문의 형편이 실로 걱정됩니다. (중략) 근래 지방관이 경사(京司)를 만만하게 보고 자기들 마음대로 행동하므로서 체통이 무너지고 영문은 제모습을 갖추지 못하게 되었습니다. 지금 이대로 둔다면 막중한 영문의 군기도 장차 이로 말미암아 폐각되지 않

을 수 없을 것입니다. 두 읍의 수령을 먼저 엄하게 추고하고 본영소관 갈산둔모군중 혁파하여 이정된 자를 정탈한 인원수대로 일일이 본둔에 환속시키도록 본도감사에게 명령하십시오.[18]

이러한 금위영의 요청은 즉시 받아들여졌고 두읍에서 탈취하였던 취철군은 다시 갈산둔으로 돌려 보내졌다. 이후의 갈산둔철점에 대한 정부와 감사·수령들의 처사가 어떠했는지는 상고할 수 없었으나 그와 똑같은 경우에 해당하는 훈련도감의 철현진철점을 살펴보면 이 역시 영조 4년(1728)에 수령이 진군의 자제를 다른 역에 옮겨 놓았다고 하여 물의를 일으켰었고,[19] 동왕 33년(1757)에는 철현진절수지내의 일부 토지에 대한 해당읍수령의 수세문제가 사건화 되기도 하였다.[20] 19세기 초에는 본읍의 수령이 진군을 횡탈할 뿐 아니라 철점내의 덕주(德主)마저 한정(閑丁)으로 취급하여 양역을 부과하였고, 이때는 또한 야장·수철장·무여(巫女) 등 일반의 철물수공업자들이 철현진내의 철광을 사채하기에 까지 이르렀다.[21]

이처럼 17세기 말 18세기 초에는 군아문과 이해를 달리하는 정부와

18) 備邊司謄錄 85 英祖 5년 4월 20일.

19) 鐵峴鎭事例.

「鐵峴鎭軍 以三百五十名定額 而逃故之代 以其子枝塡充矣 本官移定他役 日後則更勿橫侵之意草記蒙允」.

20) 鐵峴鎭事例.

「鐵峴場內折受畊垠之地 本官勿爲收稅事草記蒙允」.

21) 鐵峴鎭事例.

「鐵峴鎭設置 全爲輦下親兵之軍器與機械他造之需 前後定規 不啻嚴明 而近來外邑 未知受敎定奪之意 稱以閑丁 橫侵德主 冶匠水鐵匠巫女之輩 種種侵漁 邑鎭間紛紜旀除良 鎭軍未充太多 大邑橫奪之類 並爲鎭軍 移充定額四百五十名 外邑更勿橫侵之意蒙允」.

각도의 감사 및 수령들에 의하여 군아문의 둔토와 광산 그리고 광군들을 몰수하고 군기제조비의 중요한 재원이었던 월과가마저 박탈하였다. 이러한 제반의 사정으로 이 시기부터는 군아문의 군기제조업도 위축되어 갔다. 그 대표적인 예로서 군기시와 훈련도감의 경우를 들 수 있다.

군기시나 훈련도감은 이미 전술한 바와 같이 임진왜란 중 곧 16세기 말부터 계속 총약환 등을 생산해 왔던 아문들이다. 그럼에도 불구하고 군기시는 정조 20년 7월에 군기시제조 이주국(李柱國)이 계언하여 본시의 원역을 삭감하고 군기제조장을 없앨 것을 요구하고 있었다. 그는 첫째 군기시는 오군문이 설치된 뒤부터 하나의 쓸모없는 부서로 되어 세입이 감축되었는데도, 경용은 전과 다름이 없어 결국 원역의 료포를 지급할 수 없게 되었다는 것이다. 이 때문에 별파진(別破陣)을 비롯하여 한가한 원역들을 이때 삭감해 버렸다. 둘째 그는 화약고를 훼철하고 수직관(守直官)들을 없앨 것도 건의하였다. 삼청동(三淸洞)에 설치된 군기시의 화약고는 염초를 자취하고 또 비치하던 곳이었지만, 이미 본시의 자초작업이 정지된지 오래였고, 지금은 월과계인의 화약제조장으로 변해 버렸으므로 본고를 철거하고 참장(參將)·원역 등을 감원해 버렸으면 한 것이었다. 그러나 정조가 화약고만은 월과계인의 화약제조장으로 두고 원역도 그대로 남게 두되 그들로 하여금 계인의 화약생산을 신칙토록 조처하였다.[22)]

이처럼 군기시의 제조장이 기능을 잃어간 실정은 훈련도감의 경우에도 마찬가지였다. 순조 11년에 훈련대장 이득제(李得濟)는 도감의 조

22) 正祖實錄 45 正祖 20년 7월 辛亥.

총화약제조장인 하도감이 제조작업을 폐하므로써 한갓 미려(尾閭)로 되고 말았다고 지적하고, 제조작업이 없으므로 용관(冗官)으로 되고 만 조총색·화약색의 낭청과 감관 4인의 자리는 비더라도 보충하지 말 것을 요청하였고 왕이 허락하였다.[23] 이처럼 18세기 초를 전후한 시기에는 군아문의 군수광공업은 거의 몰락하고 말았다.

제2절 월과계인(月課契人)의 방납권 확대와 수가제납(受價製納) 실태

1) 월과계(月課契)의 방납권 확대와 수가액(受價額)

17세기전반기에는 민간제조업자들이 경·외의 군아문에 총·약·환을 제납하면서 성장해 왔지만, 17세기중엽에는 군영문에서 삼남·양서의 월과군기방납권을 독점함으로써 민간업자들은 막대한 판로를 상실하였다. 그러나 민간제조업자들은 17세기 말 18세기 초에 들어서면서 상진청 또는 군기시와 결탁하여 군영문이 독점하였던 월과군기의 방납권을 되찾기 시작하였고 이를 계기로 끝내는 18세기의 군수공업을 독점하게 된 동기가 군아문의 방납권을 되찾은데 있는것도 사실이지만 또 하나의 중요한 계기가 마련케 된 것은 영조 5년(1729)에 「조총화약제조절목(鳥銃火藥製造節目)」이 제정되었다는 사실이었다.

이 절목이 마련케 된 이유는 일찍부터 싹터온 것이지만 직접적인

---

23) 純祖實錄 14 純祖 11년 3월 乙卯.

「訓練大將李得濟啓言 生財不如省費 本局之下都監 卽工匠立役之所 而逐朔上下 其數不些 便是尾閭 鳥銃火藥兩色郎廳及各所監官四人 俱係冗官 此後講隨窠勿補其代 從之」.

계기는 동왕 4년 3월에 일어난 이인좌난(李麟佐亂)이었다. 조총으로 무장한 반난군을 진압하는 과정에서 집권층은 병기의 제조 및 관리문제에 대한 새로운 조처가 필요함을 깨닫게 되었던 것이다.

각관아의 총약환을 실전에서 사용해봄에 따라 제품의 불량성이 드러났고, 그 원인이 사조사매품을 구입하는데 있음을 실감한 것이며, 나아가 사조사매행위는 반난군에게 무기를 제공하는 결과를 초래할 위험이 항시 내포되어 있음도 알게 된 것이다.

이인좌란후 집권자들은 군기의 부실화를 방지하고 사조사매행위를 막기 위하여 무려 1년여에 걸쳐 논란한 끝에 비로소 동왕 5년 5월에는 「조총화약제조절목」을 제정 반포하게 되었다.

그 골자를 보면 우선 군기의 사조사매행위를 엄금하기 위하여, 첫째, 서울에 있는 훈련도감·금위영·어영청·수어청·총융청·군기시·진휼청에만 군기제조를 허락하였고, 둘째, 사조사매자는 포도청에서 치도율(治盜律)로 다스리게 하되 가장 심한 자는 3년 도형(徒刑)을 마친 뒤 정배(定配)토록 하였고, 상기한 각아문의 인표(印標)를 모방하여 제조할 경우는 사주전법(私鑄錢法)으로 다스리게 하였다.

다음은 제품의 부실화를 방지하기 위한 벌칙이었다. 첫째 조총은 감조편수·타조장인·찬혈장의 성명과 제조한 아문, 제조한 연호를 총면(銃面)에 각해 두었다가 2전중(錢重)의 연환이 총구와 맞지 않을 경우는 찬혈장을 치죄하되, 10자루 이하면 곤장 30대, 20자루 이상이면 50대를 친뒤 개조토록 하고, 불량하게 타조하여 사격시 파열해서 사람을 다치게 한 경우에는 타조장을 치죄하되 40대를 친 뒤 개조케 할 것이나, 인명을 치사한 경우는 곤장을 심하게 때린 뒤 도형삼년 후 정배토록 하였다. 둘째 화약은 반드시 「화포식」에 의거 제조하고 화약의 윗면에 제조한 아문명의 첫글자 한 자와 제조한 연호 두 자를 양각하는 동시에 감조감관·편수·장인의 성명을 해당 아문이 제조연월에 따라 책자에 기록하고 낙인해둔 다음 5년내에 화약이 성능이 부실해지면 제조한 장인을 치죄하되 100근 이하면 곤장 30대, 200근 이상이면 50대를 친 뒤 개조토록 하였다. 셋째 제도각읍은 월과총·약을 받아간 뒤 5년이내에 화약의 성능이 부실하거나 조총이 파상하거나 연환이 총구에 맞지 않으면 제조한 아문에 돌려보내고, 당해 아문에서는 공장을 치죄한 뒤 개조해 내려보내게 하되 이때 감조감관도 곤장 20대, 편수는 30대를 때려 타인에게 경계심을 갖게 한다. 넷째 월과계인들은 물력의 영여를 더 취득할 목적으로 조총과 화약을 견고하고 정밀하게 제조하지 않으니 특별히 신칙해야 한다는 내용이었다.[24]

이상과 같은 「조총화약제조절목」이 반포됨으로써 민간의 군기제조업자들은 이제 상진청이나 군기시의 월과계인으로 되지 않는 한 영업을 계속할 수가 없게 되었다. 그러나 월과계인들은 반대로 종래 사조사매업자들이 차지한 판로를 독점할 수 있는 계기가 되었다. 따라서 민간제조업자들은 상진청 또는 군기시와 결탁하여 종래 민간제품을 구입 사용해 왔던 일부의 지방관아들에 대한 방납권을 요구하게 되었고, 동시에 상진청이나 군기시에서는 그것을 공물화함으로써 얻는 이익이 컸기 때문에 적극적으로 이를 뒷받침하고 있었다. 그중 월과계가 성립되지 않았던 것은 서북양도의 총약환과 삼남각진보의 월과총약환이었다. 이 양처의 총약환방납문제에 먼저 관심을 보인 것은 역시 군기시와 상진청이었다.

24) 新補受教輯錄 兵典 軍器 및 備邊司謄錄 85 英祖 5년 5월 25일 「鳥銃火藥製造節目」.

군기시는 숙종 29년에 삼남의 본년조 월과화약 1000근을 방납하게 되면서 계인제를 채택하였고, 이어 동왕 34년에는 관동의 월과군기를, 동왕 41년에는 삼남월과조총의 일부를, 그리고 동왕 43년에는 다시 간년조 삼남월과화약 1666근을 각각 공물로 삼아 만들어 보내게 되었다. 다시 영조대에 들어와서는 동왕 원년에 서북양도에 천보총을 만들어 보내게 되었고, 동왕 13년에는 삼남의 월과조총중 5군문과 군기사가 제송하던 것을 삭감하고 그중 3분의 1을 천보총으로 대체하여 독점제송하고 있었다.

군기시의 방납권이 품목과 수량은 적었지만, 이처럼 영조초에 이미 삼남·관동·서북도등 6개도로 확대되어 있었다. 군기시는 영조원년에 서북양도의 천보총방납권을 차지하면서 서북양도와 월과화약도 삼남월과화약계인예에 따라 계인으로 하여금 수가제납케 할 것과 천보총연환의 방납권마저 요구하였다. 군기시의 이러한 요청은 곧 왕의 허락을 받았다.[25] 관북의 경우는 감영에서 요구하는데 따라 천보총 또는 조총을 제송하였고, 화약도 필요에 따라 감영에서 구입해 갔다.[26] 관서의 경우도 매년 조총과 화약을 군기시계인이 수가제송하였다.[27]

---

25) 備邊司謄錄 78 英祖 元年 12월 27일.
「軍器寺官員 以都提調意啓曰 … 且聞西北兩道各邑之火藥 亦貿於商賈輩備置 不猛太甚便作棄物云 似不無變通之道 而千步銃之鉛丸 亦異於常銃之丸 此等兩物 亦依三南月課藥丸例 納價於武庫後 一體備送 實合事宜 鳥銃藥丸價 趁速上送 以爲及時擧行之意 分付於西北兩道 未知何如 答曰允」.

26) 備邊司謄錄 112 英祖 25년 7월 19일.
「又所達 此北兵使李義翼申本也 軍器重火藥 本非北道所産 故自京貿去 每患難繼 …」.

27) 承政院日記 925 英祖16년 12월 11일.
「又以軍器寺官員 以都提調言啓曰 本寺武庫衙門 戊申以後 特進官西月課銃藥之不精 京外私造私賣之路 一切痛禁 自本寺專管造送事 前後提調 筵稟定奪後 依此擧行者 已多年矣 …」.

이 서북양도의 총약환을 제송한 자들을 「서북양도계인(西北兩道契人)」으로 지칭하였는데 이들에게는 또 하나의 특권이 부여되고 있었다. 영조 5년의 사조사매금지령 이후 제도감·병·수영의 수용약환과 각읍·진·보가 월과총약환 외에 더 필요할 때 사조사매자들로부터 구입하지 못하도록 하는 동시에 사조사매행위를 근절할 목적으로 과외의 수용군기는 반드시 군기시에 보고하여 수제(受題)한 뒤 서북양도계에서 구입토록 규정하였던 것이다.[28)]

영조 5년의 사조사매금지령 이후에도 월과계가 성립되지 않고 있었던 또 하나는 삼남의 각진·보월과군기였다. 삼남의 각진·보월과군기 중 조총은 병조에서 가격을 정해 내려보냈고,[29)] 월과약환가는 매년 선혜청에서 지출하였다. 선혜청에서는 각진·보 당 매월 3필씩, 연간 36필을 지출하여 각진보로 하여금 화약과 연환을 구입하여 수륙조련할 때와 대시사(大試射)를 시행할 때에 사용토록 하였다.[30)]

각진·보의 월과약·환을 처음으로 청득한 것은 진휼청이었다. 진휼

---

28) 日省錄 117 正祖 6년 8월 10일, 備邊司謄錄 65 正祖 6년 8월 11일.

「今八月初十日入侍時 訓練大將具善復所啓 鳥銃火藥等物 乃是軍器 故朝家定制 不得私自賣買 若捉潛賣之類 則移捕廳依律文勘罪 各道各邑 有貿藥之事 報武庫受題後 西北兩道契人 依例發賣 卽是不易之典」.

左捕廳謄錄 8 嘉慶 癸未 4월 29일.

「軍器寺爲相考事 八道監水營 及各邑鎭軍需所用火藥鉛丸 若有不足之弊 具陳省報本寺受題後 貿去於月課契 乃是自前不易之典矣」.

29) 承政院日記 412 肅宗 29년 5월 20일.

「兵曹判書李濡所啓 所江防禦使李暉狀啓所陳 各鎭戰船軍器中 鳥銃加數 自京軍門造送五六百柄事 備局以京軍門造送 …」.

30) 備邊司謄錄 119 英祖 22년 3월 15일.

「賑恤廳啓曰 … 各鎭堡藥丸段 未及變通矣 今則各該鎭堡 雖欲無得 戊申以後此等軍需之私造私賣 朝禁至嚴 貿取無路 所謂藥丸價應下防軍布 每朔三匹 付之軍校 盡歸於花消 若値水陸操大試射等時 則不得不求貿於各邑監色輩偸賣之物臨時塞責而止 …」.

청에서는 영조 22년 3월에 역시 삼남월과약·환계와 해서총약환계의 예에 따라 각진보 의 월과약환을 수가제조할 것을 청하였고, 곧 영조의 허락을 받았던 것이다.[31] 그러나 이듬해에 입전시인(立廛市人)이 문단금매령(紋緞禁賣令)으로 입게된 손실을 메꾸기 위하여 각진보월과가를 요구하게 되자, 정부는 시인에게 허락지 않았고 동시에 진휼청계인에게 허락한 것도 중지하고 말았다.[32] 이러한 사건이 있은 뒤 오랫동안 각진보의 월과약환문제는 거론되지 않다가 정조 8년(1784) 3월에 이르러 사간(司諫) 이복휘(李福徽)가 이 문제를 제기하게 되자,[33] 동년 8월에 상진청과 사전에 약속한 전대흥(全大興) 등이 월과계의 복설을 요구하고 나섰다. 그러나 비변사의 반대로 월과계는 성립되지 못하고 말았다.[34] 이리하여 정조 8년(1784) 현재까지도 각진보의 월과약환은 월과계의 성립을 보지 못하였고 전술한 것처럼 군기시의 서북양도계에서 임시로 구입하는 실정이었다.

다음에는 군기시와 상진청 소관 월과계인들의 수가액(受價額)과 월과군기수를 살펴보자. 군기시 소관 월과계는 군기시소관 공물을 관장하던 장무색(掌務色)에 소속되어 있었다. 장무색에는 총계(銃契)와 화약계(火藥契)가 설치되어 월과총·약을 제송하였다. 총계는 전술한 삼남의 천보총을 위시하여 관동·관서 및 삼남각진보의 화약을 수가제납하

31) 備邊司謄錄 115 英祖22년 3월 15일.
「賑恤廳啓日 … 今此各鎭堡月課藥丸 依三南海西各邑例 自本廳造送 … 答日 知道」.

32) 備邊司謄錄 167 正祖 8년 8월 20일.

33) 正祖實錄 17 正祖 8년 3월 壬子.
「司鍊李福徽上疏日 … 至於月課藥丸 三南及海西邊鎭 非無惠廳劃給 而初無儲備之事 每當操鍊 潛買列邑 緩急何以猝辦 臣謂講究籌司 廣詢將臣 及時變通可也 …」.

34) 備邊司謄錄 167 正祖 8년 8월 20일.

였다. 장무색내에 약환계가 별도로 설치되지는 않았지만, 화약계내에서 관동 및 삼남각진보의 월과연환을 수가제송하고 있었다.[35)]

군기시 소관 총계가 삼남에 제송하는 천보총수와 가미 및 작지가는 다음 〈표 2〉와 같다.[36)]

〈표 2〉 군기사소관 총계의 삼남월과천보총·가미수 및 작지가

종목 / 각도별	당년 총수	월과가미 (매병 3석 5두)	월과가의 미목전수	별조청납 작지가(매병3전)
호 서	134병	446석 10두	미 298석 대목 4동 23필 대전 446냥	40냥 2전
호 남	170병	566석 10두	미 188석 14두 대목 11동 16필 21척 대전 1133냥 2전	51냥
영 남	209병	696석 10두	미 232석 4두 2승 대목 13동 46필 21척 대전 1393냥	62냥 7전
총 계	513병	1710석	미 719석 3두 5승 대목 29동 36필 7척 대전 2972냥 2전	153냥 9전

이상의 천보총가는 선혜청에서 매병 당 정가 3석 3두를 가감없이 군기시에 지출하였다.[37)] 총계는 삼남에 「간이년」 곧 삼년 일차씩 교대로 수가제송하였고, 매병당 3전씩의 작지가를 군기시의 별조청에 납부하였다. 이리하여 선혜청에서는 매년 삼남월과조총가미 5,083석 5

35) 六典條例 8 軍器寺條.

36) 萬機要覽 財用篇 1 宣惠廳 五十七頁 軍器寺間二年條 및 六典條例 8 軍器寺 別造廳 應入條 참조.

37) 六典條例 4 宣惠廳 無加減各頁 軍器寺條.

두를 수봉하였으나 3년에 1차씩 1,710석만 지출하였으므로 삼년간의 조총가미는 15,250석이므로 약 1/9만을 지출한데 불과하였고, 매년 평균 4,500여석을 비축한 셈이었다. 총계는 다시 전술한 바의 함경도에는 감사의 요청대로 수가제송하였지만 관동과 관서에는 매년 정기적으로 조총을 수가제송하였다. 관동은 매년 38병을 수가제송하고 매병당 3전씩 작지가 11냥 4전을 역시 군기시 별조청에 납부하였고, 관서에는 매년 200병을 수가제송하고 매병당 4전씩 80냥의 작지가를 별조청에 납부하였다.[38)]

화약계에서는 함경도는 총의 경우와 같이 감사의 요청에 따라 수가제송하지만 관동에 매년 854근 4냥을 수가제송하고 매근당 4분씩 34냥 1전 6푼의 작지가를 군기시의 주성염초색(鑄成焰硝色)에 납부하였고, 관서에는 매년 1,000근을 수가제송하였는데 매근당 6푼씩 60양냥을 역시 주성염초색에 납부하였다.[39)] 화약계는 다시 영·호남 23개읍의 월과화약을 대·소년에 윤회수가(輪回受價)하여 제송하였다. 대년은 1,666근으로 매근가미 6두로 환산하여 미666석 10두를 수가하였고, 소년에는 1,000근으로 미 400석을 수가하였다. 화약계는 또한 삼남 각진의 월과화약을 판매하였는데 매년 호서 5진에 125근 15냥 5전, 호남 21진에 517근 14냥 6전, 영남 25진에 625근 7냥 7전으로 총 1,269근 5냥 8전을 매근가미 6두 대전(代錢) 2냥 4전씩 환산한 3,046냥 4전 7푼을 수가하였고 351냥 6전 2푼의 작지가를 장무색에 매년 납부하였다.[40)]

---

38) 六典條例 8 軍器寺 別造廳 應入條.

39) 六典條例 8 軍器寺 鑄成焰硝色 應入條.

40) 六典條例 8 軍器寺 鑄成焰硝色 用下條 및 掌務色 應入條.

다음 군기시의 화약색소관하에 있었던 연환계는 관동에 매년 31,400개의 연환을 수가제납하면서 매 100개당 1푼씩, 3냥 1전 4푼의 작지가를 주성염초색에 납부하였고,[41] 호서 5진에 600개, 호남 21진에 25,200개, 영남 25진에 28,800개 곧 60,000개를 매개가미 2홉 대전 8리씩으로 환산한 480냥을 수가제송하였다. 이밖에 군기시의 월과계에서는 각 도에서 사려고 요청하면 수량대로 판매를 허가하는 곧 전술한 바와 같이 제도각읍진에서 요청하는대로 총약환을 판매하는 이권도 가지고 있었다.[42]

이상에서 볼 때 군기시 소관 월과계는 삼남약·환계, 해서총약환계 등 삼계가 있었다. 상진청은 선혜청에서 월과미를 이획받아 월과총·약·환을 작공제송하였다. 삼남해서의 각 청(廳)은 호서약환가미 1,346석, 호남약환가미 1,688석, 영남약환가미 2,242석, 해서총약환가 대미 420석 소미 420석을 수봉하여 원래 정한 가액(價額)대로 상진청에 직접 납부하였다.[43] 이 삼남해서총약환가미는 조총 1병당 3석 5두, 화약 1근당 미 10두, 연환 1개당 미 5홉의 원래의 정가에 의하여 산출된 것이었다. 그러나 상진청에서는 총약환의 단가를 감가책정하여 계인들에게 지불하고 있었다. 이중 화약계인을 중심으로 당시 월과계인들의 수가액과 잉여가를 우선 살펴보자.

상진청에서는 숙종 30년에 삼남월과화약중 본년조 3,900여근을 작공조송하게 된데 이어 동왕 39년에는 간년조 전액 7,000여근도 작공조송 할 수 있게 되었다. 상진청은 이 본년조 3,900여근과 간년조

41) 六典條例 8 軍器寺 別造廳 應入條 및 鑄成焰硝色 應入條 참조.

42) 六典條例 8 軍器寺掌務色 所管貢物條 및 鑄成焰硝色 用下條 참조.

43) 六典條例 4 宣惠廳 移劃條 및 萬機要覽 財用篇 4 賑恤廳事例 참조.

7,000여근을 작공조송하므로써 경종 4년 현재 본년에 700여석, 간년에 2,000여석의 여미를 힘 안들이고 수취할 수 있게 되었다.[44] 삼남월과화약가미는 4,029석 5두였고 연간 6,044근을 생산토록 정해진 것이지만 본년조는 숙종 30년에 화약가를 근당 10두에서 6두로 감가산정하면서 9,900여근을 생산토록 되었던 것이다. 따라서 상진청에서 3,900여근을 작공조송하므로써 700여석[45]의 여미를 수취할 수 있었다고 한 것은 3,900여근의 가미 1,520石 중 절반을 수취하고 월과화약계인에게 절반을 지급하였다는 사실이다. 그러나 간년조의 경우에는 화약의 단가를 감가책정하지 않았으므로 화약량도 7,000여근에 불과하였고 화약가미 4,029석 5두의 절반을 상진청에서 수취하고 절반을 계인에게 지급함으로서 계인들은 본년에는 매근당 3두 가량으로 환산한 공가를 받은 것이나 간년에는 근당 5두 가량의 가미를 받았던 셈이다.

그러나 간년조 7,000여근도 숙종 43년 2월에 훈련도감에서 청득할 때 3,000여근을 더 보태기로 한 뒤부터는 화약량이 본년조와 같이 되어[46] 경종 3년에 월과계가 복설되면서 화약량은 7,000여근으로 환원

---

44) 承政院日記 552 景宗 3년 3월 6일.

「李台佐曰 … 取考賑廳文書 則三南月課火藥 例有本年間年條 而本年條 則作爲萬斤分送各軍門外 其餘三千九百餘斤 則自賑廳句管 出給契人 製送各邑 取用價米 乃至七百餘石 且間年條 則賑廳專爲句管 造送本火藥於三南 餘米二千餘石 造作別銃留置北漢矣 …」.

45) 여기에는 700餘石으로 되어 있지만 1,520석의 절반은 760石이므로 다른 기록들에는 대개 800餘石으로 되어 있다. 一例를 들면 承政院日記 497 肅宗 42年 8月 2日條에 「… 一半給貢物主人 俾造火藥 一半自賑廳取用之數爲八百石也 …」라고 한 것이 그것이다.

46) 承政院日記 500 숙종 43년 2월 1일.

「訓練都監郎廳 以都提調意啓曰 … 歸廳火藥六千九百餘斤 一依頃日移屬四千斤例亦爲移屬都監 與四千斤 一體各別精造 藏置庫舍 連續分送 而三千斤又爲加備下送 …」.

되었지만 공가는 본년조와 마찬가지로 근당 3두로 되고 말았던 것이다. 간년조의 이 같은 사정은 영조 4년(1728)의 다음과 같은 기록에서도 자세히 나타난다.

> 갑진년(경종 4년)에 군기시에서 원역의 급료가 부족하다는 핑계로 소위 간년조 1,000근 가미 660여석을 초기(草記)로 본시에 이속시켰습니다. 지금 이 1,000근가미가 상진청에 있었을 때에는 계인에게 200석만 지급하고 460여석을 모두 진휼비에 보태 썼던 것입니다.[47]

간년조 중 1,000근가미가 660여석이라는 것은 곧 근당 10두로 계산될 경우이다. 그러나 상진청에서 계인에게 지급한 액수는 200석이니 이는 근당 3두에 불과한 것이다.

이상과 같이 계인들의 수가액이 줄어드는 것은 화약생산기술의 발전과 생산량의 증대에 따른 것이겠지만 근당 3두의 수가액은 거의 생산비에 지나지 못했을 것이다. 그렇다면 이 시기의 계인들이 월과화약의 수가제납과정에서 얻는 이익은 무엇이었을까 의문이다. 우선 생각될 수 있는 것은 상진청계인이란 자격으로 원료와 연료의 채취·구입이 용이하였을 것으로 보인다. 그것은 당시의 수가무납공인(受價貿納貢人)들이 생산자를 압박하면서 공물을 염가로 사서 바쳤던 경우와도 다를 것이 없겠기 때문이다.[48] 이러한 특권은 상진청에 의하여 보장되었

---

47) 備邊司謄錄 83 英祖 4년 2월 9일.
「知事李㙫所啓 … 甲辰年 軍器寺 諉以員役朔下不足 所謂間年條一千斤價米六百六十餘石 草記移屬於本寺 今此一千斤價米 在本廳時二百石 上下於契人 四百六十餘石 盡補賑資矣 …」.

48) 姜萬吉 :「朝鮮後期商業資本의 發達」, pp.133~150. 高麗大學校出版部, 1973.

을 것이며 이를 통하여 계인들은 원료와 연료를 염가로 조달하므로써 어느 정도의 이익을 확보할 수가 있었을 것이다.

그리고 계인들은 화약의 생산과정에서도 약간의 소득을 얻고 있었던 것 같다. 그것은 첫째 생산비를 줄이는데 있었다. 이를테면 자초과정에서 재련·삼련하여 정초를 생산하지 않고 한번만 자련하여 모초를 만드는 것으로 그쳤고 또 그것으로 화약합제에 쓸 뿐 아니라 숙도(熟搗)치도 않는 경우가 많았다.[49] 곧 연료와 원료의 소비를 줄이고 노동력을 덜어서 생산비를 줄일 수가 있었기 때문이다. 그러나 이렇게 하여 제조된 화약이란 한번 흙비가 내리면 곧 회토(灰土)가 되고 [50] 1년도 안되서 진토(塵土)가 되기 마련이었다.[51]

이리하여 계인들의 불량제품문제는 오랫동안 위정자들의 논란 대상이 되어 왔고 마침내 영조 5년에는 전술한 바와 같이 「조총화약제조절목」이 제정되었다. 계인들은 이상과 같이 생산비를 줄일 목적으로 불량제품을 생산하는가 하면 한편으로는 월과화약을 정해진 수량대로 제납하지 않는 방법을 통해서도 사리를 도모하고 있었다. 일례를 들면 숙종 30년(1704)부터 동왕 45년(1719)까지 미납한 월과화약이 무려 1만

宋贊植 : 「三南方物紙貢考」-貢人과 生産者와의 관계를 중심으로- 震檀學報, 37.38輯, 1974.

49) 承政院日記 302 肅宗 10년 2월 13일. 備邊司謄錄 38 肅宗 10년 2월 14일.
「知事申汝哲所啓 火藥之猛不猛 專由於焰硝之好不好 而京外鹹土已盡 故焰硝之性 甚爲麁劣 軍門貿得者 三鍊而且十分精搗然後 其造火藥精猛 可用於軍器而近來都下富民等 貿得嶺南松商之焰硝 不爲再鍊 亦不熟搗 專以省功爲務」.

50) 承政院日記 515 肅宗 45년 4월 10일.
「… 火藥 軍器中重物 不可使契人等劑置於閭家 前所劑送各邑者 品甚不猛一經霾雨 便成灰土 故南來守令 無不言說 …」.

51) 備邊司謄錄 85 英祖 5년 4월 8일.
「… 至於火藥 一自月課契扨出之後 務多而不務精 未滿一年 便作塵土 實爲寒心 …」.

여근에 달하였다는 사실이 이를 증명한다.[52]

그러나 계인들이 이처럼 월과화약의 생산과정에서 부정하게 취하는 이득이란 항구적으로 보장받을 수 있는 성질의 것이 아니었고 무엇보다도 수가액의 단가를 높여야만 하였다. 이 때문에 영조 30년(1754)에 삼남·해서월과총약환계를 총융청에 이속하면서는 계인의 수가액도 조정하게 되었다. 우선 동년 12월에 마련된 「삼남약환계해서총약환계이속총융청절목(三南藥丸契海西銃藥丸契移屬摠戎廳節目)」부터 살펴보자.

이것은 총융청을 연융대(鍊戎臺)로 옮기면서 영하(營下)에 거주할 백성을 모취하기 위한 방편으로 3계를 이속시켰던 것이기 때문에 첫째 연융대근처에 계인의 작업장 및 가옥을 옮겨 건립하는데 필요한 장소와 물력을 제공하였고, 둘째 해서의 월과조총을 제납할 수 있도록 삼군문에서 총장(銃匠)을 빌려오는 동시에 계인들의 수가액(受價額)을 높이고 총약환수를 줄였으며, 셋째 계인의 안정적인 생업을 보장키 위하여 계인과 장인을 다른 아문이나 법사(法司)에서 취조할 일이 있더라도 임의로 잡아가지 못하게 하고 총융청에 문서를 보내도록 하였고, 빌려온 총장을 본래 군문이 사역치 못하도록 할 뿐 아니라, 본청에서도 계인에게 잡역을 일체 부과하지 못하게 하였다.

넷째 계인 중 부지런하고 일을 잘아 장교에 합당한자 한두사람을 뽑아 「감조군관」을 삼아 군기제조를 전령(傳令)하고 감독케 하되 능력이 있는 자는 보수받는 자리에 수용한다는 것이며, 다섯째 계인이 제

---

52) 承政院日記 515 肅宗 45년 4월 10일. 備邊司謄錄 72 肅宗 45년 4월 10일.
「… 契人 則受價劑造之際 不無耗費之弊 逐年欠縮火藥 至於近萬斤 …」.

납한 월과군기는 총융청의 군기색 감관이 수봉한 뒤 각읍에 분재할땐 관문을 보내 알리고 진성(陳省)이 올라오면 일일이 나눠 보낸다는 것이다. 단 총융청에서는 각읍군기의 부실화를 방지하기 위하여 군기색감관으로 하여금 철저히 점검하여 받아 들이도록 하되 제품이 부실하면 총융청대장이 직접 징치하고 또 감관과 하속배의 농간이 있을 때는 군중수렴죄(軍中收斂罪)로 다스리게 하였다.[53]

이상 절목의 내용 중 계인의 수가액을 높이고 총약환의 수를 줄였던 대목을간추려 인용하면 다음과 같다.

> 「공가의 원래 액수중에서 상진청이 덜어내기 때문에 계인에게 지불하는 공가가 다른 것에 비하여 박하고 다과도 일정치 않아 계인들은 자연히 불량품을 제납하고 여리를 취하므로 원통하다고 일컽지 못하는 실정이다. 앞으로 마땅히 제조법에 맞추어 정밀하게 만들게 하고 책임만 면하려는 폐단을 영구히 근절시키려면 제납량을 헤아려 감한 뒤에야 공사간 편할 것이고 법도 오래 준수될 것이다. 화약가는 매근당 미 3두 3승씩, 연환은 매개가미 2홉씩으로 고쳐 마련하고 화약은 제납과정에서 줄어들므로 본·간년조를 막론하고 통틀어 550근당 100근씩을 계인에게 지급하여 도침 합제할 때 소모된 것을 충당케 하되 남는 것은 총융청에 납부하여 폭쇄할 때나 출납할 때 축나는 것을 보충하게 한다. 해서 총가는 너무 적어서 억지로 맞추어 제납하는데 간신히 모양은 갖추었으나 제품이 불량하다. 수량만 많고 제품이 불량한 것 보다는 오히려 수량을 줄이고 정밀히 제조하는 것이 좋으니 총가를 조금 높여 매병당 미 2석 10두로 고쳐 마련하고 뒤에 만약 전처럼 나쁘게 제조할 때는 각별히

53) 備邊司謄錄 127 英祖 30년 12월 10일.

징치한다.」[54]

이상의 총약환가는 종래 월과계인들이 수령해 왔던 공가보다는 약간 증액된 셈이다. 그 한 예로 화약가를 살펴보면 종래 계인들은 근당 3두를 받았던 것인데 여기서는 근당 3승씩 증액 지급하였고, 또 550근을 기준으로 하여 그중 100근을 도첩합제시의 소모량을 메꾸도록 계인에게 지급함으로서 계인의 실질적인 제납량은 450근이었다.

우선 550근을 기준으로 할 때 550근×3두 3승=121석이므로 근당 3두일때보다 11석을 더 받게 되었고 또 110근×3두 3승=22석을 활용할 수 있게 되었으므로 앞서 근당 3두로 550근을 수가제납할 때의 110석에 비할 때 사실상 33석이 불어난 것이다. 이러한 총약환가의 재조정을 통하여 지급된 영조 30년 현재의 삼남해서월과총약환가 및 군기수는 다음 〈표 3〉과 같다.[55]

그러나 상진청에서는 결국 원래 정한 공가에 비하면 조총 1병 가미 3석 5두를 2석 10두로, 화약 1근 가미 10두를 3두 3승으로, 연환매개 가미 5홉을 2홉으로 각각 감가책정하여 계인들에게 지출하게 된데 불과하다. 해서월과가는 이때 840석에서 639석 12두 8승으로 줄어들었지만 삼남은 간년제를 적용하여 월과약환가미 총 5,276석중 당년에 1,421석 4두 2승 6홉, 간년에 2,373석 14두 8승 4홉만을 계인에게 지출하였던 것이다. 곧 삼남월과약·환계의 경우는 불과 매년 평균 2,000여석의 월과미를 수가하게 된 셈이었다.

54) 備邊司謄錄 127 英祖 30년 12월 10일.

55) 萬機要覽 財用篇 1 賑廳條 참조. 表 중의 藥·丸數量은 筆者가 算出한 것임.

〈표 3〉 삼남해서총약환계의 수가액 및 총약환표

월과계인	수가연차	화약 : 근 연환 : 개	월과가미 조총매병 2석10두 화약매근 3두 3승 연환매개 2홉	미목전상하액
삼남화약계	당년 (소등)	3,657	804석 8두 1승	미 268석 8두1승 대목 16동 4필 대전 1,608냥
	간년조 (대등)	7,621	1,676석 9두 3승 (가급미 872석1두2승포함)	미 558석 13두3승 대목 33동 26필 21척 대전 335냥 2전
삼남연환계	당년 (소등)	462,558	616석 11두 1승 6홉	미 205석12두1승6홉 대목 12동 16필 14척 대전 1232냥 8전
	간년조 (대등)	523,027	697석 5두 5승 4홉 (가급미 80석 9두 4승 8홉 포함)	미 277석10斗6승4홉 대목 13동 46필 35척 대전 1394냥
해서총약환계	매년	?	639석 12두 8승	미 213석 2두 8승 대목 12동 40필 대전 1280냥

상진청으로 이획된 삼남월과약환가중 화약가만은 삼남월과화약계에만 지출되지 않았고, 전술한 군기시 소관 화약계에도 본년에 400석 간년에 666석 10두가 지불되었으며, 다시 훈련도감에 400석, 금위영과 어영청에 각각 340석씩 도합 1,080석을 간년에 지불되고 있었다.[56] 이리하여 진휼청에 이속된 삼남월과약환가미 5,276석은 당년에는 삼남월과화약계인에게 1,421석 4斗 2승 6홉, 군기시화약계인에게 400석, 도합 1,821석 4두 2승 6홉이 지출되었고, 간년에는 삼남월과화약계인에게 2,373석 14두 8승 4홉, 군기시화약계인에게 666석

56) 六典條例 4 宣惠廳 賑恤廳 用下條.

10두, 삼군문에 1,080석, 도합 4,120석 9두 8승 4홉이 지출되었다. 이리하여 진휼청에선 당년에 3,455여석, 간년에 1,156여석으로, 매년 평균 2,300여석의 여미를 비축할 수 있었다.

한편 영조 30년에 삼남해서총약환계를 연융대로 이속시키면서 총융청에서도 삼남월과조총 240병을 수가제납할 수 있게 되었다. 곧 조총은 숙종 41년에 정해진 바있는 오군문과 군기시의 분배 몫 중 총융청이 수가제납하던 240병을 복구한 것으로 호서 62병, 가미 206석 10두, 호남 78병, 가미 260석, 영남 100병, 가미 333석 5두, 총 240병 가미 800석을 매년수가제납하게 된 것이었다.[57] 이 삼남의 월과조총 가미는 군기시의 천보총가와 같이 선혜청에서 가감없이 지출되었다.[58] 선혜청에서는 영조 30년부터 군기시의 총계에 3년마다 천보총가 1,710석을 지출할 뿐 아니라, 매년 총융청에 800석을 지출하게 된 셈이다.

이상과 같이 군영문은 월과군기방납권을 17세기 말 18세기 초에 걸쳐 대부분을 군기시와 상진청의 월과계인에게 빼앗겨, 영조 30년 현재는 총융청이 매년 삼남월과조총가미중에서 800석을, 훈련도감이 삼남월과화약가 중 400석, 금·어 양영이 각 340석씩을 간년에 수가할 뿐이었다.

2) 월과계인(月課契人)의 수가제납(受價製納) 실태

월과총약환계의 수납제납절차는 상진청·군기시 또는 총융청 등 소

57) 湖南廳事例 嶺南廳事例目錄 六典條例 8 兵典 摠戎廳 및 萬機要覽 財用篇 1 各貢 各官各司等 摠戎廳條 참조.

58) 湖南廳事例 嶺南廳事例目錄 및 萬機要覽 軍政篇 2 摠戎廳條 참조.

관부서가 다름에 따라 약간씩 차이를 두고 있었다. 상진청에서는 낭청이 월과가의 지출과 월과군기의 수납업무를 관장하였고,[59] 군기시에서는 해당 색(色)의 낭청(주부종육품)이 담당한 듯하다.[60] 총융청에서는 전술한 군기색 감관이 군기의 수납업무를 관장하였지만 월과가는 역시 상진청에서 지출되고 있었다. 월과가는 〈표 2〉 〈표 3〉에서도 볼 수 있듯이 미·목·전로 지출하는 것이 통례였지만 때로는 은·포가 지급되기도 하였다.[61] 공가는 반드시 계인들이 제조작업을 착수하기 전에 지출되었다. 그것은 계인들로 하여금 군기제조에 필요한 원료나 연료를 미리 준비할 수 있도록 마련한 조처로서,[62] 정부가 말하는 소위 조금이라도 의지해 힘입을 수 있는 도리였다.[63]

월과가가 계인에게 지급된 시기는 확실하지 않다. 하지만 추측할 수 있는 것은 월과군기가 제납되어야 하고 대동미가 경청(京廳)에 수납된 뒤일 것이므로[64] 동지달을 지낸 뒤가 되기 쉽다.[65] 그런데 영조 30

---

59) 承政院日記 515 肅宗 45년 4월 10일.
「賑恤廳達曰 曾在甲申年間 自本廳請得三南月課火藥價米 別定契人 使之劑造 郎廳監董務令精猛 下送各邑 而取其餘利 以補賑資矣 …」.

60) 六典條例 8 軍器寺 掌務色 및 爐冶色條.
「火藥契製藥時 本色郎廳進去看品」.

61) 備邊司謄錄 89 英祖 7년 3월 10일.
「… 本廳句管三南月課貢物應下木錢 過時不給 故貢人之呼寃請受 逐日紛紜 極爲悶迫 在前如此之時 自朝家各衙門銀錢米布 多有別爲劃給之例 …」.

62) 備邊司謄錄 87 英祖 6년 正月 3일.
「… 且庚戌(英祖 6年)條火藥價 既已預下於貢人處 使之措備焰硝硫黃等物矣 …」.

63) 正祖實錄 17 正祖 8년 3월 甲辰.
「… 又教各貢人曰 市民貢人 均吾百姓 賙窮賑乏 在所一視 貢人受價之先等預下 以爲日分聊賴之道 故方令惠堂擧行 …」.

64) 備邊司謄錄 123 英祖 27년 8월 9일.
「… 月課米 非別件物也 乃是大同十二斗中磨鍊者也 京廳所賙 上下於貢物之價 …」.

년 12월에 제정된 「삼남약환계해서총약환계이속총융청절목」에서는 약간 변동된 듯하다.

> 갑술(영조 30년)조는 총약환계인들이 이미 공가를 받아 마련하였으니 개정법의 수량에 의거 수납하여 내년 봄에 분송하고 을해(영조 31년)조부터는 언제나 당년 10월에 수납해서 익년 정월에 분송하라.[66]

12월 10일에 절목이 계하되었는데 그때까지도 당해년의 월과군기가 수납되지 않고 있었다는 것은 종래는 적어도 12월경에 월과군기가 납품되어 다음해 봄에 분송되었음을 알 수 있겠다. 따라서 공가도 12월말경에나 지급되었을 것이다. 그러나 영조 31년부터는 당년 10월에 월과군기가 납품되어 익년 정월이면 각읍에 분송되므로 공가도 10월말이나 11월이면 계인에게 지급되었을 것이다.

월과계인의 칭호는 그때그때의 사료에 따라 공물주인, 공인, 주인 또는 계인, 월과계인 등 여러 가지로 표현되고 있었다.[67] 그러나 대체로 숙종 45년(1719) 이전에는 공물주인이라 부르는 경우가 많았고 그 이후

---

65) 備邊司謄錄 87 英祖 6년 正月 3일.
「… 且庚戌(英祖 6年)條火藥價 旣已預下於貢人處 使之措備焰硝硫黃等物矣 …」.

66) 備邊司謄錄 127 英祖 30년 12월 10일.
「甲戌條 銃藥丸契人等 已爲受價措備 依改定式數捧上 明春分送 乙亥條爲始 每於當年十月捧上 自翌年正月分送 契人受價年條及磨鍊式例 一依賑廳魚鱗所載施行 …」.

67) 承政院日記 353 肅宗 19년 8월 24일. 備邊司謄錄 47 肅宗 19년 8월 24일. 承政院日記 497 肅宗 42년 8월 2일. 承政院日記 500 肅宗 43년 2월 1일. 備邊司謄錄 87 英祖 6년 正月 3일. 備邊司謄錄 89 英祖 7년 3월 10일. 承政院日記 515 肅宗 45년 4월 10일. 承政院日記 631 英祖 3년 正月 16일. 備邊司謄錄 89 英祖 7년 4월 27일. 備邊司謄錄 72 肅宗 45년 4월 12일. 承政院日記 552 景宗 3년 3월 6일. 備邊司謄錄 83 英祖 4년 2월 9일. 英祖實錄 82 英祖 30년 11월 乙未. 備邊司謄錄 127 英祖 30년 12월 10일.

는 일반적으로 계인이라 불렀다. 이러한 경향은 월과계 자체의 계(契)조직에 대한 인식이 보편화되었기 때문인 것으로 사료된다. 앞으로 더 연구되어야 확실해지겠지만 공인제의 내부에도 공물을 구입하여 납품한 수가무납공인(受價貿納貢人)과 공물을 생산하여 납품한 수가제납계인(受價製納契人)의 성격이 구분되어야 할 것 같으며 지금까지의 연구는 수가무납공인에 관한 이해를 돕는데 역할 한 것으로 여겨진다.[68]

그런데 월과계가 몇 사람으로 조직된 것인지 또는 계조직을 유지하는 규정은 무엇이었던지 알 길이 없다. 그러나 여기서 우선 계가 성립되는 절차만이라도 간추려 볼 필요가 있을 것 같다. 계조직의 선결문제는 첫째 민간의 군기제조업자들이 우선 수가제납할 아문과 사전계약을 성립시켰어야 할 것이다. 민간제조업자와 당해아문과의 사전계약이 구체적으로 어떤 것인가는 모르겠지만 당해 아문측에서 보면 우선 민간제조업자들이 월과군기를 기간내에 수가제납할 수 있는 능력 곧 생산능력을 갖추고 있느냐가 문제일 것이고,[69] 다음은 그들이 요구하는 수가액이 아문에서 취용할 수 있는 이익을 얼마큼 보장할 수 있느냐를 따지는 문제일 것이다.[70] 여기에서 양측이 합의될 때 사전계약은 성립될 것이었다.

---

68) 劉敎聖:「李朝貢人資本의 硏究」亞細亞硏究 16號 1964.12.
韓沽劤 :「李朝後期貢人의 身分」學術院論文集 5輯 1965.12.

69) 承政院日記 429 肅宗 32년 4월 20일.
「… 判府事李濡爲賑廳堂上時 以本廳無火藥造成之器具 故給價買得於軍門 分送各邑 其後有請以受價造納者故許之 而別爲申飭無火藥不精之慮矣 …」.

70) 承政院日記 497 肅宗 42년 8월 2일.
備邊司謄錄 69 肅宗 42년 8월 3일.
「… 頃年 判府事李 賑恤堂上時 自賑廳請得 而賑廳難於措備之際 閑雜人等 自請減價備納 故仍以許之矣 …」.

둘째, 해당 아문과의 사전계약이 타결되면 대개 민간제조업자들이 연명(聯名)으로 임금에게 상언(上言)하는 것이 통례였다. 한두 가지 예를 보면 숙종 39년에 삼남월과화약계가 간년조화약을 전액 수가제납할 수 있게 된 것도 "공물주인들의 상언으로 상진청에 속하게 되었다."고 하였고[71] 정조 8년(1784)에 전대흥(全大興) 등이 제도변진의 약환을 수가제납하려고 요구하였을 때도 연명 상언하였다. 그리고 계인들의 상언은 반드시 국왕에게 전달되었고 정조는 묘당으로 하여금 간략히 적어 아뢴 뒤 처치하라고 하였다.[72]

셋째, 조정의 허락을 받고 계가 성립되면 당해 아문이 계인에게 전령(傳令)과 체문(帖文)을 내렸던 것으로 보인다. 그런데 전령도 체문의 형식을 띤 문서인지 경종 2년(1722)의 좌우포청(左右捕廳)의 계문(啓文)에 보면 '황상중(黃尙中)·이만백(李萬白)·이제장(李世章) 등이 평안병사 원징(元徵)의 수압(手押)을 위조하여 전령 및 군목(軍木) 100동을 팔도록 허가했다는 체문을 조성하였다.'[73]는 것이고, 영조 30년 12월에 제정한 「삼남약환계해서총약환계이속총융청절목」에서도 '군기제조는 사체가 가볍지 않으니 계인 중 부지른하고 일을 잘알아 장교가 될 만 한 자를 한 두명 뽑아 감조군관이라 이름해서 전령하고 역사를 감독케

---

71) 承政院日記 500 肅宗 43년 2월 1일.
「… 去癸巳年(肅宗39年)分 因貢物主人等上言 屬之賑廳 推于主人輩 取其所餘 以補賑資矣 …」.

72) 備邊司謄錄 167 正祖 8년 8월 20일.
「司啓曰 以全大興等 藥丸契復設事上言 令廟堂草記稟處可也事命下矣 取考其上言 … 原上言勿施 猥濫上言之罪 令攸司從重科治何如 …」.

73) 承政院日記 543 景宗 2년 2월 20일.
「趙景命 又以左右捕廳言啓曰 今二月二十五日 因筵臣陳達 以黃尙中李萬白李世章等 僞着平安兵使元徵手押 造成傳令及軍木一百同許賣帖文 …」.

하라'[74]고 하였다. 이상 두 기사에 나오는 「전령」의 본뜻은 서로 다를 것이 없으나 전자는 문서로 작성된 것이고, 후자는 총융청의 지령을 받는다는 뜻이다. 이로 미루어 볼 때 계인들은 당해 아문에서 발급하는 체문을 받았고, 아문의 소속 계인으로서 문서로든 구두로든 아문의 지시를 받으며 또 아문의 위력을 등에 업고 월과화약을 제납해 온 것이므로 전령의 본뜻에는 하등 다를 바가 없었다.

이상과 같은 절차를 밟아 월과계를 조직한 민간제조업자들은 일찍부터 서울에서 살아 온 도민(都民)들이며[75] 이미 앞에서도 언급한 바와 같이 군기의 제조판매업을 영위해온 자들이었다. 따라서 이들 가운데는 큰 규모의 제조장을 가진 자도 있었고 영세한 생산장을 경영한 자도 있었다. 이 때문에 '계인 중에는 비록 잔폐한 자도 있지만 부요한 자도 많다.'[76]고 한 것이다. 물론 계인의 주축을 이룬 사람들은 일찍부터 큰 규모의 제조장을 지니고 경·외군아문의 수용군기마저 방납해 온 부민들이었다.[77] 그러나 월과계를 조직하기 위해서는 피잔한 자들도 당연히 편입되어야만 한 것 같다. 이리하여 월과계에는 주인(主人)이 허다하다.[78]고 할 만큼 많은 민간제조업자들이 참여하고 있었다.

---

74) 備邊司謄錄 127 英祖 30년 12월 10일.
「軍器製造 事體不輕 契人中擇其根幹解事而可合於將校者一二人 名以監造軍官 傳令董役…」.

75) 備邊司謄錄 85 英祖 5년 4월 8일.
「… 月課契 其來已久 亦係都民生涯 猝難變革 …」.

76) 備邊司謄錄 72 肅宗 45년 4월 12일.
「… 契人中 雖有殘弊者 富饒者亦多」.

77) 備邊司謄錄 38 肅宗 10년 2월 14일.
「… 近來都下富民等 覓得嶺南私商之焰硝 不爲再鍊 亦不熟擣 專以省功爲務 … 豈可使富民輩 處處私造 以爲防納取利之資乎」.

그렇다면 이처럼 많은 민간제조업자들로 계를 조직해야 할 이유는 무엇일까. 그 이유는 확실치 않지만 크게 두어 가지로 나누어 생각해 볼 수 있다. 하나는 많은 량의 공물을 한두 사람에게 맡길 경우에 저지르기 쉬운 위험 때문일 것이다. 한두 사람이 맡을 경우 납기내에 납품할 수 있을지도 걱정될 것이지만, 불의의 사태가 발생한다면 보상문제를 해결키가 어렵기 때문에도 정부는 다수인원의 계조직을 필요로 했을 것이다.[79] 그리고 또 하나는 지배자의 입장에서 볼 때 어느 특정인의 이익을 보장하는 것 보다는 지배체제의 안정을 도모하기 위해서도 대다수 서울에 거주하는 백성의 생계를 도울 수 있는 방안을 찾게 되었을 것이다.

일례로 영조는 그의 비망기(備忘記)에 도성의 백성들은 일정한 전토가 없어 일정한 식량도 없어 그들이 의뢰하는 바 오직 공물뿐이고 시인들이 의뢰함은 생업뿐이다.[80]이라 하여 도민의 생계가 오직 공납하는 수밖에 없음을 걱정하고 동시에 세력있는 가문이 공납권매득행위를 철저히 단속한 사실에서도 지배자의 의도를 간파할 수 있다.[81] 곧 다수의 민간제조업자들로 월과계를 성립시킨 이유는 역시 도민의 생계를 위해서 였던 것이다.[82] 따라서 권세가의 공납권매득행위를 엄금

78) 承政院日記 515 肅宗 45년 4월 10일.

79) 備邊司謄錄 72 肅宗 45년 4월 12일.
「… 甲戌年火藥價米 折半分授於契人 而受價劑造之際 逐年欠縮 多至近萬斤 疲殘契人萬無推徵之路 而他無邊通之策 … 許多主人 豈盡疲殘難捧納一年條價米 勿爲出給 令都監苟簡督捧 似可徵出充數矣 …」.

80) 備邊司謄錄 91 英祖 8년 正月 1일.

81) 增補文獻備考 151 田賦考 11 貢制 2.
「英祖十二年 命禁勢家之買貢物者也(下略)」.

82) 備邊司謄錄 127 英祖 30년 12월 10일.

할 뿐 아니라, 때로는 공물의 진배를 탕감하고도 역가를 지불한다거나,[83] 영조 30년에 삼남해서월과총약환계가 연융대로 옮겼을 때는 피잔한 계인들의 역소와 가사의 건축을 돕기까지 하였다.[84]

이상과 같은 두가지의 큰 이유 때문에 정부는 빈부에 관계없이 많은 민간제조업자들로써 계조직을 이루게 하였던 것이지만 그 가운데서도 군기생산을 직접적으로 책임지고 지휘감독할 자를 선임하였다. 이들을 감임(監任)[85]이라 불렀던 것이나, 군기시에서는 감관(監官),[86] 총융청에서는 감조군관(監造軍官)이라고도 하였다. 계인중에서 감임으로 뽑히는 자의 자격요건은 어떤 것인지 분명치 않으나 우선 부지른하고 작업과정을 잘 아는 자일 것이기 쉽다.[87] 감임된 자로서는 적어도 군기생산기술에 밝아야 할 것이 중요하며 상진청에서도 근실한 자를 앉히기를 요구했을 것이기 때문이다. 감임은 계인을 대표하여 월과군기의 생산을 지휘감독하지만 그는 동시에 수가·납품과정에서 상진청낭청, 군기시낭청 및 총융청 감관들의 직접적인 지시를 받았을 것임에 틀림없다.

「軍器製造 事體不輕 契人中擇其根幹解事而可合於將校者一二人 名以監造軍官 傳令董役 …」.

備邊司謄錄 127 英祖 30년 12월 10일.

「… 三種軍器 使之製造於鍊戎台 … 此爲無依人民聚集資生之道 …」.

83) 備邊司謄錄 14 孝宗 元年 10월 10일.

「… 貢物則 依乙酉年盡減 而主人役價 依例給之 …」.

84) 備邊司謄錄 127 英祖 30년 12월 10일.

「… 作舍時 疲殘契人 亦難獨辦 自摠廳顧助完役爲白齊」.

85) 備邊司謄錄 85 英祖 5년 4월 8일.

「… 月課契 其來已久 亦係都民生涯 猝難變革 大抵機械不利 自有當律 而昇平旣久 凡於軍器造作之際 監任工匠 多不致力 …」.

86) 六典條例 8 軍器寺 爐冶色 總例條.

87) 備邊司謄錄 127 英祖 30년 12월 10일.

따라서 감임은 생산장의 운영권을 장악할 뿐 아니라, 각 공정에 종사하는 편수와 장인들을 지휘을 감독하는 동시에 그들의 근실하고 태만함도 감시할 것이다. 이처럼 감임은 군기생산을 총괄하지만 각 공정의 책임자는 역시 편수였다.

편수는 당해 공정에 숙련된 기술자로서 당해공정의 기술적인 제 문제를 파악하고 또 거기에 종사하는 장인들을 감독하였다. 따라서 월과군기의 불량품이 드러날 경우에는 전술한 영조 5년의 「조총화약제조절목」에서 볼 수 있듯이 제조한 장인뿐 만이 아니라, 당해편수와 감임도 그 책임을 면할 수가 없었다. 한마디로 월과군기의 생산을 감임의 지휘하에 각공정의 편수가 소관 장인들을 감독하는 가운데 수행되고 있었다. 그런데 유감스러운 것은 다른 많은 계인들의 역할이 무엇인지가 밝혀져 있지 않다는 점이다. 추측키로는 각종 시설과 도구를 마련하고 그때그때 필요한 원료나 연료의 구입등 군기생산에 필요한 제반사를 담당하였을 것으로 여겨지지만 확인할 수는 없다.

당시의 장인들은 반드시 어느 군문이나 아문에 소속된 이른바 「안부장인(案付匠人)」이지만 얼마만큼 긴박된 상태하에 놓여 있었던가에 따라서 크게 세 부류로 나누어 볼 수 있을 것 같다. 첫째는 당해 아문에 전속하여 관역에만 종사하던 장인들이었고, 둘째는 관역에도 동원되지만 때에 따라 私的 생산에도 종사한 장인들이며, 셋째는 소속 아문에 장포(匠布)만내고 전적으로 사적생산에 종사한 장인들이었다. 그런데 확연히 구분할 수는 없지만 월과계인에게 고용된 장인들은 거의가 장포만을 소속 아문에 납부하고 사적 생산에만 종사한 장인들이었던 것 같다.

그것은 우선 월과계가 성립되기 이전에는 민간제조업자들과 다름

없었던 사장(私匠)[88] 들로서 월과계인들의 군기생산장에 고용된 것이기 때문이다. 따라서 영조 30년에 총융청관하로 월과군기의 생산장이 이설되었을 때도 계인과 장수들중 총융청 아래로 거주지를 옮겨 입적(入籍)하여 안심하는 자에 대해서는 타아문과 법사에서 비록 혹 처벌할 일이 있더라도 임의로 잡아갈 수 없다고 규정하였던 것이다.[89] 이때 총융청에 이속된 삼남약·환계, 해서총약환계중에서도 해서총약환계의 조총제조장들만은 삼군문에서 빌려 온 관장들이었다. 그것은 삼남월과총약환가중에서 조총가만은 일찍이 월과가가 대동미에 산입된 이후부터 줄곧 군문에서 청득해 왔으므로 그 이전의 조총제조업자에게 고용되어 있던 장인들은 군문에서수괄해 갔을 것이 틀림없기 때문이다. 따라서 숙종 37년(1711)에야 성립된 해서총약환계가 조총장인을 삼군문에서 빌려 왔을 것은 당연하다. 그러나 일단 해서총약환계인에게 보낸 연후에는 본군문의 사역에 이들 장인을 동원할 수 없었고 또 장인들도 계인으로부터 공전(工錢)을 받는 이상 조금도 태만하게 할 수가 없도록 규정하고 있었다.[90] 곧 관장이건 사장이건 계인에게 고용된 이상 계인과는 고용주와 피고용자의 관계에 놓여 있게 마련이었다.

---

88) 承政院日記 351 肅宗 19년 2월 26일.
「… 今後各軍門及私匠輩 所鑄體鐵火家 專尙堅厚 則雖多入火藥 累度試放 萬無坼破之理 …」.

89) 備邊司謄錄 127 英祖 30년 12월 10일.
「契人與匠手中 移居營底入籍安堵者 他衙門與法司 雖或有推治之事 毋得任意捉去 一從啓下定式 依元居民例 移文摠廳 往復處之爲白齊」.

90) 備邊司謄錄 127 英祖 30년 12월 10일.
「… 摠廳軍兵中 元無造處之手 依賑廳前例 移文三軍門 借來打造爲白乎 一番定送之後 各其本軍門使役 切勿侵責爲白遣 匠手輩 旣受契人工錢 或有不勤之事 則自摠廳各別重棍懲勵爲白齊」.

계인에게 고용된 장인(匠人)중에는 장인과 더불어 잡역부(雜役夫)들도 포함되었을 것으로 생각된다. 그것은 전술한 군아문의 조총·화약제조장에 수많은 조역군들이 장역(匠役)을 돕고 있었던 사실이나, 군아문의 「염초군」이 장인과 더불어 취토군·부토군·토목군·급수군·연화군을 통칭하였던 것과 같이 계인의 「장인」도 장인과 각종 잡역부를 통칭한 것으로 보아야 하겠기 때문이다.

당시 계인에게 고용되었던 장인들의 공전은 얼마나 되었는지 상고할 수 없었으나 제2장 2, 3절에서 상술한 훈련도감의 조총 및 화약제조장과는 비슷한 시대의 같은 직종에 근무한 장인들임을 고려하면 매월 료미 12두와 역가목 2필(미 24두가량)정도는 되지 않았을까 여겨진다. 그리고 조총 및 화약제조공정 역시 군아문의 그것과 크게 다를 것이 없을 것이므로 여기에 거듭 상론할 필요는 없을 것 같다.

제3절 별장제하(別將制下) 광산의 경영실태

1) 은점의 경영실태

17세기 말부터 월과군기가 대부분 계인들에 의하여 제조되고 있었음은 전술한 바이지만 이들이 월과군기를 제조하는데 필요한 원료를 어떻게 조달하고 있었든가는 상고할 수 없었다. 그러나 조총을 제조하는데 필요한 철물은 철광의 민채(民採)가 조선초기부터 공인되어 왔었고 다음 〈표 4〉에서 볼 수 있듯이 조선후기에도 전국의 63개 읍에 산철지가 있었으므로 구입키가 용이한 일이었다. 다만 유황과 연을 어떻게 조달하였는지가 문제일 뿐이다.

영조 5년에 「조총화약제조절목」을 반포하여 군기의 사조사매를 금지한 이전과 이후의 사정은 달랐다. 그 이전에는 총약환을 민간제조업자들이 공공연히 제조 판매해 왔으므로 총약환의 제조원료도 구입하기가 용이하였지만 그 이후가 문제인 것이다. 그러나 영조 5년의 금령에는 조총과 화약의 사조사매만을 금하였고 연환을 금한 조문은 없다. 그것은 첫째 조총과 화약의 사조사매만 금하면 연환이 아무리 있어도 소용이 없기 때문이고, 둘째는 금령 이전이나 이후에 계속 호조나 평안감영 등이 은점을 설점수세하였으므로 연의 생산과 판매가 불가피한 일이기 때문이다. 따라서 월과연환계가 수가제납하기 위하여 연철을 구입하는 일은 금령 이전이나 이후를 막론하고 용이한 일이었다.[91]

〈표 4〉 여지도서중의 산철읍

도읍별	물산 토산	철종	비 고	도읍별	물산 토산	철종	비 고
경 기 도				장연부	물산	철	
영평현	물산	수철		은율현	〃	석철	금산포산출
충 청 도				함 경 도			
공주목	〃	수철	마현산산출 금무	영흥부	〃	생철	
은진현	〃	철	현남작지웅전토곶 등지산출	경성부	〃	사철	
옥천군	〃	수철		길주목	〃	사철	
충원현	〃	철		회령부	〃	철	
청풍부	〃	수철	원서면산출	문천군	〃	철	
서산군	〃	철		북청군	〃	정철 수철	

91) 柳承宙 : 「朝鮮後期 鑛業의 經營形態에 관한 一硏究」 - 17,8世紀別將制下의 銀店을 中心으로-, p.107 歷史敎育 28, 1980.11.

목천현	〃	철	산방천산출 금무	단천부	〃	정철 수철	
회인현	〃	수철		종성부	〃	철	
보은현	〃	수철		경흥부	〃	철	
회덕현	〃	석철	금무(今無)	부령부	〃	철	
연산현	〃	사철	현서한양촌산출	경 상 도			
니산현	〃	철	현남산출 금폐	경주부	〃	사철	부동팔조포산출
정산현	토산	철	금무	합천군	〃	철	야로현심묘리산출
강 원 도				예천군	〃	철	다인현대곡탄산출
정선군	물산	석철		영덕현	〃	철	무둔산산출 금무
영월부	〃	석철		상주목	〃	철	송라탄산출
삼척부	〃	철		언양현	〃	철	석남산산출
양양부	〃	철		안동부	〃	철	
금화현	〃	석철		김해부	〃	철	부동감물야산출
평강현	〃	수철		창원부	〃	철	불모산산출 금무
홍천현	〃	석철		예안현	〃	철	
금성현	〃	석철		용궁현	〃	철	수정탄산출 금무
평 안 도				울산부	토산	수철	달천산산출
개천군	〃	수철석철		영천군	〃	정철	
황 해 도				양산군	〃	사철	
해주목	〃	철·.석철		삼가현	〃	철	황매산산출
평산부	〃	철		산청현	〃	철	척지산산출 금무
풍산군	토산	철	백변산출	전 라 도			
재령군	물산	석철		광주목	물산	철	금무
수안군	〃	철		함평현	〃	수철 정철	
신계현	〃	철	현동뉴전리산출	창평현	〃	철	
토산현	〃	생철	고유(古有) 금무	무주부	〃	정철	
장연현	〃	석철·생철· 수철		계 63읍			11개읍 은폐광(廢鑛)

따라서 월과계인들이 월과군기를 제납하는 과정에서 원료를 구입

하기가 어려웠던 것은 유황이었을 것으로 여겨진다. 영조 5년 이전에는 계인들이 유황을 구입키가 용이하였지만 그 이후에는 군아문소관하의 유황점이 점차 폐쇄되어 갔기 때문이다. 그런데 금령 이후 월과화약계가 유황을 구입하여 화약을 제조했을 것임은 당연하지만 군기시의 화약계에는 「유황계(硫黃契)」[92]가 별도로 설치되어 있음을 감안하면 월과화약계인들이 직접 유황산지를 개발하거나 또는 군아문 소관유황점에 가서 구입하였다기보다는 유황계인들이 납품해 왔던 것으로 여겨진다. 그렇다면 유황계인들은 적어도 군아문 소관의 유황점이 존속했을 때까지는 구입하여 납품하였을 것이지만 군아문유황점이 몰락한 뒤에는 직접 유황을 채굴제련하여 납품하지 않을 수 없는 상황이었다. 그러나 이에 대한 자료는 찾지 못하였으므로 부득이 후일로 미룰 수 밖에 없다. 다만 여기서는 17세기 말~18세기 말에 월과연환계가 연환을 제납하기 위하여 연철을 구입해 왔던 별장제하 은점의 경영실태를 살펴봄으로써 전술한 월과계인들의 수가제납실태와 비교해 보려한다.

숙종 13년(1687) 이후 호조에서는 전국의 군영문연점들을 흡수하기 시작하였고, 동왕 28년에는 전국의 연은광산에 대한 설점수세권을 독점하는데 성공하였다. 설점수세제가 처음으로 성립된 것은 효종 2년(1651)이지만 이때의 설점수세제는 채은관제하의 설점수세제로서 숙종 13년 이후 별장제하의 그것과는 차이가 있다는 사실은 이미 지적한 바이다. 이제 숙종 13년 이후 호조의 별장제하에 진행된 「설점」형태부

---

92) 六典條例 8 摠戎廳 軍器色.
「石硫黃一百斤(硫黃契納, 製藥時所用)」.

터 간추려 보면, 우선 절차상에 있어서 첫째, 은점의 설점은 별장이 호조에 산은지를 신고하면서부터 착수되었다. 기존의 별장이나 또는 별장이 되고자 하는 자가 산은지를 호조에 보고하면 호조에서는 별장과 당해읍의 수령으로 하여금 은광맥이 풍부한지 은의 품질이 좋은지 그리고 민폐가 없는지 등을 조사토록 하기 위하여 공문을 발송하는 동시에 별장을 현지에 파견하였다. 이러한 사전조사를 흔히 「간색(看色)」「간심(看審)」「적간(摘奸)」이라고들 하였다.

둘째, 별장과 수령이 산은지를 함께 현지조사함에 있어 은맥이 풍부하고 은품이 양호할지라도 그곳에 설점할 경우 민폐를 끼칠 우려가 있으면 수령들은 호조의 설점을 강력히 거부하고 있었다. 따라서 설점은 별장과 수령이 동시에 사전조사하여 민폐가 없고 은맥이 풍성하고 품질이 양호한 곳이라야 가능하였던 것이다.[93)]

셋째, 설점시의 경비는 호조에서 전담한 것으로 보인다. 그것은 구체적으로 경비가 명시된 것은 없지만 일례로 '호조가 점소(店所)를 설치하고 관(=별장)을 파견하여 취련(吹鍊)한다.'[94)]고 한 사실이나, '우리나라는 지방에서 혹 은광이 발견되면 은점의 별장이 되고자 하는자가 서울에 와서 보고하는데 호조가 그말을 기꺼이 듣고 경비를 많이 소모하면서 (별장을) 파견하여 은광을 책굴케 한다.'[95)]고 한 사실 등을 미루어 볼 때 설점만은 호조에서 경비를 지출하였다고 생각된다.

넷째, 호조가 경비를 들여 설점하는데 필요한 것은 점소를 설치하는 일이다. 점소는 대개 채광장(採鑛場)과 제련장(製鍊場) 그리고 별장·

---

93) 柳承宙 : 「朝鮮後期 鑛業政策論」 pp.588~589.

94) 備邊司謄錄 52 肅宗 28년 2월 13일.

95) 承政院日記 875 英祖 14년 7월 22일.

점장·연군들의 막사로 구성되었다. 채광장에는 저광소(貯鑛所)가 설치되게 마련이었고 제련장에는 제련용의 풍상(風箱)과 야로(冶爐) 등이 설치되었다.

다섯째, 호조는 점소를 설치하는데 그치지 않았고 제련용의 탄목(炭木)을 마련하도록 금송(禁松)이 아닌 이상 주변의 수목들을 채취사용토록 용인하고 있었으며,[96] 뒤에 설명하겠지만 전업적인 채은업자들을 보호하였고 세역의 대상인 농민들의 투입을 법적으로 보장하고 있었다. 사실상 이상과 같은 제 절차와 내용들이 설점의 범주에 속하였다.

호조가 설점한 은점의 명목상의 관리자는 별장이었다. 별장은 호조에서 파견하였고 호조를 대신하여 은점을 관리하였다. 이들 별장은 호조가 은점을 관리토록 하기 위하여 임시로 뽑아 보낸 자들이며, 국왕이 임명한 정식관리는 아니었다. 이 때문에 이들을 흔히 기록상 「차인(差人)」[97] 또는 「사차(私差)」[98]로 표현하였고, 서울에서 뽑아 보냈다고 하여 「경차(京差)」[99]로도 표시하였다. 그리고 이들 별장을 전술한 군·영문의 감관과 구분 못하고 「감관」[100]으로 잘못 부를 경우도 없지 않았다.

이들 호조소관의 은점에 차송되었던 별장은 대부분이 서울서 살고

---

96) 蔡濟恭 : 「樊巖集」 論扶安蝟島銀鑛設店便否啓에서 「扈邊山禁松之潛斫難禁也」라 한 것이 곧 禁松의 伐採만 금하였던 사실을 나타내는 것이다.

97) 備邊司謄錄 52 肅宗 28년 6월 26일. 備邊司謄錄 75 景宗 4년 5월 3일.
承政院日記 630 英祖 3년 正月 5일. 備邊司謄錄 88 英祖 6년 11월 25일.
承政院日記 905 英祖 16년 正月 20일. 備邊司謄錄 124 英祖 28년 7월 16일.

98) 英祖實錄 104 英祖 40년 10월 丁酉.

99) 備邊司謄錄 122 英祖 27년 閏 5월 16일.

100) 承政院日記 324 肅宗 13년 9월 13일.

있는 자들이었고[101] 심지어 감영에서 차송한 별장들인 영차(營差)들까지도 서울에 거주하는 자들이었다.[102] 그리고 이들은 서울의 부상대고며 대신·중신의 사인(私人)[103]들로서 그들의 청탁에 힘입어 파견되고 있었다.[104] 별장의 처지를 보면 그들은 서울에 거주하는 부상대고이기 때문에 영리에 밝고 요로와 결탁할 수 있어 호조의 별장첩(別將帖)을 따낼 수 있었던 것이지만, 호조의 입장으로도 서울에 거주하는 부상대고로서 대신·중신의 보증을 받을 수 있는 자면 신원이나 재력을 갖추고 있어 그들을 결국 '근본을 믿을 수 있는 사람'[105]으로여겨 뽑아 보냈을 것이다.

별장은 호조의 직권을 대리하여 연군을 모취하고, 호조의 경비로 은점을 설치하였고 임의로 산림을 벌채하여 은광을 채굴 제련하였을 뿐, 자신의 재력을 은점에 투입하지는 않았다. 기록상 별장들이 재화를 점역에 투입한 사례는 전혀 없을 뿐 아니라 또 설점이 끝나면 호조로서도 더 이상 경비를 들일 필요없이 자체적으로 점역이 이루어지도

101) 備邊司謄錄 75 景宗 4년 5월 3일.
承政院日記 630 英祖 3년 正月 5일.
「都承旨兪崇曰 … 地部所送差人 長在京中 元無着實收稅之事 …」.

102) 承政院日記 654 英祖 4년 1월 30일.
「… 首相李光佐曰 此則不然 本官何能有無於其間 定送監官別將 使往來之人 有所顧憚則 監營所差 亦不過京洛之人也 監營人戶曹人 有何區別乎 …」.

103) 南九萬 : 「藥泉集」 4 疏箚 五十度呈辭後乞免兼論採銀事箚.
肅宗實錄 38下 肅宗 29년 7월 乙卯.
「… (成川銀店別將李)旭 以一賈竪 … (趙)泰采私人也」.

104) 備邊司謄錄 75 景宗 4년 5월 3일.
承政院日記 630 英祖 3년 正月 5일.
「都承旨兪崇曰 … 地部所送差人 長在京中 元無着實收稅之事 …」.

105) 承政院日記 905 英祖 16면 正月 20일.

록 마련된 것이 설점수세제였다. 따라서 별장은 설점이 끝나면 점소에 머물지 않고 거의 서울에 거주하면서[106] 수세만 관장하던 것이 고작이었다. 곧 별장이 호조에 지는 임무는 「설점」과 「수세」였다.

그러나 별장이 그 대가로 은점에서 수취하는 이득은 엄청난 부분을 차지하고 있었다. 별장은 당해 은점의 생산량에 따라 차이가 크지만, 별장은 당해 은점의 매월 또는 매년의 총생산액 가운데서 2/3가량을 수취하고 있었다.[107] 따라서 은맥이 풍성하여 수만냥이 생산되는 곳이라면 별장의 수입은 과히 「일확천금」을 실현하는 셈이었다.

이 때문에 조선후기의 기록상에도 「많은 량이 별장의 주머니로 들어간다.」[108] 「차인배(差人輩)들이 자기 호주머니 채우기만 일삼는다.」[109] 「별장의 호주머니 채우는 자금에 불과하다.」[110] 「도리어 차인의 농간하는바가 되었다.」[111] 「별장이 모두 도둑질해 먹는다.」[112]고 하여 은점의 생산량이 거의 별장의 호주머니로 들어감을 지적하였고, 그러한 별장의 모리행위를 지탄하여 흔히 「별장배(別將輩)」[113] 「차인배(差人輩)」[114]라 지칭하기 일쑤였다.

---

106) 備邊司謄錄 75 景宗 4년 5월 3일.
承政院日記 630 英祖 3년 正月 5일.
「都承旨俞崇曰 … 地部所送差人 長在京中 元無着實收稅之事 …」.

107) 備邊司謄錄 52 肅宗 28년 6월 26일.

108) 承政院日記 529 景宗 1년 2월 5일.

109) 承政院日記 630 英祖 3년 正月 5일.

110) 備邊司謄錄 88 英祖 6년 11월 25일.

111) 英祖實錄 104 英祖 40년 10월 丁酉.

112) 蔡濟恭 : 「樊岩集」 論江界銀店屬之戶曹事宜啓(英祖 47년).

113) 承政院日記 347 肅宗 18년 3월 4일.
備邊司謄錄 46 肅宗 18년 3월 5일.

114) 承政院日記 630 英祖 3년 正月 5일.

별장이 사적으로 이익을 챙기는 행위는 은점생산량의 공식적인 분배에만 있지 않았다. 일례를 들면 숙종 28년에 고발되어 동왕 30년 4월 평양(平壤)의 경상(境上)에서 주살된 성천은점의 별장이었던 이욱(李旭)은 조태채(趙泰采)의 사인(私人)인 소위 시정(市井)의 장쾌(駔儈)무리였다. 조태채가 평안감사로 있을 무렵에 영고전(營庫錢) 42,500냥을 관청을 속이고 공무를 빙자하여 모리한 뒤 모두 사용에 써버렸으며, 명목을 교묘히 부쳐 연군으로부터 정은(正銀) 1,672냥과 전문(錢文) 7,685냥을 불법으로 징수하였다.[115] 별장은 호조의 수세청부업자에 불과하였고 점역에 자본을 투입한 자가 아니었으므로 언제나 교체할 수가 있었고[116] 때로는 한 은점만이 아니라 2~3곳의 은점수세도 맡길 수가 있었다.[117]

이처럼 별장은 설점시에만 역할하고 서울에 머물며 수세만 관장한 호조의 수세청부업자에 불과하였고 은점의 채굴 제련작업을 실질적으로 관장한 것은 현지에서 작업에 참여하여 지휘 감독하던 점장(店匠)들이었다.

곧 은석(銀石)을 식별할 수 있고 채광과 제련기술을 갖춘 전업적인

115) 肅宗實錄 37 肅宗 28년 7월 庚申. 肅宗實錄 38 肅宗 29년 7월 己酉.
肅宗實錄 38 肅宗 29년 7월 乙卯. 肅宗實錄 38 肅宗 29년 8월 己卯.
肅宗實錄 38 肅宗 29년 12월 壬辰. 肅宗實錄 39 肅宗 30년 4월 甲子.

116) 南九萬 :「藥泉集」 4 疏箚 五十度呈辭後乞免兼論採銀事箚.(肅宗 13년 3월 15일)
「竹石叢函」 5 財賦 論採銀事箚 丁卯.
承政院日記 324 肅宗 13년 9월 13일. 備邊司謄錄 41 肅宗 13년 9월 20일.
承政院日記 347 肅宗 18년 3월 4일. 備邊司謄錄 46 肅宗 18년 3월 5일.
備邊司謄錄 52 肅宗 28년 6월 26일. 度支志 外篇 8 版籍司 財用部 金銀事實, 英祖 51년.
增補文獻備考 160 財用考 7 附金銀銅 참조.

117) 承政院日記 882 英祖 14년 12월 25일.
「… 黃海道遂安栗契店近處 文峙地銀脈露出 頗爲豊盛 自本曹 令遂安別將一同句管 …」.

광산기술자들이 있어 이들에 의하여 산은지가 발견되었고, 또 이들이 채굴제련과정의 기술적 부문을 담당하였으며 이들의 작업을 도와 사역할 연군을 모취하였다. 점장들은 광맥이 단절되면 다른 은점으로 찾아가기도 하겠지만 아니면 새로운 은광을 찾아 나섰고 새로운 산은지를 찾았을 때는 종전의 별장에게 알리거나 싫으면 다른 유력자를 별장으로 삼으려 할 것이다. 당시 한 은점 또는 한 별장 밑에서 광산기술자로 참여한 점장은 10여명에서 20~30여명에 달했다.[118] 이러한 사례는 많아 "별장이 약간의 은맥을 아는 자를 거느리고 은을 채굴한다."[119] "별당이 거느리고 온 영남의 모군 10여명"[120]이라 하여 솔(率)자를 붙여 표현하고 있었고 "광산의 취련하는 자"[121] 또는 "은맥을 아는 자" 하여 연군과 구별하였다.

그러나 이들 10여명 내지는 20~30명에 달하는 점장들이 모두 점역(店役)을 총관한 것은 아니었다. 그들 중에는 한 사람의 두목(頭目)[122]된 자가 있어 사실상 점역을 총관하였다. 별장이 서울에 오래 머무는 기간 실질적인 은점의 관리자이며, 별장이 현장에 머문다 해도 점역은 사실상 두목에 의하여 진행되었을 것이다. 두목은 은광의 채굴제련작업을 지휘감독하며 생산된 연과 은을 수합하고 분배하는 일을 도맡았다. 두목이 실질적인 은점의 관리 경영자이며 별장은 호조납세은과 자기 몫의 분배은을 받아가는 자에 불과하였다.

---

118) 承政院日記 324 肅宗 13년 9월 13일. 備邊司謄錄 41 肅宗 13년 9월 20일.

119) 備邊司謄錄 52 肅宗 28년 6월 26일.

120) 承政院日記 470 肅宗 38년 8월 3일.

121) 備邊司謄錄 52 肅宗 28년 2월 13일.

122) 承政院日記 679 英祖 5년 2월 21일. 備邊司謄錄 85 英祖 5년 2월 26일.

은점의 실질적인 관리자는 현장에서 점역을 총관한 두목이었고 은맥을 알고 또 광석을 취련할 수 있었던 점장들이 채굴 제련공정에 주역으로 참여하였던 이들 점장들에게는 호조가 과세대상에서 제외하여 연군과 엄격히 구분하였고[123] 그 대신 이들이 연은생산의 양과 질을 좌우하고 있어 세납한 은의 품질을 보장할 책임을 지고 있었다. 그 한 예로 평안감영에서는 소관은점의 점장들에게, 은을 제련할 때는 반드시 은의 표면에 점명(店名)과 점장의 성명을 세기도록까지 강요하였다.[124] 곧 이들 점장들에 의하여 점역이 진행되었고 그중에도 특히 두목된 자는 전공정을 총관할 뿐 아니라 은점에서 생산된 은을 수집 보관하고 매월마다 별장이 내려오면 호조세은과 별장의 몫을 제출하고 점장과 연군의 몫을 분배하는 일까지도 담당하였을 것이다.

점장들에 의하여 은맥이 발견되고 호조에서 별장을 파견하여 설점에 착수하게 되면 농촌에서 유리된 이른바 "생활할 터전이 없고 호적에도 없는 무리"[125]가 일시에 운집하였다. 이들이 연군(鉛軍)이었다. 연군은 초기에 흔히 모군(募軍)[126]이라 불렸고 뒤에는 역부(役夫)[127] 점민(店

---

123) 備邊司謄錄 52 肅宗 28년 2월 13일.
「… 戶曹收稅之規 本來虛疎 壙中吹鍊者 無一錢之納 而只於軍人每一名 每年納稅五錢而已 …」.

124) 備邊司謄錄 95 英祖 10년 6월 21일.
「右議政金興慶所啓 平安監司朴師洙狀啓 以銀匠輩雜以鉛鐵之弊轉甚 銀品斷下 決難行用於彼我國通貨之際 本營所屬銀店 則造銀之時 刻畵店名與匠手姓名事 已爲申飭 令廟堂國內銀店 皆依其店名人名刻畵之例定制頒布事陳請矣 …」.

125) 承政院日記 324 肅宗 13년 9월 13일.

126) 南九萬 : 「藥泉集」 4 疏箚, 五十度呈辭後乞免兼論採銀事箚(肅宗 13년 3월 15일) 및 「竹石叢函」 5 財賦 論採銀事箚 丁卯.
備邊司謄錄 41 肅宗 13년 3월 19일. 承政院日記 470 肅宗 38년 8월 3일.
備邊司謄錄 69 肅宗 42년 11월 22일. 承政院日記 530 景宗 1년 5월 27일.

民)[128] 군인(軍人)[129]이라고도 불렸지만 고유한 명칭은 아니었고 「은군」[130] 또는 「연군」이라 부르던 것이 상례였다. 그러나 대개 호조가 오군문과 각도감영소관의 연점·은점을 탈취하고 전관수세권을 확보한 숙종 28년 이후부터는 연군이란 칭호를 주로 사용하였다.[131]

그런데 연군에도 「원정연군(元定鉛軍)」과 「가모연군(加募鉛軍)」의 구분이 있었다. 원정연군은 전술한 바와 같이 군아문 연점에서 부역노동에 사역되던 때부터 존재하였으나 은점의 연군은 부역노동에 징발된 것은 아니다. 은점의 원정연군은 호조의 설점시에 정원으로 등록된 연군이며 가모연군은 은맥이 풍성하여 추후에 모취한 연군으로서 은맥의 풍잔에 따라 증감되는 인원이었다. 곧 소속 은점의 은맥이 단절되면 다른 풍부한 곳으로 이동하게 마련이므로 연군은 세월이 흐름에 따른 자연 증가도 있겠지만 동시대의 횡적인 관계에서 보면 가모연군도 언젠가는 어느 은점의 원정연군이었기 마련이다. 그 때문에 본고에서도 연군의 성격을 살펴 봄에 있어 굳이 원정연군과 가모연군을 구분하려 하지 않지만 성격상 원칙적인 것은 어디까지나 원정연군에 해당

承政院日記 688 英祖 5년 7월 19일. 承政院日記 875 英祖 14년 7월 22일.

127) 承政院日記 875 英祖 14년 7월 22일.

128) 肅宗實錄 38 肅宗 29년 8월 乙卯. 肅宗實錄 38 肅宗 29년 12월 壬辰·癸巳. 肅宗實錄 39 肅宗 30년 4월 甲子. 備邊司謄錄 113 英祖 21년 4월 6일. 備邊司謄錄 124 英祖 28년 7월 16일.

129) 備邊司謄錄 52 肅宗 28년 2월 13일.

130) 備邊司謄錄 51 肅宗 26년 3월22일. 備邊司謄錄 52 肅宗 28년 2월 13일.

131) 備邊司謄錄 51 肅宗 26년 3월 22일. 備邊司謄錄 52 肅宗 28년 2월 13일. 備邊司謄錄 52 肅宗 28년 6월 26일. 肅宗實錄 37 肅宗 28년 7월 庚申. 承政院日記 529 景宗 1년 2월 5일. 承政院日記 530 景宗 1년 4월 30일. 承政院日記 630 英祖 3년 正月 5일. 承政院日記 843 英祖 13년 2월 25일. 備邊司謄錄 101 英祖 13년 2월 28일. 備邊司謄錄 141 英祖 38년 3월 17일.

함을 부언해 두고자 한다. 연군의 성격은 대체로 다음과 같은 네가지 사실로 설명될 수 있을 것 같다.

첫째 연군은 호조의 수세대상이었고 동시에 연은세액을 산정하는 기준이 되었다. 호조에서는 설점시에 정수의 연군 곧 원정연군을 확보하여 일일이 명부를 작성한 뒤 이들 개개인으로부터 연간 은 5전을 수세하였다.[132] 곧 별장이 호조에 매년 수세상납하는 세은액은 원정연군의 인원수에 달려 있었다.

둘째 연군들에게는 잡역과 군역이 면제되었고 그 징표로서 호조의 첩문이 발급되었다.[133] 곧 호조에서는 연군에게 연역과 군역을 면제하고 은점에 종사토록하여 세은을 수취할 목적에서였다.

셋째 연군에게는 소속 은점의 연은생산량에 따라 이익이 분배되고 있었다. 연군은 국가가 세역의 일부로 징발한 자들이 아니었고 연군은 어디까지나 점장들과 마찬가지로 생업을 찾아 투신한 자들이기 때문에 대가가 지불되지 않을 수 없었다.[134] 이들에게 분배되는 이익은 은

132) 備邊司謄錄 52 肅宗 28년 2월 13일.
南九萬 :「藥泉集」4 疏箚, 五十度呈辭後乞免兼論採銀事箚(肅宗 13년 3월 15일).
「竹石叢函」5 財賦 論採銀事箚 丁卯.
備邊司謄錄 52 肅宗 28년 6월 26일. 備邊司謄錄 141 英祖 38년 3월 17일.
李恭遇,「換凡翁漫錄」10 暗行御史書啓 참조.

133) 備邊司謄錄 52 肅宗 28년 2월 13일.
承政院日記 529 景宗 1년 2월 5일. 備邊司謄錄 141 英祖 38년 3월 17일.

134) 南九萬,「藥泉集」4 疏箚, 五十度呈辭後乞免兼論採銀事箚, 肅宗 13년 3월 15일.
「… 今此諸道廣設之銀店 則必不可皆除邑貢如端川然 然則彼募民之處處千百爲群者 凡其父母妻子之所衣食 必先以所採銀鉛爲資 其爲別將者 升斗稍廩之外 凡所以爲私利者 亦必以所採銀鉛爲資 然則其餘之入戶曹 果將幾何耶 …」.
備邊司謄錄 81 英祖 3년 6월 4일.
「左議政洪致中曰 各處銀店收稅之外 渠輩私相買賣爲生之道 …」.

맥의 풍잔에 따라 몫은 차이가 있었겠지만 전생산량의 1/3가량이 연군에게 분배되었던 것으로 보인다.[135)]

넷째 연군들은 당시 농촌에서 유리된 빈민들이었고 세역을 도피한 농민들이 대부분이었다. 따라서 위정자들은 이들을 흔히 '생활터전이 없고 호적에도 없는 무리'[136)] 의지할데없는 무리가 역을 피해 투입되었다[137)]고 하여 흔희 무뢰배(無賴輩)[138)]라 하였고, 심지어는 '모군으로 한곳에 뫃여있는 자들은 사민(四民)에 속하지 않은 무뢰배요 불령(不逞)한 무리'[139)]라고 하였다. 그리고 연군수도 엄청난 것이어서 '산골짜기를 잔득 메웠으며, 저 모군은 곳곳에 천백명이 무리를 이룬다.'[140)]고 하고 여러 도에 두루 가득하니[141)] '특히 문천(文川)은점에는 일만명이 모여있다'[142)]고 할 정도였다.

그리고 은점의 연군들은 농사 지을 토지도 없는 유민들로서 점역에서 오직 생로를 찾으려는 자들이므로 그들 상호간에도 소속 은점을 타아문에 빼앗기지 않으려고 '칼을 빼들고 공갈'[143)] 커나 형추(刑推)[144)]하

135) 備邊司謄錄 52 肅宗 28년 6월 26일.
「… 至於銀穴 則別將率若干知銀脈者採出 而其所採得 雖至累萬兩 別將則取二分 軍人則取一分之外 …」.

136) 承政院日記 324 肅宗 13년 9월 13일.

137) 承政院日記 470 肅宗 38년 8월 3일.

138) 承政院日記 688 英祖 5년 7월 19일.

139) 承政院日記 875 英祖 14년 7월 22일.

140) 南九萬 : 「藥泉集」 4 疏箚, 五十度呈辭後乞免兼論採銀事箚(肅宗 13년 3월 15일).
「竹石叢凾」 5 財賦 論採銀事箚 丁卯.

141) 備邊司謄錄 52 肅宗 28년 2월 13일.

142) 承政院日記 654 英祖 4년 1월 3일.

143) 承政院日記 530 景宗 1년 4월 30일.

144) 承政院日記 530 景宗 1년 5월 27일.

는 등의 피나는 싸움도 없지 않았고, 또 은점내에서도 상호간에 불상사가 자주 일어나게 마련이었다. 때문에 위정자들은 이들에 대한 경계와 규제를 게을리 하지 않았다. 숙종 13년에도 이미 이들을 '남의 재물을 훔치고 남의 처를 「약탈하는 등 못하는 짓이 없다.'[145]고 하니 불상사가 없도록 검속하지 않으면 안된다는 입장이었고, 이인좌의 란이 있은 뒤에는 더욱 경계하고 있었다. 위정자들은 연군 중에 도적들이 투입하여 도환(盜患)이 잦음을 걱정할 뿐 아니라[146] 특히 흉년에는 그들이 곧 도적떼로 변모하여 환란을 일으킬까 두려워하였으며[147] 심지어는 과거출신자 중 취직이 안된 자들과 결합되어 명나라 유적(流賊)처럼 반란을 이르킬까 염려하기도 하였다.[148]

그런데 이미 전술한 바와 같이 임진왜란 이후에는 조총이 상용무기로 되었고 사포수들이 조총을 구입, 휴대하고 화약과 연환을 구입하여 사용하게 되면서 총약환의 제조판매업도 성장하였다. 이러한 시대적 조류에 따라 광산채굴에도 화약사용법이 도입된 것인지는 모르지만,

---

145) 備邊司謄錄 41 肅宗 13년 正月 初2일.

146) 承政院日記 688 英祖 5년 7월 19일.

「… 世稱銀店近處本多盜賊云 以其無賴輩之多聚也 臣謂岩阻之地 不宜多聚無賴 貪小利而貽後患 非計之得 …」.

承政院日記 875 英祖 14년 7월 22일.

「募軍之屯聚者 不屬四民 無賴之人 不逞之徒 聞風來投 以爲窟穴 至有嘯聚之輩 隱於其中故外方有銀店 則多盜患 …」.

147) 李恭遇, 「換几翁漫錄」 10 暗行御史書啓.

148) 承政院日記 968 英祖 16년 8월 5일.

「右相宋寅明曰 都下根本之地 擧皆赤立 將無以支活 而前日則年來雖歉 東峽及兩西稍豊故猶無深慮矣 今則皆爲慘凶 無一可恃處 銀店流民 及無恒産之類 安知其不投入於賊黨乎目今科擧頻數 出身甚多 而皆不得付職 常懷怨心 恐或有大明流賊之患 不無隱憂 不能放心矣」.

선조 39년의 기록에서 이미 「광포(礦砲)」를 사용한 사실이 드러나고 있었다. 곧 동년에 개채한 양주(楊州) 축석령(祝石嶺)은광의 경우에,

> "또 한 은혈이 있는데 그것의 좌우에 액즙(液汁)이 흙이 되어 오색찬란하고 철기(鐵氣)가 서로 양머리에 이어져 있습니다. 반드시 석공(石工)을 많이 써서 대대적으로 광포(礦砲)를 사용한 연후라야 그정혈(正穴)의 소재를 알수 있고 공력과 비용이 얼마나 들지도 헤아릴수 있을 것입니다."[149]

고 하여 채굴하기 어려운 석광맥은 광포를 사용하였던 것이 확실하다. 그것은 그뒤 순조 11년에 금광군을 앞세우고 일어난 홍경래란 때에도 이듬해 4월 관군이 정주성(定州城)을 공략할 때의 기록을 보면, "다행히 강계(江界)은점에서 은혈을 파는 무리로 하여금 성밑에 굴을 파고 화약을 묻어 불질르게하여 성을 무너트리고 함락할 수 있었다."[150]고 한 사실로도 광산채굴에 화약이 사용되어 왔음을 충분히 확인할 수 있다. 이처럼 광산에서의 화약사용은 광산채굴사상 획기적인 발전의 계기를 이루었다는데 의의가 큰 것이지만 한편 위정자들에게는 이런 일이 위험한 사실로 여겨지지 않을 수 없었기 때문에 연군의 증가를 우려하는 한 이유가 되었을 것이다.

149) 宣祖實錄 203 宣祖 39년 9월 戊子.

150) 李羲準 : 「溪西野談」.

2) 연은(鉛銀)의 수세 및 판로

은점이 설치되고 채굴제련작업이 진행됨에 따라 점촌(店村)에는 급격히 시장이 형성되기 시작하였다. 점장과 연군들의 의식주를 위한 생필품을 팔기 위하여 각처의 상인들이 몰려들었고 의류나 미곡 뿐만 아니라 술과 고기 등을 파는 주점과 음식점들이 즐비하였으며, 매월 연은을 분배할 때면 연은을 구입하려는 이속(吏屬)과 상인들 또한 몰려들었이다. 곧 은점이 설치된 산골이 가히 장시를 방불케 하는 광산촌으로 변모하였다.

이러한 광산촌의 분위기가 날로 번성해짐에 따라 호조의 수세규정도 점차 변질되어 가고 있었다. 전술한 바와 같이 17세기중엽의 군영문연군은 모집에 응한 자들이어서 「모군(募軍)」이라 지칭하였지만, 18세기에 접어 들면서는 연군(鉛軍)이란 고유한 명칭이 생겨났고 농민의 농군(農軍)과 마찬가지로 하나의 전업적인 광산노동자로 인정되었다. 곧 위정자들은 연은광업분야도 이제 상공업분야의 일부로 파악하였고 중요한 수세대상의 하나로 주시하게 되었다.

당초 숙종 13년에 호조가 성천·영덕은점 등을 군·영문에서 탈취하면서 규정한 연은점세목은 "은은 호조에 연은 군문에 이송한다"고 하였으나 세연수세는 제대로 지켜지지 않았으며, 세은의 경우 오직 연군들로 하여금 매년 5전은을 모아 호조에 납부하면 되었다. 그런데 숙종 28년 6월, 호조가 오군문과 각도감영소속 연은점을 모두 탈취하여 전관수세하고 설점권마저 독차지하게 되면서부터 세목(稅目)에 이상이 생기기 시작하였다. 곧 각도감영에서는 소관 연은점을 모두 호조에 빼앗김으로써 도내의 호조은점에 대하여 각종 명목과 구실을 붙여 세은을 수탈하기 시작하였다. 기록상 처음으로 나타나는 곳은 숙종 42년의 황해도 수안은점으로, 감영에서는 차인을 파견하여 풍로세(風爐稅)·막세(幕稅)·노세(路稅)란 세목을 붙여 점민으로부터 수세하였다.[151)]

풍로세는 은점제련소의 풍상(風箱)과 야로(冶爐)에 부과한 세목이며, 막세(幕稅)는 점민의 가옥세였고 로세는 상인들의 통행세[152)]와 유사한 것으로 생각된다. 이중 로세문제는 누차 호조와 각도감영간 분쟁의 단서가 되었다. 특히 함경도의 문천(文川)은점과 고원(高原)은점 및 평안도의 은산(殷山)은점은 영조초에 호조와 양도감영간에 수세권쟁탈의 시비가 계속되다가 호조가 수세키로 결정된 곳들이다.[153)] 그리고 함경감영에서는 고원은점에서 다시 혈세(穴稅)란 세목으로 세은을 수세키도 하였는데 혈세는 물론 은혈 곧 은광맥에 부과한 세목이었다.[154)]

그런데 이상과 같이 각도감영이 도내의 호조은점에서 세은을 수취할 목적으로 창출한 세목들이지만 그것들은 결국 전술한 바와 같이 호조의 수세명목으로 바뀌고 말았다. 이리하여 호조는 숙종 13년 이래 사실상 연군 매명당 연간 5전은을 수취한데 불과하였지만, 숙종 42년경부터는 이외에 풍로세·막세·로세·혈세 등을 수취하게 되었다.

따라서 호조가 은점으로부터 수취하는 세수는 대폭 증가하였고 각

151) 備邊司謄錄 69 肅宗 42년 11월 22일.

152) 承政院日記 630 英祖 3년 正月 5일.

153) 柳承宙 : 「朝鮮後期 鑛業政策論」 pp.625~639.

154) 承政院日記 843 英祖 13년 2월 25일. 備邊司謄錄 101 英祖 13년 2월 28일.
「戶曹判書金東弼所啓 … 且高原銀店 自是本曹句管處 而年前因本道設賑 一時許借 今已還屬本曹 而本道稱以穴稅 差送別將疊侵其稅 鉛軍輩 兩處納稅 不能支堪 地部銀店之營門混侵 事體不當 今宜分付本道 所差別將 卽令罷去 俾得專意納稅於本曹爲宜 分付兩道何如 上曰 高原則本道事非矣 使之專屬於本曹 …」.

종 잡세수입은 오히려 연군수에 따라 책정된 원정세액을 훨씬 초과하게 되었다. 일례를 들면 평안도 은산은점은 천류고에 매월 30냥 곧 연간 360냥을 납세한 곳으로 원정연군 72명의 세은에 해당하였다. 이 평안감영 소관 은산은점을 호조가 영조 5년 2월에 5년간의 수세권을 얻었는데, 평안감영이 천류고에 세납해 온 매월 30냥만 호조에 상납하려 하자, 이듬해인 영조 6년 5월과 11월에 호조는 다시 건의하여 노세등 각종잡세까지 전관수세하도록 되었다.[155] 여기에서 30냥은 연군수에 따른 정액수세은이며 나머지 70여냥은 모두 노세등 잡역수입분이었다.

이를 연간세입으로 따진다면 1,200여냥으로 원정연군세은 360냥에 비하면 엄청난 수입의 증가를 보게 되는 셈이다. 그리고 평안도 강계의 운파(雲坡)은점도 호조의 원정수세액과 감영 및 본부의 잡세를 합하여 전(錢)으로 연간 15,000냥을 바쳤는데, 곧 호조정식(戶曹定式)대로면 은 1냥 = 전 2냥으로 환산하면 7,500냥을 수취하였으므로 잡세수입은 연군에 대한 원정세액보다 많았다.[156] 어떻든 호조의 은점세수는 원정세액에 잡역수입이 첨가되면서 은점당 세수는 훨씬 증가된 것이 사실이다.

그런데 숙종 13년 이후 호조가 소관은점에서 수취해온 세은량은 매년 얼마씩이나 되었을까는 그것에 대한 별도의 자료를 찾아 볼 수 없어 아쉽지만 「문헌비고」와 「만기요람」에 호조의 1년경비출입수(一年經費出入數) 가운데 은화의 출입수가 다음 〈표 5〉와 같이 일부 기록되어

155) 柳承宙 : 「朝鮮後期 鑛業政策論」 pp.625~630.

156) 備邊司謄錄 92 英祖 8년 8월 1일.
蔡濟恭 : 「樊岩集」 30 論江界銀店屬之戶曹事宜啓 참조.

있다.[157)]

그런데 다음 〈표 5〉의 세은수입은 호조소관하의 은점세만 기록된 것이 아니라 왜관의 세은도 포함되어 있으므로 은점세입량은 상고할 수 없다. 그러므로 사료상에 나타나는 몇몇 기록들과 대조하여 그 윤곽만이라도 더듬어 볼 수밖에 없다. 숙종 16년 현재 청나라 사신을 한번 맞는데 소요되는 은화는 4~5,000냥에 달하였다. 호조판서 오시복은 당시의 각처의 은점세를 군문처럼 수취한다면 연간 한차례 칙사에 드는 은을 민력을 소모치 않고도 얻을 수 있다[158)]고 하였다. 그렇다면 당시의 단천공은 600냥과 영덕·성천은점 및 군영문소관연은점의 총세입이 4~5,000냥은 된다는 뜻이었다.

그러나 이때만 하여도 호조는 단천·영덕·성천은점의 세수만 확보한 상태로 다른 군영문의 연은점에 대한 세수량을 추정한 데 불과하다. 그런데 평안감영소관은점을 제외한 제도은점을 전관수세하게 된 뒤인 영조 8년 현재 호조는, 각점의 일년세입이 모두 합쳐 천수백냥에 불과하다[159)]고 하였다. 그러나 이 액수는 잘못된 것 같다.

당시 호조는 단천공은만도 500냥인데다, 평안감영 소관의 은산은점에서도 영조 6년부터 13년까지 매년 1,200여냥을 수취하고 있었으므로 단천·은산은점에서만도 1,700여냥이니 각점의 연총세입이 천수백냥이라고 한 것은 수긍할 수 없다. 그것은 또한 영조 14년에 호조판

157) 本表 중 「萬」은 萬機要覽 財用篇 4 戶曹一年間經費條의 記錄이며, (文)의 增補文獻備考 155 財用考 2 戶曹一年經費出入數에서 뽑은 것이다.

158) 肅宗實錄 22 肅宗 16년 正月 丁未. 承政院日記 339 肅宗 16년 正月 15일. 備邊司謄錄 44 肅宗 16년 正月 17일.

159) 備邊司謄錄 92 英祖 8년 8월 1일.

서 송인명(宋寅明)이 '은은 은점에서 수세하는 수삼천냥밖에 없다'[160]고 한데서도 확실해 진다.

이러한 호조판서들의 점세은수는 은점을 확대 설치코자 요청할 때 구실로서 제기된 액수이기 때문에 호조의 은부족현상이 심각함을 나타내기 위한 것이어서 실수입액보다 훨씬 낮은 수치이기 마련이었다. 그 한 증거로 운파은점은 영조 22년에 개발되어 영조 40년에는 강계의 미삼가(尾蔘價)로 전용되었는데 이때의 연총세입이 전으로 15,000냥에, 은으로는 7,500냥에 달한 사실만으로도 알 수 있는 일이다.[161] 따라서 강계은점이 개발되어 은 7,500兩의 세액이 결정된 뒤에는 적어도 호조의 세은이 10,000여냥은 넘었을 것이다.

옆의 〈표 5〉에서 호조의 일년경비 은화출입액 중 세출액 가운데는 왜관세입과 은점세입도 포함되어 있지만 호조가 때때로 은점에서 매입한 점은(店銀)이 역시 많이 포함되어 있었던 것 같다.

호조가 점은을 매입하게 된 것은 무엇보다도 청나라 사신에 대한 접대비와 국가의 공무역비에 비하여 왜관이나 은점의 세은이 턱없이 부족했기 때문이다. 청사접대비 및 각종공무역비는 시대가 흐름에 따라 그리고 그때그때의 사정에 따라 차이를 갖게 마련이었다. 숙종 16년 정월 호조판서 오시복은 한해 동안에도 청나라 사신이 연이어 나오는데 한차례 도급(都給)하는 것과 비밀리 증여하는 것이 적어도 4,000~5,000냥 이상이라 하였다.[162] 그런데 영조 8년에 이르면 한차례 청나

160) 承政院日記 871 英祖 14년 5월 7일.

161) 備邊司謄錄 92 英祖 8년 8월 1일.
蔡濟恭 :「樊岩集」 30 論江界銀店屬之戸曹事宜啓 참조.

162) 備邊司謄錄 44 肅宗 16년 正月 17일.

〈표 5〉 호조일년은화출입수(전거;(문)은증보문헌비고. (만)은만기요람)

연 도	호조일년소입	호조일년용하	전 거
효종 2년(1651)	39,093냥	35,927냥	(문)
현종 9년(1668)	30,262냥	12,214냥	(문)
숙종 11년(1685)		32,735냥	(문)
숙종 26년(1700)	39,519냥		(문)
숙종 28년(1702)		23,100냥	(문)
숙종 33년(1707)	17,733냥		(문)
숙종 39년(1713)	66,780냥		(문)
숙종 40년(1714)		31,280냥	(문)
경종 3년(1723)	31,156냥	49,091냥	(문)
영조 5년(1729)		36,147냥	(문 · 만)
영조 6년(1730)	28,332냥		(문 · 만)
영조 7년(1731)		45,554냥	(문 · 만)
영조 8년(1732)	12,922냥		(문 · 만)
영조 25년(1749)	16,530냥		(문 · 만)
영조 33년(1757)		24,420냥	(문 · 만)
영조 52년(1776)		27,927냥	(문)
정조 1년(1777)		19,578냥	(만)
정조 4년(1780)	716냥		(문)
정조 6년(1782)		2,125냥(금13냥)	(문 · 만)
정조 7년(1783)	808냥		(만)
정조 8년(1784)	684냥		(문 · 만)
정조 9년(1785)	620냥		(만)
정조 14년(1790)	2,197냥		(만)
정조 16년(1792)		938냥	(만)
순조 7년(1807)	10,512냥(금17냥)	856냥	(만)

라 사신을 접대하는 비용이 10,000냥 이상[163]이라 하여 두 배로 불어났다. 이 이후 청사일행에 대한 접대비는 한번에 대충 만여냥의 은이 소모되는 것이 상례로 되었다.[164] 이 청사접대비와 아울러 호조가 매년 은으로 지불해야 할 것은 공무역가였다.

조정에서는 매년 상방의대(尙方衣襨)와 내국약재(內局藥材)를 청나라로부터 수입하였고 입전인(立廛人) 및 각종 소소하게 은화로 지불할 일들이 있었다. 곧 영조 8년에 "1년에 상의원(尙衣院)과 내의원(內醫院)의 대청무역가 역시 누천냥에 이른다."[165]하고, 동왕 9년에도 "상의원 내의원의 당화(唐貨) 및 입전인에게 지불해야할 은화가 거의 10,000냥"[166]이라 하였으며, 동왕 13년에도 "1년에 상의원 내의원의 년례무역과 종종 은화로 지불할 것이 적어도 10,000냥"[167]이라고 하여 대청무역가와 전인처등에 지불하는 은화가 역시 1만여냥에 달하였다. 이처럼 영조대에 호조가 매년 지출해야 할 은화는 청나라 사신이 한해에 한번만 올 경우에 한해서 평균 2만여냥[168]에 달한 다.

이상과 같이 청사접대비만 하여도 숙종 16년~영조 8년사이에 배로 늘어난 것으로 미루어 공무역가나 입전인들에게 지불하는 은화량도 필시 늘어났지 줄어 들었을리 없고 보면 호조의 은수요량도 날로 증가

---

163) 備邊司謄錄 92 英祖 8년 8월 1일.

164) 備邊司謄錄 92 英祖 8년 11월 21일.
「… 若或有意外勅行 則又當費萬兩 …」.
備邊司謄錄 92 英祖 9년 2월 2일.
「… 每年一勅使之行 直以銀貨用者 亦萬兩許 …」.

165) 備邊司謄錄 92 英祖 8년 8월 1일.

166) 備邊司謄錄 92 英祖 8년 11월 21일.

167) 備邊司謄錄 101 英祖 13년 2월 28일.

168) 承政院日記 871 英祖 14년 5월 7일.

될 수밖에 없었다.

그러나 앞의 〈표 5〉에서도 익히 볼 수 있듯이 영조초·중엽을 고비로 청나라와 일본간에 직접적인 무역활동이 활발해 지자, 왜관의 세입이 급격히 줄어 든 데다 국내은점도 영조 16년의 금령 이후에는 폐광론이 강력히 대두됨에 따라 확대 발전할 수 없었다.[169] 곧 호조가 은화를 지불할 액수는 증가되는 반면 왜관과 은점의 세수는 감축되고만 있었다. 이러한 사정은 호조의 저적은(儲積銀)이 날로 줄어드는 모습에서도 익히 볼 수 있다.

호조에서는 불시에 은이 필요한 경우에 대비하기 위하여 항시 「봉부동은(封不動銀)」을 준비하였고 수시로 지출하는 「행용은(行用銀)」과 구분하여 보관하고 있었다. 봉부동은은 “대개목조(木槽)에 구멍을 뚫어 물을 빼내고”[170] “쇳조각으로 봉하여 견고하게 저장하였으며”[171] 경용이 각박하지 않을 경우는 뜯지 않았다.[172] 행용은은 각색은(各色銀)[173]과 각양기명(各樣器皿)[174]까지 포함하였고, 호조가 평상시 사용하게 되어 있었다.

169) 柳承宙: 「朝鮮後期 鑛業政策論」 pp.653~676.

170) 備邊司謄錄 18 孝宗 7년 3월 26일.

171) 備邊司謄錄 92 英祖 8년 11월 21일.

172) 承政院日記 871 英祖 14년 5월 7일.

173) 承政院日記 666 英祖 4년 7월 29일.
「戶曹判書權以鎭曰 戶曹有銀然後 可備不時之用 而卽今見存天銀地銀黃銀 合不過萬餘兩而北京貿易及藥債所入 爲三千兩 不過五年 當盡之矣 藥債外不得已貿易 亦多有之 不可不急急變通藥 …」.

174) 備邊司謄錄 92 英祖 8년 8월 1일.
備邊司謄錄 92 英祖 9년 2월 2일.
「戶曹判書金在魯所啓 經用之中 銀貨最重 尙方內局唐貨 及立廛人處應下 殆近萬兩 而本曹見在銀 并雜器之重 僅爲二萬兩 …」.

호조의 은보유고는 그때 그때의 사정에 따라 변동이 많았고 정확한 기록이 없는 이상 상고할 수 없는 것이지만, 영조 8년 8월의 호조의 계문에 의하면 "전에는 조저은이 적어도 300,000~400,000냥이었고, 10년 전에도 오히려 150,000은 되었습니다."[175]고 하였으니 10년전이면 경종연간이고 그 이전이면 숙종말경이다. 곧 숙종말년경에는 호조의 저적은이 3,40만냥에 달했고 경종연간만 해도 15만냥은 되었던 셈이다.

그러나 영조연간에 들어서면서, 영조 3년의 기록에는 "호조의 봉부동은이 500여냥에 불과하다."[176] 동왕 4년에는 "현재있는 천은 지은 황은을 합쳐도 10,000여냥에 불과하다."[177] 동왕 7년에는 "호조에 남아있는 은화가 40,000냥에 불과하고, 지금 사용하는 것은 이미 봉부동을 범하고 있다."[178]고 하고, 동왕 8년 8월에는 "지금은 각색은과 각양기명을 모두 합쳐야 겨우 20,000냥이 된다."[179]고 하고, 동왕 9년 2월에는 "호조에 현재 있는 은과 잡기를 모두 합쳐야 겨우20,000냥이 됩니다"[180] 고 하여 영조 7년부터는 이미 봉불동은을 사용하기 시작하여 보유은도

---

175) 備邊司謄錄 92 英祖 8년 8월 1일.

176) 備邊司謄錄 82 英祖 3년 11월 17일.

177) 承政院日記 666 英祖 4년 7월 29일.
「戸曹判書權以鎭曰 戸曹有銀然後 可備不時之用 而卽今見存天銀地銀黃銀 合不過萬餘兩而北京貿易及藥債所入 爲三千兩 不過五年 當盡之矣 藥債外不得已貿易 亦多有之 不可不急急變通藥…」.

178) 備邊司謄錄 90 英祖 7년 10월 12일.

179) 備邊司謄錄 92 英祖 8년 8월 1일.

180) 備邊司謄錄 92 英祖 8년 8월 1일.
備邊司謄錄 92 英祖 9년 2월 2일.
「戸曹判書金在魯所啓 經用之中 銀貨最重 尙方內局唐貨 及立廛人處應下 殆近萬兩 而本曹見在銀 并雜器之重 僅爲二萬兩 …」.

40,000만냥에서 동왕 8년에는 30,000냥, 동왕 9년에는 20,000냥으로 감축되고 있었다.

이상과 같이 호조가 청사접대비와 공무역가 및 각종의 은화로 지불할 액수가 날로 증가되었음에도 불구하고 왜관세은과 점세은의 수입이 격감해짐으로써 불가피하게 강구하지 않을 수 없었던 것이 점은을 구입하는 방법이었다. 호조의 점은매입은 주로 평안도내의 감영소관 은점에서 이루어졌다.

그것은 첫째 관서관향(關西管餉)이 호조의 「분호조(分戶曹)」였다는 점이다. 관서의 관향사(館餉使)는 매년 말에 회계문서를 호조에 보고하게 되어 있었다.[181] 관서의 관향사인 감사의 관하에는 관향고(管餉庫)·누상고(樓上庫)·천류고(泉流庫) 등을 두었는데, 관향고는 군향(軍餉)을 저장하는 곳이었고[182] 누상고는 포목을 거두어 저장하였으며,[183] 천류고에서는 은·전을 거두어 저장하였다. 따라서 도내 은점의 관리와 수세도 천류고에서 관장하였는데[184] 각각의 고(庫)마다 소속된 관원이 정해져 있었고 호조에서 2주년 교체하는 산원(算員)을 파견하여 회계문서를 관장케 하였다.[185]

181) 承政院日記 530 景宗 1년 5월 27일.
「戶曹判書閔鎭遠所啓 外方各處銀店 皆屬戶曹 而黃平兩道 則以其例兼管餉之故 自前不禁監司之設店 而近來戶曹與營門別將 每每相爭 各稱先占 別將輩之言 有難取信 而如是相爭之際 採取尤爲不實 海西則戶曹募軍 至有刑推之擧云 大槪關西管餉 則名以分戶曹 會計文書 無不關係於戶曹 許令隨得設店 猶有所諉 …」.

182) 肅宗實錄 13 肅宗 8년 3월 庚戌. 備邊司謄錄 44 肅宗 16년 正月 17일.
備邊司謄錄 101 英祖 13년 2월 28일.

183) 備邊司謄錄 92 英祖 8년 11월 21일.

184) 備邊司謄錄 52 肅宗 28년 6월 26일. 備邊司謄錄 85 英祖 5년 2월 2일.
承政院日記 678 英祖 5년 2월 3일. 備邊司謄錄 88 英祖 6년 11월 25일.
承政院日記 862 英祖 13년 11월 13일.

천류고가 언제 설치되었는지는 상고할 수 없으나 아마도 숙종 4년경 동전의 행용이 실현되기 시작할 무렵이 아니었을까 싶다. 어떻든 천류고는 비록 관향사의 관하에 있었지만 회계문서 자체가 호조에서 파견된 산원에 의하여 작성되었고, 매년 말에는 은화성책(銀貨成册)을 호조에 보내야 하였기 때문에[186] "관서의 천류고는 호조의 외장(外藏)"[187] 이라고 하였다. 이처럼 호조와 관서관향간에는 호조·분호조의 관계여서 점은의 매입도 자연 관서은점에서 실시하기가 용이하였다.

둘째는 8도중에서도 평안도에 은점이 가장 많았고 산은량도 풍부하였기 때문인 것으로 보인다. 그것은 영조 4년 12월에 호조가 "평안도는 군향을 관리하는 중요한 곳이라 도내의 수십곳 은점을 호조에 이속하지 못했습니다. 그러나 평안도의 은점은 8도 중 가장 많으며 호조에 속한 7도의 은점으로는 평안 1도의 은점을 당해내지 못합니다."[188] 고 한 것으로도 당시의 은점실태를 짐작할 수 있다. 이상과 같이 호조가 평안도에서 점은을 매입하게 된 것은 호조·분호조의 관계로 회계가 용이하였고 동시에 평안도내에 은점이 많고 산출량도 풍부하였기 때문이었다.

호조가 평안도에서 점은을 처음으로 매입하게 된 것은 숙종 16년이지만, 이후에도 호조가 관서은점에서 점은을 수매하는 형태는 점민들에게 절실한 미곡을 주로 이용하였고 그 미곡은 각읍에 수장(收藏)된

---

185) 輿地圖書(上) 平安道條 참조.

186) 承政院日記 862 英祖 13년 11월 13일.
「首相李光佐曰 泉流庫銀貨成册 雖來戶曹 而歲終始來 終不如戶曹之取來儲置也 …」.

187) 英祖實錄 36 英祖 9년 10월 壬戌.

188) 備邊司謄錄 84 英祖 4년 12월 17일.

수세곡(收稅穀)이었다. 숙종 16년에 호조판서 오시복은 청나라 사신 접댑비와 청나라에 들어보낼 5,000냥을 마련키 위하여 앞서 호조가 경비부족으로 관서미 만여석을 제출하여 무명과 바꿔 점은을 사들인 사례를 들어 역시 각읍에 수장된 미곡 10,000여석을 떼내어 점민들로부터 은을 매입하였다.[189] 이때 점은을 수매한 뒤로 호조가 관서미로 은을 산 사례는 적어도 영조 4년까지 찾아보기 어려웠다. 그것은 숙종 16년 이후 영조초까지는 전술한 바와 같이 왜은과 점은의 세입이 충실하여 상당량의 은화를 호조가 보유하고 있었기 때문이었다.

호조가 관서의 점은을 다시 수매하기 시작한 것은 왜은과 점은의 세입이 격감된 시기인 영조 4년부터였다. 이때는 이미 전술한 바와 같이 호조에는 천·지·황은을 모두 합해도 만여냥에 불과한 처지였으므로 호조판서 권이진(權以鎭)이 북경무역가를 관서에 해마다 거둬두는 전세로 은을 마련하도록 요청하지 않을 수 없는 불가피한 사정이었다.[190] 그 결과는 어떻게 되었던지를 상고하지 못하였지만 이를 계기로 하여 호조는 관서를 통하여 은을 조달하는 사례가 빈번해 지기 시작하였다. 그것은 영조 8년 8월의 기록에 의하면, 전임 호조판서가 관서은 10,000냥을 청득한 적이 있었는데, 평안감사가 봉부동은을 헐어 쓸 수 없다는 구실로 함석가은(含錫價銀) 2,000냥만 보내고 8,000냥은 끝내 올려보내지 않았다[191]는 내용이다. 그런데 이에 대한 동년 11월의 관서장계에 의하면 호조에서 청득한 10,000냥에 대하여 관서감영은 2,000냥을 유랍가(鍮鑞價)로, 4,000냥을 사은사행에, 1.000냥을 용포

189) 備邊司謄錄 44 肅宗 16년 정월 17일.

190) 承政院日記 666 英祖 4년 7월 29일.

191) 備邊司謄錄 92 英祖 8년 8월 1일.

가(龍袍價)로 이미 내 주었고 나머지 3,000냥만 보내주지 못했는데 그것은 봉부동은 외에 할 도리가 없어서라는 것이다.[192] 이러한 사정은 평안감영에도 이 무렵에는 이미 봉부동은 외에는 행용은이 넉넉하지 못하다는 사실을 나타내고 있었다. 이 때문에 호조에서는 평안감영의 은을 청득하기가 어렵게 되었고 또 다시 점은을 수매하는 방법을 달리 강구하지 않을 수 없게 되었다.

영조 9년 2월에 호조판서 김재로는, 전호조판서 권이진이 평안감사로 부임함을 계기로 하여 점은매입을 추진하게 되었다. 김재로는 관서의 저치목(儲置木)수백동을 산읍중의 산은처에 들여보내어 은과 교환할 것을 주장하였다.[193] 그러나 이에 대한 결과는 상고할 수 없지만 동년 10월 호조판서 송인명이 '관서의 천류고로 하여금 매년 1만냥씩 추봉곡(秋捧穀)으로 구입하고 회록(會錄)하여 호조에 보고토록 하자'는 주장이 실현되었던 것으로 보면,[194] 김재로가 수백동의 목으로 환은하자는 데는 문제가 있어 이때 미곡으로 바꾼 듯하다. 곧 영조 9년 10월부터는 천류고에서 매년 추봉곡으로 10,000냥은씩 구입 회록하여 호조에

192) 備邊司謄錄 92 英祖 8년 11월 21일.

「… 戶曹判書金在魯所啓 臣頃以關西銀木事陳達 自上有道臣從重推考 罔夜上送之命矣 今見關西狀啓以爲 前定一萬兩內 二千兩鍮鑞價出給 四千兩謝恩使行出給 一千兩龍袍價出給 所餘只三千兩 而縛鐵封不動外 無可推移 末由上送云 …」.

193) 備邊司謄錄 92 英祖 9년 2월 2일.

「戶曹判書金在魯所啓 … 關西木儲置最多 爲以數百同入送山邑産銀處 換銀以置 則可爲日後緊急國用 而道臣兼於轉動 不欲爲之 宜自朝家分付 此外亦不無與本道相議變通之道 新監司權以鎭 曾經戶判備語國計 辭朝時 同入稟定以送何如 上曰 依爲之」.

194) 英祖實錄 36 英祖 9년 10월 壬戌.

「戶曹判書宋寅明曰 … 又言 地部銀貨已罄 或有勅行及意外大事 將不知爲計 關西泉流庫卽地部外藏也 令於每年秋捧 作銀限萬兩 會錄報地部 以待不時之需何如 上詢大臣 皆言其便 從之」.

보고하게끔 된 것이다. 그런데 이 규정이 이후 언제까지 지켜졌던지는 앞으로 상고할 문제지만, 4년뒤인 영조 13년에만 하여도 그대로 지켜지고 있었고, 10,000냥은을 매입한 미곡은 관서세곡의 1/3에 해당하였던 것으로 보이며, 은을 구입할 때는 시가(市價)에 준하여 거래되고 있었다.[195] 이상과 같이 하여 호조에서는 영조초부터 왜은과 점은의 세입이 감축됨에 따라 부득이 관서세곡으로 점은을 매입, 경비은에 충당하였던 것이지만 이러한 호조의 점은매입은 한편으로 점민들에게는 배당은의 중요한 판로를 열어주고 있었다.

점은의 판로중 이상과 같은 호조의 공식적인 매입형태도 있었지만 수령들이 사용을 목적으로 매입하는 경우도 있었다. 이를테면 숙종 7년 3월에 신녕현감(新寧縣監)이 점은을 매입한 경우나[196] 숙종말 전라도의 벽사찰방(碧沙察訪)이 해남은점(海南銀店)에서 점은을 사들인 사실들이 그것이다.[197]

그러나 역시 은점의 연은은 대부분이 사상들에게 판매되고 있었다. 호조의 점은매입이 주로 평안도내의 은점에서 이루어졌지만 사상들은 평안도의 은점만이 아니라 전국의 은점을 상대로 매입하고 있었다. 사상들은 미곡이나 어물등 점민의 생필품을 점촌으로 가져가 연은과 상환하였다.

이러한 사상들의 연은수매실태는 금성은점(金城銀店)과 회양은점(淮陽銀店)의 경우를 예시할 만 하다. 영조말에 복설된 강원도 금성은점의

195) 備邊司謄錄 101 英祖 13년 2월 28일.

196) 承政院日記 282 肅宗 7년 3월 30일.

197) 「繡衣錄」 全羅右道御使趙榮福書啓 「碧沙察訪權璘段 爪期漸滿 … 或貿銀於海南銀店爲白乎旀 …」.

경우는 암행어사 이공우(李恭遇)의 서계중에 잘 나타난다.

"산골에 있는 여러 읍은 선로(船路)가 막혀 있기 때문에 조금만 흉년을 만나도 쌀값이 치솟으며 다만 상인들의 왕래에 의뢰하고 있습니다. 그런데 지금 금성은점이 복설되자 각처의 무뢰배들로 산위에 모여있는 자가 수백명이라, 인근 부호들의 곡식과 상고들이 사온 쌀이, 비싸게 파는 재미로 모두 그곳으로 들어가 버리어 민간에서 쌀 한톨 구경할 수 없게 된 것도 이 때문입니다."[198]

라고 보고하였고, 영조 17년 가을에 설치된 회양은점의 경우에도 영조 18년 정월에 특진관 박문수는

"안변(安邊)·덕원(德源)·문천(文川)백성들은 고마(雇馬)로 원산(元山)의 어물을 잔뜩 싣고 서울 및 고양(高陽)·안성(安城) 등지에 와서 판매하고 이어 쌀을 구해 내려가기 때문에 그곳의 몇몇 읍의 주민들이 참담한 흉년을 당해도 크게 의지하는 바 있었습니다. 그런데 지난 가을 회양에 은점이 설치된 뒤부터는 몇몇 읍에 쌀을 사들여 왔던 상인들이 그 읍에는 팔지 않고 이익을 남기려고 은점으로 폭주하기 때문에 몇몇 읍의 주민들은 이로 말미암아 기근이 막심하여, 함경감사와 어사(御使)가 이를 크게 걱정한 나머지 소신(小臣)에게 연달아 보고하여 은점을 혁파하도록 청하였습니다. 그리고 관동의 통천군(通川郡)·흡곡현(歙谷縣)도 또한 어상(魚商)들이 쌀을 사오는 혜택이 있었으나, 이 회양은점으로 말미암아 똑같은 피해를 입고 있다고 합니다. 또 듣기로는 강원감

198) 李恭遇 ;「換凡翁漫錄」10 暗行御史書啓別單(江原道).

사가 은점의 폐단이 있어 일찍이 금한 바 있었으나 회양에서 곧 호조에 보고하여 은점을 설치했다고 하는데 은점을 설치한데 대한 이해관계는 어떤지 잘 모르겠으나 지금 바로 5~6五六읍의 백성들이 이 은점으로 말미암아 굶주림에 고달픔을 면치 못하니 이 은점은 진휼을 끝낼 때까지만 금단하는 것이 어떻겠습니까?"[199]

고 요청하였다. 이에 대하여 영사(領事) 조현명(趙顯命)도 일의 형세가 이와 같으니 금지하는 것이 마땅할 것 같다고 하여 결국 채은을 금단키로 결정하였다. 이처럼 미곡상과 어물상인 등 생필품을 거래하는 상인들이 은점으로 몰려감에 따라 곳에 따라서는 종래의 물화유통관계가 크게 혼란에 빠지고 있었다. 이를테면 금성이나 회양에 은점이 설치됨에 따라 강원도의 산골에 있는 각읍이나 함경도의 안변·덕원·문천 등지는 어물상을 통해서 미곡을 구입해 오다가 미곡을 매입할 길이 두절되었던 것이다. 그리고 동시에 경성·고양·안성 등지에서는 중요한 미곡의 판로가 갑자기 단절되었을 뿐만 아니라 원산의 어물을 구하기가 어려워졌던 것이다. 이와같이 은점은 미곡이나 어물 등 생필품의 중요한 구매처였기 때문에 인근 각지로부터 사상들이 몰려 들게 되었고 그 때문에 지역에 따라서는 때때로 유통질서마저 파괴되기도 하였다.

---

199) 備邊司謄錄 110 英祖 18년 正月 7일.

제5장
18세기 말 19세기 초 '물주(物主)'제하 자본제적 민영광업실태

第1절 은(銀)·동(銅)점의 물주제(物主制)와 수령수세제 성립

1) 은점의 물주제와 수령수세제 성립

수령수세제는 물주의 자금에 의존한 '은점두목(銀店頭目)' 곧 '혈주(穴主)'의 은점경영을 기반으로 성립되었다. 물주제의 발생과 수령수세제의 성립은 같은 시기에 상호불가분의 관계를 갖고 진행된 것이다. 물주와 수령은 서로 처지가 달랐지만 물주의 이권획득과 수령의 잡세수수취란 물질적 욕구를 같이하면서 물주제의 성립과 수령수세제의 적용을 모색해 왔으며, 그것은 마침내 영조 51년(1775)에 이르러 은점의 물주제에 기초한 수령수세제를 정부가 공인하게 되었다.[1] 곧 물주제

---

1) 《度支志》外篇 8, 版籍司 財用部 金銀事實. "本曹判書具允鈺 啓請革罷銀店別將 酌定稅銀使本官收納 而不善擧行 則隨現論罪何如 上日 依爲之".
《萬機要覽》財用編 4, 金銀銅鉛. "英宗乙未 戶曹啓稟 以其餘存店 付之本官 定稅上納矣".

하의 수령수세제는 18세기 중엽부터 비합법적으로 실시되어 왔고 그것이 보편화됨으로써 정부가 현실을 인정한 데 불과한 조처였다. 그러나 은점에 물주제가 언제부터 그리고 어떤 동기로 적용되기 시작했는지는 정확히 설명한 자료는 없다. 다만 그것의 실현을 불가피하게 만든 현실적 상황이 언제 어떻게 조성되었는가를 살펴 볼 수 있을 뿐이다.

물론 18세기 후반기에는 상품화폐경제가 더욱 발전하여 광산에 투자할 만큼 재력을 갖춘 부상대고들이 출현한 점이나, 왜은의 수입이 두절되어 국내의 은광개발이 불가피해진 점을 주목해야 할 것이다. 하지만 부상대고(富商大賈)들의 자금규모와 투자의욕만으로 물주제하의 은광경영이 실현될 수 있는 것은 아니며, 동시에 은광개발이 절실하다고 해서 물주제하의 은광개발이 보장되는 것도 아니다. 거기에는 반드시 부상대고들의 투자를 실현시킬 수 있는 경영주체가 존재해야 하고 동시에 은광개발을 법적으로 보장할 관부(官府)의 협조가 선행되어야 하였다. 이러한 문제들에 접근하기 위해서는 우선 영조 16년(1740)의 '경품설점법(經稟設店法)'에 유의할 필요가 있다.

경품설점법은 호조는 물론 각 군문과 각 도의 감영 및 각 읍이 설점수세하기 위해서는 반드시 국왕의 사전 허락을 받도록 규정한 것이다.[2] 그러나 본법을 제정한 근본 의도는 당시 광범위하게 진행되던 경·외관아들의 설점수세 행위를 완전히 근절시키는 데 있었다. 따라서 본법이 반포된 이후에는 앞장에서 살펴보았듯이 호조에 의한 몇 개소

---

2) 《續大典》 戶典, 雜稅條. "勿論本曹各軍門外方各營各邑 如有不稟朝廷 新設銀店者 道臣以上罷職 守令以下拿問".

의 '경품설점'이 이루어졌을 뿐 각 도의 영·읍에서 종래와 같이 임의로 설점수세하는 행위는 물론 '경품설점'을 시도하거나 '경품설점'에 성공한 사례가 전혀 드러나지 않았다. 그것은 영·읍이 '파직'과 '나문(拿問)'의 중벌을 무릅쓰고 설점수세를 감행할 수 없었고, 또 은점의 신설 요구가 국왕의 허락을 받지 못할 것이 명백하였기 때문이다.

이러한 정부의 금광정책(禁鑛政策)에도 불구하고 이에 저항하여 은광개발을 추진한 주체는 역시 '별장'제하의 은점에 종사했던 두목(頭目)·점장(店匠)·연군(鉛軍) 등의 점민(店民)들이었다. 이들은 채굴하던 은점의 광맥이 단절되거나 채산(採算)이 맞지 않으면 즉시새로운 광맥을 찾게 마련이었다. 전장에서 언급하였듯이 경품설점법이 제정된 이후 수령수세제가 공인되기까지 이들이 발굴한 산은지는 영조 22년(1748)의 강계(江界)를 위시하여 영조 27년(1751)의 이산(理山)·벽동(碧潼), 30년(1754)의 능주(綾州), 34년(1758)의 강릉(江陵), 35년(1759)의 남양(南陽), 37년(1761)의 영흥(永興), 38년(1762)의 단천(端川의 黃土店), 39년(1763)의 정주(定州)·함창(咸昌), 40년(1764)의 고성(高城)·창성(昌城) 등 12개 읍에 달하였다.

이들은 일차적으로 호조에 신고하여 '경품설점'을 요구하였지만,[3] 호조에 의한 설점수세가 실현되지 않을 때는 즉시 잠채(潛採)를 감행하였다. 곧 경품설점법이 제정된 이후 호조에서 신설한 강계·강릉·단천(황토점)·정주은점 중 수어청의 연점 설치를 계기로 신설이 가능했던

3) 《備邊司謄錄》 122, 英祖 27년 閏 5월 16일. "兵曹判書洪啓禧所啓 臣頃以理山碧潼採銀事有所陳達 請遣郎廳嫡奸矣 備郎李聖師才已復命 … 江邊饑饉 無異六鎭 民人爭願設店 相率呼訴云 … 且聞碧潼郡守柳顯章 以爲設店於郡境 親董吹銀 而無京差下來 則可以無弊 … 上曰 必也正名 屬之戶曹 勿送京差使道臣本官句管擧行可也".

강계은점을 제외한[4]그 밖의 강릉·단천·정주은점등은 모두 정부가 잠채를 두려워 한 나머지 신설을 허가했던 곳들이다. 강릉은점이 영조 34년(1758)에,[5] 단천은점이 동왕 38년(1762)에,[6] 정주은점이 동왕 39년(1763)에[7] 각각 신설되었다는 사실은, 이 시기 곧 18세기 후반기에 광산종사자들에 의한 은광의 잠채가 광범하게 전개되고 있었음을 반증하는 것이다.

잠채는 정부의 허가를 받지 않고 광산종사자들이 비합법적으로 광산을 경영하는 행위를 지칭한다. 그러나 이러한 비합법적인 광산경영은 민간자본 곧 물주의 자본을 필요로 함은 물론 반드시 관과 결탁해야만 가능하였다. 광산종사자들은 산은지를 발견하고 또 채굴제련기술을 갖추고 있었다 하더라도 장기간의 잠채는 불가능하였다. 당시의 수령들이 관할하던 읍은 규모가 협소하여 읍의 관속들과 면임(面任)·이존(里尊)들의 감시를 피하여 잠채할 수 없었으며 심지어 은군 한 두 명의 잠채마저도 발각되었기 때문이다.[8]

이 때문에 잠채를 실현하기 위해서는 누군가가 먼저 당해 읍의 수령을 매수해야 했고 동시에 은점의 경리에 필요한 자금을 투입할 수 있어야 했다. 곧 수령을 설득하고 은점을 설치할 수 있는, 이를테면 토호

---

4) 《英祖實錄》 64, 英祖 22년 11월 戊戌 ;《備邊司謄錄》 116, 英祖 22년 閏 11월 13일.

5) 《備邊司謄錄》 134, 英祖 34년 3월 15일. "本曹雖不設店 奸民偷採之弊 狼藉難禁 … 今此江陵銀脈 自該曹發遣郎官看審後開店何如 上曰 依爲之".

6) 《備邊司謄錄》 141, 英祖 38년 3월 17일. "端川府銀店設施經年者外 黃土店及其他追開者 一切禁塞 而此後如有私自掘開者 則勿論京鄕人 今道臣嚴刑定配事也 上曰 雜類易聚 亦可慮矣 依爲之".

7) 《備邊司謄錄》 143, 英祖 39년 4월 12일. "今關西定州 有銀脈頗盛 而不無潛採之弊 依昨年例 發遣本曹郎廳嫡奸何如 敢此仰稟 上曰 禁開鑛 爲先嫡奸".

8) 《巡歷日錄》 8, 《日省錄》 652, 正祖 23년 12월 8일.

(土豪)나 부상대고 등 나름대로 능력과 재력을 구비한 물주가 있어야 하였다. 이런 조건을 갖춘 물주가 나타나야 장기간의 비합법적인 은점 경영도 이뤄질 수 있었다. 물주의 자금에 의존한 '혈주'의 은점경영이 실현되면서 호조의 별장제(別將制)는 무의미해져 갔다. 호조의 재력에 의한 '설점'이 아닌 이상 그것을 대행할 별장들이 필요할 리 없었고, 경제력을 갖춘 물주로부터 세은을 징수하게 된 이상 서울의 부상대고를 별장으로 파견하여 '수세'해야 할 이유가 없었다. 그 동안 은점의 생산물 중 2/3를 착복하고 또 점민들을 가혹하게 수탈해 왔던 별장제가 더 이상 필요하지 않았던 것이다.[9)]

점민들은 수령수세제를 지향하였다. 수령수세제는 은점의 호조에 바치는 세은을 수령이 수납할 뿐이므로 우선 별장들이 점은의 2/3를 착복하는 폐단을 없앨 수 있으며, 또한 목린관(牧民官)으로서의 직분에 규제받기 마련인 수령들은 별장들처럼 점민을 가혹하게 착취할 수 없었기 때문이다. 따라서 물주와 점민들은 당해 수령들에게 별장제를 폐지하고 수령이 직접 관장 수세할 것을 요구하였고, 수령들은 이를 '민원(民願)'으로 받아들여 감사(監司)를 통하여 정부에 요청하였다. 이리하여 물주제에 기초한 수령수세제는 오랫동안 독자적으로 설점수세권을 행사해왔던 평안감영 관내의 은점에서부터 적용되기 시작하였다.

영조 27년(1751)에는 이산·벽동은점에 적용하기로 결정한 바 있었고,[10)] 동왕 40년(1764)에는 비로소 강계은점에 정식으로 수령수세제가

---

9) 拙稿;《朝鮮時代鑛業史研究》 고려대학교 출판부 1993.3. 제5장 註 3) 참조.

10) 同上條 참조.

적용되었다.[11] 이처럼 물주제를 기반으로 한 수령수세제는 물주·점민과 수령들에 의해 호조가 설점수세하던 은점에도 적용되기 시작하여, 마침내 영조 51년(1775)에는 호조 소관 15개 읍의 모든 은점에까지 확대 적용되었다.[12] 이때부터 은점에는 '별장'제가 완전히 소멸되었고, '물주'제에 기초한 '수령수세'제만이 합법적인 제도로 공인되었다.

2) 동점(銅店)의 물주제와 수령수세제 성립

은점에 대한 영조 16년(1740)의 경품설점법 제정은 은점의 신설을 위축시킨 반면에 동광(銅鑛)의 개발을 자극하는 계기가 되었다. 조선후기의 동광은 18세기 중엽에 이르기까지도 거의 개발되지 못한 채 있었다. 그것은 임진왜란 직후 일본과의 무역이 재개되면서 정기적으로 수입하던 왜동(倭銅)만으로도 화포나 동전을 주조하는 데 부족함이 없었기 때문이다. 그러나 18세기 중엽 청·일간의 무역이 공인된뒤 왜동의 수입량이 극감하여 화포나 동전의 주조사업에 소요되는 동철을 조달하기가 어렵게 되었다.

이러한 상황 하에서 정부가 경품설점법을 제정하여 은점의 신설을 탄압하게 되자 광산종사자들 중에는 은광보다 경제성은 떨어지지만 금령이 내리지 않았던 동광의 개발에 관심을 기울이게 되었다. 그들의 노력에 의하여 영조 16년(1740)에는 영월(寧越)과 수안(遂安)의 동광이 개발되었고,[13] 10년 뒤인 동왕 26년(1750)에는 충주(忠州)·영해(寧海)동광

---

11) 蔡濟恭,《樊岩集》30, 〈論江界銀店屬之戶曹事宜啓〉.

12) 拙稿 前揭書 제5장 註 1) 참조.

13)《英祖實錄》52, 英祖 16년 12월 乙巳 ;《備邊司謄錄》107, 英祖 16년 12월 10일 ;《備邊司謄錄》108, 英祖 17년 2월 16일.

이 각각 발굴되었다.[14] 광산종사자들은 경품설점을 실현키 위하여 주전(鑄錢)사업의 주무관서이자 설점의 허가를 받기가 유리한 호조를 택하기도 하였지만 주전과 동시에 주포(鑄砲)사업을 담당했던 각 군문들에 신고하기도 하였다.

영조 16년에 광산종사자들은 영월동광을 호조에, 수안동광을 훈련도감에 각각 신고하여 경품설점을 시도하였다. 그러나 영조는 즉석에서 낭청(郎廳)을 두 곳에 파견하여 동광을 봉(封)하여 두게 하고 '사채자는 일율(一律)에 처한다'는 가혹한 금령을 내리는 한편 호조와 군문에서 동철이 필요할 때는 '요지를 적어 아뢰고 처치하라'고 하고, 낭청을 파견하여 수요량만 채취하도록 규정하였다.[15] 이러한 조처는 영조가 동년에 경품설점법으로 은점의 신설을 엄금한 이상 동광 역시 신설을 금할 수 밖에 없었던 입장에서 취해진 것으로도 이해할 수 있겠지만, 그보다는 오히려 동광을 설점수세할 경우 생산품의 대부분이 상인에게 판매될 것이기 때문에 광산종사자들을 배제하고 정부가 동광을 독점하여 화포·동전을 주조할 때만 채취할 목적에서 취해졌다고 여겨진다.

따라서 이듬해 영조 17년(1741) 2월에는 군기시가 무기제조를 위해 낭청을 파견하여 수안동광을 채굴하였고,[16] 동왕 18년(1742) 6월에는 총융청이 또한 같은 이유로 감관(監官)을 파견하여 수안동광을 채굴하였다.[17] 그리고 이어 동년 7월에는 동전을 주조하기 위해 영성군(靈城

14) 《增補文獻備考》 160, 財用考 7, 英祖 26년조.

15) 《英祖實錄》 52, 英祖 16년 12월 乙巳 ; 《備邊司謄錄》 107, 英祖 16년 12월 10일 ; 《備邊司謄錄》 108, 英祖 17년 2월 16일.

16) 《備邊司謄錄》 108, 英祖 17년 2월 27일.

君) 박문수(朴文秀)의 주관하에 호조와 진휼청 및 훈·어·금의 3군문이 동시에 영월과 수안동광을 함께 채굴하였으며,[18] 동왕 23년(1747)에는 선혜청이 채굴하여 그중 15,000근을 3군문에 무기제조용으로 대여키도 했다.[19]

이처럼 민간의 광산종사자들이 경품설점을 요구했던 동광을 정부가 모두 독점한 가운데 간헐적인 관채를 실시하고 있었다. 그럼에도 불구하고 광산종사자들은 영조 26년(1750)에 다시금 충주동광을 어영청에 신고하고, 영해동광을 훈련도감에 신고하여 경품설점을 요청하였다.[20] 10년 전의 영월·수안의 사례가 있는데도 이때 또 다시 신고한 것은 전술한 4년 전의 동왕 22년(1746)에 수어청이 강계연점을 경품설점한 전례에 기대를 걸었던 것 같다. 그러나 이 두 곳의 동광 역시 봉치(封置)되었고, 훈·어 양군문이 장교를 파견하여 채취하였으며,[21] 동시에 주전용의 연(鉛)을 확보하기 위해서 정부는 정주(定州)연광을 봉치(封置)하고 필요할 때에만 군문에서 채취하고 있었다.[22] 하지만 광산종사자들의 동광개발은 계속되었던지 동왕 41년(1765)에 간행한 《여지도서》의 물산·토산조에는 동관지(銅鑛地)로서 수안(遂安)·평창(平昌)을, 자연동산지(自然銅産地)로 연산(連山)·삼등(三登)·영광(靈光)·흥양(興陽)·

---

17) 《備邊司謄錄》 110, 英祖 18년 6월 30일.

18) 《英祖實錄》 55, 英祖 18년 6월 丁巳 ; 《備邊司謄錄》 110, 英祖 18년 6월 30일 ; 《備邊司謄錄》 110, 英祖 18년 7월 4일 ; 《英祖實錄》 56, 英祖 18년 9월 庚午 ; 《備邊司謄錄》 111, 英祖 18년 10월 3일 ; 《備邊司謄錄》 111, 英祖 18년 12월 10일.

19) 《備邊司謄錄》 117, 英祖 23년 4월 27일.

20) 《增補文獻備考》 160, 財用考 7, 英祖 26년조.

21) 《增補文獻備考》 160, 財用考 7, 英祖 26년조.

22) 《備邊司謄錄》 144, 英祖 39년 12월 12일.

순창(淳昌)·강진(康津)을, 그리고 폐광지역으로 공주(公州)·영해(寧海)·창원읍(昌原邑)을 수록하고 있다.

이상과 같이 영조 16년(1740) 이래 광산종사자들이 호조 또는 군문들에 신고하여 경품설점을 요구한 동광들은 모두 왕명에 의하여 봉치되었고, 호조나 군문들이 화포 또는 동전을 주조할 때에만 자체의 경비와 인력으로 채취하고 있었다.[23] 그러나 호조나 군문들로서는 자체 경비와 인력을 동원한 간헐적 채취 형태보다는 설점수세제를 적용하여 일정한 세동(稅銅)을 수취하는 동시에, 많은 양이 필요할 때는 소관 동점(銅店)에서 수매하는 것이 유리하였다. 이런 점에서 광산종사자와 호조·군문 들의 설점수세제에 대한 요구와 기대는 동일하였지만, 영조의 비현실적인 광업관(鑛業觀)으로 실현되지 못하였다. 그러나 동왕 51년에 호조 소관 은점에까지 '물주'제하의 '수령수세'제를 적용하지 않을 수 없었던 시대상황하에서 동광 또한 예외가 될 수는 없었다.

정조 4년(1780)에는 일부의 광산종사자들이 개발한 안변(安邊)동광이 훈련도감에 신고되고 경품설점이 시도되었다. 훈련대장은 영상(領相) 김상철(金尙喆)에게 이를 요청하였고 영상은 강원감사 이명식(李命植)에게 설점의 편부(便否)를 장문(狀聞)하도록 지시하였다. 강원감사는 광맥이 풍성하여 설점하기에 합당하므로 호조에서 응행절목(應行節目)을 마련해서 보낼 것, 그리고 수세 등의 제반절차는 '은점례'에 따라 시행할 것이므로 관·민 모두에게 폐가 되는 계사(計士)나 장교(將校)를 파견하지 말 것과 세동(稅銅)의 수납문제는 세액(稅額)을 결정한 뒤 감영에 맡겨 수납하도록 할 것 등을 장문하였다. 이때 영상 김상철은 감사가

23) 《備邊司謄錄》 117, 英祖 23년 4월 27일.

주장한 '은점례'에 동의하면서 그때까지 물주가 확정되지 않았던지 은점처럼 세동을 책임질 물주가 반드시 있어야 한다고 하고 특히 물주로 하여금 생산한 동(銅)을 서울로 운송하여 삼군문과 호조·진휼청에 판매하도록 할 것을 강조하였으며, 군·아문에 의한 동의 수매문제는 당해 장신(將臣) 및 당상(堂上)들 간에 상의하여 결정하도록 정조가 허락하였다.[24)]

이리하여 안변동광에는 '은점례', 곧 물주의 자금에 의존한 '혈주'의 동점경영에 수령수세제가 적용되었으며,[25)] 경품설점을 주관한 훈련도감에 소속되어 매월 정액의 세동(稅銅)이 훈련도감에 납부되었다.[26)] 그리고 물주는 생산한 동을 서울로 운송하여 삼군문과 호조·진휼청에 판매하게 되었다.[27)] 이 안변동점을 효시로 수령수세제하의 물주자금에 의존한 혈주들의 동광개발이 활발해지게 되었다.[28)]

---

24) 《日省錄》 87, 正祖 4년 5월 29일. "命安邊産銅處設店 從長擧行 領議政金尙喆啓言 頃因將臣所奏 安邊産銅處設店便否 令道臣狀聞之意 筵稟行會矣 卽見本道監司李命植啓本 則以爲銅脈豊盛 可合設店 應行節目 自該曹下送 則收稅等節 依銀店例施行 而計士將校 來留收稅之際 不無官民之弊 勿爲下送 則稅額配定後 使臣營收捧上送事 令廟堂稟旨分付爲辭矣 國內銅脈 若是豊盛決非等棄之地 設店採取 在所不已 而此與銀店有異 旣無物主 則自本道雖欲收稅上納 則財不虛消 事不煩撓 而積峙幾萬斤銅鐵 庶爲日後實用 以此分付於三軍門將臣及戶賑廳堂上 使之往復相議 請從長擧行 從之".

25) 《日省錄》 217, 正祖 10년 8월 21일 ; 《備邊司謄錄》 169, 正祖 10년 8월 23일 ; 《日省錄》 218, 正祖 10년 11월 11일.

26) 《日省錄》 217, 正祖 10년 8월 21일 ; 《備邊司謄錄》 169, 正祖 10년 8월 23일. "安邊銅店年前訓局 筵稟設置 每朔收稅 以爲軍物補用矣".

27) 拙稿 前揭書 제5장 註 24) 《日省錄》 218, 正祖 10년 11월 11일.

28) 《正祖實錄》 17, 正祖 8년 2월 辛巳 ; 《日省錄》 192, 正祖 10년 正月 22일 ; 《備邊司謄錄》 170, 正祖 11년 3월 21일 ; 《正祖實錄》 26, 正祖 12년 10월 丁巳 ; 《備邊司謄錄》 173, 正祖 12년 11월 20일.

제2절 사금점(砂金店)의 물주제와 수령수세제 성립

정조 4년1780)부터 성천(成川)과 자산(慈山)금점에 '계사(計士)'제가 적용된 이래 정조 말년까지 20여 년 간에 걸쳐 사금광(砂金鑛)이 전국적으로 확대 개발되면서 그 자체의 관리경영상에 많은 문제점이 노출되었다. 그것은 금광개발의 초기에도 지적된 바이지만, 첫째는 금이 청나라로 유출되는데 대한 문제이며, 둘째는 '계사'에 의한 광산관리의 한계성이며, 셋째는 농민들의 이농(離農)에 관한 문제였다. 첫째의 경우 금의 유출문제가 정나라 초기에는 청나라에 의한 공금(貢金)의 요구 내지는 청나라가 직접 개발할 우려마저 지니고 있었지만, 이때에는 그러한 두려움에서 벗어나 오히려 금의 국내외 유통을 허가할 방안을 모색하는 상황으로 바뀌었다.

금이 청나라로 유출되는 문제는 국내에 금이 생산되는 한 금할 수 없었고 또 금하기도 어려운 일이었다. 금이 은화나 동전처럼 화폐로서의 국내 유통이 공인되지 않았기 때문에 금의 유출은 불가피하였으며, 한편 금이란 "매우 가벼우면서도 매우 보배롭고 팔면 이익이 많으며 숨기기에 아주 쉬운 물건"이었기 때문에 금의 유출을 금하기도 어려웠다.[29] 따라서 정부가 금의 유출에 대한 금령(禁令)을 개정치는 않았지만 정조 20년(1796)경에는 이미 그것의 통제조치를 사실상 포기하게 되었고,[30] 정조 22년(1798)에는 정조가 먼저 금의 유출을 공인하고 세금을

---

29) 《備邊司謄錄》 189, 正祖 23년 8월 27일. "義州府尹李基讓曰 邊門之最嚴禁者 潛商也 而潛商之最難禁者 卽金也 金之爲物 至輕而至寶 售之甚利 而潛之甚易 故固已難禁其犯法 況又近日産金漸豊 而國中無用金之法 故一國所産之金 不得不盡歸於潛商 而邊禁之漸弛 職由此矣".

부과하는 방안을 제시하게 되었다.

곧 정조는 국내의 금광개발을 금하지 못하는 한 금의 유출을 방지할 수 없었기 때문에 차라리 상인·역관들이 청나라로 수출하는 금에 세금을 부과하여 재정에 충당하고자 했던 것이다. 그러나 이때 호조판서 조진관(趙鎭寬)이 "상인·역관들도 금의 유출을 공인하고 수세할 것을 원하고 있지만 전례가 없는 일이기 때문에 감히 엄두를 못내고 있다" 고 말하자 정조는 다른 방안을 강구토록 하였다.[31] 그러나 정조의 의도를 파악한 호조판서는 이 사실을 의주부윤(義州府尹)에게 알렸고 이듬해 8월 의주부윤 이기양(李基讓)은 "금의 유출을 공인하고 세금을 부가할 것"을 요청하였다. 그의 주장은 당시 은의 생산이 격감하여 역관들이 팔포(八包)를 충당하기가 어렵게 되었고, 한편 북경으로 가는 상인들도 은화가 부족하여 수입량이 줄어짐에 따라 의주부의 상세수입(商稅收入) 또한 감소하였기 때문에 은포(銀包)와 같이 금포제(金包制)를 공인하고 금의 유출을 허가해야 한다는 것이며, 또 금포제를 허가하고 금의 수출을 공인한다면 자연히 잠상(潛商)도 없어지고 정부의 세수(稅收)도 증가되며 동시에 상·역들의 범금(犯禁)문제도 사라진다는 주장이었다.[32]

---

30) 《日省錄》 551, 正祖 21년 正月 22일. "(右相尹)蓍東日 臣於向日 以採金勿禁事 有所筵奏矣 商賈之潛越禁物 未能盡禁 則土産之採取 無所不可".

31) 《日省錄》 602, 正祖 22년 6월 3일. "予敎戶曹判書趙鎭寬日 金貨事 而亦有言端 而見今一年潛入之數 極爲夥然云 旣不能 一切禁斷 則曷若薄其稅而通其路 使利權有所歸屬乎 古有貨泉之喩 盖利權之歸上 猶百泉之赴海 而非海之有意於收納百泉也 故與民爭利 誠不可爲 而古人亦日 譏而不征 征則爭利之事也 至於山林泉澤 固當與民共之 而若漫不照管 任其去來 竝與譏之一字而不爲 則亦豈有如許政令乎 鎭寬日 象譯輩 亦多願之 而以其前所未爲之事 故多有持難之論矣 予日 代播".

32) 拙稿 前揭書 제5장 註 112) 및《備邊司謄錄》 189, 正祖 23년 8월 27일. "義州府尹李基讓日

이 제안은 정조의 의견과도 일치했기 때문에 대신들로 하여금 상의하여 보고토록 지시하였지만 동년 12월에 전국의 금점을 폐쇄하는 사태가 발생하였으므로 논의에 그치고 말았다.[33] 그러나 여기서 주목할 것은 정부가 금의 유출로 인한 청나라의 세공금(歲貢金) 부활을 두려워하지 않고 오히려 금 유출을 공인하고 세금을 부과하려 했다는 사실이다. 이것은 곧 금의 유출 문제가 정부에서 그동안 누차 금광개발을 탄압해야 했던, 또 탄압하기 위하여 내세웠던 명분으로서의 가치를 상실했음을 뜻하는 것이다.

둘째, 호조가 파견한 계사들의 금점관리도 시간이 흐름에 따라 많은 문제를 야기시켰다. 계사는 호조의 하급관원으로 호조 몫의 세금을 금은색(金銀色)에 수납하고 금군(金軍)을 통제할 임무를 지니고 있었다. 계사는 그 임무를 수행하는 대가로 호조 몫의 세금보다 훨씬 더 많은 액수의 금을 수취하였다고 한다. 그들은 전대의 별장과 같은 수세청부업자적 성격을 띠고 있은 것이다.[34] 계사들은 금점에서 수취하는 소득이 컸으므로 감영의 비장(裨將)들과 짜고 관장(官長)을 종용하여 설점을 서둘렀다. 따라서 정부가 금점을 탄압할 때면 언제나 당해 도의 감사나 어사들을 시켜 축출하도록 하는 대상이 되었고, 더욱이 비합법적인 설점을 도모했을 때는 이들에게 가혹한 형벌을 내리도록 규정하였

… 目今銀貨漸縮 譯包商稅 每患不裕 若令灣府許開金包 使有金者 得以經官充包 公共賣買 如前之銀包 則譯商包稅 不患其不裕 而旣許充包 則潛商 自息 國有增貨之利 民無犯禁之弊矣 臣在灣府 博採物議 略有料量 而近與戶判適論 此事 則戶判之見 亦與臣同 若使處之有方 則似宜有便益 下詢廟堂而處之恐好 故敢 此仰達矣 上曰 令廟堂稟處可也".

33) 《慢機要覽》財用篇 4, 金銀銅鉛 ;《正祖實錄》52, 正祖 23년 12월 丙申 ;《備邊司謄錄》189, 正祖 23년 12월 13일 ;《日省錄》653, 正祖 23년 12월 13일.

34) 拙稿 前揭書 제5장 註 102) 참조.

다.[35] 계사에 의한 금점의 관리는 은·동점의 물주제와 달리 사금토(沙金土)가 사유지인 경우에도 매수하지 않은 채 강제로 채굴하였고 농민들의 전답은 물론 분묘(墳墓)까지도 파괴하는 사례가 속출하였다. 이것이 금광개발로 인한 민원의 첫째가는 대상이었지만 계사나 막비(幕裨)들은 오히려 상사(上司)나 상영(上營)의 관문(關文)으로 관예(官隷)를 위갈(威喝)하고 촌민을 협제(脅制)하는 실정이었다.[36]

셋째는 농민들의 이농과 농사에 끼친 폐단문제였다. 이 당시의 금광은 사금광으로서 앞서 지적했듯이 은·동점과는 달리 채굴하기가 용이하고 제련할 필요가 없었다. 사금토만 식별할 수 있으면 누구나 채취할 수 있었고 채굴·제련상의 시설비를 투입한 것이 아니기 때문에 비록 소득이 없더라도 손해 볼 것이 없었다. 그러므로 사금을 채취하는 한 그 이익은 컸기 때문에 시일이 흐를수록 금군은 증가되고 금광구(金鑛區)는 확대되었다. 금군 중에는 사금지의 주민들도 있었지만[37] 대부분은 사방에서 모여든 '무산유락배(無産流落輩)'[38]나 '파락무의지류(破落無依之類)'[39] 등 파산한 무일푼의 농민들이었다.

35) 《書啓輯錄》 9-6, 庚戌 3월 24일 ; 《日省錄》 15, 正祖 14년 3월 24일 ; 《日省錄》 602, 正祖 22년 6월 11일.

36) 《正祖實錄》 40, 正祖 19년 4월 壬午 ; 《日省錄》 492, 正祖 19년 4월 2일. "臣於歸路定平民人等 遮路控訴者 處處皆然 故探其委折 則河臺洞採金 已過數十年 至於近年以來 金有盡而採無已 不擇田圃墳墓 審脈掘鑛 殆無餘地 或自本府禁飭 則差人輩 持上司上營之關威喝官隷 脅制村民 故該洞原籍近百戶 擧將散而之他 且採金之人 皆是募得無産流落之輩 輒過數百 其所寄食寄宿 不出於近村民舍 其爲貽害不特河臺一洞云矣".

37) 《正祖實錄》 43, 正祖 19년 8월 壬午 ; 《日省錄》 504, 正祖 19년 8월 4일. "至於採金則不過居民輩掘土淘沙 足可採取者也".

38) 拙稿 前揭書 제5장 註 119) 참조.

39) 《箕牒》 5 (正祖 19년).

금군의 증가는 금광개발을 촉진시켰지만 반대로 그들의 이농으로 농업생산은 위축되어 갔다. 따라서 정부는 금광개발을 탄압할 때마다 금군들이 채굴과정에서 전답을 파괴하는 문제와 더불어 이농민(離農民)의 증가로 인한 경작지의 황폐화를 가장 큰 이유로 내세웠다.[40] 이처럼 이농민이 증가하고 전답이 황폐해가던 현실이 무엇보다도 정부로 하여금 금광개발을 금하지 않을 수 없게 한 이유였다.

이상과 같은 폐단들을 정부가 완전히 제거하려면 폐광시키는 길밖에 없었다. 따라서 정조 19년(1795)에는 북관봉명사관(北關奉命史官) 윤치영(尹致永)이 영흥하대동금점(永興河臺洞金店)의 차인(差人)과 금군들의 폐단을 서계(書啓)하자, 정조가 함경도와 동시에 평안도의 금점마저 폐쇄하도록 명령하였다.[41] 그러나 곧 부총관(副摠官) 권회(權恢)가 "영흥금점은 '본궁(本宮)'이 있는 중지(重地)이므로 폐쇄해야 마땅하지만 평안도의 금점은 폐단도 없을 뿐 아니라 화성(華城)의 성역비(城役費)를 조달해야 한다"는 이유를 들어 평안도의 금점들은 혁파되지 않았다.[42] 그리고 동왕 20년(1796)에는 사간(司諫) 이우규(李羽逵)가 금광구의 확대와 이농민의 증가로 경농(耕農)의 피해가 크다고 지적하고 금광개발을 엄금하

---

40) 拙稿 前揭書 제5장 註 119) 및《書啓輯錄》9-6, 庚戌 3월 24일 ;《日省錄》15, 正祖 14년 3월 24일. "金店之設 於國計不足爲萬一之補 於生民有無窮之弊斲傷田畝一也 農民皆歸於此至廢耕作二也 多聚無賴 易於作奸三也 邊門不遠之地 禁物肆行四也".

41) 拙稿 前揭書 제5장 註 119) 및《箕牒》5, (正祖 19년). "春間因北關奉命史官書啓 特教截嚴道內金店 一併革罷 度支居留之臣 并以問備 京監京差輩 使本道嚴治逐送".

42)《正祖實錄》43, 正祖 19년 8월 壬午 ;《日省錄》504, 正祖 19년 8월 4일. "因北路設店之有弊 自朝家更令禁採 盖北路金穴 專在永興 而永興卽本宮所在重地也 其於掘土採取之際 恐不無斲傷地脈之慮 其所禁斷 實合重事體之道 而至於西關之慈山寧邊等邑 則旣無所重 又無毫絲爲弊之端 而方其設店之初 歉歲貧民實多賴活者矣 道臣因北關金店之令 無故撤罷北路之永興外 如西路諸邑之有金處 宜更許採".

도록 요청하였다.[43]

이에 대한 결과는 자세히 알 수 없지만 당시 정조가 "금점의 소득이 큰 것은 알지만 예부터 내려온 금령을 갑자기 풀기가 어려워 고민해 온 지 오래 되었다. 근래에는 곳곳에 금이 나고 사람마다 채취하기 때문에 엄격히 금하지도 못하고 있다. 그러나 농민들이 본업을 버리고 금점으로 몰려가니 그 폐단 또한 적지 않기 때문에 어떻게 해야 좋을지 모르겠다"[44]고 말한 데서 정부의 시책이 강력할 수 없었던 일면을 엿볼 수 있다.

이처럼 정부가 금점의 폐쇄를 시도하였지만 성공할 수 없었던 것은 첫째, 화성공역비를 조달하기 위하여 강력한 제재 조치를 강구할 수 없었던 점과, 둘째, 금군의 생활을 보장할 대책이 마련되어 있지 않았던 점이다. 전자는 이 시기의 특수한 사정에 불과했지만, 후자는 이시기 이후에도 정부가 광산개발을 금할 수 없었던 주된 사유였다. 금군들은 농촌의 빈민들로서 생계를 도모하기 위해 금점으로 몰려들었다. 금점의 입지적 여건에 따라 인근의 민가에서 숙식하거나[45] 가가(假家)를 지어 촌락을 이루고 있었다. 그곳에는 자연히 생필품을 팔기 위한 점포도 설치되었고, 금을 수매하려는 부상(富商)들도 출입하는 등 대점

43) 《日省錄》 543, 正祖 20년 10월 14일. "羽逵所懷以爲 我東本非産金之地 而近年以來 無處不産 起自西北 延及畿內 鋤擾之民 棄業趨利 遊食之徒 聚黨覓貨 千百爲群 村里喧擾 不但耕農之貽害 已是可悶 亦恐窃發之爲患 終非細憂 臣謂另飭諸道道臣 嚴加禁斷好矣".

44) 《日省錄》 544, 正祖 20년 10월 22일. "予曰 採金之利 予非不知 而自古邦禁 遽難弛張 難愼者久矣 近日以來 在在皆産 人人得採 故姑不得嚴加禁斷 而服田之民 舍本趨末 弊亦不少 姑未知何以則爲宜耳".

45) 《正祖實錄》 40, 正祖 19년 4월 壬午 ; 《日省錄》 492, 正祖 19년 4월 2일. "且採金之人 皆是募得無産流落之輩 輒過數百 其所寄食寄宿 不出於近村民舍 其爲貽害不特河臺一洞云矣".

(大店)의 점촌(店村)들은 하나의 큰 도회(都會)를 이루고 있었다.[46]

이러한 생활 터전에서 삶을 영위하던 금군들을 정부가 아무런 사후 대책도 마련하지 않고 축출할 때 소요사태는 불가피했다. 금점에서 쫓겨난 금군들의 일부는 은·동·연광산에 투입되기도 했지만 대부분의 금군들은 타읍으로 숨어들어 금광을 잠채할 수 밖에 없었다. 그들이 잠채할 곳을 찾기까지는 무리를 지어 촌락에 출몰하여 강제로라도 음식을 구해 먹어야 하였고 도적질과 약탈도 불가피하였다. 이에 따라 정부는 감사에게, 감사는 수령에게 지시하여 교졸(校卒)을 풀어서 이들을 체포하게 하였으며 죄가 가벼운 자일지라도 죽지 않을 만큼 엄벌하도록 하였고, 무거운 자는 토포영(討捕營)에 이송하여 치도율(治盜律)로 다스리게 했다. 하지만 생활 대책이 없던 금군들은 죽음을 무릅쓰고 잠채를 기도하였기 때문에 영(營)·읍(邑)에서도 이를 통제할 수가 없었다.[47]

그러나 화성의 성역이 끝난 뒤 정부는 전국적으로 확대된 금광개발

---

46) 《備邊司謄錄》188, 正祖 22년 7월 27일 ; 《日省錄》605, 正祖 22년 7월 27일. "右議政李秉模啓言 頃以諸道金銀設店處 狀聞稟處之意 筵稟行會矣 即見黃海監司李義駿狀啓 則以爲 遂安郡金穴 … 非但道內無賴之輩 廢農投入 四方逐利之類 聞風還 至 … 而深山絶峽 成一逋逃之藪 致使常民動於聲利 非但有將來之深慮 而爲目下之巨 弊爲今之策 莫如一切防禁 而設店已多年所 村落櫛比 商賈通貨 便成一大都會 今若 猝遽無漸 一朝渙散 則失利失所之輩 既無尊接之方 反爲騷擾之端 猝地撤罷 亦難率爾議到".

47) 《箕牒》5 (正祖 19년). "春間因北關奉命史官書啓 特敎截嚴 道內金店 一併革罷 度支居留之臣 并以問備 京監京差輩 使本道嚴治逐送 即聞京差散去之後 各處無賴潛採之類 復入各邑境內 處處潛聚 殆甚於設店廣採之時 在在成黨 出沒村間 討食作弊 已無可言 而間或有劫奪偸竊之患云 事之驚駭 莫此爲甚 金銀潛採 本是法禁 而況自朝令特敎之後 各邑防禁 尤當自別 初不留意禁飭 使此破落無衣之類 惟意冒禁 不畏公法 依舊設店之時者 非但民習之萬萬痛駭 不察之失 自有所歸 固當一一摘發 啓聞論勘 而姑竝安徐 先爲發關 到開即時 多發校卒 一一嫡奸 如有此等冒採之類 小則自官限死嚴治 大則竝捉送討捕營 以治盜律勘斷之意文移施行宜當 江邊各邑".

을 강력히 규제하기 시작하였다. 정조 22년(1798) 11월에는 전라도 무주(茂朱)·순천(順天)의 사금광을 폐쇄한 데 이어[48] 이듬해 11월에는 정부가 함경도 단천금점의 비합법적인 설점행위에 대하여 그 도의 감사와 수령을 철저히 추궁하고 또 이를 본보기로 타도의 금광개발을 규제하기도 하였다.[49] 그런데 그로부터 불과 일주일 만에 함경도 함흥부에서는 박종정(朴宗禎)·박창백(朴昌白) 등이 금광의 잠채를 고발하려 했던 이존(里尊)을 살해한 사건이 발생하였다. 박종정·박창백 등은 은광에 종사하던 자들로서 은점에서 실패한 뒤 금광의 잠채를 도모하고 있었다. 우선 면(面)에서 고발하지 않도록 이들은 풍헌(風憲)을 찾아가 청탁했는데, 그 자리에서 이존이 반드시 고발할 것이라는 말을 듣고 이존에게 가서 애걸했지만 뿌리쳐 버리자 분함을 참지 못해 이존을 살해하게 되었다는 것이다.[50] 함흥부의 살인사건을 보고 받은 정조는 "채금하는 폐단은 농사만 방해할 뿐 아니라 살인까지 저지르니 이러고도 농본책(農本策)을 실시하지 않으면 더 이상 구차할 수가 없다"고 하고 각 도의

---

48) 拙稿 前揭書 제5장 註 111) 참조.

49) 《與猶堂全書》5, 〈牧民心書〉 11, 工典 山林條 ; 《日省錄》 651, 正祖 23년 11월 29일. 《備邊司謄錄》 189, 正祖 23년 12월 1일. "左議政沈煥之所啓 民趨末利 王政之所必禁 故金銀開鑛 苟非關由於公家納稅於司農者 不敢潛採 乃是國典也 近年以來 無賴小民 以採金爲業者 無處無之 而始自西北旋及畿峽 惟其用力也省而得利也贏 故遊食之類 競騖如市 種種爲弊 更僕難數 而雖以北關言之 端川金店之私自設始 已有年所 前後奉使之臣 行過此地者 皆言其弊 而邇來傳設 尤爲狼籍 則利逕之潛開 良民之受害 概可想知 而營邑不惟不察 反或有私人下屬之往來句檢 而莫之禁焉者云 其爲乖法網 而駭聽聞甚矣 先從此等 大加警厲然後 諸道之弊 方以次第禁斷 嚴飭諸道 詳査其設店本末 及前後營邑關涉之委折 一一條例 雖時道臣 如有饕謬之事 竝爲首實狀聞 以竢勘處之意 分付何如 上日 依爲之".

50) 《日省錄》 652, 正祖 23년 12월 8일. "刑曹啓言 咸興府殺獄罪人朴宗禎獄事 嚴訊得情 依法償命 無容更議 蓋宗楨昌白 方其狼狽於銀店 覬覦於金鑛 逗留旅店 其謀潛採也 所慮者 面告也 故欲見風憲 暗自圖囑之際 始知里尊必欲發告之事 冀幸挽止 而及其哀乞而拂袖也 乃發狼毒之怒 要於路而必欲甘心 首犯者宗楨也 助勢者昌白也".

채금을 엄금하는 문제를 비변사회의에 부쳤다.[51] 비변사는 이를 논의한 끝에 "잠채를 엄금치 못한 수령은 획일적으로 논죄하고 숨기고 알리지 아니한 도신은 '징일지전(懲一之典)'을 철저히 시행한다"는 벌칙을 마련하였으며, 또 정조는 비변사로 하여금 "사도(四都) 팔도(八道)에 지시하여 관하의 守令들로 하여금 경내의 채금행위를 엄금하게 하되 이 금령 이전에 설점한 곳도 모두 혁파하고 그곳의 금군들을 농촌으로 돌려 보내라"고 명령하였다.[52] 이 금채령(禁採令)은 동왕 23년(1799) 12월에 하달되었다.

그러나 겨울철에 금군들을 대책없이 축출하려는 정부의 시책은 금군들의 강한 저항을 받았던 것같다. 황해도 수안금점의 경우지만 금군

---

51) 《日省錄》 652, 正祖 23년 12월 8일. "敎以咸興囚朴宗禎 則採金之弊 不惟妨農 又出殺變 此而不爲端本之政 其餘皆苟也 日前左相筵奏 可謂知所先務 近來民俗 逐末是競 殊不知農不出則乏其食之義 寧不痛歎 … 見此案 益信前科之不錯 須從松都貿金之式 而嚴禁然後 申禁於諸路採金 似合事宜 後日籌坐 使之爛商稟處事 令曹郎持此案 傳諭時原任大臣".

52) 《萬機要覽》 財用篇 4, 金銀銅鉛 ; 《正祖實錄》 52, 正祖 23년 12월 丙申 ; 《備邊司謄錄》 189, 正祖 23년 12월 13일 ; 《日省錄》 653, 正祖 23년 12월 13일. "左議政沈煥之所啓 咸慶道獄案判付中 有諸路採金申禁事 後日籌坐爛商稟處之命矣 採金之禁 法意本嚴 而近來捨本趨末之弊 誠如判付中聖敎 抑末之政 實爲當今之先務而抑末之中 採金尤當爲先務 盖其情不事農 遊食爲計之類 成群作伴 百計潛採 大而良田傷破 小而穿窬肆行 而此擧銅銀等店之開鑛有異 朝聚於此 暮聚於彼 去來惟意 合散無常 故營邑每以痛禁爲難 而此有不然者 一境之內 產金之處 要不過數三處 爲守宰者 若不能各禁其境內 則官令將何所行乎 本律則自有法典所載 而使之初不犯罪 惟在營邑 其所糾察 亦異於諸般奸僞之猝難摘發 嚴飭諸道 不能禁戢 任他潛採之守令 劃卽論勘匿不以聞之道臣 自廟堂隨所及聞 另行懲一之典 則庶有補於朝家重農抑末之政 以此出擧條行會何如 上曰 日前刑曹判付 略言之矣 此事不待兩言 而決在於許與不許 許採則賦其稅而通其貨 不許採則申禁而已 設令許採 有萬萬顚撲不破之長策 顧今逐末之習務本爲耻 欲行反本抑末之政 一邊頒示農政綸音 一邊任他遊食射利 可謂當句不成設卿於今筵 旣因詢問 力言禁之之當然 正合予意 自廟堂申諭四都八道 俾卽嚴飭管下守宰 各從境內禁斷 雖或有營邑之令 前設店處 一切革罷 以其淘採之類 歸之南畝 而此後卿等 亦必考其效之如何 時加提飭 俾有申禁之實效可也".

의 철수 기한을 이듬해 3월말까지 연기하고 있었다.[53] 그리고 비변사의 관문(關文)에도 "형편을 살펴 기한을 늦추라"는 지시가 있었으며, 이 같은 정부의 조처는 결국 금군들로 하여금 금점에서 겨울을 보내게 하고 이듬해 4월부터 시작되는 농번기에 농촌으로 돌아가 고용살이를 하도록 하려는 의도였을 것이다.

그런데 전국의 신·구금점에서 종사하던 금군들이 과연 이듬해 4월부터 귀농했는지는 확인할 수 없었다. 그러나 정부가 강제로 축출했을지라도 자기의 전답도 없고 또 금광에서와 같은 소득도 보장되지 않는 귀농에 순순히 응했을 리가 없었다. 정부로서는 4월부터 각읍의 교졸들을 풀어 금군을 축출하기 시작했을 것이고 생활을 보장받지 못하는 금군들은 오히려 관령을 피해 잠채를 도모했을 것이다. 그런데 정조 24년(1800) 6월에는 금채령을 주도했던 정조가 갑자기 죽고, 11세의 순조가 즉위하였으며 김대비(金大妃)가 수렴청정(垂簾聽政)하게 되었다.

순조가 즉위하면서 시(時)·벽파(僻派)의 알력과 천주교도의 박해 등 정국은 극히 불안해졌다. 정국의 불안은 정령(政令)의 이완을 초래하기 마련이었고 신·구금광의 폐쇄령도 아울러 유명무실해졌다. 금군들의 잠채는 재연되었으며, 오히려 금령 이전보다 금광개발이 활기를 띠게 되었다. "금군들이 양서·동북·기호 등 6도의 곳곳에서 잠채를 감행하

53)《日省錄》658, 正祖 24년 2월 5일. "黃海監司朴其正以遂安郡金店撤罷馳啓 狀啓以爲 各道金店一切革罷事命下矣 道內各邑別無産金之處 奸民潛採之弊 亦無及聞者 而惟遂安一郡有外營屬金店一處 開採已久 根植稍完 許多鉛軍之一時逐出 或不無當寒失所之慮 而備局關文中 有察其事勢寬其期限之辭 外營關內 又有限明年三月寬限之知委 故遂安郡金店 稍寬三朔之限 願去者使之先去 不願去者使之姑留 四月初一日爲始 永爲撤罷 竝令歸農之意分付該郡 此後則遂安郡及各邑 另加廉採 如有潛採之類 不卽禁斷之事 當者 以律文嚴刑島配 該地方官狀聞重勘事 永爲定式 一一知委".

였고 수령들이 교졸을 풀어 징치하고 금압했지만 금군들이 흩어졌다 가는 다시 모여들어 도저히 단속할 수가 없었다. 대개 백성들이 이(利)를 추구함이 물이 아래로 흐르는 것과 같아 대리(大利)가 있는 한 비록 매일 같이 매를 쳐서 금하더라도 그 형세를 걷잡을 수 없다"고 할 만큼 이미 관권의 통제를 벗어난 상태에 있었다. 이처럼 관권의 통제를 벗어난 잠채는 정부의 수세권 행사마저 불가능하게 만들었다. "채굴한 금은 관에서 모르게 매매되었으므로 결국 국가에 필요한 지하자원이 한잡인(閑雜人)들의 모리(謀利)의 대상으로 되고 말았다"는 것이다. 정부로서는 금군들의 잠채를 도저히 금할 수 없다는 사실을 확인한 이상 곳곳마다 떼지어 있는 금군들을 통제하고 관장하며, 또 이들로부터 적절한 세금을 수취할 수 있는 방안을 강구해야만 하였다.[54)]

정부는 당시의 은·동점과 같이 물주제에 기초한 수령수세제를 이상적인 경영형태로 생각하고 있었다. 그것은 첫째, 광군(鑛軍)들이 임금노동자로 고용되어 일정한 곳에 정착하기 때문에 통제하기가 용이하였고,[55)] 둘째, 자력(資力)있는 물주가 세수(稅收)를 책임지기 때문에 수세의 번거로움이나 수세액의 손실이 있을 수 없었기 때문이다.[56)] 그

---

54) 《萬機要覽》財用篇 4, 金銀銅鉛 ;《增補文獻備考》160, 財用考 7, 附金銀銅 ;《純祖實錄》9, 純祖 6년 12월 癸未 ;《備邊司謄錄》197, 純祖 6년 12월 10일. "(戶曹判書徐榮輔)又所啓金店之禁 盖緣採之無實 而徒妨於民故耳 近聞畿湖兩西東北等六道 金脈漸盛 潛採之類 殆乎無處無之 守令雖嚴加懲禁 而乍散旋聚 莫之可遏云 大抵民之趨利 如水就下 大利所在 雖日撻而禁之 其勢末由 況其所採之金 暗地潛賣 使有用之寶藏 歸於閑雜人牟利之資 事之可痛 莫甚於此 烏合之徒 到處成群 無不統領 則其所爲弊 不言可知 今若嚴禁而永杜 則固爲大善 明知其必不能禁 則不如自官勾檢 俾有統紀之爲善 如是則寶藏爲公家之用 奸民有斂戢之道 實爲俱便 …".

55) 拙稿 前揭書 제5장 註 135) 참조.

56) 《日省錄》87, 正祖 4년 5월 29일. "國內銅脈 若是豊盛 決非等棄之地 設店採取 在所不已 而此與銀店有異 旣無物主則自本道雖欲收稅上納 勢將行不得矣".

러나 정부가 '物主'제하의 '守令收稅'제를 선호한다고 해서 물주제가 이루어질수 있는 것은 아니었다. 금광에 물주가 자금을 투입할 만한 가치가 있고 또 그것을 실현할 수 있는 경영자가 있을 때에만 가능한 것이다. 정조 년간에 걸쳐 실시된 '計士'제하의 사금광도 초기에는 감도(甘土), 곧 사금토(沙金土)가 하상(河床)의 표토(表土)에 분포되어 있어 누구나 채취할 수 있었고, 또 개개인의 채취량에 따라 소득액도 결정되었다.[57]

그러나 표토층의 사금이 모두 채취된 뒤에는 지하층이나 강안(江岸)의 사금토를 탐지할 수 있는 기술자가 금맥을 발굴하고 또 금군들의 작업을 지도하지 않는 한 사금의 채취작업이 불가능했다. 따라서 정조 말 경의 '계사'제 역시 계사들이 직접 금맥을 찾고 금군들의 작업을 지시, 감독하거나 금군들로부터 일일이 세금을 거두었던 것이 아니다. 곧 금맥을 잘 알고 또 그 지방의 습속을 익히 아는 자가 금군들의 채취작업을 관장하였으며, 금군들의 세금도 이들이 거두어 계사에게 납부하고 있었다.[58]

금맥을 탐지할 수 있는 능력을 갖추려면 오랫동안 금광에 종사했어야 할 것이고, 그 지방의 습속을 익히 알려면 그 지방 출신이어야 할 것이다. 곧 그들은 그 지방 출신으로 금광에 오랫동안 종사하여 금군들을 통솔할 능력과 작업을 지시·감독할 수 있는 기술을 지닌 자들이

57) 拙稿 前揭書 제5장 註 38) 참조.

58) 《正祖實錄》43, 正祖 19년 8월 壬午 ;《日省錄》504, 正祖 19년 8월 4일. "北路之永興外如西路諸邑之有金處 宜更許採 而謂以設店 故不無閑雜無賴坌集之弊 盖銀銅則掘坎 穿圄人力旣多 設爐吹鍊 輸用亦多 故自不無遠近坌集之端 而至於採金則不過居民輩掘土淘沙足可採取者也 勿爲設店 而只令熟(?)金脈備知土俗者 俾管採取 隨採隨稅 上以補公家之經用 下以免民人之犯科 實合公私兩便之道".

었다. 이처럼 '計士'제하의 사금점에서 이들의 역할은 중차대하였지만 나름대로의 고유한 칭호를 사료상에서는 찾아볼 수 없었다. 그러나 이들의 역할이 '別將'제하의 '은점두목(銀店頭目)'과 유사한 면이 있기 때문에 필자는 편의상 이들을 사금점두목(沙金店頭目)으로 부르려 한다. '사금점두목'들은 금군들의 작업을 지시·감독하고 세금을 수납할 뿐 아니라 금군 몫의 금을 매매하는 과정에서도 금군들을 대표하여 항시 상인들과 접촉했을 것이므로 북경을 왕래하던 '연상(燕商)' 등 부상대고들과도 밀접한 관계를 가졌을 것이다. 한 마디로 '사금점두목'들은 물주의 금광투자를 유인하고 또 그것을 실현할 수 있는 인물들이었다.

그러나 정조 23년(1799) 12월에 내려진 신·구금광의 금채령은 금광개발 자체를 완전히 금지시킨 조처였으며, 순조 6년(1806) 12월까지 만 7년 동안 금채령은 해제되지 않았다. 하지만 앞서 지적했듯이 이 시기에 금광개발은 더욱 활기를 띠었고, 그것은 호조가 '경품설점'한 금점이 아니라 '사자설점(私自設店)'한 곧 비합법적으로 설치한 금점들이었다. '경품설점'한 금점 이외의 채금행위를 잠채(潛採) 또는 사채(私採)라고 불렀다. 잠채 또는 사채도 그것을 허락한 관권의 강약에 따라 광산의 규모를 달리 하였다. 물론 관의 눈을 피한 몇몇 금군들의 잠채도 이루어졌지만 전술한 함흥부의 박종정·박창백처럼 그 마을의 이존과 그 면의 풍헌을 매수한 극히 소규모의 잠채도 이루어지고 있었다.

이 정도의 잠채는 관장(官長)들이 수취의 대상으로 여기지 않았기 때문에 금점으로 불려지지 않았다. '사자설점'한 금점으로 불려질 정도라면 왕명(王命)은 받지 않았지만 당해 읍의 수령이나 그 도의 감사와 결탁하거나, 서울의 호조 또는 각 관아와 결탁하여 비합법적인 '설점수세'가 이루어졌던 곳들이다. 어쨌든 정조 말·순조 초에는 정령(政令)

이 해이해진 틈을 타서 엄격한 금채령에도 불구하고 양서·동북·기호 등 각 도에 잠채·사채가 만연하였으며, 그것들 대부분이 경·외의 관아가 수령과 결탁하여 '사자설점'한 금점들이었다.[59]

물론 사채를 주도한 것은 '사금점두목'들과 금군들이었다. 그러나 '사금점두목'과 금군들이 금령을 무릅쓰고 금광을 개발할지라도 당해 읍의 수령과 결탁하거나 당해 도의 감사 또는 경사(京司)의 관장들이 '사자설점'토록 하는 것은 그들의 힘만으로는 불가능하였다. 전술한 은점의 '물주'제와 마찬가지로 관장들을 매수할 만한 자금력과 또 관장들이 믿고 허락할 만한 신용도를 갖춘 부상대고들이 주선하지 않는 한 금령하에서 관장들이 '사자설점'할 리가 없었다. 금점에의 투자 소득을 익히 아는 부상대고들은 금점의 물주가 되기 위하여 수령을 매수하고 경·외아문과 결탁하여 '사자설점'토록 하였고, '사금점두목'들은 물주의 자금을 융통하여 금군들을 고용한 것이다. 이처럼 '사자설점'한 물주제하의 금점이 각 도에 확대, 개설되자 정부로서는 앞서 지적했듯이 이를 공인하여 흡수할 경우, 금군의 단속이 용이하고 세금의 수납이 확실해질 수 있었다. 이 때문에 순조 6년(1806) 12월에 호조판서 서영보(徐榮輔)는 각 도의 산금지 중 금맥이 풍부한 곳의 설점을 허락하고 호조가 '은점례'에 따라 관장수세할 것을 요청하였던 것이며,

59) 《純祖實錄》 11, 純祖 8년 2월 辛未 ; 《日省錄》 200, 純祖 8년 2월 5일. "近則各自京外衙門互相設店 爭執其利 凡係土地所出 而地部所不知之稅 卽私也 潛也 名以衙門 己自犯法 則小民尤何所顧忌乎 臣於年前 待罪西藩 狀聞請禁 則特下嚴敎 使之逐送京差 塡鑛永罷 而今則官民同犯 爲弊尤大 此不可一日仍置 該曹已設之邑亟令撤店 各處私採之流 竝卽搜逐 使之各歸本業 至於京外官潛採之習 尤極驚駭 罪關藏汚 後若不痛革此弊 當該道臣守令 及各該司堂郎 直施竄配之典 請姑以先嚴之意 關飭兩司及諸道道臣 而亦爲一體捧甘於京司各衙門從之".

또 왕의 허락을 받았다.[60] 이처럼 금점의 '물주'제는 정조 말·순조 초의 혼란기에 성립되었고 이를 바탕으로 경·외아문들은 '사자설점'하였던 것이며, 이때 호조가 다시 '사자설점'한 금점들을 흡수하여 '경품설점'한 셈이었다.

제3절 물주제하 금·은·동점의 경영실태

1) 혈주(穴主)·덕대(德大)와 물주(物主)·광군(鑛軍)의 성격

'물주'제하에서 금·은·동 광산의 개발을 주도한 자는 '혈주(穴主)'와 '덕대(德大)'였으며, 동시에 금·은·동점을 경영한 사람도 혈주나 덕대였다. 따라서 혈주나 덕대라는 명칭이 문서상에 기재되기 시작한 것도 물주제가 성립한 뒤부터였다. 혈주는 18세기 말 물주제하 은점의 관계기록에서 처음으로 나타나며,[61] 덕대는 19세기 초에 물주제가 적용된 금점의 관계기록에서 찾아볼 수 있다.[62] 이같은 사실들을 감안할 때

60) 拙稿 前揭書 제5장 註 137) 및《備邊司謄錄》197, 純祖 6년 12월 12일. "且目今金脈漸出 與向時多少懸殊 所以處之之方 亦不可不隨而不同 諸道產金處 許其設店 自度支依銀店例句管收稅 許多之處 一時竝設 則亦不無騷擾之慮 先從其最豊盛 而傳聞狼籍處施行 恐合事宜 下詢大臣處之何如 上曰 大臣之意何如 左議政李時秀曰 山澤之藏 本爲利用之資 潛採旣難永杜 則反不如自官勾檢 戶判所奏誠然矣 上曰 依爲之".

61)《日省錄》589, 正祖 22년 2월 6일. "京醫官李行訥作物主 黃鐘源爲穴主".
《日省錄》591, 正祖 22년 2월 19일. "該曹啓言 罪人李行訥… 與其本土人黃鐘源兄弟及趙明彦金時弘, 谷山人金再尙 松都人吳時中朴景禧 名不知狼川人南哥 同情設店 而募得鉛軍合力採銀".

62)《關西平亂錄》15 壬申 2월 11일. "寧邊府使爲牒報事 博川津頭所居姜得璜 以魁賊禹君則之妻作叔 自初參謀 而方在定州賊陣 尙未捕捉 其父允宅 本府捕校等 譏詗捉納 故發問目嚴覆取招次 壬申二月初五日 博川姜允宅 年六十四白等 汝矣子得黃 以魁禹君則之妻作叔…

혈주는 은·동·연광 등 석광의 경영주였고, 덕대는 사금광의 경영주였다고 생각된다. 그리고 혈주나 덕대는 '수령수세'제하의 은·동·연광산과 사금광산의 물주제와 동시에 출현하여 나름대로의 고유한 역사적 성격을 지니고 있었지만, 그것이 발생한 연원은 각각 별장제하의 '은점두목'이나 계사제하의 '사금점두목'과 무관하지 않았던 것 같다.

'은점두목'이나 '혈주'들은 다 같이 당해 광산의 실질적인 경영주들이었다. 다만 '은점두목'은 관청의 경비로 설점한 광산의 경영주었고, '혈주'는 물주의 자금으로 설점한 광산의 경영주였던 점이 서로 다를 뿐이다. 따라서 별장제가 물주제로 전환하던 시기에는 '은점두목'들의 상당수가 '혈주'로 변신했을 가능성이 크며, 동시에 '은점두목'들의 광산 경영방식은 '혈주'의 광산 경영방식에 적지 않은 영향을 끼쳤을 것이다. 그것은 물주제하의 '혈주'들도 '은점두목'과 점장(店匠)들과의 관계와 마찬가지로, 처음 광산을 발굴하고 설점할 때 동참했던 이른바 '동정설점(同情設店)'한 자들과 협력하여 광산을 경영하고 있다는 사실에서도 찾아볼 수있다.

정조 21년(1797) 황해도 금천(金川)은점의 경우, 물주는 서울의 태의(太醫) 이행눌(李行訥)이며 혈주는 본토인인 황종원(黃鐘源)이었다. 황종원은 그의 동생과, 그리고 같은 본토인인 조명언(趙明彦)·김시홍(金時弘) 및 곡산인(谷山人) 김재상(金再尙), 송도인(松都人) 오시중(吳時中)·박경희(朴景禧), 이름이 밝혀지지 않은 낭천인(狼川人) 남가(南哥) 등 7명과 함께 은맥을 발굴, 시채하였으며 물주 이행눌을 통해 호조의 관문을 얻어낸

昨年十月 禹君則稱云 雲山燭臺蜂金店設始 而店將自京下來 倡出其設招集採軍之際 矣子得黃 以德大邊手 亦入其中 矣身只知採金之幕人矣".

뒤 은점을 설치하고 광군을 모아 채굴하고 있었다.[63]

이때 혈주 황종원은 뜻을 같이하고 은광의 설점을 도모했던 곧 '동정설점'한 위의 7명과 협력하여 은점을 경영했던 것이다. 그런데 황종원이 혈주가 될 수 있었던 자격 요건이 무엇이었던지는 분명하지 않다. 은점의 설치를 선동한 '수창자(首唱者)'는 본토인 조명언이었고 역시 본토인 김시홍과 타지방 출신인 김재상·오시중·박경희·남가 등은 채굴·재련기술을 지닌 자들이었다.[64] 황종원이 혈주가 되어 본 경험이 있었는지, 물주와 친분을 갖고 있었는지는 알 수 없고, 다만 본토인이면서 '동정설점'한 자로만 밝혀져 있다. 그러나 황종원이 혈주가 된 데는 나름대로의 이유가 있었을 것 같다.

그것은 '동정설점'한 자들 중 본토인으로는 황종원 형제와 조명언·김시홍 등이 있었으나 김시홍은 채굴·제련기술자였으므로 황종원 형제와 조명언 중에서 담당해야 했을 것이다. 그런데 확실하지는 않지만 황종원은 형제가 참여하였고 또 본토에서의 기반이 조명언보다 나은 듯하며, 나이 또한 많았을 것으로 생각된다. 본토에 기반이 확고한 사람으로 나이가 많은 자가 혈주가 되면 본토인들의 협조를 얻기가 용이할 것이고, 또한 다른 지방에서 몰려들 광군을 수용하고 통솔하기도 쉬웠을 것이다. 곧 이러한 자격과 여건으로 황종원이 혈주로 되었

63) 拙稿 前揭書 제5장 註 192) 참조.

64) 《日省錄》 597, 正祖 22년 4월 21일. "刑曹啓言 金川郡尹成履山地作變處顚末 該道査啓頗悉 … 彼明彦 卽虛妄者耳 習聞流來之浮談 以爲此一杯者 乃尹氏所以禁銀而假設者也 動於虛慾 看作奇貨 叉與行訥鐘源輩 類類相從 甘心立證 而行訥則多係太醫 身作物主 利之所在 狂奔四走 已非常性之所爲 而一聽明彦之風傳 自爲鉛軍之渠率 而究其情則都坐錯認 語其跡則明彦固作俑 而結果實在於行訥 斷以元犯 勘以當律 在所不已 … 如時弘再尙等 不過打治掘銀 之類非不手犯 實則隨從".

을 것같다.

한편 '덕대'는 '덕대' 또는 '덕때'라고 하는 방언의취음(取音)이었다.[65] 덕대는 정조 말·순조 초에 사금광의 '계사'제가 물주제에 기초한 '守令收稅'제로 전환하는 시기에 출현했던 것 같다. 그것은 '계사'제하에서 사금점을 실질적으로 운영해 왔던 '사금점두목'들이 이때 물주와 결탁하여 '덕대'로 부상하고 '수령수세'제를 실현시켰을 것이기 때문이다. 따라서 당시의 '사금점두목'들이 그 지방출신으로 금맥을 탐지할 능력을 갖추고 금군의 작업을 지시·감독하여 세금을 계사에게 수납해 온 사실을 감안할 때 그 이후의 '덕대'들도 또한 대개가 그 지방 출신으로 금광에 관한 지식과 금군을 통솔 관장할 만한 능력을 갖춘 자들이었을 것으로 여겨진다.

'덕대'라는 명칭은 《관서평난록(關西平亂錄)》에서 처음으로 찾아 볼 수 있다. 홍경래(洪景來)의 모사(謀士)이면서 서울의 물주(점장(店將))가

65) 開港 이후의 德大는 鑛山主와 계약을 맺고 그 광산의 일부를 맡아 채광하던 사람을 지칭하였다. 그러나 '덕대' 또는 '덕때'의 語原이 무엇인지 모르지만 '덕대' 또는 '덕때'의 語義가 開港後의 德大制를 내포하고 있는 것 같지 않다. '덕'은 平安道의 방언에 '언덕'을 뜻하기도 하고 '더기'의 준말로서 '高原의 평평한 땅'을 뜻하였다. 또 '덕(德)'은 조선후기에 용광로(冶爐)를 지칭하여 쇠부리 용광로를 鐵德, 용광로의 주인을 德主라고 불렀다. '대' 또는 '때'는 大 또는 隊로 取音하였는데, 이 대(大)와 때(隊)에 한자의 뜻이 담겼다면 大는 '높다' '낫다'는 뜻이며, 隊는 '떼' '무리'의 뜻을 지니고 있다. 그렇다면 견강부회가 될지 모르지만 첫째 沙金鑛山일 경우에는 江·河의 언덕에서 도금하는 '무리' 또는 그중 '높은 사람'을 지칭한 것으로 볼 수 있으며, 둘째 石金鑛山일 경우에는 鑛石을 제련하는 '용광로' 곧 제련장에 모여 있는 '무리' 또는 '높은 사람'을 지칭한 것으로 볼 수 있다. 상기한 語義들 중 德大制의 개념에 부합되는 것은 沙金軍의 長이나 石金軍의 長일 것이다. 그러나 德大란 명칭이 沙金地로 유명한 平安道 지방에서 발생했던 점을 감안할 때 처음에는 沙金鑛軍의 長으로 지칭했다가 뒤에 그곳에서 역시 石金鑛이 개발되면서부터 石金鑛軍의 長을 지칭하게 되었던 것으로 여겨진다. 하지만 德大의 語義와 語源에 관한 올바른 해석은 뒷날 관계 기록을 찾아야만 가능할 것이다.

출자한 누천냥(累千兩)으로 금군을 모취한 우군칙(禹君則)은 기록상 운산(雲山)금점의 덕대(德大)였다. 우군칙은 가산(嘉山)의 다복동(多福洞) 사람으로 홍삼상(紅蔘商)에 실패한 처지며 포도청의 체포대상 인물로 지목받고 있었다.[66] 그리고 덕대 우군칙은 우선 박천(博川)에 사는 처작숙(妻作叔)인 강득황(姜得黃)을 '덕대편수(德大邊手)'[67] 곧 덕대 우군칙의 편수로 삼아 금군의 모집에 앞세우고 있었다.[68] 이상과 같은 우군칙의 활동이 금점을 경영하기 위한 것이었든지, 홍경래군을 모취하기 위한 것이었든지 간에 이 당시 덕대의 성격을 이해하는 데는 큰 도움이 된다.

어쨌든 물주제하의 혈주나 덕대는 나름대로의 공통적인 성격을 지니고 있었다. 이들은 광산의 개발과 설점을 주도한 그 지방 출신들이었고, 친족이나 이웃 등 친분을 가진 자 약간 명과 함께 설점에 착수하였으며, 직접 광군들을 모집하여 수용하고 통솔할 능력을 갖춘 자들이었다. 그러나 혈주나 덕대는 설점의 허가를 주선할 능력과 광산을 경영할 자금이 없었기 때문에 물주를 필요로 하였다.

그렇다면 혈주나 덕대에게 설점의 허가를 주선하고 경영에 필요한 자금을 조달했던 물주들은 과연 어떤 자들이었을까. 물주제가 성립된 뒤의 금·은·동점 관계자료에는 물주를 '물주'로 기록한 것이 대부분이다.[69] 그러나 위정자들은 물주의 모리행위를 지탄하여 '모리배(牟利

---

66) 《關西平亂錄》13 壬申 2월 8일. "罪人金汝正 年四十一白等… 矣身居在博川津頭場里 以養船漢 賣飮食而資生 去年十二月初九日 本里人姜得黃 來言矣身曰 嘉山多福洞居禹君則年前以紅蔘事見敗 至於京捕廳推捉之狀 汝所知也 見今君則之物主京居之人 送錢累千兩於雲山郡 使君則幕人採金 此乃貧民之生路也 汝若欲往 則我當需應錢兩矣".

67) 林炳勳, 〈朝鮮後期 鑛業經營의 發展〉《韓國史研究》32, 1981, 138쪽, 林炳勳은 이 논문에서 조선후기 德大의 존재를 처음으로 시사하였다.

68) 拙稿 前揭書 제5장 註 193) 참조.

輩)'[70] '간민(奸民)'[71]으로도 지칭하였고, 또 설점하기 이전과 이후의 호칭도 달랐다. 물주가 광산지를 호조에 보고했을 때는 '진고인(陳告人)',[72] '입문자(入聞者)'[73] 또는 '청문자(聽聞者)'[74]로, 물주가 호조의 관문을 얻어낸 뒤에는 '도득경관(圖得京關)',[75] '도출호조관문(圖出戶曹關文)',[76] '도득공문(圖得公文)',[77] '도득경사관문(圖得京司關文)'[78]한 자로 지칭되었다. 그 밖에도 '점장(店將)'[79] 이라고 한다든가, 점소의 종사자들과 합쳐서 '점인(店人)'[80] '점민(店民)'[81] 또는 '점한배(店漢輩)'[82]라 부르기도 하였다.

이때 광산의 물주들은 국내외의 상업에 종사하던 상인들이었고, 부상대고들이 대부분이어서 '사상(私商)',[83] '은상(銀商)', '송도부상(松都富

---

69) 《英祖實錄》 125, 英祖 51년 9월 癸酉 ; 《日省錄》 87, 正祖 4년 5월 29일 ; 《備邊司謄錄》 173, 正祖 12년 8월 18일 ; 《日省錄》 544, 正祖 20년 10월 22일 ; 《日省錄》 589, 正祖 22년 2월 6일 ; 《日省錄》 597, 正祖 22년 4월 21일 ; 《關西平亂錄》 13, 壬申 2월 8일 ; 《左捕廳謄錄》 9, 嘉慶 戊寅 3월 21일. 23일.

70) 《日省錄》 294, 正祖 13년 3월 26일 ; 《公車文叢》 47, 純祖 9년 9월 5일 ; 《備邊司謄錄》 220, 純祖 32년 12월 19일.

71) 《增補與猶堂全書》 5, 牧民心書 工典 山林.

72) 《正祖實錄》 37, 正祖 17년 6월 壬午 ; 《日省錄》 508, 正祖 19년 9월 12일.

73) 《日省錄》 454, 正祖 18년 3월 20일.

74) 《日省錄》 602, 正祖 22년 6월 11일.

75) 《正祖實錄》 17, 正祖 8년 2월 辛巳.

76) 《日省錄》 591, 正祖 22년 2월 19일.

77) 《左捕廳謄錄》 9, 戊寅 3월 30일.

78) 《備邊司謄錄》 220, 純祖 32년 12월 19일.

79) 《關西平亂錄》 15, 壬申 2월 11일.

80) 《英祖實錄》 125, 英祖 51년 11월 辛巳.

81) 《日省錄》 213, 正祖 10년 閏7월 17일 ; 《日省錄》 217, 正祖 10년 8월 21일 ; 《備邊司謄錄》 173, 正祖 12년 11월 20일.

82) 《日省錄》 87, 正祖 4년 5월 29일.

83) 《日省錄》 192, 正祖 10년 正月 22일 ; 《備邊司謄錄》 206, 純祖 17년 4월 5일 ; 《備邊司謄錄》 206, 純祖 17년 9월 14일.

商)'[84]으로 지칭되고 있었다. 그리고 앞 시대의 별장들이 서울의 부상대고들이었던 점과는 달리, 이 당시의 물주들 중에는 '태의(太醫)'[85] 등을 비롯한 서울의 부상대고[86]도 있었지만 '송상(松商)' 등 지방의 사상들과 '토호(土豪)',[87] 그리고 '부민자제(富民子弟)'[88]·'한량(閑良)'[89]들도 끼어 있었다. 곧 금·은·동점의 물주는 대부분이 서울과 지방의 부상대고들이었고 극소수의 지주들도 참여하였다.

이들 물주가 물주로 되는 요건은 두 가지였다. 하나는 광산의 채굴허가를 받아내는 일이었고, 또 하나는 광산의 운영자금을 조달하는 일이었다. 전자의 경우 앞에서 누차 지적했듯이 금·은·동광산의 설점은 호조가 국왕의 허가를 받아 발급하는 관문에 의해서만 합법적으로 이루어질 수 있었다.[90] 곧 물주로서는 일종의 채광허가서에 준하는 이 호조의 관문을 받아내는 일이 선결문제였다. 호조의 관문은 우선 진고한 내용이 설점에 합당할 때 발급될 수 있었다.[91] 그 때문에 물주는 혈주나 덕대가 자신을 물주로 선정하고 설점의 허가를 의뢰할 때면 반드시 광맥의 풍잔(豊殘)과 폐단의 유무를 직접 확인한 뒤 호조에 진고하였다.[92] 이때 호조는 물주 곧 진고인이 재력이 있고[93] 또 진고한 내용

---

84) 《英祖實錄》 125, 英祖 51년 9월 癸酉.

85) 《日省錄》 597, 正祖 22년 4월 21일.

86) 《關西平亂錄》 13, 壬申 2월 8일.

87) 《增補與猶堂全書》 5, 〈經世遺表〉 7, 地官修制 田制 19 井田議 1.

88) 《增補與猶堂全書》 5, 詩文集 9, 應旨論農政疏

89) 《日省錄》 388, 正祖 16년 2월 26일.

90) 《備邊司謄錄》 173, 正祖 12년 11월 20일.

91) 《備邊司謄錄》 173, 正祖 12년 11월 20일. "以土地陳告之法言之 實則受四一之賞 虛則有刑配之律 此事亦無異焉 苟於虛處誤告者 輒施當律".

92) 《左捕廳謄錄》 9 嘉慶戊寅 3월 30일. "初則公文圖得次 紹介曹碩仁於金命赫 以一片銀石

의 신빙성이 인정될 때 비로소 국왕의 허락을 받아 관문을 발급하였다. 그러나 진고인은 관문을 갖고 내려가 영·읍의 관속과 다시 간색(看色)·적간(摘奸)해야 하였으며, 그 결과 합당한 곳으로 인정을 받아야 설점할 수가 있었다.[94]

다음, 후자의 경우 물주는 혈주나 덕대가 요구하는 자금을 조달해야 하였다. 물주제하의 금·은·동점은 많은 자금을 필요로 하였다. 그것은 우선 별장제나 계사제하에서 무상수용했던 토지나 산림을 이제는 유상수용할 수 밖에 없었기 때문이다. 사금이 매장된 곳이 전토일 경우 이를 수매해야 하였고,[95] 점소(店所)나 점막(店幕)의 건립과 갱내의 동발은 물론 채굴·제련시에 필요한 목재와 목탄 등을 모두 구입해야 하였다.[96] 그리고 설점을 시작한 뒤 광물의 생산·판매가 이루어질 때까지 광군의 고가(雇價)도 지급해야 하였다.[97] 따라서 혈주나 덕대는 이처럼 설점에 소요되는 경비를 추산해서 물주를 물색하였고[98] 그것을 부담할 능력이 있는 자를 물주로 선정하였다.[99]

試鍊於命赫家 命赫疑其有奸計 使安家喆 往見其地".

93) 《日省錄》 87, 正祖 4년 5월 29일. "旣無物主 則自本道 雖欲收稅上納 勢將行不得矣". 禹禎圭, 《經濟野言》, 〈銀店勿禁之議〉. "朝家許有銀處設店 則富商大賈 各出物力 募得傭人".

94) 《純祖實錄》 32, 純祖 32년 12월 辛酉 ; 《備邊司謄錄》 220, 純祖 32년 12월 19일. "(議政府南公轍)又所啓 … 近聞何許牟利之輩 圖得京司關文 往囑營邑 到處設採 殆無防閑 … 設鑛旣無朝令 則京司何以擅自發關 營邑何以任意許採".

95) 《增補與猶堂全書》 5, 〈牧民心書〉 11, 工典六 山林條. "金店買田以淘金".

96) 《左捕廳謄錄》 9, 嘉慶 戊寅 3월 30일. "罪人景光旻 … 矣身依其言 貿木買炭 竝與銀石輸送于始興東面矣身農舍 使之起火埋鐵".

97) 《關西平亂錄》 13, 壬申 2월 8일. "汝若欲往 則我當需應錢兩矣".

98) 《左捕廳謄錄》 9, 嘉慶 戊寅 3월 30일. "勸出錢三百兩爲物主 … 汝若出三百兩錢爲物主 則其利甚多".

이와 같이 호조에서 '경품설점'한 광산의 물주가 되기 위해서는 호조의 관문을 따내야 하고 또 광산의 운영비를 조달해야 했기 때문에 우선 중앙의 관료들에게 청탁하기가 용이한 서울의 부상대고들이 많았다.[100] 따라서 세도정치기에 지방관아의 '사자설점'이 확산된 것도 그 지방의 부상대고나 토호들이 관문을 받아내기가 까다로운 호조의 '경품설점'보다는 감사나 수령들과 결탁하는 것이 용이했던 것과도 무관하지 않았다.[101]

그러나 물주가 채굴허가를 받아내고 채광자금을 조달했지만, 당시의 물주들이 혈주나 덕대의 광산경영을 간섭한 사실은 찾아볼 수 없다. 그것은 물론 혈주나 덕대가 직접 또는 간접으로 친분이 있는 자를 물주로 삼았고, 동시에 물주도 신뢰할 수 있는 혈주나 덕대와 계약한 처지이기 때문일 것이다.[102] 그리고 물주들은 모두 확고한 직업을 가지고 있었으며, 또한 대부분의 광산이 물주의 거주지로부터 멀리 떨어져 있어 현장에 상주할 수도 없었다. 이를테면 수안은점의 물주는 송도의 부상이었고,[103] 금천은점의 물주는 서울의 태의였으며[104] 운산금점의 물주는 경거인(京居人)이었다.[105] 결국 물주는 직접 경영에 참여하지 않

99) 《千一錄》 採銀便否設. "大抵設店之規 非自京司措給物力也 故不有物主 則無以經紀 物主既費許多財力".

100) 《日省錄》 589, 正祖 22년 2월 6일. "京醫官李行訥作物主 黃鐘源爲穴主".
《關西平亂錄》 13, 壬申 2월 8일. "君則之物主 京居之人 送錢累千兩於雲山郡 使君則募人採金".

101) 拙稿 前揭書 제5장 註 142) 참조.

102) 《左捕廳謄錄》 9, 嘉慶 戊寅 3월 30일. "勸出錢三百兩爲物主 … 汝若出三百兩錢爲物主 則其利甚多".

103) 《英祖實錄》 125, 英祖 51년 9월 癸酉. "遂安郡守李彦培 郡有銀店 而松都富商 爲其物主".

104) 《日省錄》 597, 正祖 22년 4월 21일. "行訥則多係太醫 身作物主".

았지만, 채굴 허가를 따내고 자본을 투자한 만큼 그것에 상당하는 이익을 얻었으며[106] 동시에 광산의 생산물을 보다 싼값으로 수매하고 보다 비싼 값에 팔아서 많은 차익을 취할 수도 있었다.[107]

혈주나 덕대는 설점허가가 나면 물주의 자금으로 설점에 착수하는 동시에 광군을 모취하였다.[108] 광군에 대한 칭호는 다양하게 표현되고 있었다. 점소(店所)의 인원을 통틀어 '점민(店民)'[109]이라고도 하였고, 나쁜 뜻으로 '점한배(店漢輩)'[110]라고도 하였다. 그러나 대개 은·연·동점의 광군을 '연군'[111]이라 하였고, 금점의 광군은 '채금지인(採金之人)',[112] '채금지도(採金之徒)',[113] '채금위업자(採金爲業者)',[114] '도금지류(淘金之類)',[115]

---

105) 《關西平亂錄》 13, 壬申 2월 8일. "君則之物主 京居之人 送錢累千兩於雲山郡 使君則募人採金".

106) 《左捕廳謄錄》 9, 嘉慶 戊寅 3월 30일. "勸出錢三百兩爲物主 … 汝若出三百兩錢爲物主則其利甚多".

《千一錄》, 採銀便店設. "物主旣費許多財力 則稅納姑舍 先推其所入財力之數 實是事勢之固".

107) 《英祖實錄》 125, 英祖 51년 9월 癸酉. "遂安郡守李彦培 郡有銀店 而松都富商 爲其物主只給半價 使之換錢 銀商據例不納 則重加刑訊 卽地致斃".

108) 《關西平亂錄》 13, 壬申 2월 8일. "君則之物主 京居之人 送錢累千兩於雲山郡 使君則募人採金 此乃貧民之生路也".

109) 《日省錄》 213, 正祖 10년 閏7월 17일 ; 《日省錄》 217, 正祖 10년 8월 21일 ; 《備邊司謄錄》 173, 正祖 12년 8월 18일 ; 《備邊司謄錄》 188, 正祖 22년 7월 27일 ; 《承政院日記》 1930, 純祖 7년 7월 25일 ; 《承政院日記》 1995, 純祖 11년 3월 19일.

110) 《日省錄》 87, 正祖 4년 5월 29일.

111) 《備邊司謄錄》 169, 正祖 10년 8월 23일 ; 《備邊司謄錄》 173, 正祖 12년 11월 20일 ; 《日省錄》 591, 正祖 22년 2월 19일 ; 《日省錄》 597, 正祖 22년 4월 21일 ; 《備邊司謄錄》 188, 正祖 22년 7월 27일 ; 《日省錄》 658, 正祖 24년 2월 5일.

112) 《書啓輯錄》 9-6, 正祖 14년 3월 24일 ; 《日省錄》 492, 正祖 19년 4월 2일.

113) 《備邊司謄錄》 201, 純祖 11년 12월 23일.

114) 《備邊司謄錄》 189, 正祖 23년 12월 1일.

115) 《日省錄》 653, 正祖 23년 12월 13일.

또는 '연군(鉛軍)'[116]으로 표현되기도 하였고, '금군(金軍)'[117]이라고도 하였다. 또한 금·은·연·동점의 광군을 통칭할 때는 '광군(鑛軍)'[118]으로 표현하였다.

이들 광군은 모두가 이농민들로서 생계를 유지하기 위해 혈주나 덕대가 경영하던 금·은·연·동광산에 몰려든 것이지만, 사실상 농본사회에 기초한 지배질서를 파괴하고 있었다.[119] 이 때문에 위정자들은 광군을 "본업을 포기하고 말리(末利)를 추구하는 자들"[120]이며, "힘 안들이고 놀고 먹으려는 자들"[121]이라고 규정하였다. 또한 광군은 "조세를 포탈하고 신역을 기피한 자들"이라고 하여, 광산은 곧 세역(稅役)을 포탈, 기피하는 장소로 지목되었다.[122] 그리고 위정자들은 광군들이 생로를 찾아 헤매다녔기 때문에 '유민(流民)'[123]이라 지칭하였는데, 인근의 각읍뿐 아니라[124] 전국 각지에서 몰려든[125] 광군들의 모습이 그들에게는 '오

116) 《備邊司謄錄》 188, 正祖 22년 7월 27일 ; 《日省錄》 658, 正祖 24년 2월 5일.

117) 《箕牒》 2(正祖 19년경).

118) 《哲宗實錄》 10, 哲宗 9년 2월 己酉 ; 《山泉日錄》 3, 上之九年 戊午 2월 5일.

119) 《備邊司謄錄》 173, 正祖 12년 8월 18일 ; 《日省錄》 543, 正祖 20년 10월 14일 ; 《承政院日記》 1940, 純祖 8년 2월 5일 ; 《日省錄》 543, 正祖 20년 10월 14일 ; 《日省錄》 605, 正祖 22년 7월 27일 ; 《備邊司謄錄》 220, 純祖 32년 12월 28일 ; 《日省錄》 141, 哲宗 9년 2월 3일.

120) 《備邊司謄錄》 170, 正祖 11년 3월 21일 ; 《日省錄》 543, 正祖 20년 10월 14일 ; 《正祖實錄》 50, 正祖 22년 11월 己丑 ; 《備邊司謄錄》 189, 正祖 23년 12월 1일 ; 《備邊司謄錄》 173, 正祖 12년 11월 20일 ; 《日省錄》 653, 正祖 23년 12월 13일 ; 《韓山世稿》 24, 溪墅稿紀行 戊寅 4월 5일.

121) 《世祖實錄》 26, 正祖 12년 10월 丁巳 ; 《正祖實錄》 26, 正祖 12년 10월 丁巳.

122) 《備邊司謄錄》 170, 正祖 11년 3월 21일 ; 《備邊司謄錄》 173, 正祖 12년 8월 18일 ; 《日省錄》 294, 正祖 13년 3월 26일.

123) 《純祖實錄》 15, 純祖 12년 正月 丁巳 ; 《備邊司謄錄》 220, 純祖 32년 12월 19일 ; 《日省錄》 141, 哲宗 9년 2월 3일.

124) 《日省錄》 504, 正祖 19년 8월 4일 ; 《日省錄》 591, 正祖 22년 2월 19일 ; 《左捕廳謄錄》

합지도(烏合之徒)'[126]로 보였다.

그러나 광군들은 누차 지적한대로 '빈한지민(貧寒之民)',[127] '빈궁무의지민(貧窮無依之民)'[128]이었고, '무산유락지배(無産流落之輩)',[129] '파락무의지류(破落無依之類)'[130]였던 '무토불농지민(無土不農之民)'[131]들이었다. 이들은 경작할 토지도 없었기 때문에 세역을 기피하였고 살 길을 찾기 위하여 광산에 투신하여 남품팔이꾼이나 달품팔이꾼으로 생계를 유지할 수밖에 없는 사람들이었다.[132]

2) 금·은·동점의 운영실태

혈주나 덕대가 경영하는 금·은·동점에 물주가 투입한 자금은 대개 부상대고들의 상업자본이었지만, 일부는 장쾌들이 관청에서 융자한 고리대자금도 들어 있었다.[133] 당시 금·은·동점의 설점시에 투입된 자

9, 嘉慶 戊寅 3월 30일 ;《日省錄》591, 正祖 22년 2월 19일 ;《備邊司謄錄》200, 純祖 10년 4월 18일.

125) 《書啓輯錄》9-6, 正祖 14년 3월 24일 ;《燕岩集》12, 〈熱河日記〉太學留館錄 ;《備邊司謄錄》188, 正祖 22년 7월 27일 ;《日省錄》504, 正祖 19년 8월 4일 ;《日省錄》141, 哲宗 9년 2월 3일.

126) 《備邊司謄錄》170, 正祖 11년 3월 21일 ;《備邊司謄錄》197, 純祖 6년 12월 10일 ;《日省錄》141, 哲宗 9년 2월 3일.

127) 《平安監營啓錄》37-23, 正祖 16년 11월 4일.《日省錄》504 正祖 19년 8월 4일.

128) 《備邊司謄錄》200, 純祖 10년 4월 18일.

129) 《日省錄》492, 正祖 19년 4월 2일.

130) 《箕牒》5 (正祖 19年頃).

131) 《備邊司謄錄》173, 正祖 12년 8월 18일.

132) 《公車文叢》40, 純祖 8년 3월 22일. "行吏曹判書南公轍上疏 … 臣來自西路 民情所關有所仰達者矣 薪島設鎮 來頭之效害便否 有難預度其如何 … 且以民戶募入事言之 募入之民 實戶少而破落戶多 諸處流寓之民 與金店罷後狼狽失所之類 擧皆願入 而稍實者 如避死地 如此則不但無益 日後兩界之生事 豈可保其如前而已也".

133) 《日省錄》141, 哲宗 9년 2월 3일. "營邑間駔儈之徒 投入店役 恣用公錢 畢竟使其父兄

금 액수가 일일이 밝혀져 있지는 않다. 그러나 순조 11년 (1811)홍경래의 난때 서울의 물주가 우군칙에게 '전(錢)누천냥'을 보냈다고 한 사실은 정확한 액수는 아니지만 그 당시 금광의 설점에 필요했던 자금의 규모를 예시한 사례이며,[134] 동왕 18년(1818)에 서울 근교 연서역촌(延曙驛村)의 은광은 호조의 관문을 받기 전 단계인데도 물주에게 전(錢) 300냥을 요구하고 있었다.[135]

그러나 물주가 투입하는 자금 액수는 당해 광산의 규모에 따라서 달랐을 것이며, 특히 사금광보다 석광인 금·은·동광산은 자금 액수에 차이가 컸을 것이다. 사금광은 감토층(甘土層)이 매장된 곳이 전답일 경우 이를 매입할 뿐이지만,[136] 석광은 산지를 매입하거나 시설과 도구를 조달해야 하였고, 더욱이 엄청나게 소요되는 제련용의 연료 때문에 보다 많은 자금을 필요로 했을 것이다.[137]

이때 은동광산의 혈주나 사금광의 덕대는 물주의 자금으로 설점하고, 광군을 모취하여 광산을 채굴, 제련하였다. 점소(店所)의 모든 점역(店役)은 혈주나 덕대가 총관하지만, '동정설점(同情設店)'했던 자들, 또는 편수들로 하여금 각 부문의 작업을 지시, 감독케 하였을 것이다. 하지만 당시의 각 금·은·동광산에 얼마만한 숫자의 광군들이 채굴·제련작업에 종사하였으며, 또 어떠한 조직체계로 작업이 진행되었는

蕩析家貨 侵及族親 備受苦楚至於經歲而不已".

134) 《關西平亂錄》 13, 壬申 2월 8일. "君則之物主 京居之人 送錢累千兩於雲山郡 使君則募人採金".

135) 《左捕廳謄錄》 9, 嘉慶 戊寅 3월 30일. "勸出錢三百兩爲物主 … 汝若出三百兩錢爲物主則其利甚多".

136) 拙稿 前揭書 제5장 註 226) 참조.

137) 眞鉛生, 〈咸鏡南道長津鑛山に關する舊記及沿革〉 《朝鮮鑛業會誌》 2-3, 1913, 316~319쪽.

지는 자세한 기록이 없다.

그러나 '계사'제하 사금광의 경우이긴 하지만 정조 4년(1780)의 성천(成川)사금광에 10여만명의 '무뢰유수(無賴遊手)'가 운집해 있다고 하였고,[138] 동왕 8년(1784)에 평안감사는 노동으로 먹고하는 백성들의 태반이 금점에 투입되었다고 하였다.[139] 물론 정조 초만 하여도 지표의 사금을 채취하던 단계로서, 소년소녀 등 가족 단위의 채취작업이 이루어졌기 때문에 그 숫자 또한 엄청났을 것이다.

그러나 정조 말경에 '사금점두목'인 뒷날의 덕대가 금맥을 찾아야 했고 청·장년의 광군들만 모취했을 시기에도 그 인원수는 적지 않았다. 동왕 19년(1795)의 희천(熙川)과 정평(定平)의 사금지에는 각각 수백명의 금군이 취업하고 있었으며,[140] 동왕 20년(1796) 사간(司諫) 이우규(李羽逵)는 서북도와 과 기내의 각 산금지에 '천백' 명의 금군들이 몰려 있다고 했다.[141] 이러한 위정자나 피해자들의 표현에는 이면에 사금점의 폐단을 규탄하기 위하여 과장하는 경우가 많지만, 수백명 또는 수천명이라고 하는 숫자는 결코 과장된 표현만은 아니었다. 그것은 뒤에 상술하겠지만 정조 22년(1798)에 황해감사 이의준(李義駿)이 보고한 '계사'제하의 수안 사금지만 하여도 우기에 접어들어 반수 이상의 금군이

---

138) 《燕岩集》 12, 〈熱河日記〉 太學留館錄. "非但農戶太半離壟畝 四方無賴遊手 自成村落 無慮十餘萬 米穀百物奏集 沽賣酒食餠飴 彌滿山谷云".

139) 《正祖實錄》 17, 正祖 8년 2월 辛巳. "前平安道觀察使李性源啓言 淸南北各邑 處處採金 甚至侵人山地 壞人田疇 食力之民 太半歸於金穴 西農之比歲不登 未必不由於此".

140) 《箕牒》 2(正祖 19年頃). "熙川居梁濟萬呈內 矣身先墓 在於本郡長洞 而金軍數百名 突入採金".

《日省錄》 492, 正祖 19년 4월 2일. "採金之人 皆是募得無産流落之輩 輒過數百".

141) 拙稿 前揭書 제5장 註 126) 참조.

흩어져 버렸으나 550여명이 남아 사금을 채취하고 있을 정도였다.[142] 따라서 '사금점두목' 주관하의 사금지에 투입된 금군의 수는 '물주'제하의 사금지에서도 비슷했을 것이며, 은·동광산의 경우에도 예외는 아니었을 것이다. 그것은 철종 9년(1858), 함경도 암행어사 홍승유(洪承裕)의 서계에서 금광뿐 아니라 은·동·연광을 막론하고 한 광산이 개발되면 그곳에 투입되는 광군의 수가 천여명이 넘는다고 한 기록에서도 알 수 있다.[143]

그런데 이상과 같이 수백명 또는 수천명이라고 하는 광군의 숫자는 각 점소 단위의 광군수일 경우도 있지만, 각읍의 광구내에 설치된 모든 점소들의 광군수를 합친 숫자일 경우도 있었다. 앞서 정조 22년에 황해감사 이의준이 보고한 수안 사금지의 경우 당초 다섯 곳에 금점이 설치되었는데 그중 두 개의 금점은 금맥이 다 되어 폐쇄될 단계에 있었고, 세 곳의 금점은 금맥이 풍부하여 99개 금혈을 갖고 있었다. 그러나 이때 장마로 99개 금혈의 작업이 중지되어 금군의 태반이 흩어져 버렸으며, 남은 금군 550여명이 39개의 금혈을 새로 개착하여 사금을 채취하고 있었다. 이처럼 금군의 수가 줄었음에도 불구하고 그곳에 남아 있는 막수(幕數)는 700여 채였고, 인구 또한 1,500여명에 달했다.[144] 곧 당시에는 세 곳의 금점이 39개의 금혈을 새로 개착하여 550여명의 금군이 작업하고 있었던 셈이다.

그렇다면 각 금점의 평균 금혈수는 13개이며, 금군수는 183명이었다. 이러한 비유로 99개 금혈이 채굴되고 있었던 시기의 금군수를 환

142) 拙稿 前揭書 제5장 註 102) 참조.

143) 拙稿 前揭書 제5장 註 163) 참조.

144) 拙稿 前揭書 제5장 註 102) 참조.

산해 본다면 1,386명에 달할 것이다. 이 때문에 앞서 '수백명'이라고 지칭한 것은 각 점소 단위의 금군수, 곧 전자의 183명에 해당하고, '수천명'이라고 한 것은 읍 단위 각 점소 금군을 모두 합친 것으로 후자의 1,386명에 해당될 것이다. 그리고 금군뿐 아니라 점촌에 몰려든 인구까지 합쳐서 '수백' '수천'으로 표현했다면 과장된 숫자일 수 없었다.

그런데 중요한 것은 각 금점의 금군들이 어떠한 생산조직 하에서 작업하고 있었는지는 확실치가 않으나 몇몇 자료로 추리해 볼 수는 있을 것 같다. 수안 사금지의 각 금점은 평균 금혈수가 13개였고, 금군이 183명으로 각 금혈 당 금군수는 14명이었다. 이처럼 금혈 당 14명의 금군을 배정한 것은 각 금혈 단위의 채취작업을 효율적으로 진행할 수 있는 적정 인원이었을 것이다. 그것은 다산(茶山) 정약용(丁若鏞)의 '화도법(火淘法)'을 적용한 사금광의 관영안(官營案)에서도 찾아 볼 수 있다.

관영안의 내용은 대개 금·은·동점의 점과 같은 규모의 '무(務)'를 단위로 하여 작성한 내용이다. 곧 "평안·함경·전라·경상도에는 각각 2개씩의 '무(務)'를, 경기·황해·강원·충청도에는 1개씩의 '무(務)'를 설치하고 호조가 국왕의 재가를 받은 '관무관(監務官)'을 파견, 매년 입동일(立冬日)부터 춘분(春分) 전날까지 채금(採金)하게 한다. 그리고 입동일이 다가오면 호조는 각 도와 해당 읍에 관문을 발송하여 당해 수령으로 하여금 일을 맡길 만한 자를 선정하게 하여 '괌관(監官)'으로 삼는다. 또 각 '무(務)'는 연군을 고용하되 인원수를 확정하여 굴토군(掘土軍) 100명, 부토군(負土軍) 50명 및 초군(樵軍) 10여명(화도법에 한함)으로 하여 15명마다 감독 1명과 사환 1명을 두도록 한다"[145]는 내용이다.

다산은 당시 수도법에 의한 사금의 채취작업이 주로 봄과 여름에 실시되어 농사에 폐단이 컸기 때문에 겨울에도 작업할 수 있는 화도법을 택했으며,[146] 주로 종래의 '계사'제와 당시의 '물주'제를 참작하여 마련한 것 같다. '무(務)'는 곧 점(店)이며 '감무관'은 계사에 해당하였고, 당해 읍에서 선정한 '감관'은 '사금점두목' 및 혈주나 덕대와 비교된다. 그리고 금군 15명마다 한사람씩인 '감관'은 물주제하의 '동정설점'한 자들이나 편수의 역할과 유사하며, 금군은 물주제하의 금군들과 같이 고용할 계획이었다. 결국 다산 정약용의 관영안은 '계사'제와 '물주'제하 사금점의 실태를 익히 파악한 연후에 작성된 것 같다.

따라서 금점의 생산구조도 굴토군·부토군과 화도법에만 필요한 초군을 합쳐 160여명으로 제한한 점이나, 금혈 단위일 것이 분명한 15명씩의 작업조을 편성한 점 등이 수안의 개별 금점에서와 별로 다를 것이 없다. 다만 수안의 금점들이나 당시의 사금광들은 모두 수도법(水淘法)을 사용했기 때문에 초군은 필요하지 않았으며, 그 대신 수도(水淘)를 담당할 도사군(淘沙軍)이 필요하였다.

이상에서 볼 때 당시 '물주'제하의 각 사금점에도 대개 150명 내지 200여명의 금군들이 고용되었을 것이고, 각 금혈에는 14~15명의 금군들로 작업조가 편성되었을 것이다. 그리고 덕대의 총관하에 편수(邊手)들이 분담·감독했을 각 금혈의 금군들은 각자의 기능과 작업의 분량에 따라 작업 부서와 종사인원이 결정되고, 굴토·부토·도사작업을 분업적 협업하에 진행시켜 갔을 것이다. 그런데 '계사'제 초기의 사금채취는 표토의 사금을 채취하기 때문에 개별노동이나 가족단위의 노

145) 高承濟, 《近世韓國産業史研究》, 1959, 301~302쪽 ; 《牧民心書》 34, 工典六 山林條.
146) 拙稿 前揭書 제5장 註 152) 참조.

동이 가능하였고, 채취도구도 굴토용의 소착(小鑿), 부토용의 포대(布袋), 도사용의 목표(木瓢) 등 간편한 소도구들에 불과하였다.

그러나 계사제 후기 이래 '물주'제하의 사금채취는 하안(河岸)의 구릉(丘陵)이나 전답(田畓), 또는 모래 밑 깊숙한 곳에서 채취하기 때문에 채취방법도 달라져 갔고 채취도구도 다양해져 갔다. 채취방법에는 사금토층의 매장상태에 따라 유굴(流掘)·망굴(罔掘, 일명:환굴(換掘))·횡굴법(橫掘法) 등이 적절히 적용되었고 채취도구도 굴토용의 서자(鋤子), 배수용(排水用)의 농통(籠桶)·송박(宋朴), 운반용의 광(筐), 도사요(淘沙用)의 황목태(荒目苔)·세목태(細目苔)·힘빅(合朴) 등이 이용되고 있었다.[147]

한편 석광(石鑛)으로서의 금·은·동·연광산도 채굴도구로는 주로 부자(斧子)·철추(鐵椎)·철정(鐵釘)·장도리(長道理)[148] 등을 사용하였지만, 폭발약도 이용하였으며[149] 제련도구는 전대와 같이 야로(冶爐)와 풍상(風廂)을 사용하였다. 곧 혈주. 덕대의 총관하에 '동정설점'한 자들이 부문별로 작업을 지시·감독하는 가운데 채굴·제련작업은 분업적 협업하에 이루어졌던 것이지만, 개항을 전후한 시기부터는 일부의 석광에서 채굴업과 제련업의 경영이 분화되기 시작하였다.[150]

이상과 같이 혈주나 덕대가 경영하는 금·은·동점에서는 정기적으로 물주와 광군에게 계약된 대가나 보수를 지급하였다. 물주가 투입한 자금에 대한 이윤의 지불방법이 밝혀져 있지는 않다. 그러나 혈주나

---

147) 《韓國鑛業調査報告》, 平安道, 69~71쪽.

148) 純祖 18년에 潛採한 서울近郊 延曙驛村香峴銀鑛의 경우에 사용된 採鑛道具는 斧子·鐵椎·鐵釘·長道理 등이었다. (《左捕廳謄錄》 9, 嘉慶 戊寅 3월 30일).

149) 李羲準, 《溪西野談》. "幸以江界銀店 穿壙之徒 穿城下地道 埋火藥而燒之 城以易而頹圮."

150) 《韓國鑛業調査報告》, 咸鏡道, 54쪽.

덕대는 물주의 자금으로 설점했을 뿐 아니라 계속 물주가 자금을 융통해주지 않는 한 광산을 경영하기가 어려웠기 때문에, 항상 혈주나 덕대는 직접, 또는 물주의 손을 거쳐 생산물을 시장에 판매한 뒤 물주의 자금에 대한 대가를 우선적으로 지불하였다.[151]

다음이 광군들의 보수를 지불하는 문제다. 당시 혈주나 덕대가 광군들에게 지급한 보수의 내역에 대해서는 자세히 드러난 자료가 없기 때문에 몇몇 단편적인 기록을 통해서 이를 추정해 볼 수밖에 없다. 다산 정약용이 제안한 사금광산의 관영론(官營論)에서는 "금군에게 매일 고가(雇價)로 얼마만큼의 동전(銅錢)을 지불하도록 한다"고 하면서도 "지방마다 풍속이 다르기 때문에 일률적으로 정해서는 안 된다"고 부언하고,[152] 그 한 사례로서 "금군이 비록 고가를 받지만 작업이 끝나 돌려 보낼 때는 사금광의 일부를 떼 주어 3일간 채취토록"[153] 하는 방법도 제시하였다.

이러한 다산의 고가에 대한 의견을 간추려 볼 때 금군에게는 매일 일정액의 고가를 지급하는 것이 통례였지만, 지방에 따라서는 고가 외에도 상여금조로 사금지의 일부를 시한부로 채취케 하는 관례가 있었던 것을 알 수 있다. 그런데 당시 광군에게 매일 지급한 고가는 다산도 지적했듯이 지방에 따라 달랐을 것이나, 순조 12년(1812)의 한 기록에 의하면 자산금점(慈山金店)의 금군들이 매일 받는 고가는 3전(錢)씩이었다고 한다.[154]

151) 《英祖實錄》125, 英祖 51년 9월 癸酉 ;《左捕廳謄錄》9, 嘉慶 戊寅 3월 21일 23 ;《千一錄》卷 4, 採銀便否設 및《韓國鑛業調査報告》, 咸鏡道, 34~37쪽 참조.

152) 《增補與猶堂全書》5,〈牧民心書〉11, 工典六條 山林.

153) 《牧民心書》34, 工典六條 山林.

이 금군들의 일고가(日雇價) 3전의 값어치가 얼마나 되는지 승정원일기에 수록된 미곡(米穀)과 동전(銅錢)을 대비(對比)한 비가(比價)중 은동점에 물주제가 성립된 뒤인 정조 7년과 김점의 물주제가 성립되기 직전인 순조3년의 비가를 예시해볼 수 있다. 정조 7년(1783)의 비가는 "대미(大米)는 1석값이 전(錢)으로 4냥이 호조에서 정해놓은 방식"[155]이라 하여 호조에서 일찍이 정한 비가가 대미 1석가를 동전 4냥으로 정해놓았다고 하였고, 순조 3년(1803)의 비가는 "근래의 미곡 대금은 미1석이 5냥"[156]이라고 하여 20년 사이에 미가는 1냥이 더 비싸졌다. 이러한 비가의 변동은 전황이나 흉황에는 더 심했다. 그러나 여기에서 20년동안 일고가 3전은 변동이 없었다고 가정하면, 정조 7년 대미 1석가가 동전 4냥이라. 동전 1냥은 동전 10전이니 4냥은 40전으로 광군이 대미 1석을 구입하려면 13~4일간을, 순조3년에는 17일정도 걸려야했다.

---

154) 《辛未西賊日記》, 大陳班師之日條(京都大學河合文庫本).

155) 承政院日記 正祖 7년 7월 8일 戶曹定式.

156) 承政院日記 純祖 7년 7월 8일 戶曹定式.

맺음말

이상에서 조선왕조후기 17~19세기 초 간의 광공업발전을 군수산업 분야를 중심으로 살펴보았다. 군수광공업은 그때그때의 객관적인 여건과 내재적인 요인으로 경영형태상 나름대로의 변화와 발전이 이룩되고 있었다.

이러한 외적 또는 내적 요인에 의한 경영형태의 변질과정에 기초하여 조선후기의 군수광공업발전을 가늠해 보는 데는 크게 세단계의 시기구분을 해 볼 수 있을 것 같다.

첫째는 임진왜란 이후 인조말에 이르는, 16세기 말 17세기 전반기에 걸친 군수광공업의 실태였다. 이 시기의 60여년간에는 7년여에 걸친 임진왜란과 양차의 호란을 맞아 국가존립과 민족자존의 위기가 반복되었다. 따라서 이 시기 군수광공업도 국력을 기울인 생산체제하에 놓여 있었다. 이러한 거국적인 생산체제는 당시의 「도감(都監)」제와 「도회(都會)」제에서 찾아 볼 수 있다. 도감제가 중앙정부의 물력(物力)을 총동원한 생산체제였다면 도회제는 지방관민의 물력을 집중시킨 생산형태였다.

도감제의 대표적인 형태는 훈련도감이었다. 정부는 명나라 남방병

(南方兵)의 군사체제와 전술을 수용하기 위하여 선조 26년 10월 서울에 훈련도감을 설치하고 도감의 군사를 속오삼수제(束伍三手制)로 편성 훈련하는 즉시 제도각읍에도 포수(砲手)를 중심으로 하는 삼수제의 속오군(束伍軍)을 편성하기 시작하였다. 훈련도감은 속오삼수제에 의한 군사의 조직과 훈련을 실시하기 위하여 설치된 것이지만, 삼수기법(三手技法)을 훈련하여 전투에 투입하기 위해서는 포수의 조총(鳥銃)과 사수의 궁전(弓箭), 그리고 살수의 창검(槍劍)을 제조 분급하지 않을 수 없다. 이 때문에 정부는 군사의 훈련에 주력케하는 동시에 무기를 생산토록 하기 위하여 훈련도감의 편제에 궁전색(弓箭色)·조총색(鳥銃色)·염초색(焰硝色)·화약색(火藥色)을 두었고 담당관원으로서 조총색제조(提調) 1명과 화약색제조 1명을, 그리고 각색(各色)마다 감관(監官) 1명씩을 배치하였으며, 각색에는 담당한 무기의 제조장을 별도로 설치하고 공장과 역부를 모취하였다. 군사의 편제와 전술이 속오삼수제로 바뀌고 새로운 무기가 등장함에 따라 조선전기부터 군기생산을 담당해 왔던 군기시의 편제와 제조장도 동시에 개편하였다. 군기시는 조선초기부터 군기제조에 필요한 원료와 연료의 공급이 제도화되어 있었지만 훈련도감의 군기생산은 전혀 재력과 인력의 기반없이 착수된 것이다. 정부는 훈련도감의 군기생산에 필요한 재원(財源)과 제품원료 및 주조연료를 조달하기 위하여 토지를 절급하고 광산 및 산림지를 분점토록 하였으며 수많은 인력을 모취토록하였다. 훈련도감은 임진왜란에 대비하여 권설되었으나 상설기구화함으로써 도감의 본래적 성격을 잃어 갔지만 도감제 생산체제의 단서를 이루었던 것이며, 그 뒤 광해군연간의 「화기도감(火器都監)」이나 「조총도감(鳥銃都監)」은 도감제 본래의 목적대로 중앙정부의 재력을 기울여 정량의 군기를 생산하는데 그쳤다.

다음, 도회(都會)제 역시 도감제와 다름없이 국가의 물력이 부족한 조건에서 취해진 생산체제였다. 임진왜란중 국가는 탄철(炭鐵)이 풍부한 읍(邑)을 「도회」로 한 조총의 도회제생산을 실시하였고 산연지(産鉛地)의 각읍도 도회가 되어 본읍과 인근 읍의 물력을 동원하였으며, 염초(焰硝)와 같이 어느 곳에서나 생산될 수 있는 물종(物種)은 각도의 감·병·수영 및 거진(巨鎭)들을 도회로 정하여 소속 각읍의 물력으로 생산케 하였다. 이때 도회제생산에 징발된 인력은 주로 군사들의 노동력과 농민들의 요역노동이었다. 곧 16세기 말에서 17세기 전반기의 군수광공업은 서울의 도감제생산과 지방의 도회제생산이 지배적인 생산형태였다.

그런데 이 시기에도 일부 민간인에 의한 군기제조업이 생성하고 있었고 광산 개발도 착수되었다. 선조 30년경에 제도각읍의 속오군편성이 완료된 후 광해군연간에 이르러서는 종래의 도회제생산을 폐지하는 동시에 각읍월과총약환법(各邑月課銃藥丸法)을 제정하여 각읍으로 하여금 조총과 화약·연환을 자체생산토록 하였다. 정부는 각읍의 대소에 따라 월정량의 총약환수를 분정(分定)하였고, 생산비는 해당읍의 수령이 자체내의 경비에서 염출토록 하였다. 각읍월과총약환법은 두 가지의 불합리한 면을 지니고 있었다. 그중 하나는 총약환의 제품원료와 그것을 제조할 기술자를 구하기가 어려웠던 점이다. 그것은 조총을 제조하기 위한 철과 화약을 제조하는데 필요한 유황, 그리고 연환의 제조 원료인 연철이 각읍마다 생산될 수 없는 광물이었고 조총이나 화약·연환을 제조할 공장(工匠)들을 각읍에서 쉽게 구할 수 없는 문제였다. 다음, 월과총약환의 제조비를 수령이 마련토록 하였지만, 수령들은 사실상 농민들에게 제조비를 전가하고 있었다. 농민들은 결국 군기생산에 부역하는 동시에 생산비를 부담하게 되었다. 농민들은 오히려 생산자로부터 월과총약환을 구입하는 것을 원하게 되었다. 이러한 사정 때문에 그것을 방납할 목적으로 당시 기술자와 제품원료를 구하기가 용이하였던 서울의 부민들은 총약환제조업을 영위하게 되었던 것이고, 지방에는 일부 민간인의 광산개발이 이루어지고 있었다. 군수광산 중에서도 철광은 조선전기부터 민채가 허용되었고 또 많은 산철지가 곳곳에 산재해 있었으므로 개발이 용이하였다. 그러나 유황광산은 이 시기에 개발되지 못하였고, 연광은 개발이 가능하였다. 그러나 연광은 곧 은광이었기 때문에 관에 의한 수세가 과중하였고 자본도 미약하여 민간경영이 좌절되었다.

둘째는 효종연간에서 숙종말, 늦게는 영조 4년의 이인좌란에 이르는 곧 17세기중엽에서 동세기 말 내지 18세기 초에 이르는 시기의 군수산업실태였다. 이 시기의 군수산업은 군아문에 의하여 거의 독점되었고 감관제하(監官制下)에 경영된 것이 특징이다.

도성의 수비를 강화하고 북벌정책을 추진하기 위하여 서울에는 훈련도감에 이어 총융청·수어청·어영청·금위영 등 군문이 증설되었다. 정부는 훈련도감과 마찬가지로 각군아문으로 하여금 영내의 수용군기를 자체생산토록 하였다. 정부는 군아문의 군기생산에 필요한 재원과 각종의 원료 및 연료를 조달토록 하기 위하여 둔전(屯田)을 절급(折給)하였고, 원료 및 연료산지를 점유토록 하였으며, 필요한 인력을 군병으로 이속시켰다. 그리고 특히 군기제조비의 엄청난 재원의 하나로 17세기전반기에 서울의 민간제조업자들이 방납해 왔던 제도각읍월과총약환을 군아문으로 하여금 수가제송(受價製送)토록 허락하였다. 군아문은 각기 훈련도감과같이 영내에 군기제조장을 설치하였고 관원과 장인 및 조역군(助役軍)을 배치하여 직접적인 생산에 착수하였다. 군아문의 군기제조역을 총관한 자는 감관(監官)이었다. 감관은 무관들이었고, 수하에는 서리(書吏)·고직(庫直)·사령(使令)들이 군기의 출납과 장인의 급료등 제반의 업무를 담당하였다. 그러나 군기제조공정을 현장에서 총괄한 것은 도편수(都邊首)로서 각공정의 편수와 장인들을 지휘감독하였고, 세분화된 각공정의 책임자는 편수들로서 당해 공정의 장인들을 지시감독하였다. 도편수, 편수 및 장인은 모두 관장(官匠)들로서 매월 정액의 노임을 받고 있었다. 군기제조장에는 다시 장인들의 공역(工役)을 돕기 위하여 수백명의 군역의무자인 조역군이 무가고립(無價雇立)되고 있었다.

한편 영내의 군기제조장에 원료와 연료를 공급하기 위하여 전국각지에 절수한 철광·유황광·연광등의 광산과 염초원료로서의 유회(柳灰) 또는 제련용토목의 조달처인 산림지에도 감관이 파견되었다. 광산의 감관들 중에는 군아문의 장교가 파견되는 경우도 있었지만 유황등 특수한 물종의 광산에는 반드시 광맥을 최초로 발견보고한 자가 임명되었다. 군아문에서는 광산 주변의 토지를 절수하는 등 광산의 운영비를 염출할 수 있는 재원을 마련하였다. 광산의 채굴제련작업의 기술적인 분야는 공장이 담당하였고, 공장을 돕기 위하여 수많은 광군이 동원되었다. 감관과 공장들의 삭료는 광산운영비에서 지출되었고, 광군들은 군역을 대신한 신역(身役)을 지고 있는 부역노동자들이었다. 그러나 이들 광군에게도 전토가 없는 자는 둔전을 경작해 먹도록 하였고 전토를 가진 자는 세액을 견감해 주고 있었다. 군아문의 군기제조장이나 군수광산의 작업은 각기 공정이 분화된 가운데 분업적 협업형태의 생산이 진행되고 있었다.

셋째는 숙종말 영조초에서 정조말 순조초에 이르는 곧 17세기 말 18세기 초에서 18세기 말 19세기 초에 이르는 시기의 군수광공업의 실태였다. 이 시기의 군수광공업은 계인과 별장들에 의하여 운영되었다. 각군아문의 감관제하에 운영되었던 군수광공업은 이제 상진청·군기시의 계인(契人)이나 호조의 별장(別將)제하에 운영되기에 이른 것이다.

17세기 말에는 청나라의 국세가 강성해지면서 북벌정책이 하나의 명분론으로 흘렀고, 경군문의 증설로 말미암아 각읍의 속오군제는 무너져 갔으며 경외군병의 수포군화가 점차 확대되었다. 따라서 정군(正軍)은 줄어들었고 군사훈련은 폐각되고 있어 군기의 필요성마저 희박해져 갔다. 이 무렵 정부에서는 대청외교 및 무역비의 증가와 국내의 진휼비를 비롯한 경용이 확대되고 있었다.

이 때문에 17세기 말부터 호조와 상진청등 국가의 재정아문은 각군아문에서 장악하고 있었던 군수광산 및 광공업경영상의 재원과 인력의 대부분을 흡수하기 시작하였다. 이러한 시대적 배경하에 서울의 군기제조업자들은 상진청 또는 군기시와 결탁하여 군아문을 배제하고 월과계(月課契)를 조직하여 각읍월과총약환의 방납권을 거의 독점하게 되었고, 서울의 부상들은 호조가 흡수한 군영문의 연은광산(鉛銀鑛山)에 별장(別將)으로 등장하였다.

이리하여 군아문의 군수광공업은 17세기 말 18세기 초를 전후한 시기에는 거의 몰락하고 말았다. 민간의 제조업자와 부상들이 군수광공업을 장악하면서부터 그것의 경영형태도 일변하였다. 상진청이나 군기시 소관하의 월과계인들은 제도각읍의 월과총약환을 수가제납(受價製納)하였다. 월과계의 수가제납과정을 총관한 자는 계인들 중에서 선임된 감임(監任)이었다. 감임은 계인들을 대표하여 소속아문으로부터 수가제납 절차상의 지시와 통제를 받았고 무기제조장을 운영하였다. 군기제조작업은 편수와 장인 및 잡역부들에게는 일정액의 노임이 지불되었다. 곧 계인과 이들간에는 고용주와 임노동자의 관계가 형성되어 가고 있었다.

이러한 계인제하 군수공업의 경영형태는 같은 시대의 별장제하에 운영되던 광산의 경영형태상에도 유사한 면을 찾아 볼 수 있었다. 계인들의 운영비가 관아에서 지급한 공가였던 것처럼 별장제하의 광업소를 설치한 자금도 호조에서 지출한 것이었다. 그러나 계인은 월과군기를 수가제납하던 관청의 납품청부업자들이라면 별장들은 수세청부업자들이었다. 그리고 계인들은 관청의 자금으로 공장과 역부들을 고용하고 있었지만 별장은 10명 내지 20명으로 구성된 광산의 전업적 소생산자들인 점장(店匠)들의 생산장으로부터 수세상납하고 있었던 셈이다. 따라서 광산의 실질적인 운영자는 점장들이었고 이들은 호조가 설치한 점소에서 납세자영하였다. 월과계인의 성격과 유사한 것은 별장이 아닌 점장들이었다. 점역(店役)을 총관한 것은 점장들의 우두머리였던 「두목(頭目)」이었고, 두목은 광산물을 수합하여 별장과 광군에게 분배하고 호조에 세액을 납부하였으며 점장과 광군들을 지휘하여 점역을 수행하였다. 이때 광군들은 점장들에게 고용된 임노동자들이지만 호조 수세의 대상자들이기도 하였다. 호조에서는 광군들에게 잡역과 군역을 면제하는 대신 그 대가로서 이들에게 일정액의 세은을 수취한 셈이었다. 이상과 같이 17세기 말 18세기 초부터 군아문을 배제하고 군수광공업분야를 장악해 왔던 계인제와 별장제도 18세기 말에는 거의 몰락하게 되었다.

다섯째의 18세기 말 19세기 초에는 광산업에 물주제가 적용되어 혈주나 덕대가 물주의 자본으로 광산을 경영한 자본제적 민영광업이 발달한 시기였다. 광산의 물주제는 영조 16년에 '경품설점법이 반포된 뒤 은점에서 처음으로 발생하였다. 경품설점법에 따라 정부의 재무관서였던 호조만은 그때그때 국왕의 허락을 받아 은점을 설치할 수 있었을 뿐 각 도의 영·읍에서는 은점을 개설할 엄두도 내지 못하였다. 그러나 이 시기에 이르면 은의 사회적 수요가 급증한 반면 청·일 간의 직교역(直交易)으로 왜은(倭銀)의 국내 수입은 두절되다시피 하였다. 정부는 청나라와의 외교무역에 절실한 은을 조달할 수 없게 되었고, 동시에 청·일과의 중계무역에 직접 또는 간접으로 가담해 왔던 영·읍들은 물론 무역상인으로 재부를 축적해 왔던 부상대고들 또한 무역은을 마련할 길이 없었다.

이러한 사회적 여건 하에서 은점의 두목이나 점장·은군으로 활동해 왔던 광산종사자들은 금령을 무릅쓰고 잠채(潛採)를 감행하였다. 그러나 광산종사자들이 그들의 잠채광업을 지속하고 확장하기 위해서는 한편으로는 관청의 규제를 벗어날 수 있어야 하고 또 한편으로는 광산경영에 필요한 자금을 조달할 수 있어야 하였다. 따라서 광산종사자들은 수령이나 감사와 결탁할 수 있는 능력과 광산에 자금을 조달할 수 있는 재력을 지닌 자를 물색하여 물주(物主)로 삼았다. 물주가 설점에 필요한 자금을 투입하고 또 각종의 세은(稅銀)을 담보하는 한 관청에서도 별장을 파견하여 설점·수세할 필요가 없어졌다. 이 때문에 물주와 광산종사자들은 수령이 세은을 수납토록 요청하였던 것이며 마침내 영조 51년(1775)에는 정부가 기존의 호조 소관 은점들에까지도 별장제를 혁파하고 수령수세제를 채택하였던 것이다. 이처럼 은점에서부터 물주제에 기초한 수령수세제가 적용되면서 정조 4년(1780)에는 동광(銅鑛)에도, 순조 6년(1806)에는 사금광(沙金鑛)에도 적용되었다.

그러나 물주제하 금은동광의 실질적인 경영자는 혈주나 덕대였다. 穴主는 은동광산 등 석광의, 그리고 덕대는 사금광산의 경영주들이었다. 이들은 대개 광산이 소재한 지방의 출신들로서 광산에 대한 지식과 기술을 지녔고, 광군들을 통솔하고 작업을 지시 감독할 능력을 갖춘 자들이었다. 이들은 이웃이나 관련 장인들과 함께 광맥을 발굴, 시채하였지만 호조나 감영으로부터 설점의 허가를 따낼 만한 능력과 광산에 운영자금을 투입할만한 재력을 갖추고 있지 못하였다. 따라서 혈주나 덕대는 설점의 허가와 운영자금을 해결할 수 있는 자를 물색하여 물주로 삼은 것이다.

물주는 곧 설점의 허가를 따내고 광산의 운영자금을 조달할 만한 능력과 재력을 구비한 자들이었다. 물주는 서울이나 지방의 부상대고들이었고 지주나 거간꾼들도 끼여 있었다. 따라서 물주의 자금은 상업자본이 대부분이었지만 일부의 고리대자본도 투입되고 있었다. 혈주나 덕대는 물주가 설점의 허가를 받는 즉시 광군들을 모집하여 설店에 착수하였으며 물주가 투입하는 자금의 액수는 광산의 규모에 따라 적게는 수백냥, 많게는 수천냥에 달했다.

광산에 투입된 광군들은 대부분이 농촌에서 유입된 빈민들이며 광산에서 생계를 유지하기 위해 몰려든 자들이었다. 각 점 단위의 광군수는 수백명이었고 수개의 점이 몰려 있던 읍은 수천명을 헤아렸다. 혈주가 경영하던 은동광산이나 덕대가 경영하던 사금광산을 막론하고 광산의 채굴제련작업은 분업적 협업으로 이루어졌으며 광맥을 발굴, 시채 할 때부터 참여했던 자들이 부문별 작업을 지시 감독하였다.

혈주나 덕대는 광산의 생산물 중에서 호조나 영·읍에 바치는 각종의 세전(稅錢)과 물주 몫을 제하고는 동전을 환매(換買)하여 장인과 광군들의 임금을 지불하였다. 금은동점에서 생산된 광산물은 점소로 몰려드는 상(商)·역(譯)들과 각 관청에서 수매하였다. 광산촌에는 생활필수품을 파는 좌고(坐賈)와 행상(行商)들이 들끓었고 토막(土幕)과 모옥(茅屋)이 즐비하여 하나의 큰 도회를 이루었으며 영·읍에서는 이들로부터 전세(廛稅)·노세(路稅) 등을 부과 징수하였다. 이처럼 18세기 말 19세기 초에 걸쳐 물주제가 적용된 광산에서는 혈주나 덕대가 상인자본을 유치하여 자본제적 경영방식으로 광산업을 영위하고 있었다.

민족문화연구총서 출간현황(~2022.03.30)

NO	서명		저자	정가
1	총서1	19世紀 韓國 傳統社會의 變貌와 民衆意識	진덕규	9,000
2	총서2	洪武正韻譯訓의 新研究	박병채	10,000
3	총서3	고조선에 대한 새로운 해석	김정배	35,000
4	총서4	韓國 近代教育法制 研究	안기성	13,000
5	총서5	韓國 近代戲曲史 研究	서연호	11,000
6	총서6	韓國 巫俗의 綜合的 考察	김인회	9,000
7	총서7	朝鮮 後期의 詩經論과 詩意識	김흥규	8,000
8	총서8	高麗時代 佛教詩의 研究	인권환	9,000
9	총서9	韓國 現代詩意識 研究	이기서	8,000
10	총서10	道家思想의 研究	이강수	8,000
11	총서11	조선후기 군수광공업사 연구-조총·화약·연환제조를 중심으로	유승주	22,000
12	총서12	西學에 대한 韓國實學의 反應	최동희	9,000
13	총서13	朝鮮前期 制度言論 研究	목정균	9,000
14	총서14	韓國 現代詩史의 代位的 構造	오탁번	7,000
15	총서15	개정증보-金鰲新話 研究	설중환	17,000
16	총서16	韓國의 傳統婚禮 研究	박혜인	9,000
17	총서17	古小說의 原始宗教思想 研究	박용식	10,000
18	총서18	가톨릭과 朝鮮後期 社會變動	노길명	10,000
19	총서19	1920年代 韓國小說 研究	송하춘	8,000
20	총서21	朝鮮後期 天主教史 研究	조광	8,000
21	총서23	朝鮮後期 小說讀者 研究	대곡삼번	7,000
22	총서24	전면개정판-한국의 옛길 嶺南大路	최영준	28,000
23	총서25	金東仁 研究	김춘미	9,000
24	총서26	韓國古代社會의 軍事와 政治	김영하	13,000
25	총서27	古墳出土 副葬品 研究	윤세영	10,000
26	총서31	云丁散藁	김춘동	15,000
27	총서32	韓國現代詩의 意識現象學的 研究	최동호	9,000
28	총서34	韓國 家庭小說 研究	우쾌제	10,000
29	총서36	國語被動 研究	배희임	8,000

30	총서37	韓國古典文學의 原典批評的 硏究	정규복	11,000
31	총서38	企齋記異 硏究	소재영	10,000
32	총서40	法을 통한 朝鮮植民地 支配에 관한 硏究	영목경부	14,000
33	총서42	국어내용연구1	배해수	14,000
34	총서43	日帝末期의 韓國小說 硏究	김종균	12,000
35	총서44	國語 體言化構文의 硏究	홍종선	8,000
36	총서45	羅末麗初의 豪族과 社會變動 硏究	김갑동	10,000
37	총서46	古代國語學 硏究	박병채	13,000
38	총서47	牧民心鑑 硏究	김성준	8,000
39	총서48	韓國傳統音樂 論究	한명희	9,000
40	총서49	漢字語系 歸化語 硏究	조세용	7,000
41	총서51	韓國近代敎育思想 硏究	차석기	11,000
42	총서53	古代國語의 語彙 硏究	천소영	9,000
43	총서54	春香傳의 辭說形成 原理	전경욱	9,000
44	총서55	近代轉換期의 言語와 文學	홍일식	9,000
45	총서56	北靑方言의 音韻論	이기동	7,000
46	총서57	韓國文學의 考證的 硏究	최강현	14,000
47	총서58	현대시·시조통합이론	민병기	15,000
48	총서59	高麗 武臣政權期 農民·賤民抗爭 硏究	이정신	10,000
49	총서60	白頭山 說話 硏究	정재호	18,000
50	총서63	朝鮮朝 畿湖學派의 禮學思想에 關한 硏究	배상현	13,000
51	총서65	栗谷李珥의 聖學硏究	장숙필	7,000
52	총서66	韓國古地名辭典	전용신	14,000
53	총서67	高麗·朝鮮時代 敍事文學 發展의 硏究	성택승	8,000
54	총서68	渤海史의 綜合的 考察	한규철	14,000
55	총서70	韓國 近代小說論 硏究	윤충의	9,000
56	총서72	韓國近世 禪家文學	서규태	8,000
57	총서73	조선 중기 정치권력구조 연구	정홍준	9,000
58	총서75	조선후기 운서 한자음 연구	정경일	11,000
59	총서77	高麗 前期 私田 硏究	윤한택	8,000
60	총서78	근대 한국 고등교육 연구	한용진	25,000

61	총서79	심능숙 문학의 연구	장효현	15,000
62	총서81	韓國 近代 文學批評論 硏究	신재기	10,000
63	총서85	한국 현대비평의 문체	이병헌	11,000
64	총서87	조선후기 시가의 현실인식	박노준	12,000
65	총서89	고구려 전기 정치사 연구	금경숙	9,000
66	총서90	독립국가연합 고려인의 생활과 의식	윤인진	10,000
67	총서91	美軍政下의 教育政策 硏究	김용일	10,000
68	총서92	조선시대 성리학의 연구	윤사순	10,000
69	총서93	朝鮮後期 中人層 漢文學의 硏究	윤재민	14,000
70	총서94	범주문법	강범모	8,000
71	총서95	조선 후기 우화소설 연구	정출헌	12,000
72	총서96	高麗後期 政房 硏究	김창현	12,000
73	총서97	토끼傳·水宮歌 硏究	인권환	16,000
74	총서100	日帝下의 朝鮮貿易 硏究	송규진	10,000
75	총서101	지리산지 농업과 촌락 연구	정치영	20,000
76	총서103	高麗時代 中樞院 硏究	박용운	14,000
77	총서104	조선초기 전세제도 연구	강제훈	13,000
78	총서106	기정진 철학사상 연구	박학래	9,000
79	총서107	조선후기 인성·물성논쟁의 연구	이애희	13,000
80	총서109	서사문법시론	강헌국	9,000
81	총서110	북간도 한인사회의 형성과 민족운동	김춘선	32,000
82	총서111	주자학에서 실학으로	김용헌	35,000
83	총서113	朝鮮初期 性理學과 歷史學-기억의 복원, 좌표의 성찰	오항녕	18,000
84	총서114	조선후기 사회변화와 시가문학	정흥모	20,000
85	총서116	판소리 유파와 명창의 세계	김기형	22,000
86	총서117	조선후기 시가사와 가곡 연행	신경숙	20,000
87	총서119	性理學 受容器 佛教 批判과 政治思想的 變容 -鄭道傳과 權近을 중심으로	이정주	13,000
88	총서122	조선후기 가집 연구	이상원	27,000
89	총서123	개정판-학교문법교육론	이관규	24,000
90	총서124	근대 동아시아와 한국 자본주의	김윤희	18,000

91	총서125 조선후기 자연학의 동향	김문용	13,000
92	총서127 한국 고전소설과 정신분석학	강상순	25,000
93	총서128 미국의 헤게모니와 한국민족주의	허 은	23,000
94	총서130 한용운과 근대성	김종인	15,000
95	총서131 大韓帝國期 民族談論과 國家構想	백동현	16,000
96	총서132 19세기 문예사와 기생의 한시	박영민	20,000
97	총서136 빈도 효과-코퍼스를 활용한 국어 문법의 기술	김일환	18,000
98	총서137 규방가사의 전통성과 근대성	백순철	20,000
99	총서138 일제 강점기 설화·동화집 연구-우리 옛이야기의 정체성 찾기	권혁래	18,000
100	총서139 신문관의 출판 기획과 문화운동	권두연	30,000
101	총서140 아동문학의 숨은 의미와 가치	노제운	16,000
102	총서142 한국의 자유민주주의와 『사상계』	이상록	24,000
103	총서143 전통연행을 보는 또 하나의 시각	허용호	35,000
104	총서144 조선조 오륜시가의 역사적 전개 양상	하윤섭	24,000
105	총서145 정약용의 철학사상과 체제개혁론-주희와의 비교를 중심으로	전성건	15,000
106	총서146 누정기를 통해 본 한국한문산문사	안세현	16,000
107	총서147 시적 정의와 시의 윤리	여태천	24,000
108	총서148 16세기 후반~17세기 전반 산문 연구	안득용	23,000
109	총서149 검열, 실종된 작품과 문학사의 복원	문한별	22,000
110	총서150 낙하생 이학규의 시문학 연구	이국진	20,000
111	총서151 방각본 영웅소설의 지역적 특성과 이념적 지향	엄태웅	22,000
112	총서152 영체와 행사에서 본 정약용의 종교적 의식	이숙희	15,000
113	총서154 19세기 상·하층 소설의 접점과 문화적 의미	장예준	30,000
114	총서156 한국 근대문학의 형성과 진화론	이만영	22,000
115	총서157 한국 근대시의 형성과 한문맥의 재구성	정기인	23,000
116	총서158 동아시아의 사신영접의례와 공연문화	민태혜	30,000
117	총서159 명사 구성 합성어의 의미 구조	김숙정	15,000

民族文化研究叢書 11

조선후기 군수광공업사 연구

조총·화약·연환제조를 중심으로

2022년 3월 30일 초판 1쇄 펴냄

저 자 유승주
발행인 이형대
발행처 고려대학교 민족문화연구원

등록번호 1964년 9월 28일 제6-18호
주소 서울특별시 성북구 안암로 145
전화 02-3290-1610~4
팩스 02-926-8385
http://riks.korea.ac.kr

ISBN 978-89-7155-187-5 94910
978-89-7155-073-1 (세트)

정가 22,000원